Die Darstellung von Marken

Europäische Hochschulschriften Recht

European University Studies in Law

Publications Universitaires Européennes de Droit

Band/ Volume 6264

Caroline Trenner

Die Darstellung von Marken

Von dem Erfordernis der grafischen Darstellbarkeit hin zu einer klaren und eindeutigen Bestimmbarkeit

Mit einer rechtsvergleichenden Betrachtung der Anforderungen an die Zeichendarstellung in den USA

PETER LANG

Bibliografische Information der Deutschen Nationalbibliothek
Die Deutsche Nationalbibliothek verzeichnet diese Publikation in der Deutschen Nationalbibliografie; detaillierte bibliografische Daten sind im Internet über http://dnb.d-nb.de abrufbar.

Zugl.: Hannover, Univ., Diss., 2021

Gedruckt auf alterungsbeständigem, säurefreiem Papier.

D 89
ISSN 0531-7312
ISBN 978-3-631-85427-3 (Print)
E-ISBN 978-3-631-86181-3 (E-PDF)
E-ISBN 978-3-631-86182-0 (EPUB)
DOI 10.3726/b19122

Peter Lang – Berlin · Bern · Bruxelles · New York · Oxford · Warszawa · Wien

Diese Publikation wurde begutachtet.

www.peterlang.com

Meiner Familie

Vorwort

Die vorliegende Arbeit wurde im Wintersemester 2021 von der Rechtswissenschaftlichen Fakultät der Leibniz Universität Hannover als Dissertation angenommen. Literatur und Rechtsprechung wurden bis April 2021 berücksichtigt.

Mein besonderer Dank gilt meinem Doktorvater Herrn Professor Dr. Jan Eichelberger, LL.M. oec. für die Betreuung und Erstbegutachtung dieser Arbeit. Bedanken möchte ich mich insbesondere für seine wertvollen Anregungen und stete Gesprächsbereitschaft.

Herrn Professor Dr. Christian Heinze, LL.M. danke ich sehr herzlich für die Übernahme und die Erstellung des Zweitgutachtens.

Neben der fachlichen Betreuung ist das erfolgreiche Gelingen dieser Arbeit ganz maßgeblich auf die Unterstützung meiner Familie und Freunde zurückzuführen. Mein Dank gebührt insbesondere Herrn Maximilian Koch für seinen Optimismus und unermüdlichen Zuspruch bei der Erstellung dieser Arbeit. Zudem danke ich von Herzen meiner Schwester Frau Ann-Christin Marie Steegers, die mich auf meinem bisherigen Lebensweg fortwährend begleitet und bestärkt hat. Meinen Großmüttern, Frau Irmgard Trenner und Frau Annemarie König, danke ich für ihren steten Rückhalt und Zuspruch.

Mein größter Dank gilt schließlich meinen Eltern, Frau Monika Trenner und Herrn Herbert Trenner, für ihre uneingeschränkte und in jeder Hinsicht bedingungslose Unterstützung bei all meinen Vorhaben.

Hamburg, 7. November 2021

Caroline Trenner

Inhaltsverzeichnis

Abkürzungsverzeichnis

AUEV	Vertrag über die Arbeitsweise der Europäischen Union
a.A.	andere Auffassung / andere Ansicht
Abs.	Absatz
a.F.	alte Fassung
AIPPI	Association Internationale pour la Protection de la Propriété Intellectuelle
Art.	Artikel
Aufl.	Auflage
BeckRS	Beck-Rechtsprechung
BeckOK	Beck'sche Online-Kommentare
Bd.	Band
BGBl.	Bundesgesetzblatt
BlPMZ	Blatt für PMZ, Blatt für Patent-, Muster und Zeichenwesen, Zeitschrift
CCPA	United States Court of Customs and Patents Appeals
CFR	Code of Federal Regulations
DPMA	Deutsches Patent und Markenamt
DPMAregister	deutsches Markenregister
endg.	endgültig
EuGH	Europäischer Gerichtshof
EUIPO	Amt der Europäischen Union für Geistiges Eigentum (European Union Intellectual Property Office)
EuZW	Europäische Zeitschrift für Wirtschaftsrecht
FS	Festschrift
GemeinschaftsmarkenVO	Gemeinschaftsmarkenverordnung (Verordnung (EG) 40/94 des Rates vom 20. Dezember 1993 über die Gemeinschaftsmarke)
govinfo	govinfo ist ein Informationsdienst des United States Publishing Office (GPO)
GRUR	Gewerblicher Rechtsschutz und Urheberrecht, Zeitschrift
GRUR Int.	-, Internationaler Teil, Zeitschrift
GRUR RR	-, Rechtsprechungsreport, Zeitschrift
HABM	Harmonisierungsamt für den Binnenmarkt

Hdb.	Handbuch
Hrsg.	Herausgeber
INTA	International Trademark Association
JurisPR-WettbR	juris PraxisReport Wettbewerbs- und Immaterialgüterrecht
MaMoG	Markenrechtsmodernisierungsgesetz (Gesetz zur Umsetzung der Richtlinie (EU) 2015/2463 des Europäischen Parlaments und des Rates vom 16. Dezember 2015 zur Angleichung der Rechtsvorschriften der Mitgliedstaaten über Marken)
MarkenG	Markengesetz
MarkenRL	Richtlinien 2008/95/EG des europäischen Parlaments und Rates vom 22. Oktober 2008 zur Angleichung der Rechtsvorschriften der Mitgliedstaaten (kodifizierte Fassung)
MarkenRL-2015	Markenrichtlinie 2015 (Richtlinie (EU) 2015/2436 vom 16. Dezember 2015 zur Angleichung der Rechtsvorschriften der Mitgliedstaaten über Marken)
MSchG	Gesetz über Markenschutz vom 30. November 1874
MittdPat	Mitteilung der deutschen Patentanwälte, Zeitschrift
MPI	Max-Planck-Institut
MRL	Markenrechtsrichtlinie (Erste Richtlinie (EWG) Nr. 89/104 des Rates zur Angleichung der Rechtsvorschriften der Mitgliedsaaten über die Marken)
m.w.N.	mit weiteren Nachweisen
n.F.	neue Fassung
NJW	Neue Juristische Wochenschrift, Zeitschrift
PatG	Patentgericht
RGBl.	Reichsgesetzblatt
RGZ	Entscheidungen des Reichsgerichts in Zivilsachen
Rs.	Rechtssache
TMEP	Trademark Manual of Examining Procedure
TTAB	Trademark Trial and Appeal Board
UnionsmarkenV	Unionsmarkenverordnung (Verordnung (EU) 2015/2424 des Europäischen Parlaments und des Rates vom 16. Dezember 2015 zur Änderung der Verordnung EG) Nr. 207/2009 des Rates über die Gemeinschaftsmarke und der Verordnung (EG) Nr. 2868/95 der Kommission zur Durchführung der Verordnung (EG) Nr. 40/94 des Rates über die Gemeinschaftsmarke und zur Aufhebung der Verordnung (EG) Nr. 2869/95 der Kommission über die an das Harmonisierungsamt für den Binnenmarkt (Marken, Muster und Modelle) zu entrichteten Gebühren)

UMDV	Unionsmarkendurchführungsverordnung (Durchführungsverordnung (EU) 2018/626 der Kommission vom 04. März 2018 mit Einzelheiten zur Umsetzung von Bestimmungen der Verordnung (EU) 2017/1001 des Europäischen Parlaments und des Rates über die Unionsmarke und zur Aufhebung der Durchführungsverordnung (EU) 2017/143
USPTO	United States Patent and Trademark Office
WbzG	Gesetz zum Schutz von Waarenbezeichungen vom 12. Mai 1894
WRP	Wettbewerb in Recht und Praxis, Zeitschrift
WZG	Warenzeichengesetz vom 05. Mai 1936
ZEuP	Zeitschrift für Europäisches Privatrecht

Alle übrigen in der Arbeit verwendeten Abkürzungen entsprechen den Vorschlägen der folgenden Werke: *Kirchner*, Hildebert Abkürzungsverzeichnis der Rechtssprache, 9. Aufl. Berlin 2018 und Duden, Konrad, Band 1: Die deutsche Rechtschreibung, herausgegeben von der Dudenredaktion, 26. Aufl. Berlin 2013.

Die in den US-amerikanischen Fallbezeichnungen benutzten Abkürzungen sind so übernommen worden wie sie im Case-Reporter aufgeführt wurden. Diese Abkürzungen sind hier nicht aufgeführt, da die Kenntnis ihrer Bedeutung zum Verständnis der Arbeit nicht erforderlich ist.

Kapitel 1 Einleitung

A. Einführung

Marken gehören zu den wichtigsten Werten eines Unternehmens. Sie verkörpern Prinzipien, vermitteln Botschaften, suggerieren ein bestimmtes Lebensgefühl und fördern die Identifikation mit dem jeweiligen Unternehmen. Wegen ihrer Eigenschaften stellen sie ein unverzichtbares Gut dar, das den Einfluss der Unternehmen am Markt bestimmt.

Es ist mittlerweile anerkannt, dass alle Zeichen als Marke geschützt werden können, die geeignet sind, Waren und/oder Dienstleistungen eines Unternehmens von denjenigen eines anderen Unternehmen zu unterscheiden. Der offen formulierte Markenbegriff lässt Raum für Zeichenformen, die über die klassischen Wort-Bild-Marken hinausgehen, und birgt damit ein Potenzial, dass sich Unternehmen zu eigen machen. Schon längst wird nicht mehr nur mit klassischen Marken geworben, sondern auch solchen, die weitaus mehr Kreativität aufweisen. Insbesondere der Werbejingle gehört zu den Werbemitteln, mit denen der Verkehr alltäglich konfrontiert wird. Das Interesse der Wirtschaft ist somit schon längst nicht mehr darauf beschränkt, ausschließlich mit solchen Marken zu werben, die sich in zweidimensionaler Form darstellen lassen. Unter rechtlichen Gesichtspunkten war jedoch lange Zeit die grafische Darstellung Voraussetzung für die Eintragung von Registermarken. Während traditionelle Markenformen ohne Weiteres grafisch dargestellt werden konnten, stellte dieses Erfordernis Anmelder anderer Markenformen vor besondere Herausforderungen. Dies galt insbesondere, wenn ihr Schutzgegenstand visuell nicht wahrnehmbar ist. In welcher Form ihre grafische Darstellung zu erfolgen hatte, bestimmte sich nach dem Wesen der jeweiligen Marke. Im Zusammenhang damit steht auch das *Sieckmann*-Urteil des EuGH aus dem Jahr 2002, das bis heute die Rechtsprechung prägt.[1] In diesem Grundsatzurteil stellte der EuGH klar, dass selbst visuell nicht wahrnehmbare Zeichen eintragungsfähig sind. Voraussetzung ist, dass sich ihr Schutzgegenstand mittelbar und somit *insbesondere* durch Hilfsmittel wie Figuren, Linien oder Schriftzeichen so darstellen lässt, dass das Zeichen eindeutig identifiziert werden kann.[2] Vorgaben hinsichtlich der Wahl der Darstellungsmittel machte der EuGH keine. Durch die Formulierung

---

1 EuGH GRUR 2003, 145 ff. – Sieckmann.

2 EuGH GRUR 2003, 145, 148 – Sieckmann.

mithilfe von *insbesondere* überließ er die Wahl des geeigneten Darstellungsmittels dem Markenanmelder. Er konkretisierte jedoch, dass eine Darstellungsmethode die Anforderungen an eine grafische Darstellung nur dann erfülle, sofern sich der Schutzgegenstand anhand des Darstellungsmittels klar, eindeutig, in sich abgeschlossen, leicht zugänglich, verständlich, dauerhaft und objektiv darstellen lasse.[3] Diese Einzelkriterien sind seither als die sog. *Sieckmann*-Kriterien bekannt. Mit Anerkennung einer mittelbaren grafischen Darstellung ebnete der EuGH den nicht traditionellen Markenformen den Weg ins Register und kam damit dem Interesse der Wirtschaftsteilnehmer nach. Dennoch bestanden auch weiterhin Unsicherheiten hinsichtlich der Frage nach adäquaten Darstellungsmethoden. Dies galt insbesondere für visuell nicht wahrnehmbare Marken, da nicht jedes Darstellungsmittel die vom EuGH aufgestellten *Sieckmann*-Kriterien erfüllte.

Angesichts der weiterhin bestehenden Unsicherheiten und dem stetig fortschreitenden technischen Entwicklungsstand wurden Stimmen laut, auf das Erfordernis der grafischen Darstellbarkeit in Gänze zu verzichten und durch flexiblere Kriterien zu ersetzen, die dem (technischen) Zeitgeist entsprachen. Dies forderten z.B. die Internationale Vereinigung für den Schutz des geistigen Eigentums (AIPPI) im Jahr 2004[4] und das Max-Planck-Institut (MPI) im Jahr 2011[5]. Daraufhin stellte die Europäische Kommission im März 2013 ein Reformpaket vor, bei dem u.a. diese Stimmen berücksichtigt wurden. Zukünftig sollte auf das Erfordernis der grafischen Darstellbarkeit für Gemeinschaftsmarken (nunmehr Unionsmarken) verzichtet werden und die Markenrechtsrichtlinie eine entsprechende Anpassung erfahren.[6] Zwei Jahre später, im Juni 2015, wurden die abschließenden Kompromisstexte für die Neufassungen der Europäischen Markenverordnung und der Markenrechtsrichtlinie vom Rat der Europäischen Union veröffentlicht. Anstatt einer grafischen Darstellung sahen sie eine

3 EuGH GRUR 2003, 145, 148 – Sieckmann
4 Vgl. AIPPI, Jahrbuch 2004/I, S. 584.
5 MPI München, Study on the Overall Functioning of the European Trade Mark System, Chapter 2, Rn. 2.9.
6 Vorschlag für eine Richtlinie des europäischen Parlaments und des Rates zur Angleichung der Rechtsvorschriften der Mitgliedstaaten über die Marken, KOM(2013)162 endg.; Vorschlag für eine Verordnung des europäischen Parlaments und des Rates zur Änderung der Verordnung (EG) Nr. 207/2009 des Rates über die Gemeinschaftsmarke, KOM(2013)161 endg.

Erweiterung der Darstellungsmöglichkeiten vor.[7] Zukünftig reicht eine Darstellung aus, anhand derer die Behörden und der Verkehr den Schutzgegenstand klar und eindeutig bestimmen können. Die Einführung dieser flexibleren Kriterien ermöglicht eine dem Wesen der Marke entsprechende Darstellung. Gleichzeitig geht aus Erwägungsgrund 13) der MarkenRL-2015 sowie aus Erwägungsgrund 9) der Unionsmarkenverordnung hervor, dass zukünftig dennoch an den *Sieckmann*-Kriterien festgehalten wird. Am 17. Januar 2019 trat die Gesetzesänderung mit dem Markenrechtsmodernisierungsgesetz (MaMoG) auch in Deutschland in Kraft[8], was den Anlass für die Anfertigung dieser Arbeit bot.

B. Ziel der Arbeit

In dieser Arbeit wird untersucht, ob der Verzicht auf das Erfordernis der grafischen Darstellbarkeit eine Eintragungserleichterung, insbesondere für visuell nicht wahrnehmbare Zeichen, bedeutet oder ob durch den Fortbestand der *Sieckmann*-Kriterien keine spürbaren Veränderungen festgestellt werden können. Im Rahmen der Untersuchung wird ein rechtsvergleichender Blick auf die Anforderungen an die Zeichendarstellung in die USA geworfen. Ferner werden die Konsequenzen beleuchtet, denen sich die deutsche Markenpraxis im Zuge der erweiterten Darstellungsmöglichkeiten stellen muss.

C. Schwerpunkte dieser Arbeit und Gang der Untersuchung

Die Arbeit behandelt die Darstellung von Marken. Es wird das Erfordernis der grafischen Darstellbarkeit von Registermarken beleuchtet, welches im Zuge der umfassenden Markenrechtsreform 2015 durch eine klare und eindeutige

---

7 Richtlinie (EU) 2015/2436 vom 16.12.2015 zur Angleichung der Rechtsvorschriften der Mitgliedstaaten über Marken (MarkenRL-2015); Verordnung (EU) 2015/2424 des Europäischen Parlaments und des Rates vom 16.12.2015 zur Änderung der Verordnung (EG) Nr. 207/2009 des Rates über die Gemeinschaftsmarke und der Verordnung (EG) Nr. 2868/95 der Kommission zur Durchführung der Verordnung (EG) Nr. 40/94 des Rates über die Gemeinschaftsmarke und zur Aufhebung der Verordnung (EG) Nr. 2869/95 der Kommission über die an das Harmonisierungsamt für den Binnenmarkt (Marken, Muster und Modelle) zu entrichteten Gebühren (UnionsmarkenVO).

8 Gesetz zur Umsetzung der Richtlinie (EU) 2015/2463 des Europäischen Parlaments und des Rates vom 16.12.2015 zur Angleichung der Rechtsvorschriften der Mitgliedstaaten über Marken (Markenrechtsmodernisierungsgesetz – MaMoG), Bundesgesetzblatt Jahrgang 2018 Teil I Nr. 45, ausgegeben zu Bonn am 14.12.2018.

Bestimmbarkeit ersetzt wurde. Hierbei konzentrieren sich die Ausführungen auf das deutsche Recht. Zudem wird untersucht, welche Auswirkungen die Neuregelung auf die deutsche Markenpraxis hat. Da eine Eintragungsvoraussetzung zentrales Thema dieser Arbeit ist, beschränken sich die Darstellungen auf das Anmelde- und Eintragungsverfahren.

Hierfür wird zunächst im zweiten Kapitel auf markenrechtliche Grundlagen eingegangen, bevor im Anschluss – und somit im dritten Kapitel – die Bedeutung und Funktion des markenrechtlichen Registers untersucht werden. Das vierte Kapitel widmet sich dem Erfordernis der grafischen Darstellbarkeit von Registermarken im Allgemeinen und beleuchtet insbesondere die Anforderungen, die an sie gestellt werden. In diesem Zusammenhang werden vor allem die *Sieckmann*-Kriterien erörtert, die eine Zeichendarstellung auch nach Wegfall des Erfordernisses der grafischen Darstellbarkeit erfüllen muss. Vor diesem Hintergrund wird im ersten Hauptteil der Arbeit, dem vierten Kapitel, auf die grafische Darstellung der verschiedenen Markenformen eingegangen, wobei der Schwerpunkt der Ausarbeitung auf den nicht traditionellen Markenformen und speziell den visuell nicht wahrnehmbaren Marken liegt. Im Zuge dessen werden für jede Markenform gesondert die in Betracht kommenden grafischen Darstellungsmethoden auf ihre Rechtskonformität hin untersucht, um im weiteren Verlauf der Arbeit aufzuzeigen, ob der Wegfall des Erfordernisses der grafischen Darstellbarkeit zu einer Besserstellung bzw. Eintragungserleichterung einzelner Markenformen führt oder nicht. Bevor dies thematisiert wird, erfolgt im fünften Kapitel eine rechtsvergleichende Betrachtung mit den Anforderungen an die Zeichendarstellung in den USA. Die USA sind für ihre liberalen Anforderungen an die Zeichendarstellung bekannt, sodass die Frage zu klären ist, ob die dort anerkannten Darstellungsmethoden und -mittel als eine adäquate Wiedergabeform für den europäischen Raum in Betracht kommen. Nachdem auf das US-Rechtssystem im Allgemeinen eingegangen wurde, stellt die Untersuchung der Wiedergabeformen der einzelnen Markenformen den Schwerpunkt dieses Kapitels dar, um abschließend die oben gestellte Frage beantworten zu können. Im Anschluss ist im zweiten Hauptteil der Arbeit, dem sechsten Kapitel, auf den Wegfall des Erfordernisses der grafischen Darstellbarkeit einzugehen. Zu Beginn werden die rechtlichen Hintergründe dargestellt, um abschließend unter Berücksichtigung aller erarbeiteten Erkenntnisse die zentrale Frage der Arbeit zu klären, ob der Verzicht auf das Erfordernis zu einer Eintragungserleichterung und somit einer Besserstellung der nicht traditionellen Markenformen, insbesondere visuell nicht wahrnehmbarer Zeichen führt oder ob durch das Festhalten an den *Sieckmann*-Kriterien die Rechtsänderung nur formaler Natur ist. Hierfür wird erneut auf die einzelnen Markenformen eingegangen. Bevor im siebten Kapitel eine Schlussbetrachtung erfolgt, werden zudem die praxisrelevanten Auswirkungen der Gesetzesänderung untersucht. In diesem Abschnitt wird u.a. thematisiert, welchen Herausforderungen das Deutsche Patent- und Markenamt (DPMA) sowie die am Rechtsverkehr beteiligten Personen durch die Neuregelung gegenüberstehen, um sodann praxistaugliche Lösungsvorschläge aufzuzeigen.

Kapitel 2 Markenrechtliche Grundlagen

A. Das europäische und deutsche Markenrecht

Für ein besseres Verständnis dieser Arbeit ist zunächst auf das europäische und deutsche Markenrecht einzugehen. Im Mittelpunkt der Erörterung steht die Harmonisierung des Markenrechts. Von diesem Leitgedanken getragen, wurde im Zuge der letzten Markenrechtsnovelle 2015 auf das Erfordernis der grafischen Darstellbarkeit verzichtet.

I. Harmonisierung des Markenrechts auf europäischer Ebene

Die Harmonisierung des europäischen Markenrechts begann im Jahr 1988. Am 21. Dezember 1988 wurde die Erste Richtlinie (EWG) Nr. 89/104 des Rates zur Angleichung der Rechtsvorschriften der Mitgliedstaaten über die Marken (MRL) verabschiedet. Vor der Rechtsvereinheitlichung hatte jeder europäische Mitgliedstaat sein eigenes Markenrecht. Hierin sah der Europäische Rat eine Behinderung des freien Waren- und Dienstleistungsverkehrs und eine Verfälschung der Wettbewerbsbedingungen im gemeinsamen Markt.[9] Eine Vereinheitlichung der Rechtsvorschriften sollte diese Missverhältnisse beseitigen. Gleichwohl führte die Umsetzung der MRL nicht zu einer vollständigen Angleichung der Markenrechte der Mitgliedstaaten. Die Harmonisierung beschränkte sich auf solche Rechtsvorschriften, die sich am unmittelbarsten auf das Funktionieren im Binnenmarkt auswirkten.[10] Im Zuge dessen harmonisierte die MRL ausschließlich den Markenschutz, der durch Eintragung in ein zentral geführtes Register entstand. Zentraler Gegenstand der MRL waren somit die Registermarken. Daneben blieb es den Mitgliedsaaten unbenommen, selbstständig Regelungen hinsichtlich Benutzungsmarken oder Notorietätsmarken zu treffen. Anders als bei Registermarken entsteht ihr Schutz nicht durch Eintragung, sondern durch Benutzung. Hierfür müssen die Marken Verkehrsgeltung erworben haben oder notorisch bekannt sein.

Die MRL wurde durch die Richtlinien 2008/95/EG des europäischen Parlaments und Rates vom 22. Oktober 2008 zur Angleichung der Rechtsvorschriften der Mitgliedstaaten (MarkenRL) geändert und aus Gründen der Klarheit und

9 Siehe Erwägungsgründe MRL.
10 Siehe Erwägungsgründe MRL.

Übersichtlichkeit neu kodifiziert.[11] In dieser Fassung hatte die MRL bis zur letzten umfangreichen Markenrechtsreform im Jahr 2015 Bestand, im Rahmen derer der europäische Gesetzgeber u.a. auf das Erfordernis der grafischen Darstellbarkeit von Registermarken verzichtete. Zu berücksichtigen ist, dass auch die letzte Markenrechtsnovelle keine umfassende Harmonisierung des Markenrechts zum Ziel hatte. Aus den Erwägungsgründen 10) und 11) der Richtlinie (EU) 2015/2436 vom 16. Dezember 2015 zur Angleichung der Rechtsvorschriften der Mitgliedstaaten über Marken (MarkenRL-2015) folgt unmissverständlich, dass den Mitgliedstaaten weiterhin das Recht belassen bleibt, die durch Benutzung erworbenen Marken zu schützen. Die Vorschriften der MarkenRL-2015 gelten daher auch zukünftig nur für Registermarken.

Neben der Markenrechtsrichtlinie, deren Vorschriften die Mitgliedsstaaten in nationales Recht umsetzen müssen, bildet die Verordnung (EU) 2015/2424 des Europäischen Parlaments und des Rates vom 16. Dezember (UnionsmarkenVO) die zweite Säule des harmonisierten europäischen Markenrechts. Sie war Teil des Reformpakets im Jahr 2015 und enthält neue Regelung für Unionsmarken (ehemals Gemeinschaftsmarken), die seit dem 01. Oktober 2017 ebenfalls nicht mehr grafisch dargestellt werden müssen.[12] Die UnionsmarkenVO wurde durch die Verordnung (EU) 2017/1001 des Europäischen Parlaments und des Rates vom 14. Juni 2017 über die Unionsmarke neu kodifiziert. Eine inhaltliche Änderung erfolgte nicht. Ihren Ursprung findet die Unionsmarke in der Verordnung (EG) 40/94 des Rates vom 20. Dezember 1993 über die Gemeinschaftsmarke (GemeinschaftsmarkenVO). Mit ihr wurde ein gemeinschaftsweites supranationales Markenrecht geschaffen.[13] Auch die GemeinschaftsmarkenVO wurde einer Kodifikation unterzogen und am 26. Februar 2009 als VO (EG) 207/2009 neu erlassen, bevor sie im Rahmen der umfangreichen Markenrechtsreform durch die UnionsmarkenVO aufgehoben wurde.[14]

II. Das deutsche Markenrecht

Vor der Harmonisierung des Markenrechts regelte das Warenzeichengesetz vom 05. Mai 1936 (WZG) das deutsche Kennzeichnungsrecht. Mit Umsetzung der MRL in nationales Recht wurde das WZG durch das bis heute geltende Gesetz

11 Erwägungsgrund 1) MarkenRL.

12 Die UnionsmarkenVO ist bereits am 23.03.2016 in Kraft getreten, wobei nicht alle Regelungen sofort Wirkung entfalteten.

13 Ströbele/*Hacker*/Thiering, Einl. Rn. 10 m.w.N.

14 Ströbele/*Hacker*/Thiering, Einl. Rn. 10.

über den Schutz von Marken und Kennzeichen (MarkenG) abgelöst. Das MarkenG trat am 25. Oktober 1994 in Kraft und führte zu einer grundlegenden Umgestaltung des gesamten deutschen Kennzeichnungsrechts.[15]

Zahlreiche Regelungen der MRL wurden wörtlich in das MarkenG übernommen. Teilweise geht das MarkenG mit seinen Regelungen sogar über die Vorgaben der Richtlinie hinaus. So machte der deutsche Gesetzgeber davon Gebrauch, neben den Registermarken weitere Markenkategorien zu regeln. Das MarkenG enthält neben den Vorschriften zur Registermarke auch Regelungen für Benutzungsmarken und Notorietätsmarken. Die letzte Änderung erfuhr das MarkenG durch Inkrafttreten des Gesetzes zur Umsetzung der MarkenRL-2015, das MaMoG. Infolgedessen müssen seit dem 17. Januar 2019 deutsche Registermarken nicht mehr grafisch dargestellt werden.

B. Begriff und Funktionen einer Marke

I. Definition der Marke

Eine Marke im Rechtssinne ist ein Kennzeichen für Waren und Dienstleistungen im geschäftlichen Verkehr.[16]

Neben der *geschäftlichen Bezeichnung* und *geografischen Herkunftsangabe* gehören Marken gem. § 1 MarkenG zu den Kennzeichen im Sinne des MarkenG. Damit sind sie Teil des geistigen Eigentums. In § 3 Abs. 1 MarkenG wird konkretisiert, dass Marken alle Zeichen sein können, die geeignet sind, Waren und/oder Dienstleistungen eines Unternehmens von denjenigen anderer Unternehmen zu differenzieren. Im Unterschied zu anderen Schutzrechten des geistigen Eigentums werden Marken nur in ihrer Funktion geschützt, nicht um ihrer selbst willen. Letzteres ist beispielsweise bei Patenten oder Urheberrechten der Fall.[17] Darin ist im Verhältnis zu den anderen Schutzrechten des geistigen Eigentums eine Besonderheit zu erkennen.

Von der Frage, was Gegenstand des rechtlichen Markenbegriffs sein kann, ist strikt die Frage zu trennen, ob das Zeichen auch i.S.d. Markenrechts geschützt werden kann. Nach der Systematik und Terminologie des deutschen Rechts ist selbst bei Vorliegen einer Marke im Rechtssinne der markenrechtliche Schutz zu versagen, sofern dem Zeichen Schutzhindernisse entgegenstehen. So sind

---

15 Schulze/Zuleeg/Kadelbach/*Haedicke*, § 21 Rn. 67.

16 *Fezer*, Hdb. Markenpraxis, Einl. Rn. 10; *Giefers*/May, Rn. 29.

17 *Kur*/Bomhard/Albrecht, Einl. MarkenR Rn. 118.

beispielsweise Registermarken von der Eintragung ausgeschlossen, sofern die in § 8 Abs. 2 und 3 MarkenG normierten Schutzhindernisse vorliegen.

II. Funktionen einer Marke

Marken sind in der heutigen Zeit allgegenwärtig. Wir alle werden tagtäglich mit einer Vielzahl von Marken unterschiedlichster Formen konfrontiert. Wir nehmen sie entweder bewusst wahr, oder bemerken diese nicht einmal. Bereits die Fülle von Marken lässt den Schluss zu, dass Markeninhaber divergierende Markenstrategien verfolgen, denen beispielsweise bereits durch die Wahl der Markenform oder einem unterschiedlich starken Markengebrauch Ausdruck verliehen wird. Dennoch lassen sich hinsichtlich der Wirkung und Funktion von Marken allgemeingültige Grundsätze festhalten. Im Allgemeinen beschreiben die Markenfunktionen den Zweck bzw. die Aufgabe und Wirkung von Marken im Verkehr.

Gesetzlich kodifiziert ist lediglich die Herkunft als Hauptfunktion einer Marke. Ihr zufolge dienen Marken dazu, Waren und/oder Dienstleistungen eines Unternehmens von denjenigen anderer Unternehmen zu unterscheiden, vgl. § 3 Abs. 1 MarkenG / Art. 3 a) MarkenRL-2015. Über die Jahre hinweg hat sich der Umfang rechtlich anerkannter, der Marke innewohnender Funktionen zugunsten eines weiten und somit multifunktionalen Verständnisses verändert. Während unter dem WZG lediglich die Herkunftsfunktion als geschützte rechtliche Funktion anerkannt war,[18] änderte sich dies mit der Harmonisierung des europäischen Markenrechts. Zwar kannte man schon unter dem WZG weitere Markenfunktionen wie z.B. die Garantie-, die Qualitäts- oder Vertrauensfunktion, jedoch genossen sie als ausschließlich wirtschaftlich anerkannte Funktionen entweder keinen rechtlichen Schutz oder wurden nur in den Grenzen der Herkunftsfunktion mitgeschützt.[19]

Das Funktionsverständnis änderte sich mit der Angleichung des Markenrechts auf europäischer Ebene. Im Zuge der Harmonisierung wurde eine Marke nicht mehr nur als Zeichen betrachtet, das die Herkunft von Waren kenntlich macht, sondern als Teil des Wirtschaftsverkehrs.[20] Bestätigt wurde diese Ansicht durch die ständige Rechtsprechung des EuGH, der in seinen Entscheidungen das

18 *Fezer*, MarkenG Einl D, Rn. 6.

19 Ströbele/*Hacker*/Thiering, Einl. Rn 37; *Fezer*, MarkenG Einl D, Rn. 2; vgl. auch *Sack*, GRUR 1972, 445, 452 f., der als drei weitere Markenfunktionen die Wettbewerbs-, Monopol- und Schutzfunktion nennt.

20 Vgl. *Fezer*, Hdb. Markenpraxis, Einl. Rn. 71.

Markenrecht als einen wesentlichen Bestandteil des unverfälschten Wettbewerbs ansah.[21] Es war daher nur eine Frage der Zeit, bis auch ökonomische Funktionen als selbstständig rechtlich geschützte Funktionen anerkannt wurden. Dies geschah vor nunmehr zehn Jahren. Der EuGH erkannte in seiner Grundsatzentscheidung *L'Oréal/Bellure* erstmals ausdrücklich neben der Herkunftsfunktion als Hauptfunktion noch weitere Funktionen als rechtserheblich an, die unabhängig von der Beeinträchtigung der Herkunftsfunktion rechtlichen Schutz genießen.[22] In Übereinstimmung mit den Ausführungen des Generalanwalts Mengozzi[23] wurden in dem Urteil die Qualitätsfunktion, die Kommunikationsfunktion, die Investitionsfunktion- und die Werbefunktion aufgeführt.[24] Da der EuGH in diesem Zusammenhang die Wörter *„unter anderem"* verwendete, [25] ist eindeutig, dass es sich hierbei nicht um eine abschließende Aufzählung handelte. Die *L'Oréal/Bellure*-Entscheidung des EuGH kann daher als Geburtsstunde eines multifunktionales Markenverständnis bezeichnet werden.[26]

Mit der rechtlichen Anerkennung mehrerer, unabhängig voneinander bestehender Funktionen wurde die rechtliche Stellung der Marke gestärkt. Im Ergebnis erfährt der Markeninhaber einen weitergehenden Schutz, da sich der jeweilige Umfang und Inhalt des Markenschutzes anhand der Funktionen einer Marke bestimmen lässt. Gleichzeitig wird mit der Multifunktionalität auch der zunehmenden Bedeutung einer Marke im geschäftlichen Verkehr Rechnung getragen, da die Marke ein selbstständiger Vermögenswert ist.[27]

C. Die Marke als schutzfähiges Zeichen

I. Der einheitliche Markenbegriff nach deutschem Recht

Das deutsche Recht geht von einem einheitlichen Markenbegriff aus.[28] Gem. § 3 Abs. 1 MarkenG können

---

21 EuGH NJW 1991, 626, 627 (Rz. 13) HAG II; EuGH GRUR Int. 1999, 438, 442 (Rz. 62) - BMW; EuGH NJW 1999, 933, 934 (Rz. 28 f.) Canon; EuGH GRUR 2003, 604 (607) - Libertel.

22 EuGH GRUR 2009, 756 - L'Oréal/Bellure.

23 Siehe Schlussanträge des Generalanwalts *Mengozzi* in der Rs. C-487/07 Rz. 50–54 - L'Oréal/Bellure.

24 Siehe EuGH, GRUR 2009, 756, 761 (Rz. 58) - L'Oréal/Bellure.

25 Siehe EuGH, GRUR 2009, 756, 761 (Rz. 58) - L'Oréal/Bellure.

26 So *Fesenmair*, FS Fezer, S. 465 (466).

27 *Fischer*, S. 12; *Cloosterman/Hoekstra*, S. 19.

28 *Fezer*, § 4 Rn. 4.

„alle Zeichen, insbesondere Wörter einschließlich Personennamen, Abbildungen, Buchstaben, Zahlen, Klänge, dreidimensionale Gestaltungen einschließlich der Form einer Ware oder ihrer Verpackung sowie sonstige Aufmachungen einschließlich Farben und Farbzusammenstellungen geschützt werden, die geeignet sind, Waren oder Dienstleistungen eines Unternehmens von denjenigen anderer Unternehmen zu unterscheiden“

Marke sein. Dies gilt nicht nur für Registermarken, deren Markenschutz gem. § 4 Nr. 1 MarkenG durch Eintragung in das Markenregister entsteht, sondern auch für Benutzungsmarken i.S.v. § 4 Nr. 2 MarkenG sowie notorische bekannte Marken i.S.v. § 4 Nr. 3 MarkenG. Damit reicht der dem deutschen Markenrecht zugrunde liegende einheitliche Markenbegriff weiter als der europäische Markenbegriff. Grund hierfür ist, dass die europäische Markenrechtsrichtlinie ausschließlich Regelungen für Registermarken enthält.

II. Markenfähigkeit als grundlegende Voraussetzung der Schutzfähigkeit

Die Markenfähigkeit eines Zeichens ist Grundvoraussetzung für die Entstehung von Markenschutz. Sie ist in § 3 Abs. 1 MarkenG definiert und regelt abstrakt, welche Zeichen dem Markenschutz zugänglich sind. Die Markenfähigkeit wird deshalb auch als Eignung bezeichnet, die ein Zeichen erfüllen muss, um unabhängig von den angemeldeten Waren und/oder Dienstleistungen, eine Marke im Rechtssinne sein zu können.[29]

Bis zur letzten Markenrechtsreform mussten Registermarken drei Voraussetzungen erfüllen, um schutzfähig zu sein: Es musste sich (1.) um ein Zeichen im Rechtssinne handeln, welches sich (2.) grafisch darstellen ließ und (3.) abstrakte Unterscheidungseignung besaß, um Waren und/oder Dienstleistung eines Unternehmens von denjenigen anderer Unternehmen zu unterscheiden.[30] Ihre Rechtsgrundlage findet und fand die Markenfähigkeit von Registermarken im deutschen Recht in §§ 3 Abs. 1, 8 Abs. 1 MarkenG a.F./n.F. Mit Umsetzung der MarkenRL-2015 in nationales Recht verzichtet der Gesetzgeber zukünftig auf eine grafische Darstellbarkeit. Nunmehr müssen Marken klar und eindeutig bestimmbar sein. Den Behörden und dem Verkehr muss auch weiterhin möglich sein, den Schutzgegenstand unmissverständlich zu identifizieren. Normiert ist die neue Anforderung an die Zeichendarstellung ebenfalls in § 8 Abs. 1 MarkenG.

---

29 *Kur*/Bomhard/Albrecht § 3 Rn. 13); *Fezer*, Hdb. Markenpraxis, Einl. Rn. 129.

30 *Fezer*, § 3 Rn. 316.

1. Zeichen im Rechtssinne

Einhergehend mit dem weiten Markenbegriffsverständnis des MarkenG ist auch der Kreis der als Marke in Betracht kommenden Zeichen sehr weit zu ziehen. Grundsätzlich gilt, dass jede denkbare Zeichenform Markenschutz erlangen kann, sofern sie als Herkunftshinweis dient. Dies folgt v.a. aus der nicht abschließenden Aufzählung der Zeichenformen in § 3 Abs. 1 MarkenG n.F.:

> *„Als Marke können alle Zeichen,* ***insbesondere*** *Wörter einschließlich Personennamen, Abbildungen, Buchstaben, Zahlen, Klänge, dreidimensionale Gestaltungen einschließlich der Form einer Ware oder ihrer Verpackung sowie sonstige Aufmachungen einschließlich Farben und Farbzusammenstellungen geschützt werden, die geeignet sind, Waren oder Dienstleistungen eines Unternehmens von denjenigen anderer Unternehmen zu unterscheiden.“*[31]

Wegen der *„insbesondere“* nutzenden Formulierung ist anerkannt, dass neben den aufgezählten Markenformen auch andere Zeichenformen die Funktion einer Marke erfüllen können, sofern sie sich dazu eignen, Waren und/oder Dienstleistung eines Unternehmens von denjenigen eines anderen Unternehmens zu unterscheiden. Dem deutschen Markenrecht liegt somit ein weiter Markenbegriff zugrunde.[32] Der Kreativität hinsichtlich der Wahl des Zeichens sind somit keine Grenzen gesetzt. Wie bereits in dem Abschnitt „Definition einer Marke“ aufgezeigt, ist von der Frage, welche Zeichen dem markenrechtlichen Schutz grundsätzlich zugänglich sind, strikt zu trennen, ob das Zeichen auch i.S.d. Markenrechts geschützt werden kann.[33] Hierfür muss das Zeichen alle

---

31 Der § 3 Abs. 1 MarkenG a.F. enthielt die folgende Formulierung:
„Als Marke können alle Zeichen, **insbesondere** Wörter einschließlich Personennamen, Abbildungen, Buchstaben, Zahlen, Hörzeichen, dreidimensionale Gestaltungen einschließlich der Form einer Ware oder ihrer Verpackung sowie sonstige Aufmachungen einschließlich Farben und Farbzusammenstellungen geschützt werden, die geeignet sind, Waren oder Dienstleistungen eines Unternehmens von denjenigen anderer Unternehmen zu unterscheiden.“
Damit entspricht der Wortlaut des § 3 Abs. 1 MarkenG n.F. fast dem des § 3 Abs. 1 MarkenG a.F. Die n.F. enthält lediglich ausführlichere Aufzählung potenzieller Zeichenformen. Ferner wurde die Bezeichnung „Hörmarke“ durch „Klangmarke“ ersetzt. An der rechtlichen Würdigung ändert sich durch die Neufassung nichts.

32 Götting/Meyer/Vormbrock/*Schell*, § 22 Rn. 39; vgl. auch *Ingerl/Rohnke*, § 3 Rn. 6, 24; *Fezer*, § 3 Rn. 504

33 Siehe hierzu Kapitel 2 B I.

Voraussetzungen der Markenfähigkeit erfüllen und der Eintragung dürfen keine absoluten Schutzhindernisse i.S.v. 8 Abs. 2 MarkenG entgegenstehen.

2. *Die grafische Darstellbarkeit*

Bis zur Umsetzung der MarkenRL-2015 in nationales Recht mussten Marken für ihre Registereintragung das Erfordernis der grafischen Darstellbarkeit erfüllen. Normiert war dies in § 8 Abs. 1 MarkenG a.F.:

> *„Von der Eintragung sind als Marke schutzfähige Zeichen im Sinne des § 3 ausgeschlossen, die sich nicht grafisch darstellen lassen.“*

Um die in dieser Arbeit zu untersuchende Frage beantworten zu können, ob der Verzicht auf das Erfordernis der grafischen Darstellbarkeit zu einer Besserstellung bzw. Eintragungserleichterungen einzelner Markenformen führte, ist zunächst auf die alte Rechtslage einzugehen, da nur dann ein abschließender Vergleich möglich ist. Darüber hinaus dürfen Markenanmelder auch zukünftig auf eine grafische Zeichendarstellung zurückgreifen, sofern – entsprechend dem Wesen der Marke – durch eine grafische Darstellung eine klare und eindeutige Bestimmbarkeit sichergestellt ist. Dies ist darauf zurückzuführen, dass die Einführung von flexibleren Kriterien nicht zum Ausschluss einer grafischen Zeichendarstellung führen sollte, sondern lediglich eine Erweiterung der adäquaten Darstellungsmethoden ermöglichen sollte.

Uneinigkeit herrschte hingegen hinsichtlich ihrer Rechtsnatur. Während das Erfordernis der grafischen Darstellbarkeit einerseits als zwingende Voraussetzung der Markenfähigkeit von Registermarken qualifiziert wurde,[34] stuften andere sie wegen ihrer Regelung in Abs. 1 des § 8 MarkenG a.F. als absolutes Schutzhindernis ein.[35] Letztere Ansicht wurde damit begründet, dass § 8 MarkenG a.F. abschließend die absoluten Schutzhindernisse für die Eintragung von Registermarken kodifizierte.

a) *Die unterschiedliche Systematik der deutschen und europäischen Rechtsordnung*

Für die rechtliche Einordnung des Erfordernisses der grafischen Darstellbarkeit kommt es entscheidend auf die Unterschiede zwischen der europäischen und der deutschen Rechtssystematik an.

---

34 Ströbele/Hacker/Thiering/*Miosga*, § 3 Rn. 26; *Fezer*, § 3 Rn. 375; *Bender*, FS Mühlendahl, S. 157 (160); Büscher/Dittmer/Schiwy/*Schalk*, Kapitel 3, § 3 MarkenG Rn. 6

35 *Ingerl/Rohnke*, § 8 Rn. 5.

Nach Art. 2 MarkenRL konnte jedes Zeichen eine Marke sein, sofern es sich grafisch darstellen ließ. Die Positionierung in Art. 2 MarkenRL zeigt, dass der europäische Gesetzgeber das Erfordernis der grafischen Darstellbarkeit als eine Voraussetzung der Markenfähigkeit verortete. Der entsprechenden nationalen Vorschrift, § 3 Abs. 1 MarkenG a.F., fehlte hingegen diese Voraussetzung. Der deutsche Gesetzgeber regelte das Erfordernis der grafischen Darstellbarkeit in § 8 Abs. 1 MarkenG a.F., einer Vorschrift, die die absoluten Schutzhindernisse für angemeldete und eingetragene Marken regelte.

Die unterschiedliche Gesetzessystematik ist jedoch nachvollziehbar und keineswegs ein Indiz für eine unterschiedliche Rechtsnatur der grafischen Darstellbarkeit auf europäischer und nationaler Ebene. Die Divergenz der Rechtssystematiken lässt sich mit ihren unterschiedlichen Regelungsgegenständen erklären. Der Regelungsgegenstand aller europäischen Markenrechtsrichtlinien beschränkte sich in der Vergangenheit auf Registermarken. Nichts anderes gilt für die MarkenRL-2015. Dies folgt z.B. aus Art. 1 MarkenRL oder Art. 1 MarkenRL-2015. Der deutsche Gesetzgeber hingegen nahm die erste umfassende Markenrechtsreform im Jahr 1988 zum Anlass, mit der Einführung des MarkenG eine einheitliche Regelung für Register-, Benutzungs- und Notorietätsmarken zu schaffen. Angesichts des beschränkten Anwendungsbereiches der MRL ging der deutsche Gesetzgeber richtigerweise davon aus, dass das Erfordernis der grafischen Darstellbarkeit nur für Register- und nicht auch für Benutzungs- oder notorisch bekannte Marken galt. Folgerichtig zog der Gesetzgeber die grafische Darstellbarkeit nicht als allgemeine Vorschrift „vor die Klammer", sondern regelte sie in § 8 Abs. 1 MarkenG als eine Voraussetzung für den Schutz von Registermarken. Registermarken sind im MarkenG ab § 7 ff. geregelt.

b) Die grafische Darstellbarkeit als Voraussetzung der Markenfähigkeit von Registermarken

Trotz der systemwidrigen Positionierungen in dem Bereich der absoluten Schutzhindernisse ist die grafische Darstellung unter richtlinienkonformer Auslegung unter dem Gesichtspunkt der Markenfähigkeit zu erörtern.[36] In diesem Zusammenhang ist ferner zu berücksichtigen, dass das Erfordernis der grafischen Darstellbarkeit ausschließlich eine Voraussetzung der Markenfähigkeit von Registermarken war. In der Literatur wurde die Auffassung vertreten, dass

36 Ströbele/Hacker/Thiering/*Miosga*, § 3 Rn. 26; *Fezer*, § 3 Rn. 375; *Bender*, FS Mühlendahl, S. 157 (160); Büscher/Dittmer/Schiwy/*Schalk*, Kapitel 3, § 3 MarkenG Rn. 6; a. A. *Ingerl/Rohnke*, § 8 Rn. 5.

die grafische Darstellbarkeit wegen des einheitlich konzipierten Markenschutzes der EU eine allgemeine Voraussetzung der Markenfähigkeit sei und deshalb auch für Benutzungsmarken Verbindlichkeit beanspruche.[37] Diese Ansicht wurde 2009 vom BGH in seiner Entscheidung *UHU* zurückgewiesen.[38] Bereits aus den Leitsätzen der *UHU*-Entscheidung geht unmissverständlich hervor, dass eine Benutzungsmarke für ihre Schutzfähigkeit nicht grafisch dargestellt werden muss.[39] Für sie gilt allein das Gebot der Bestimmtheit.[40] Dies ist auch sachgerecht, da sich der Schutzgegenstand einer Benutzungsmarke durch die konkrete Benutzungsform bestimmt und nicht kraft Eintragung.[41] Aus denselben Gründen muss für notorisch bekannte Marken dasselbe gelten, da sie ebenfalls dem Markenschutz ohne Eintragung zugänglich sind.

Im Ergebnis war die grafische Darstellbarkeit daher rechtlich als eine Voraussetzung der Markenfähigkeit von Registermarken einzuordnen.

3. *Abstrakte Unterscheidungseignung*

Als weitere Voraussetzung der Markenfähigkeit muss ein Zeichen dazu geeignet sein, Waren und/oder Dienstleistungen eines Unternehmens von denjenigen eines anderen zu unterscheiden. In dieser Voraussetzung findet sich die Herkunftsfunktion als Hauptfunktion einer Marke wieder. Die Unterscheidungseignung i.S.v. § 3 Abs. 1 MarkenG ist abstrakt zu beurteilen. Ihr Vorliegen wird bereits dann angenommen, wenn das Zeichen ein Mindestmaß an gestalterischer Eigentümlichkeit aufweist.[42] Nur wenn unter jeden denkbaren Umständen ausgeschlossen werden kann, dass das fragliche Gebilde in der Lage ist, als Hinweis auf die betriebliche Herkunft jedweder Waren und/oder Dienstleistungen zu dienen, ist das Vorliegen der abstrakten Unterscheidungseignung zu verneinen.[43] Demgemäß darf der Verkehr in dem Zeichen überhaupt keinen Herkunftshinweis erkennen können.[44] Beispielhaft für nicht abstrakt unterscheidungsgeeignete Zeichen werden Wörter wie „*super*", „*prima*", „*extra*", *ultra*" in Alleinstellung angeführt, aber auch „*euro*", „*int.*", „*international*" sowie „*tele*" und „*TV*".[45] Als Teil eines Wortbestandteils kann jedoch

---

37 *Fezer*, § 3 Rn. 379, § 8 Rn. 12.
38 BGH GRUR 2009, 783 ff. – UHU.
39 BGH GRUR 2009, 783 – UHU.
40 BGH GRUR 2009, 783, 786 (Rz. 31) – UHU.
41 *Engels*, S. 249 Rn. 643.
42 *Samwer*, § 2 Rn. 120.
43 Ströbele/Hacker/Thiering/*Miosga*, § 3 Rn. 11.
44 Büscher/Dittmer/Schiwy/ *Schalk*, Kapitel 3, § 3 MarkenG Rn. 10.
45 *Fezer*, § 3 Rn. 371; Ströbele/Hacker/Thiering/*Miosga*, § 3 Rn. 11.

auch ein nicht abstrakt unterscheidungsgeeignetes Zeichen wieder die notwendige Unterscheidungskraft i.S.v. § 3 MarkenG innewohnen.[46] Dieses weite Verständnis der abstrakten Unterscheidungseignung führt dazu, dass im Ergebnis nahezu alle denkbaren Zeichenformen das Erfordernis der abstrakten Unterscheidungseignung erfüllen und somit dem Markenschutz – zumindest in dieser Hinsicht – zugänglich sind. Nur in den seltensten Fällen ist einem Zeichen die abstrakte Unterscheidungseignung abzusprechen.[47] Um infolgedessen ausufernde Schutzmöglichkeiten für Registermarken zu verhindern, dient § 8 Abs. 2 Nr. 1 MarkenG als Korrektiv. Demnach sind Zeichen von der Eintragung ausgeschlossen, denen für die Waren oder Dienstleistungen jegliche Unterscheidungseignung fehlt. Die Prüfung der absoluten Schutzhindernisse nach § 8 MarkenG setzt die Markenfähigkeit und somit auch die abstrakte Unterscheidungseignung eines Zeichens nach § 3 MarkenG voraus.[48] Beide Voraussetzungen sind daher strikt zu trennen. Der unterschiedlichen Wertung wird auch damit Rechnung getragen, dass ein Zeichen, das die konkrete Unterscheidungseignung nicht besitzt, immer noch schutzfähig sein kann, sofern es sich im Verkehr durchgesetzt hat, vgl. § 8 Abs. 3 MarkenG. Dennoch müssen auch diese Zeichen abstrakte Unterscheidungskraft i.S.v. § 3 MarkenG besitzen.

III. Markenschutz und seine Entstehung

Die markenrechtlichen Entstehungstatbestände sind abschließend in § 4 MarkenG geregelt. Sie blieben von der Markenrechtsreform 2015 unberührt.

1. Förmlicher und sachlicher Markenschutz

Im Gegensatz zum europäischen Recht kennt das deutsche Recht drei Entstehungsformen. Dies ist darauf zurückzuführen, dass der deutsche Gesetzgeber von dem durch die Richtlinie gewährten Recht Gebrauch gemacht hat, neben den eingetragenen auch die durch Benutzung entstandenen Marken zu schützen.[49] Alle drei Entstehungstatbestände i.S.v. § 4 MarkenG stehen gleichwertig nebeneinander und können auch kumulativ vorliegen.[50]

---

46 *Fezer*, § 3 Rn. 371.

47 Ströbele/Hacker/Thiering/*Miosga*, § 3 Rn. 11.

48 *Fezer*, § 3 Rn. 366.

49 Vgl. Erwägungsgrund 10) MarkenRL bzw. Erwägungsgrund 10) und 11) MarkenRL-2015.

50 *Fezer*, § 4 Rn. 21, § 41 Rn. 3.

Die Kategorie der durch Benutzung entstandenen Marken umfasst die Benutzungsmarken sowie die Notorietätsmarken. Ein auf diese Weise entstandener Markenschutz wird auch als *sachlicher Markenschutz* bezeichnet.[51] Ein durch Eintragung generierter Markenschutz ist hingegen als *förmlicher Markenschutz* bekannt.[52] Für die Entstehung eines *förmlichen Markenschutzes* fordert § 4 Abs. 1 Nr. 1 MarkenG die Eintragung des Zeichens in das vom DPMA zentral geführte Markenregister. Solche Marken werden daher auch als Registermarken bezeichnet. Ihre tatsächliche Benutzung im geschäftlichen Verkehr spielt für ihren (förmlichen) Markenschutz keine Rolle. Gegenteilig verhält es sich bei der Entstehung eines *sachlichen Markenrechts*. Ein *sachliches Markenrecht* setzt seiner Natur nach eine Benutzung im geschäftlichen Verkehr voraus, da dessen Entstehung gem. § 4 Nr. 2 MarkenG eine Verkehrsgeltung (Benutzungsmarken) bzw. gem. § 4 Nr. 3 MarkenG die Bekanntheit der Marke (Notorietätsmarke) fordert. Anders als bei Registermarken wird ihnen somit ein gewisser Grad an Bekanntheit abverlangt. Im Vergleich zu *förmlichen Markenrechten* spielen *sachliche Markenrechte* in der Praxis jedoch nur eine untergeordnete Rolle. Die meisten Markeninhaber, insbesondere Unternehmen, beanspruchen für ihre Kennzeichen Schutz im Wege des formellen Eintragungsverfahrens.[53] Markenschutz ohne Eintragung kann jedoch beispielsweise dann relevant werden, wenn die Eintragung in das Register wegen entgegenstehender Schutzhindernisse verwehrt wurde.

Wie aus obigen Erörterungen hervorgeht, war das Erfordernis der grafischen Darstellbarkeit ausschließlich obligatorische Voraussetzung der Markenfähigkeit von Registermarken. Für die Markenfähigkeit von Benutzungsmarken bzw. notorisch bekannter Marken kam und kommt es nicht auf ihre grafische Darstellung an. Aus diesem Grund wird in dieser Arbeit auch nachfolgend ausschließlich auf Registermarken eingegangen. In diesem Zusammenhang wird die Frage untersucht, ob der Wegfall des Erfordernisses der grafischen Darstellbarkeit zu einer Besserstellung bzw. Eintragungserleichterung bestimmter Registermarken geführt hat. Zunächst ist jedoch auf die Entstehung eines *förmlichen Markenrechts* einzugehen.

2. Entstehung des Markenschutzes kraft Registereintragung gem. § 4 Nr. 1 MarkenG

2018 wurden in Deutschland über 70 500 Zeichen als nationale Marke beim DPMA zur Eintragung angemeldet.[54] Von diesen wurden über 50 500 Marken gem. § 41

51 Ströbele/*Hacker*/Thiering, § 4 Rn. 1, *Fezer*, § 4 Rn. 9 ff; *Engels*, S. 225 f. Rn. 583.
52 Ströbele/*Hacker*/Thiering, § 4 Rn. 1; *Fezer*, § 4 Rn. 9 ff; *Engels*, S. 225 f. Rn. 583.
53 *Hacker*, Rn. 74 f.; *Hildebrandt*, § 6 Rn. 2.
54 DPMA, Jahresbericht 2018, S. 99,

MarkenG eingetragen.[55] Der Bestand der bereits eingetragenen Marken belief sich für das Jahr 2018 auf über 815 500 Marken.[56] Diese Zahlen belegen das große Interesse an einem förmlichen Markenschutz. Es überrascht daher auch nicht, dass die Registermarke in der Praxis die wichtigste der drei Markengruppen darstellt.[57] Eine nicht unwesentliche Rolle spielt hierbei, dass die Registereintragung einen einfachen und rechtssicheren Weg darstellt, Markenschutz für ein bestimmtes Zeichen zu erhalten.[58] Außerdem ist der Nachweis von Verkehrsgeltung oder notorischer Bekanntheit mit einem viel höheren Aufwand verbunden als der Urkundennachweis einer Registereintragung.

Die materiellen Eintragungsvoraussetzungen für die Entstehung eines *förmlichen Markenrechts* sind in §§ 3, 7 bis 13 MarkenG geregelt.[59] Das Eintragungsverfahren findet seine Voraussetzungen in den Vorschriften der §§ 32 bis 44 MarkenG, die durch die Markenverordnung (MarkenV) konkretisiert werden.[60] Der Anmelder hat die Marke beim DPMA als zuständiges Markenamt zur Eintragung anzumelden. Sofern die formellen und materiellen Eintragungsvoraussetzungen erfüllt sind, steht dem Markenanmelder ein Anspruch auf Markeneintragung i.S.v. § 33 Abs. 2 MarkenG zu.[61] Unabhängig davon, zu welchem Zeitpunkt die tatsächliche Eintragung der Marke erfolgt, begründet bereits die Anmeldung der Marke Priorität i.S.v. § 6 Abs. 2 MarkenG. Er ist jedoch vor Eintragung nicht dazu berechtigt, Dritten die Verwendung des Zeichens zu untersagen. Ansprüche aus der Marke, insbesondere Verletzungsansprüche i.S.v. §§ 14, 18 bis § 19 c MarkenG entstehen erst mit Eintragung der Marke.[62]

---

https://www.dpma.de/docs/dpma/veroeffentlichungen/jahresberichte/jahresbericht2018.pdf, zuletzt abgerufen am 04.10.2019.

55 DPMA, Jahresbericht 2018, S. 99, https://www.dpma.de/docs/dpma/veroeffentlichungen/jahresberichte/jahresbericht2018.pdf, zuletzt abgerufen am 04.10.2019.

56 DPMA, Jahresbericht 2017 S. 98, https://www.dpma.de/docs/dpma/veroeffentlichungen/jahresberichte/jahresbericht2018.pdf, zuletzt abgerufen am 04.10.2019.

57 *Hacker*, Rn. 74.

58 Spindler/Schuster/*Müller*, § 4 Rn. 1.

59 *Ingerl/Rohnke*, § 4 Rn. 5; *Fezer*, § 4 Rn. 14.

60 *Ingerl/Rohnke*, § 4 Rn. 5; *Fezer*, § 4 Rn. 14.

61 Spindler/Schuster/*Müller*, § 4 Rn. 1.

62 Ströbele/*Hacker*/Thiering, § 4 Rn. 5.

Kapitel 3 Das Markenregister

Das zentral vom DPMA geführte und öffentlich zugängliche Markenregister gibt Interessierten Auskunft über eingetragene, anmeldete und gelöschte Registermarken. Bis zum Inkrafttreten des MaMoG wurden alle Marken im Markenregister ausschließlich grafisch dargestellt. Eine andere Darstellungsweise kam nicht in Betracht, da Registermarken bis zu diesem Zeitpunkt dem Erfordernis der grafischen Darstellbarkeit genügen mussten. Die der Anmeldung beigefügte grafische Markendarstellung wurde im Markenregister veröffentlicht. Nunmehr sind Markenanmelder in ihrer Wahl hinsichtlich des Darstellungsmittels nicht mehr auf eine grafische festgelegt. Ersetzt wurde das Erfordernis durch nicht näher bestimmte Darstellungsweisen, die allerdings eine klare und eindeutige Bestimmbarkeit des Schutzgegenstandes sicherstellen müssen. Trotz der Erweiterung der Darstellungsmethode werden auch weiterhin alle Registermarken im Markenregister eingetragen. Das Markenregister gibt somit auch zukünftig Aufschluss über alle Registermarken. Welche konkreten Auswirkungen der Verzicht auf eine grafische Darstellung auf die Zeichenwiedergabe im Register hat, wird im sechsten Kapitel untersucht.[63] Zunächst sollen die nachfolgenden Ausführungen zu einem besseren Verständnis hinsichtlich der Herkunft des Markenregisters sowie seinem Sinn, seiner Funktion und seines Zweckes beitragen.

A. Geschichtlicher Hintergrund

Die Eintragung eines Zeichens in ein Register blickt in Deutschland auf eine lange Tradition zurück. Der Grundstein wurde bereits 1874 mit dem Gesetz über den Markenschutz vom 30. November 1874[64] (MSchG) gelegt, dass erstmals in Deutschland das Markenrecht einheitlich regelte. Mit dem MSchG begann der moderne Markenschutz in Deutschland.[65]

Das große Interesse und Bedürfnis nach einer solchen Regelung basiert auf Erwägungen, die auch heute noch Rechtsgültigkeit haben. Bereits 1875 stellte der Oberappelationsgerichtsrath zu Jena *Professor Dr. Endemann* fest, dass mit der Verabschiedung des MSchG den „täglichen Erfahrungen über den vielfältigen Missbrauch der Waarenbezeichnungen“ entgegengewirkt wurde und somit

63 Siehe hierzu Kapitel 6 D, E.

64 RGBl. 1874, Nr. 28 S. 143–146.

65 Ströbele/*Hacker*/Thiering, Einl. Rn. 2.

eine zuvor bestehende Lücke in der Rechtsordnung geschlossen wurde.[66] Weiter führte er aus, dass sich der Verkehr durch die Einführung einer einheitlichen Regelung „sicher sein soll, woher die Waare stammt" und sodann, dass die „Etikettierung dem Publikum eine Garantie für die Echtheit der Waaren" biete.[67] Diese Gedanken spiegeln die bis heute gültigen Fundamente des Markenschutzes wieder. Insbesondere wurde bereits zu diesem frühen Zeitpunkt in der Geschichte des deutschen Markenrechts die kennzeichnungsrechtliche Herkunftsfunktion umschrieben.

Das MSchG ist auf zwei Petitionen zurückzuführen, die 1873 und 1874 in den Deutschen Reichstag eingebracht wurden.[68] Die ältere Petition stammt von dem Abgeordneten *Petersen* sowie weiteren Abgeordneten, die nicht näher bekannt sind. Sie forderten den Reichskanzler auf, dem Reichstag baldmöglichst einen Entwurf zu einem Gesetz zum Schutz der Fabrik- und Warenzeichen vorzulegen. Ein Jahr später brachte der deutsche Bleistiftfabrikant *Johann Lothar Freiherr von Faber* eine fast wortgleiche Petition in den Deutschen Reichstag ein.[69] Aufgrund dessen gab der Kommissar des Reichskanzleramtes *Nieberding* in der Sitzung der Petitionskommission vom 04. März 1874 eine Erklärung ab. In dieser hieß es, dass die Reichsregierung bereits wegen eines Reichstagsbeschlusses vom 20. Mai 1873 mit der Ausarbeitung eines einheitlichen Gesetzes zum Schutz von Marken und Fabrikzeichen beschäftigt sei.[70] Realisiert wurde dieses Vorhaben bereits wenige Monate später mit Verabschiedung des MSchG am 30. November 1874. Es trat am 1. Mai 1875 in Kraft.

Gem. § 1 MSchG konnten Gewerbetreibende, deren Firma im Handelsregister eingetragen war, Zeichen, die zur Unterscheidung ihrer Waren von den Waren anderer Gewerbetreibenden auf den Waren selbst oder auf deren Verpackung angebracht wurden, zur Eintragung in das Handelsregister des Ortes ihrer Hauptniederlassung bei dem zuständigen Gericht eintragen lassen. In der heutigen Zeit würde diese Aufgabe somit in den Zuständigkeitsbereich der Amtsgerichte fallen. Ein zentral geführtes Register gab es damals noch nicht. Dies ist insbesondere darauf zurückzuführen, dass zur damaligen Zeit noch

---

66 *Endemann*, S. 1.

67 *Endemann*, S. 1.

68 Siehe hierzu: Reichstagsprotokolle, 1874/3, Aktenstück Nr. 60, Fünfter Bericht der Kommission für Petitionen, S. 235 f.

69 Siehe hierzu: Reichstagsprotokolle, 1874/3, Aktenstück Nr. 60, Fünfter Bericht der Kommission für Petitionen, S. 235 f.

70 Siehe hierzu: Reichstagsprotokolle, 1874/3, Aktenstück Nr. 60, Fünfter Bericht der Kommission für Petitionen, S. 235 f.

keine Zentralbehörde für den gewerblichen Rechtsschutz existierte.[71] Es lässt sich jedoch bereits aus dem vorher Gesagten ableiten, weshalb es später zur Einführung eines zentral geführten Markenregisters kam. Die schutzfähigen Zeichen wurden stets auf Papier und somit in zweidimensionaler Form dargestellt, sodass die Gründe für die Einführung eines Markenregisters ausschließlich pragmatischer Natur waren.

20 Jahre später wurde das MSchG durch das Gesetz zum Schutz von Waarenbezeichnungen vom 12. Mai 1894[72] (WbzG) abgelöst. Schutzfähige Zeichen wurden fortan gem. §§ 1, 2 WbzG in eine Zeichenrolle eingetragen, die zentral bei dem Kaiserlichen Patentamt geführt wurde und für jedermann frei einsehbar war. Das Kaiserliche Patentamt wurde 1877 durch das PatG errichtet.[73] Mit Errichtung einer Zentralbehörde für den gewerblichen Rechtsschutz wurde auch der Weg für eine zentrale Registrierung geebnet.[74] Von diesem Zeitpunkt an sollte das Konzept der zentralen Registrierung stets weiterverfolgt und -entwickelt werden. Gem. § 24 WbzG konnten bis zum 01. Oktober 1898 Zeichen, die in einem dezentral geführten Handelsregister eingetragen waren, in die zentral geführte Zeichenrolle übertragen werden. Der durch das MSchG gewährte markenrechtliche Schutz erlosch mit Eintragung des Zeichens in die Zeichenrolle oder – sofern eine solche nicht erfolgte – gem. § 24 WbzG spätestens am 01. Oktober 1898.

Das WbzG wurde mit Wirkung zum 01. Oktober 1936 durch das Warenzeichengesetz vom 05. Mai 1936[75] (WZG) abgelöst. Das WZG ist im Wesentlichen eine Neuordnung des WbzG.[76] Die Struktur und die wesentlichen Inhalte des WbzG wurden in Grundzügen übernommen.[77] An der Zuständigkeit einer zentralen Registerbehörde für die Eintragung von Zeichen in eine von ihr geführte Zeichenrolle sollte sich auch zukünftig – und damit seit deren Initiierung im Jahre 1894 – nichts ändern. Vielmehr ist die zentrale Registrierung seit 1894 ein wesentlicher Bestandteil des deutschen Markenrechtes. Bis zum Inkrafttreten des MarkenG 1995 wurde das WZG einige Male reformiert. Hierbei handelte es sich in erster Linie um materiell-rechtliche Erweiterungen, sodass

71 RGBl. 1874 S. 143–146.

72 RGBl. 1894, Nr. 22 S. 441–448.

73 Ströbele/*Hacker*/Thiering, Einl. Rn. 4.

74 Ströbele/*Hacker*/Thiering, Einl. Rn. 4.

75 RGBl. II 1936 S. 134.

76 Ströbele/*Hacker*/Thiering, Einl. Rn. 5.

77 Deutscher Bundestag, Begründung zum Entwurf eines Gesetzes zur Reform des Markenrechts zur Umsetzung der MRL vom 14.01.1994, BT-Drucks. 12/6581, S. 53.

das Eintragungserfordernis hiervon unberührt blieb.[78] Das WZG blieb in seiner damals geltenden Fassung[79] bis zum 31. Dezember 1994 in Kraft. Am 01. Januar 1995 löste das MarkenG das WZG ab, das infolge der Harmonisierung des Markenrechts auf europäischer Ebene geschaffen wurde. Dies hatte jedoch keinen Einfluss auf die zuvor schon bestehende zentrale Registrierung von Marken. Im Einklang mit den europäischen Vorgaben mussten auch zukünftig alle Registermarken in das vom Deutschen Patentamt (DPA) bzw. seit 1998 in das vom DPMA als zentrale Behörde des gewerblichen Rechtsschutzes geführte Register eingetragen werden, vgl. 24 Abs. 1 MarkenV.

Seither entsteht registerrechtlicher Markenschutz gem. § 4 Abs. 1 Nr. 1 MarkenG durch die Anmeldung und Eintragung einer Marke in das vom DPMA geführten Register, wobei das Register der Warenzeichenrolle nach dem WZG entspricht.[80] Seit dem 01. August 1999 wird das Register gem. 24 Abs. 2 MarkenV in Form einer elektronischen Datenbank betrieben, die für jedermann frei einsehbar ist. Neben den eingetragenen Marken werden auch die angemeldeten und zurückgewiesenen Marken sowie zurückgenommene Markenanmeldungen angezeigt.

B. Die Registereintragung

I. Der registerrechtliche Bestimmtheitsgrundsatz

Der registerrechtliche Bestimmtheitsgrundsatz ist einer der tragenden Verfahrensgrundsätze im Markenrecht.[81] Der Vertrauensgrundsatz als auch der Grundsatz der Unveränderlichkeit der Marke sind Ausfluss des Bestimmtheitsgrundsatzes.[82]

---

78 So z.B. die Einführung des Benutzungszwanges (1967), die Eintragbarkeit von Dienstleistungsmarken (1979), die Einführung des Produktpirateriegesetzes (1990) und die Aufhebung der Bindung der Marke an den Geschäftsbetrieb (1992), vgl. Begründung zum MarkenG, BT-Drucks. 12/6581, S. 53.

79 WZG in der Fassung vom 02.01.1968 (BGBl. I S. 1, 29), zuletzt geändert durch das Gesetz vom 23.04.1992 (BGBl. I S. 983).

80 *Fezer*, § 41 Rn. 4.

81 Vgl. Ströbele/Hacker/Thiering/*Miosga*, § 32 Rn. 14 unter Verweis auf EuGH GRUR 2003, 145, 148 (Rz. 48–51) – Sieckmann; GRUR 2003, 604, 606 (Rz. 28) – Libertel; GRUR 2004, 54, 57 f. (Rz. 59, 61, 63) – Shield Mark/Kist; GRUR 2004, 858, 859 (Rz. 25, 27, 35) – Heidelberger Bauchemie GmbH; GRUR 2007, 231 (Rz. 37–40) – Dyson m.w.N..

82 HABM GRUR 2002, 348 (Rz. 9) – Der Duft von Himbeeren; Ingerl/Rohnke, § 32 Rn. 8.

Konkret besagt der Bestimmtheitsgrundsatz, dass für jede Registereintragung die Marke bereits zum Zeitpunkt der Anmeldung hinreichend bestimmt sein muss. D.h. es muss von Anfang eindeutig festgelegt sein, was nach dem Willen des Anmelders Gegenstand des Schutzes sein soll, der sich aus der angemeldeten Marke ergibt.[83] Dies bedeutet, dass hinsichtlich des einzutragenden Zeichens bereits *vor* Entstehung des *förmlichen Markenschutzes,* nämlich zum Zeitpunkt seiner Anmeldung, jegliche Zweifel bzgl. des Schutzgegenstandes im Hinblick auf Form und Inhalt ausgeschlossen sein müssen.[84] Darüber hinaus werden auch nachträgliche Abänderungen des Schutzgegenstandes verhindert. Ob ein Zeichen den Anforderungen des registerrechtlichen Bestimmtheitsgrundsatzes genügt, hing maßgeblich von der grafischen Darstellung des Zeichens ab. Nunmehr von seiner klaren und eindeutigen Bestimmbarkeit.

II. Definition und Wirkung der Eintragung

Wie bereits aufgezeigt, ist die Registereintragung unerlässlich für die Entstehung eines *förmlichen Markenrechts* i.S.v. § 4 Abs. 1 MarkenG. Per Definition ist die Eintragung die schriftliche Niederlegung einer Marke in einem Register.[85] Sie wirkt konstitutiv und ist in § 41 Abs. 1 MarkenG geregelt.

Mit Eintragung erwirbt der Markeninhaber gem. § 14 Abs. 1 MarkenG im gesamten Bundesgebiet an dem Zeichen ein Ausschließlichkeitsrecht. Im Kollisionsfall kann er – ein gültiges Markenrecht vorausgesetzt – in dem durch die Registereintragung gewährten Schutzumfang konkurrierende Zeichen abwehren.[86] Der Inhaber einer Marke hat bei rechtsverletzenden Handlungen Dritter

83 *Kur*, MarkenR 2000, 1, 2.

84 *Fezer*, § 3 Rn. 377, § 32 Rn. 1; Ströbele/Hacker/Thiering/*Miosga*, § 32 Rn. 13; *Ingerl/Rohnke*, § 32 Rn. 8.

85 *Bender*, FS Mühlendahl, S. 157, 160.

86 Für ein gültiges Markenrecht reicht eine Markenanmeldung bzw. -eintragung nicht aus. So unterliegt die deutsche Marke u.a. einem Benutzungszwang i.S.v. § 26 MarkenG, wonach Markeninhaber die Marke ernsthaft zur Kennzeichnung ihrer Waren und/oder Dienstleistungen im Inland nutzen müssen. Dritte können andernfalls die Einrede der Nichtbenutzung erheben, vgl. 25 Abs. 2, S. 1, 43 MarkenG, woraufhin der Markeninhaber einen Benutzungsnachweis führen muss. Gelingt ihm das nicht bzw. nicht für alle eingetragenen Waren und/oder Dienstleistungen, ist seine Marke in diesem Umfang zu löschen, vgl. 49 Abs. 1 S. 1 MarkenG. In diesem Zusammenhang ist jedoch zu beachten, dass in den ersten fünf Jahren nach Eintragung eine Benutzungsschonfrist gilt, da der Markeninhaber Gelegenheit erhalten soll, seine Marke wirtschaftlich zu positionieren. Die Fünfjahresfrist beginnt grds. mit der Eintragung. Wird ein Widerspruch gegen die Eintragung eingelegt und ein Widerspruchsverfahren durchgeführt, fängt der Fristlauf

einen Anspruch auf Unterlassung, Schadensersatz, Vernichtung und Auskunft, gem. § 14 Abs. 2 MarkenG i.V.m. §§ 9 Abs. 1, 12 MarkenG.

III. Sinn und Zweck der Eintragung

Wie bereits aufgezeigt, entsteht Markenschutz nicht nur im Wege der Eintragung, sondern auch kraft Verkehrsgeltung oder notorischer Bekanntheit. Obwohl alle Markenrechte – sofern ihre Gültigkeit anzunehmen ist – ein Ausschließlichkeitsrecht gegenüber Dritten begründen, ist der Markenschutz kraft Eintragung der erstrebenswerteste und zu bevorzugende markenrechtliche Schutz. Hierfür spricht bereits, dass unabhängig von der konkreten Nutzung ab Veröffentlichung der Marke Markenschutz gewährt wird. Bei den *sachlichen Markenrechten* hingegen sind die Zeichen bis zu dem (unbekannten) Zeitpunkt schutzlos, zu dem ihre Verkehrsgeltung oder notorische Bekanntheit nachgewiesen werden kann. Die konkrete Nutzung ist somit maßgeblich für den markenrechtlichen Schutz. Dies führt dazu, dass der Markeninhaber im Falle eines Widerspruchs- oder Verletzungsprozesses die notorische Bekanntheit bzw. die Verkehrsdurchsetzung seines Zeichens beweisen muss, um sein ausschließliches Nutzungsrecht nachweisen zu können. Dies kann unter Umständen mit einem enormen Aufwand und Schwierigkeiten verbunden sein.

Nachfolgend werden weitere Vorteile aufgezeigt, die der Registereintragung anhaften und für einen registerrechtlichen Schutz sprechen.

1. Publizitätsfunktion

Sinn und Zweck des Markenregisters ist es, im öffentlichen Interesse eine Publizität der markenrechtlich erheblichen Tatsachen herzustellen.[87] Das Register dient folglich dazu, die Öffentlichkeit über markenerhebliche Tatsachen zu unterrichten. Zu den markenerheblichen Tatsachen zählen die Wiedergabe der Marke und ihrer Markenform, die Angabe des Markeninhabers und ggfs. dessen Vertreters, der Tag der Anmeldung und der Eintragung, Datum der Schutzdauerverlängerung sowie das Datum des Schutzendes und die Angabe der geschützten Waren und Dienstleistungen nach der Nizza-Klassifikation. Darüber hinaus wird die Öffentlichkeit über durchgeführte Verfahren wie das

---

mit Abschluss des Widerspruchsverfahrens an, vgl. § 26 V MarkenG. Dies kann sich u.U. über mehrere Jahre strecken.

87 *Fezer*, § 41 Rn. 4 unter Verweis auf BGH GRUR 2005, 1004 – Dentale Abformmasse.

Anmeldeverfahren, mögliche Widerspruchsverfahren oder Umschreibungen sowie ihren jeweiligen Verfahrensstand informiert.[88]

2. *Transparenz und Rechtssicherheit*

Eng im Zusammenhang mit der Publizitätsfunktion stehen auch die durch die Registereintragung geschaffene Transparenz und Rechtssicherheit.[89] Durch die Eintragung ist die Marke jederzeit und auf Dauer identifizierbar und wiedererkennbar.[90] Dies ist von besonderem Interesse, da eine Marke nur wirksam als Angriffs- oder Verteidigungsmittel eingesetzt werden kann, wenn ihr Schutzgegenstand und -umfang eindeutig bestimmbar sind.[91] Darüber hinaus ist dies auch für Ämter und Gerichte relevant, die sich mit dem konkreten Schutzumfang des Zeichens in Widerspruchs-, Nichtigkeits- oder Verletzungsprozessen befassen müssen. Nicht zuletzt ist dies auch im Interesse des Verkehrs. Das Markenregister bzw. die konkrete Eintragung bietet daher eine unkomplizierte, kostenfreie und schnelle Möglichkeit, sich zu informieren, ob und in welchem Umfang ein bestimmtes Zeichen Schutz genießt. Die Ämter, Gerichte und der Verkehr dürfen darauf vertrauen, dass der Schutzgegenstand hinsichtlich Form und Inhalt der jeweiligen Eintragung entspricht, vgl. z.B. 28 MarkenG.

3. *Legitimationswirkung und formelle Bindungswirkung der Gerichte*

Für den Fall einer Markenkollision und im Hinblick auf ein gerichtliches Verfahren bietet die Registereintragung ebenfalls Vorzüge gegenüber *sachlichen Markenrechten*. So begründet die Registereintragung eine Legitimationswirkung bzgl. der Person des Anmelders und des Markeninhabers oder dessen Vertreter.[92] Dies bedeutet, dass eine Zustellung ausschließlich an die im Register eingetragene Person erfolgen darf.[93] Es ist jedoch insbesondere hinsichtlich des im Register eingetragenen Rechteinhabers zu berücksichtigen, dass Eintragungen im Register nur eine rechtsbekundende, d.h. deklaratorische Legitimationswirkung haben.[94] Das Entstehen, Fortbestehen und das Erlöschen des beurkundenden Rechts richten sich nicht nach dem Register, sondern nach §§ 412, 398

---

88 Siehe hierzu amtlicher Registerauszug aus dem DPMAregister.

89 Spindler/Schuster/*Müller*, § 4 Rn. 1.

90 *Bender*, FS Mühlendahl, S. 157, 160; *Hildebrandt*, MarkenR 2002, 1, 2.

91 *Bender*, FS Mühlendahl, S. 157, 160.

92 *Ilzhöfer*, S. 19, Rn. 65.

93 *Ilzhöfer*, S. 19, Rn. 65.

94 *Engels*, S. 49, Rn. 132.

BGB.[95] Gleichwohl legitimiert die Registereintragung den formell Eingetragenen kraft des Registers zur Beteiligung an einem Verfahren und zu allen damit einhergehenden Handlungen.[96] Daher findet sich in § 28 MarkenG eine Vermutungsregelung, nach der gem. Abs. 1 vermutet wird, dass das durch die Eintragung einer Marke begründete Recht dem im Register als Inhaber eingetragenen zusteht und in Abs. 3, dass Zustellungen von Verfügungen und Beschlüssen des DPMA an den als Inhaber eingetragenen bzw. seinen Vertretungsberechtigten zuzustellen sind.

Ferner begründet die Registereintragung eine Bindungswirkung der ordentlichen Gerichte hinsichtlich der Schutzfähigkeit eines Zeichens. D.h. die Gerichte sind grds. an die Eintragungsentscheidung des DPMA gebunden. Ein Richter im Verletzungsprozess kann die Schutzfähigkeit des eingetragenen Zeichens nicht anzweifeln und muss von seiner Schutzfähigkeit ausgehen.[97] Hierdurch wird eine doppelte Inanspruchnahme des DPMA und des BPatG einerseits und der ordentlichen Gerichte andererseits verhindert.[98] Darüber hinaus wird unterbunden, dass unterschiedliche Maßstäbe bei der Beurteilung der absoluten Schutzhindernisse i.S.v. § 8 Abs. 2 MarkenG angewandt werden. Die Bindungswirkung entfällt erst, wenn eine Löschung gem. §§ 50, 54 MarkenG nicht mehr möglich ist[99] oder eine rechtskräftige Entscheidung über die Löschung vorliegt.[100]

C. Das Eintragungsverfahren

Für die Entstehung eines *förmlichen Markenrechts* muss die Marke in das vom DPMA geführte Register eingetragen werden. Im Eintragungsverfahren prüft das DPMA als zuständige Behörde, ob die hierfür erforderlichen Voraussetzungen vorliegen. Insbesondere prüft das DPMA, ob das angemeldete Zeichen die Voraussetzungen der Markenfähigkeit erfüllt und, ob der Eintragung absolute Schutzhindernisse i.S.v. § 8 Abs. 2 MarkenG entgegenstehen.

---

95 *Engels*, S. 49, Rn. 132.

96 *Engels*, S. 49, Rn. 132.

97 Kur/Bomhard/Albrecht/*Schmid*, BeckOK, § 41 Rn. 3 unter Verweis auf BGH GRUR 2008, 798, 799 (Rz. 14) – POST; GRUR 2005, 1044, 1045 – Dentale Abformmasse; GRUR 2003, 1040, 1042 – Kinder.

98 BGH GRUR 2003 1040, 1042 – Kinder.

99 BGH GRUR 2003 1040, 1042 – Kinder; ist ein Löschungsverfahren wegen § 50 Abs. 2 S. 2 MarkenG nicht mehr möglich, greift § 22 Abs. 1 Nr. 2 Alt. 2 MarkenG.

100 BGH GRUR 2008, 798, 799 (Rz. 14) – POST.

I. Das Eintragungsverfahren und seine rechtliche Einordnung

In rechtlicher Hinsicht ist das Eintragungsverfahren als ein verwaltungsrechtliches Verfahren öffentlich-rechtlicher Natur zu qualifizieren.[101] Die Eintragungsverfügung selbst ist ein Verwaltungsakt i.S.v. § 35 VwVfG, der mit der Eintragung in das Register vollzogen wird.[102] Wegen ihres VA-Charakters kann die Eintragung nur vom DPMA als zuständige Verwaltungsbehörde erlassen werden.[103] Hierbei handelt es sich nicht um eine Ermessensentscheidung der Behörde. Sind alle Eintragungsvoraussetzungen erfüllt und stehen der Anmeldung am Anmeldetag keine absoluten Schutzhindernisse i.S.v. § 8 Abs. 2 MarkenG entgegen, hat der Markenanmelder gem. § 33 Abs. 2 MarkenG einen gebundenen Anspruch auf Eintragung des angemeldeten Zeichens.

II. Die materiell-rechtlichen Bestimmungen des Eintragungsverfahrens

Das Eintragungsverfahren ist in §§ 32 bis 44 MarkenG geregelt und wird durch die MarkenV als untergesetzliche Verordnung, die nach § 65 MarkenG erlassen wurde, ergänzt. Es lässt sich in die folgenden drei Unterpunkte gliedern: (1.) die Markenanmeldung durch den potenziellen Markeninhaber bzw. dessen Vertreter, (2.) die vom DPMA durchzuführende Amtsprüfung und (3.) die Eintragung und Veröffentlichung der Marke im Register.

Als Teil der Amtsprüfung ist § 32 Abs. 2 Nr. 2. MarkenG a.F., bzw. nach Umsetzung der MarkenRL-2015 in nationales Recht § 32 Abs. 2 Nr. 3 MarkenG, von besonderem Interesse. Das alte Recht forderte für die Markenanmeldung eine Wiedergabe des Zeichens.[104] Da sowohl § 8 Abs. 1 MarkenG a.F. und § 32 Abs. 2 Nr. 2. MarkenG a.F. die Zeichenwiedergabe regelten, stellt sich die Frage, in welchem Verhältnis die Vorschriften standen. Insbesondere gilt es zu klären, ob durch die Gesetzesrevision in dieser Hinsicht eine Änderung eingetreten ist.

---

101 BPatG, GRUR 2000, 1044, 1047 – Riechmarke; *Fezer*, § 41 Rn. 3; *Ingerl/Rohnke*, Vor §§ 32–44 Rn. 5; *Baumbach/Hefermehl*, Einl. WZG Rn. 29.

102 BPatG GRUR 2000, 1044, 1047 f. – Riechmarke; Fezer, Hdb., Markenpraxis/*Bingener*, Markenverfahren DPMA I 1 1 Rn. 285.

103 Fezer Hdb., Markenpraxis/*Bingener*, Markenverfahren DPMA I 1 1 Rn. 285.

104 Infolge der Umsetzung der MarkenRL-2015 wurde § 32 MarkenG neu gefasst. Den für diese Arbeit relevanten Abschnitt regelt nunmehr § 32 Abs. 2 Nr. 3 MarkenG, der wie folgt lautet:

> „Die Anmeldung muss enthalten eine Darstellung der Marke, die nicht dem Schutzhindernis von § 8 Abs. 1 MarkenG unterfällt.“

1. *Die grafische Darstellung i.S.v. § 8 Abs. 1 MarkenG a.F. und die Wiedergabe der Marke i.S.v. § 32 Abs. 2 Nr. 2 MarkenG a.F.*

Auch wenn beide Vorschriften die Wiedergabe von Marken regelten, sind sie dogmatisch dennoch nicht deckungsgleich. Wegen ihres unterschiedlichen Regelungs- und Bedeutungsgehaltes kann keine Kongruenz angenommen werden.[105] Dies spiegelt sich schon in ihrer unterschiedlichen Begriffswahl wieder, nämlich „Wiedergabe" und „grafische Darstellung".[106]

Ohne eine Wiedergabe des Zeichens konnte und kann auch nach neuem Recht das Eintragungsverfahren nicht in Gang gesetzt werden.[107] Ohne Zeichenwiedergabe konnte und kann kein Anmeldetag zuerkannt werden.[108] Eine darüber hinausgehende Funktion erfüllte die Zeichenwiedergabe i.S.v. § 32 Abs. 2 Nr. 2 MarkenG a.F. nicht. Sie präzisierte somit für das formelle Verfahren den Schutzgegenstand, ohne eine weitere Zweckbestimmung zu erfüllen.[109] Die Wiedergabe der Marke i.S.v. § 32 Abs. 2 Nr. 2 MarkenG a.F. war somit nach der hier vertretenen Ansicht ein rein formal-rechtliches Kriterium der Markenanmeldung. Die grafische Darstellung war i.S.v. § 8 Abs. 1 MarkenG a.F. hingegen ein materiell-rechtliches Erfordernis, da ihr Vorliegen als eine Voraussetzung der Markenfähigkeit geprüft wurde.

Angesichts dieser nicht deckungsgleichen Zielrichtungen ist die früher teilweise in der Literatur vertretenen Ansicht, beide Kriterien zusammenfallen zu lassen,[110] abzulehnen. Dafür spricht neben der bereits erwähnten unterschiedlichen Begriffswahl v.a. auch der weitere Regelungsgehalt des Erfordernisses der grafischen Darstellbarkeit. So umfasst das (sachlich-inhaltliche) Erfordernis der grafischen Darstellbarkeit stets das (rein formal-rechtliche) Erfordernis der Wiedergabe.[111] Umgekehrt nicht, da mit dem Erfordernis der grafischen Darstellbarkeit nicht allein der Gegenstand des Prüfverfahrens festgelegt wurde. Sie ermöglichte auch die Eintragung des Zeichens in das Register und stellte die zuverlässige Unterrichtung der Allgemeinheit über bestehende Markenformen

---

105 *Bender*, FS. Mühlendahl, S. 159.

106 So auch *Fezer*, GRUR 2005, 102, 106.

107 *Bender*, FS Mühlendahl, S. 157, 159.

108 Kur/Bomhard/Albrecht/*Schmid*, BeckOK, § 32 Rn. 12 unter Verweis auf: BGH GRUR 2004, 502, 503 – Gabelstapler II; BPatG GRUR 2001, 521, 522 – Penta Kartusche; GRUR 2007, 63 – KielNET; *Isenberg*, S. 27

109 *Ingerl/Rohnke*, § 32 Rn. 8.

110 Ströbele/*Hacker*, 7. Aufl., § 3 Rn. 15; *Ingerl/Rohnke*, 2. Aufl., § 32 Rn. 8.

111 Ströbele/Hacker/Thiering/*Miosga*, § 32 Rn. 15; *Bender*, FS Mühlendahl, S. 157, 159.

und ihre Schutzbereiche.[112] Für den erwähnten umgekehrten Fall bedeutet dies, dass selbst, wenn die Mindestanforderung nach § 32 Abs. 2 Nr. 2 MarkenG a.F. erfüllt waren, nicht zwangsläufig auch die Voraussetzung des § 8 Abs. 1 MarkenG a.F. vorlagen, da der Schutzgegenstand trotz Wiedergabe i.S.v. § 32 Abs. 2 Nr. 2 MarkenG a.F. nicht zwangsläufig in beständiger, dauerhafter oder verständlicher Weise dargestellt sein muss,[113] dies aber obligatorisch für eine Zeichendarstellung i.S.v. § 8 Abs. 1 MarkenG ist. Ob das Zeichen tatsächlich i.S.v. § 8 Abs. 1 MarkenG a.F. grafisch darstellbar war, bedurfte einer gesonderten Prüfung im Rahmen der Markenfähigkeit. Ferner hatte das Fehlen der jeweiligen Voraussetzung unterschiedliche Rechtsfolgen. Genügte der Antrag auf Anmeldung dem Erfordernis der grafischen Darstellbarkeit als Voraussetzung der Markenfähigkeit nicht, wurde er nach § 37 Abs. 1 MarkenG zurückgewiesen. Entsprach er dem verfahrensrechtlichen Erfordernis der Wiedergabe des Zeichens nach § 33 Abs. 1 i.V.m. § 32 Abs. 2 Nr. 2 MarkenG a.F. nicht, wurde eine Frist zur Nachreichung gesetzt, vgl. § 36 Abs. 2 S. 11 MarkenG a.F. Bei nicht fristgerechter Einreichung galt die Anmeldung gem. § 36 Abs. 2 S. 1 MarkenG a.F. als zurückgenommen.

2. *Die neuen Vorschriften § 32 Abs. 2 Nr. 3 MarkenG und § 8 Abs. 1 Nr. 1 MarkenG*

Mit Inkrafttreten des MaMoG am 14. Januar 2019 wurde das deutsche Markenrecht an die europäischen Vorgaben angepasst. Im Zuge dessen wurde nicht nur die Voraussetzung der grafischen Darstellbarkeit durch flexiblere Kriterien ersetzt, sondern auch § 32 Abs. 2 Nr. 2 MarkenG a.F. überarbeitet. Neben einer neuen Nummerierung wurde auch der Wortlaut der Vorschrift abgeändert. § 32 Abs. 2 Nr. 3 MarkenG n.F. lautet nunmehr wie folgt:

> *„Die Anmeldung muss enthalten eine Darstellung der Marke, die nicht dem Schutzhindernis von § 8 Abs. 1 MarkenG unterfällt."*

Damit muss zukünftig auch die Darstellung der Marke i.S.v. § 32 Abs. 2 Nr. 3 MarkenG dem Erfordernis einer klaren und eindeutigen Zeichendarstellung genügen, die eine eindeutige Identifizierbarkeit des Schutzgegenstandes sicherstellt. Mit Einführung eines Verweises auf § 8 Abs. 1 MarkenG n.F. erübrigt sich die oben dargestellte Problematik, da beiden Zeichenwiedergaben dieselben

---

112 BGH GRUR 2005, 1044, 1045 – Dentale Abformmasse; BPatG GRUR 2005, 594, 595 f. – Hologramm; Ströbele/Hacker/Thiering/*Miosga*, § 32 Rn. 15.

113 Ströbele/Hacker/Thiering/*Miosga*, § 32 Rn. 15.

Anforderungen zugrunde liegen. Das bedeutet, dass selbst für die Zuerkennung eines Anmeldetages das Zeichen die Anforderungen des § 8 Abs. 1 MarkenG n.F. erfüllen muss. Im Ergebnis wurden somit die formal-rechtlichen Anforderungen verschärft. Auf den ersten Blick erscheint die Angleichung plausibel, da nach altem Recht ein Zeichen, welches zwar die formal-rechtlichen Kriterien erfüllte und somit ein Anmeldetag zuerkannt werden konnte, dennoch nicht eintragungsfähig war, sollte es sich i.S.d. vormals bestehenden Anforderungen nicht grafisch darstellen lassen. Sofern nur die formal-rechtlichen Kriterien erfüllt waren, ließ sich daher auch nicht der mit der Markenanmeldung verfolgte Zweck – ein Ausschließlichkeitsrecht an dem angemeldeten Zeichen zu erhalten – erfüllen. Wegen der Zweckdienlichkeit könnte man daher zu dem Ergebnis kommen, dass es nur konsequent ist, die formal-rechtlichen Kriterien an die materiell-rechtlichen Kriterien anzupassen.

Die Vereinheitlichung führt jedoch zu Unklarheiten hinsichtlich der Rechtsfolgen.[114] Wie dargestellt, wird eine Anmeldung, die den Anforderungen i.S.v. § 8 Abs. 1 MarkenG n.F. nicht genügt, zurückgewiesen. Eine Anmeldung die den Erfordernissen des § 33 Abs. 1 MarkenG i.V.m. § 32 Abs. 2 MarkenG n.F. nicht entspricht, gilt hingegen gem. § 36 Abs. 2 S. 1 MarkenG n.F. als zurückgenommen, sofern die Mängel nicht innerhalb einer vom DPMA bestimmten Frist beseitigt werden. Für den Markenanmelder ist es angesichts der unterschiedlichen Rechtsfolgen wichtig zu wissen, ob seine Anmeldung mangels Vorliegen der Voraussetzungen gem. § 32 Abs. 2 Nr. 3 MarkenG n.F. als zurückgenommen gilt und er den Mangel innerhalb der vom DPMA bestimmten Frist beheben kann, sodass ein Anmeldedatum zuerkannt wird,[115] oder ob mangels Vorliegen der Voraussetzungen von § 8 Abs. 1 MarkenG n.F. eine Zurückweisung der Anmeldung erfolgt, gegen die er keine Maßnahmen ergreifen kann.[116] Wegen des Verweises in § 32 Abs. 2 Nr. 3 MarkenG n.F. auf § 8 Abs. 1 MarkenG n.F. und dem damit einhergehenden Gleichlauf der Anforderungen dürfte eine Markenanmeldung zukünftig nicht mehr mangels Vorliegen von § 8 Abs. 1 MarkenG zurückgewiesen werden. Dies ist darauf zurückzuführen, dass zunächst die formal-rechtlichen Anforderungen zu prüfen sind, um der Anmeldung ein Anmeldedatum zuzuerkennen. Ob dies vom Gesetzgeber tatsächlich so gewollt ist, ist fraglich. Es bleibt abzuwarten, wie in Zukunft mit einer solchen Situation umgegangen wird.

---

114 Siehe auch Kur/Bomhard/*Schmid*, BeckOK, § 32 Rn. 12.3.
115 Kur/Bomhard/Albrecht/*Schmid*, BeckOK, § 32 Rn. 12.3.
116 Kur/Bomhard/Albrecht/*Schmid*, BeckOK, § 32 Rn. 12.3.

Kapitel 4 Die grafische Darstellbarkeit

Damit ein Zeichen als Registermarke eintragungs- und somit schutzfähig war, musste es i.S.v. § 8 Abs. 1 MarkenG a.F. grafisch darstellbar sein. Mit Inkrafttreten des MaMoG wurde das Erfordernis durch flexiblere Kriterien ersetzt. Der Wortlaut des § 8 Abs. 1 MarkenG n.F. lässt jedoch nicht den Schluss zu, dass zukünftig kein Gebrauch mehr von einer grafischen Darstellung gemacht werden darf. Die Darstellungsmethode muss sicherstellen, dass der Schutzgegenstand für die Behörden und den Verkehr klar und eindeutig bestimmbar ist. Wegen des offenen Wortlautes können Marken daher auch weiterhin grafisch dargestellt werden, sofern diese Darstellungsweise die Identifizierbarkeit sicherstellt. Ob hiervon Gebrauch gemacht werden sollte, ist von dem Wesen der Marke abhängig. Es ist durchaus möglich, dass sich der Schutzgegenstand einiger Markenformen auch nach Wegfall des Erfordernisses der grafischen Darstellbarkeit am besten grafisch darstellen lässt. Durch die neue Formulierung werden lediglich weiter Darstellungsmethoden zugelassen, es wird dabei jedoch nicht vollständig auf die grafische Darstellung als adäquate Darstellungsmethode verzichtet.

A. Die grafische Darstellung i.S.v. § 8 Abs. 1 MarkenG a.F.

Eine Definition der grafischen Darstellbarkeit enthielt weder das MarkenG bzw. die MarkenV noch die MarkenRL. Im deutschen Wörterbuch *Duden* wird das Wort „grafisch" als *„durch Zeichnung/en, Schaubilder veranschaulicht, schematisch dargestellt*" beschrieben.[117] *Fezer* definiert die grafische Darstellung als *„eine zweidimensionale Wiedergabe des Zeichens durch Schriftzeichen im weiten Sinne, sowie etwa durch Schaubilder, mathematische Funktionen, chemische Formeln, Notenbildern, Sonagrammen, Farbmustern oder die Bezugnahme auf ein Farbklassifikationssystem*".[118] Letztere Begriffsbestimmung entspricht der grafischen Darstellbarkeit i.S.v. § 8 Abs. 1 MarkenG a.F. am ehesten, da sie neben der unmittelbaren Zeichenwiedergabe die ebenfalls zulässige mittelbare Wiedergabe erfasst.

Welche Anforderungen die einzelnen Markenformen hinsichtlich des Erfordernisses der grafischen Darstellbarkeit erfüllen mussten, war in der MarkenV

117 Duden, grafisch, https://www.duden.de/rechtschreibung/grafisch, zuletzt abgerufen am 14.02.2018.

118 *Fezer*, § 8 Rn. 15.

geregelt. Die MarkenV gilt ergänzend zu den Bestimmungen des MarkenG und regelt das Verfahren in Markenangelegenheiten, vgl. § 1 MarkenV. Der für diese Arbeit relevante Abschnitt der MarkenV ist der zweite Teil. In diesem ist das markenrechtliche Verfahren bis zur Eintragung geregelt. In §§ 7 bis 12 MarkenV a.F. war festgelegt, in welcher Form sich unterschiedliche Markenformen im Sinne der rechtlichen Vorgaben grafisch darstellen ließen. So enthielt § 7 MarkenV a.F. Regelungen für Wortmarken, § 8 MarkenV a.F. für Bildmarken, § 9 MarkenV a.F. für dreidimensionale Marken, § 10 MarkenV a.F. für Kennfadenmarken, § 10 a MarkenV a.F. für Farbmarken und § 11 MarkenV a.F. für Hörmarken. Andere Markenformen wie z.B. Geruchs-, Geschmacks-, Tast- oder Hologrammmarken waren vom Regelungsgehalt des § 12 MarkenV a.F. erfasst. Sie wurden als „sonstige Markenformen" bezeichnet. Infolge der Umsetzung der MarkenRL-2015 in nationales Recht passte der deutsche Gesetzgeber die Struktur der MarkenV den europäischen Vorgaben an. Dies führte zum einen dazu, dass sich teilweise die oben dargestellte Nummerierung änderte und zum anderen, dass bestimmte Markenformen aus dem Anwendungsbereich der „sonstigen Markenformen" herausgenommen wurden und ihnen ein eigener Paragraf gewidmet wurde. Neu ist, dass Farbmarken zukünftig in § 10 MarkenV geregelt sind, in § 11 MarkenV die Klangmarken (ehemals Hörmarken) und in § 12 a MarkenV die sonstigen Markenformen. Positionsmarken, Mustermarken und Hologrammmarken, die ehemals zu den sonstigen Markenformen gehörten, erhielten mit § 12 MarkenV eine eigenständige Vorschrift. Die dort getroffenen Regelungen finden auch bei der neuen Markenform der Multimediamarke Anwendung.[119] Ausführlich wird auf die neuen Regelungen im sechsten Kapitel eingegangen.[120] In diesem Abschnitt ist zunächst auf die Rechtslage vor der Gesetzesänderung einzugehen, um in der Schlussbetrachtung die Frage beantworten zu können, ob der Verzicht auf die grafische Darstellbarkeit eine Eintragungserleichterung, insbesondere für visuell nicht wahrnehmbare Zeichen bedeutet oder ob keine spürbaren Veränderungen festgestellt werden können.

Bei manchen Markenformen war es erforderlich, neben der grafischen Darstellung auch eine Markenbeschreibung einzureichen – nämlich immer dann, wenn sich der beanspruchte Schutzgegenstand nicht eindeutig aus der

119 Zum neuen Regelungsgehalt des § 12 MarkenV gehören außerdem die Kennfadenmarken und die Mustermarken.

120 Siehe hierzu Kapitel 6 D III 4.

eingereichten grafischen Darstellung erschließen ließ.[121] Es ist daher fraglich, in welchem Verhältnis die grafische Darstellung des Schutzgegenstandes und seine wörtliche Beschreibung standen. Im Besonderen, ob die Markenbeschreibung als Teil ihrer grafischen Darstellung zu werten war. Dies lässt sich anhand der vom Gesetzgeber vorgenommenen Differenzierung beantworten, wie nachfolgende Ausführungen zeigen:

Mit § 6 a MarkenV a.F. enthielt die MarkenV eine Vorschrift, die sich ausdrücklich mit der Markenbeschreibung befasste.[122] Seit dem 01. September 2009 wird die Beschreibung zudem im Markenregister veröffentlicht, sodass sie für jedermann einsehbar ist.[123] § 6 a Abs. 1 MarkenG a.F. stellte zunächst klar, dass allen Markenformen mit Ausnahme der Wortmarken fakultativ eine Beschreibung zur Erläuterung der zweidimensionalen grafischen Markenwiedergabe beigefügt werden konnte. Obligatorisch war sie hingegen, wenn sich der Schutzgegenstand nicht ausreichend durch eine zweidimensionale grafische Darstellung wiedergeben ließ, vgl. § 6 a Abs. 2 MarkenV a.F. Gem. § 6 a Abs. 2 S. 2 MarkenV a.F. galt dies insbesondere für die sonstigen Markenformen nach § 12 MarkenV a.F. Die vom Gesetzgeber gewählte Formulierung lässt darauf schließen, dass eine Beschreibung lediglich eine klarstellende und keine weitergehende Bedeutung hatte, sofern sich der Schutzgegenstand bereits durch die grafische Darstellung hinreichend bestimmt wiedergeben ließ.[124] Dann kam es für die Beurteilung, ob die Voraussetzung der grafischen Darstellbarkeit erfüllt war, allein auf die zweidimensionale Abbildung an. Die eingereichte Beschreibung war jedoch hinzuzuziehen, und somit notwendiger Bestandteil der grafischen Darstellung, wenn sich der Schutzgegenstand ohne eine solche nicht bestimmt genug darstellen ließ.[125] Infolge der Umsetzung der MarkenRL-2015 in nationales Recht ist die Markenbeschreibung nunmehr in § 6 b MarkenV geregelt. Der Inhalt entspricht

121 Fezer, Hdb. Markenpraxis/*Bingener*, Markenverfahren DPMA I 1 1 Rn. 167, unter Verweis auf BGH GRUR 2007, 55, 57 (Rz. 24) – Farbmarke gelb/grün II; GRUR 2007, 148 (Rz. 17) –Tastmarke.

122 Diese Vorschrift ist mit der Vierten Verordnung zur Änderung der MarkenV vom 02.06.2016 in die MarkenV mit Wirkung ab dem 24.06.2016 neu eingefügt worden, vgl. BGB I S. 1354 (Nr. 28).

123 Mitteilung Nr. 21/99 des Präsidenten des DPMA, BlPMZ 1999, 392.

124 Fezer, Hdb. Markenpraxis/*Bingener*, Markenverfahren DPMA I 1 1 Rn. 167.

125 Vgl. BGH GRUR 2007, 55, 57 (Rz. 24) – Farbmarke gelb/grün II; GRUR 2007, 148, 150 (Rz. 17) – Tastmarke; Fezer, Hdb. Markenpraxis/*Bingener* DPMA I 1 1 Rn. 167.

(weitestgehend)[126] der alten Regelung, sodass die obigen Ausführungen für die neue Rechtlage entsprechend gelten. Stimmten die grafische Darstellung und die Beschreibung nicht überein, kam es entscheidend darauf an, ob die Beschreibung fakultativ oder obligatorisch eingereicht wurde.[127] Bei fakultativer Einreichung hatte die grafische Darstellung Vorrang.[128] War das Einreichen einer Beschreibung obligatorisch und stimmte sie mit der grafischen Darstellung nicht überein, war wegen der zwingenden Einheit beider Darstellungsmittel von einer unklaren Zeichenwiedergabe auszugehen.[129] Es ist anzunehmen, dass dieser Grundsatz ebenfalls auf die neue Gesetzeslage übertragen werden kann.

B. Historische Entwicklung des Erfordernisses der grafischen Darstellbarkeit

Der Begriff der grafischen Darstellbarkeit wurde von der Rechtsvereinheitlichung des Markenrechts auf europäischer Ebene geprägt. Das MarkenG, das im Zuge der Umsetzung der MRL in nationales Recht erlassen wurde, war die erste nationale Rechtsordnung, die für Registermarken die Voraussetzung der grafischen Darstellbarkeit vorsah. Früher reichte eine *deutliche Darstellung* des Zeichens aus. Sowohl das MSchG als auch das WbzG und das WZG forderten eine *deutliche Darstellung*. Es ist davon auszugehen, dass das Erfordernis der grafischen Darstellbarkeit eine Weiterentwicklung des Erfordernisses der deutlichen Darstellung ist. Anders als die grafische Darstellung konkretisierte das Erfordernis der deutlichen Darstellung nicht, auf welche Art und Weise die Zeichendarstellung zu erfolgen hatte. Hierfür bestand damals keine Notwendigkeit. Das fehlende Bedürfnis nach einer konkretisierenden Regelung ist darauf zurückzuführen, dass sich alle damals schutzfähigen Markenformen ausschließlich in

---

126 Geändert wurde z.B., dass in § 6 b Abs. 2 S. 2 MarkenV nicht ausschließlich auf die sonstigen Markenformen (nunmehr geregelt in § 12 a MarkenV) verwiesen wird, sondern auch auf die Markenformen, die mittlerweile vom Regelungsgehalt des § 12 MarkenV erfasst sind, oder dass eine Beschreibung zukünftig 150 Wörter umfassen darf und nicht mehr nur 100, vgl. § 6 b Abs. 4 MarkenV. Diese Änderungen haben jedoch keinen Einfluss auf die oben aufgeworfene Frage, in welchem Verhältnis die Zeichenwiedergabe und die Beschreibung stehen.

127 Fezer, Hdb. Markenpraxis/*Bingener*, Markenverfahren DPMA I 1 1 Rn. 168.

128 Fezer, Hdb. Markenpraxis/*Bingener*, Markenverfahren DPMA I 1 1 Rn. 167.

129 Ströbele/Hacker/Thiering/*Miosga*, 12. Aufl., § 32 Rn. 71; Fezer, Hdb. Markenpraxis/*Bingener*, Markenverfahren DPMA I 1 1 Rn. 168; a. A.; Kur/Bomhard/Albrecht/*Stamm* für Unionsmarken, BeckOK, UMV, Art. 41 Rn. 32.

zweidimensionaler und somit grafischer Form darstellen ließen. Unter Geltung des MSchG waren gem. § 3 MSchG ausschließlich Bildzeichen bzw. bildlich ausgestaltete Zeichen eintragungsfähig. Unter Geltung des WbzG und des WZG[130] konnten neben Bildzeichen auch Wortzeichen in die Zeichenrolle eintragen werden. Eintragungsfähig waren somit auch Zeichen, die aus Wörtern, Buchstabenfolgen ohne Wortcharakter oder Zahlen bestanden.[131] Wegen ihres Wesens stellte die Art und Weise kein Problem dar, da andere Darstellungsmethoden als die grafische Wiedergabe *per se* nicht in Betracht kamen.

Erst mit der einheitlichen Kodifikation auf europäischen Ebene und deren Umsetzung in nationales Recht wurde in Deutschland das Spektrum der als Marke in Betracht kommenden Zeichen erweitert. Mit Einführung des offenen Markenbegriffs machten weder der europäische noch der deutsche Gesetzgeber einschränkende Vorgaben hinsichtlich der möglichen Markenformen. Um festzulegen, dass trotz des offenen Markenbegriffs eine zweidimensionale Zeichenwiedergabe unabdingbar war – allein schon wegen der früheren Registerführung in Papierform – konkretisierte der Gesetzgeber, dass die Darstellung aller Markenformen zukünftig grafisch zu erfolgen habe. Andernfalls hätten die neuen Markenformen auch in anderer als grafischer Form deutlich dargestellt werden können. Dies hätte dazu geführt, dass schon früher elektronische Darstellungsmittel zulässig gewesen wären – vorausgesetzt, der Stand der Technik hätte dies ermöglicht. Dem Markenanmelder wäre daher bereits damals vielfältiger Gestaltungsspielraum zugestanden worden, ohne dass das Register darauf ausgelegt war, andere als solche Marken zu erfassen, die in zweidimensionaler Form dargestellt wurden. Dies hätte zu einer erheblichen Rechtsunsicherheit geführt. Um dem entgegenzuwirken und um für alle Zeichenformen einheitliche Vorgaben hinsichtlich ihrer Darstellung zu schaffen, entschied sich der Gesetzgeber, den Gestaltungsspielraum ausschließlich auf eine grafische Darstellung zu beschränken. Die zweidimensionale Wiedergabe in grafischer Form prägte somit über Jahrzehnte das deutsche Markenrecht.

C. Der Nutzen einer grafischen Darstellung

Bevor die Anforderungen an die grafische Darstellung eines Zeichens bestimmt werden können, ist zunächst festzulegen, welchen Zweck der Gesetzgeber mit

130 Das WZG von 1936 sowie das WZG von 1968.

131 Ströbele/Hacker/Thiering/*Miosga*, § 3 Rn. 3.

dem Erfordernis der grafischen Darstellbarkeit verfolgte, denn nur dann lassen sich die zweckdienlichen Anforderungen ermitteln.

Erkennt man das Erfordernis der grafischen Darstellbarkeit als Weiterentwicklung der Voraussetzung einer deutlichen Darstellung an, ist im Rahmen der Zweckbestimmung zu berücksichtigen, dass das Erfordernis der grafischen Darstellung rein pragmatischen Ursprungs ist. Zum einen waren keine anderen Zeichen schutzfähig als solche, die sich grafisch darstellen ließen, und zum anderen wurde das Markenregister traditionell in Form einer zweidimensionalen Zeichenrolle geführt. Auch nach Einführung eines offenen Markenbegriffs wurde das Markenregister bis zum 01. August 1999 noch nicht elektronisch geführt, sodass auch dann, wenn es sich nicht um zweidimensionale Marken handelte, ebenfalls nur ihre grafische Darstellung in Betracht kam. Dies bedeutete jedoch nicht, dass die Marke selbst flächig sein musste, sondern lediglich ihre Darstellung.[132] Die deutliche bzw. grafische Darstellung ist damit ein *„den Rücksichten auf das Zeichenregister angepasste Ausdrucksmittel für Zeichen"*, wie bereits das Reichsgericht betonte.[133]

Unabhängig davon war das Erfordernis der grafischen Darstellbarkeit sowohl für den administrativen Aufgabenbereich als auch für die Allgemeinheit bzw. ihr Informationsinteresse von Bedeutung. Innerhalb des administrativen Aufgabenbereichs war das Erfordernis der grafischen Darstellbarkeit für das konkrete Eintragungsverfahren von besonderem Interesse sowie für die Führung eines zweckdienlichen, aktuellen und genauen Markenregisters. Das DPA bzw. DPMA musste sicherstellen, dass sich aus dem Register ergab, welche Zeichen in welchem Umfang Schutz beanspruchten und, ob dieser möglicherweise erloschen war.[134] Die Führung eines vollständigen Markenregisters gehörte zu dem Aufgabenbereich des Markenamtes.[135] Im Rahmen des konkreten Eintragungsverfahrens prüfte und beurteilte das DPA bzw. DPMA anhand der grafischen Darstellung, ob das Zeichen die Voraussetzung für die Registereintragung erfüllte.[136] Die grafische Darstellung gewährleistete eine präzise Festlegung des Schutzgegenstandes und war somit Grundlage einer sachgerechten Amtsprüfung. Das Erfordernis der grafischen Darstellbarkeit war daher maßgeblich

---

132 *Fritz*, S. 34; *Sieckmann*, MarkenR 2001, S. 238.

133 Vgl. RGZ 19, 170, 172.

134 EuGH GRUR 2003, 145, 148 (Rz. 50) – Sieckmann.

135 EuGH GRUR 2004, 858, 859 (Rz. 29) – Heidelberger Bauchemie; GRUR 2003, 145, 148 (Rz. 50) – Sieckmann.

136 *Fezer*, § 8 Rn. 15.

für die administrative Handhabung der Markenämter. Es ermöglichte bzw. erleichterte ihre Arbeit. Neben dem administrativen Aufgabenbereich stand die Fixierung des Zeichens in zweidimensionaler Form auch im Interesse der Allgemeinheit. Der Verkehr wurde durch die Veröffentlichung und zweidimensionale Darstellung im Register abschließend über die in Kraft stehenden Registermarken und ihre jeweiligen Schutzbereiche unterrichtet.[137] Somit konnte sich der Verkehr durch Einsichtnahme über die Art und Reichweite der als Marke eingetragenen Zeichen informieren. Potenzielle Markeninhaber konnten so (1.) beurteilen, ob und inwieweit ein älteres Recht einer potenziellen eigenen Markenanmeldung entgegenstünde und (2.) die Verletzung einer eingetragenen Marke von vornherein vermeiden, indem sie ggfs. die (grafische) Darstellung ihrer beabsichtigten Marke änderten.[138] Gleichzeitig konnten auch Inhaber von bereits eingetragenen Marken anhand der grafischen Darstellung prüfen, ob sie ihre Marke im Rechtsverkehr als Angriffs- oder Verteidigungsmittel einzusetzen hatten, falls ihr Ausschließlichkeitsrecht durch entgegenstehende Zeichen verletzt wurde.[139] Um mögliche Kollisionslagen beurteilen zu können, mussten Art und Reichweite der eingetragenen Marken durch Einsichtnahme des Markenregisters erkennbar sein.[140] Angesichts der durch die grafische Darstellung präzisen Festlegung des Schutzgegenstandes und der Möglichkeit, sich im öffentlich geführten Register über die Entstehung, die Art, den Umfang, den Bestand und das Erlöschen eines Rechts zu informieren, wurde ein für die Allgemeinheit größtmöglicher Grad an nachvollziehbarer Bestimmtheit geschaffen. Das Erfordernis der grafischen Darstellbarkeit stand somit im Interesse der der Allgemeinheit bzw. der Wettbewerber.

137 *Ingerl/Rohnke*, § 8 Rn. 93 unter Verweis auf EuGH GRUR 2004, 858, 859 (Rz. 27 f.) – Heidelberger Bauchemie; GRUR 2003, 145, 148 (Rz. 51) – Sieckmann; BGH GRUR 2007, 148, 150 (Rz. 13) – Tastmarke; GRUR 1999, 730, 731 – Farbmarke magenta/grau; GRUR 2001, 1154 f. (Rz. 3) – Farbmarke violettfarben; BPatG GRUR 2005, 594, 595 (Rz. 3a) – Hologramm.

138 Zur Recherchierbarkeit von Marken nach Wegfall des Erfordernisses der grafischen Darstellbarkeit, siehe Kapitel 6 E 3.

139 Aus zivilrechtlicher Sicht stehen Markeninhabern bei der Verletzung ihres ausschließlichen Nutzungsrechts u.a. Unterlassung-, Schadenersatz- und Auskunftsansprüche zu, siehe *Bender*, FS Mühlendahl, S. 157, 160 f.

140 *Bender*, FS Mühlendahl, S. 157, 160 f.

D. Die Anforderungen an eine grafische Darstellung

Weder der MarkenRL noch dem MarkenG oder der MarkenV ließ sich entnehmen, welche Anforderungen im Einzelnen an die grafische Darstellung eines Zeichens zu stellen waren. Nicht verwunderlich ist es daher, dass diese Frage in den vergangenen Jahren sowohl nationale Gerichte als auch den EuGH beschäftigte.[141] Darüber hinaus befasste sich auch die Literatur mit den Anforderungen an eine grafische Darstellung. So wurde die Ansicht vertreten, dass das Erfordernis der grafischen Darstellbarkeit für kein schutzfähiges Zeichen den Registerschutz erschweren dürfe.[142] Dies bezog sich insbesondere auf den Markenschutz der nicht traditionellen Markenformen. Ihre zweidimensionale Darstellung war oftmals schwierig, v.a., wenn ihr Schutzgegenstand visuell nicht wahrnehmbar war.

Wegweisend für die Frage nach den Anforderungen an eine grafische Darstellung war die *Sieckmann*-Entscheidung des EuGH aus dem Jahr 2002.[143] Diese Grundsatzentscheidung prägt die Rechtsprechung und die Markeneintragungspraxis bis heute. Zentrale Themen der Entscheidung waren zwei grundlegende Voraussetzungen des Registermarkenschutzes: (1.) Die abstrakte Markenfähigkeit visuell nicht wahrnehmbarer Zeichen und (2.) die Frage nach den Anforderungen an eine grafische Darstellung, im Besonderen, ob eine mittelbare grafische Darstellung einer Zeichenwiedergabe i.S.v. § 8 Abs. 1 MarkenG a.F. genügte.

I. Das *Sieckmann*-Urteil des EuGH

Gegenstand der *Sieckmann*-Entscheidung des EuGH war die Eintragungsfähigkeit einer Geruchsmarke.[144] Als Zeichen, dessen Schutzgegenstand visuell nicht unmittelbar wahrgenommen werden kann, hatte der EuGH zu entscheiden, ob ein Geruch markenfähig ist und welche Anforderungen an seine grafische Darstellung zu stellen sind.

---

141 So z.B.: EuGH GRUR 2003, 145 – Sieckmann; GRUR 2004, 858 – Heidelberger Bauchemie; GRUR 2004, 54 – Shield Mark/Kist; BGH GRUR 2007, 148 – Tastmarke; GRUR 2007, 55 – Farbmarke gelb/grün II; BPatG GRUR 2000, 1044 – Riechmarke; GRUR 2005, 594, 595 – Hologramm.

142 So *Völker/Semmler*, GRUR 1998, 93, 98.

143 EuGH GRUR 2003, 145 – Sieckmann.

144 EuGH GRUR 2003, 145 – Sieckmann.

Der Markenanmelder, Ralf Sieckmann, meldete in Deutschland eine Geruchsmarke für verschiedene Dienstleistungen der Klassen 35, 41 und 42 an. Um die Voraussetzung der grafischen Darstellbarkeit zu erfüllen, enthielt seine Anmeldung als Anlage die Strukturformel der zu schützenden chemischen Reinsubstanz Methylcinnamat (= Zimtsäuremethylester), C_6H_5-CH=CHCOOCH_3, sowie eine Beschreibung des Dufts als *„balsamisch-fruchtig mit einem leichten Anklang an Zimt"*.[145] Zudem reichte er ein Behältnis mit einer Riechprobe ein.[146] Das DPMA lehnte die Eintragung der Geruchsmarke ab. Hiergegen legte der Anmelder beim BPatG Beschwerde ein. Das BPatG legte im Rahmen eines Vorabentscheidungsverfahrens die Sache dem EuGH vor.[147] Der EuGH hatte hinsichtlich zwei Vorlagefragen zu entscheiden, die sich mit der Auslegung des Begriffs der grafischen Darstellbarkeit von Art. 2 MarkenRL beschäftigten. Wie einleitend erwähnt, zum einen, ob ein Zeichen, das – wie eine Geruchsmarke – visuell nicht wahrnehmbar ist, Markenfähigkeit besitzt und zum anderen, welche Anforderungen an die grafische Darstellbarkeit zu stellen sind; konkreter, ob den Anforderungen an die grafische Darstellung durch die mittelbare Wiedergabe der Marke mittels einer chemischen Formel, einer Beschreibung in Worten, die Hinterlegung einer Geruchsprobe oder der Kombination dieser Elemente genügt wird.

Der EuGH bejahte die Eintragungsfähigkeit visuell nicht wahrnehmbarer Zeichen, indem er für eine grafische Wiedergabe i.S.d. der MarkenRL bzw. § 8 Abs. 1 MarkenG a.F. eine mittelbare grafische Wiedergabe der Marke durch Verwendung von Hilfsmittel wie Figuren, Linien, Schriftzeichen o.ä. genügen ließ.[148] Weiter führte der EuGH aus, dass eine Darstellungsmethode nur den Anforderungen an die grafische Darstellung genügt, sofern sich der Schutzgegenstand anhand der Darstellung klar, eindeutig, in sich abgeschlossen, leicht zugänglich, verständlich, dauerhaft und objektiv darstellen lasse.[149] Diese Einzelkriterien sind seither als die sog. *Sieckmann*-Kriterien bekannt. Unter der Voraussetzung der grafischen Darstellbarkeit konkretisierten die Gerichte fortan die Anforderungen, die die Zeichenwiedergabe erfüllen musste. Dennoch wird auch nach Wegfall des Erfordernisses der grafischen Darstellbarkeit weiterhin an

145 EuGH GRUR 2003, 145, 146 Rn. 10 – Sieckmann
146 EuGH GRUR 2003, 145, 146 Rn. 10 – Sieckmann
147 BPatG GRUR 2000, 1044 – Riechmarke.
148 EuGH GRUR 2003, 145 – Sieckmann.
149 EuGH GRUR 2003, 145 – Sieckmann.

den *Sieckmann*-Kriterien festgehalten, vgl. Erwägungsgrund 13) der MarkenRL-2015. Ob dies erforderlich ist, wird im sechsten Kapitel erörtert.[150]

1. Zulässigkeit einer mittelbaren grafischen Darstellung

Unter dem Begriff der grafischen Darstellbarkeit ist die visuelle Wahrnehmbarkeit des Zeichens auf einem Hintergrund zu verstehen.[151] Während dies für die klassischen Markenformen keinerlei Herausforderung darstellt, liegt es in der Natur der visuell nicht wahrnehmbaren Markenformen, dass ihre grafische Darstellung Schwierigkeiten bereiten kann. Der EuGH hatte somit zunächst zu klären, ob Zeichen, die als solche visuell nicht wahrnehmbar sind, überhaupt als Marke eintragungsfähig sind. Im Rahmen dessen verwies der EuGH auf Art. 2 MarkenRL, der festlegte, welche Arten von Zeichen Marken sein können. Aus seinem offenen Wortlaut („insbesondere") folge, dass auch andere als die in Art. 2 MarkenRL genannten Zeichen Marke sein können.[152] Die dort erfolgte Aufzählung sei nicht abschließend.[153] Dies werde auch von Erwägungsgrund 7) der MarkenRL bestätigt. In diesem heißt es, dass Art. 2 MarkenRL lediglich eine „Beispielliste" an Zeichen vorsieht. Weiter führte der EuGH aus, dass selbst wenn visuell nicht wahrnehmbare Zeichen keine ausdrückliche Erwähnung in Art. 2 MarkenRL finden, in gleichem Maße auch nicht ausdrücklich ihr Ausschluss erfolge.[154] Daher sei grundsätzlich von ihrer Eintragungsfähigkeit als Marke auszugehen.[155] Allerdings mussten sie sich i.S.d. MarkenRL grafisch darstellen lassen. Hierfür genügte es nach Ansicht des EuGH, wenn das als Marke einzutragende und visuell nicht wahrnehmbare Zeichen, *insbesondere* mit Hilfe von Figuren, Linien oder Schriftzeichen grafisch dargestellt werden könne.[156] Infolge der offenen „*insbesondere*"-Formulierung überließ der EuGH die Wahl dem Markenanmelder, durch welches Mittel er den Schutzgegenstand seiner Marke grafisch darstellen wollte. Das Wahlrecht wurde dem Anmelder jedoch nicht schrankenlos gewährt. Vielmehr musste das Zeichen anhand der Darstellungsmethode von den Behörden und dem Verkehr genau identifiziert werden

150 Siehe hierzu Kapitel 6 C.

151 *Grabrucker*, MarkenR 2001, 95 f.

152 EuGH GRUR 2003, 145, 147 (Rz. 43 f.) – Sieckmann; vgl. auch *Fezer*, FS Mühlendahl, S. 48.

153 EuGH GRUR 2003, 145, 147 (Rz. 44) – Sieckmann.

154 EuGH GRUR 2003, 145, 148 (Rz. 44) – Sieckmann.

155 EuGH GRUR 2003, 145, 148 (Rz. 44) – Sieckmann.

156 EuGH GRUR 2003, 145, 148 (Rz. 55) – Sieckmann.

können. Dies erfordere die Funktionsfähigkeit des Systems der Eintragung.[157] Der Markenanmelder musste somit sicherstellen, dass sein Zeichen durch das von ihm gewählte Darstellungsmittel mit einer hinreichenden Bestimmtheit reproduziert wurde. Sofern nämlich das eingetragene Zeichen identifiziert bzw. reproduziert werden kann, wird der für die Allgemeinheit notwendige nachvollziehbare Grad an Bestimmtheit gewahrt. Dies ist unabhängig davon, ob es durch eine unmittelbare oder mittelbare grafische Darstellung wiedergegeben wird.[158] Im Rahmen dessen schuf der EuGH sieben Einzelkriterien, welche die grafische Darstellung konkretisierten, insbesondere, wenn sich das Zeichen nur mittelbar grafisch darstellen ließ. Erfüllte die Darstellungsmethode diese als *Sieckmann*-Kriterien bekannt gewordene Einzelkriterien nicht, genügte die Darstellungsmethode nicht den rechtlichen Vorgaben.

Bei der Wahl des Darstellungsmittels war ferner zu berücksichtigen, dass die Identifizierung des Schutzgegenstandes dem Verhältnismäßigkeitsgebot unterlag.[159] Der Verkehr musste dazu in der Lage sein, den Schutzgegenstand anhand des Darstellungsmittels eindeutig zu identifizieren, ohne dass dies einen unverhältnismäßigen Aufwand erforderte. Dies konnte bei der Darstellung visuell nicht wahrnehmbarer Zeichen zu Schwierigkeiten führen. Sofern dies zutrifft, wird an entsprechender Stelle vertieft auf diese Problematik eingegangen.

2. *Die* Sieckmann-*Kriterien*

Nach den *Sieckmann*-Kriterien muss die Darstellung eines Zeichens klar, eindeutig, in sich abgeschlossen, leicht zugänglich, verständlich, dauerhaft und objektiv sein.[160] Somit war ein kumulatives Vorliegen Voraussetzung für eine rechtskonforme grafische Zeichendarstellung. Das kumulative Vorliegen aller Einzelkriterien folgt ebenfalls aus der *Sieckmann*-Entscheidung, da der EuGH mangels einem solchen die Registereintragung der angemeldeten Geruchsmarke verwehrte.[161] Seither mussten sich alle Darstellungen an den *Sieckmann*-Kriterien messen lassen, unabhängig davon, ob es sich um eine unmittelbare oder die mittelbare Zeichenwiedergabe handelte.

Losgelöst von dem konkreten Fall, ebnete der EuGH infolge der Anerkennung einer mittelbaren grafischen Darstellung den nicht traditionellen

157 EuGH GRUR 2003, 145, 147 f. (Rz. 46 f.) – Sieckmann.
158 *Sessinghaus*, WRP 2002, 650, 652.
159 Vgl. *Hildebrandt*, MarkenR 2002, 1, 2; *Schilling*, S. 112 f.; *Rengshausen*, S. 109.
160 EuGH GRUR 2003, 145 – Sieckmann.
161 Vgl. EuGH GRUR 2003, 145, 149 (Rz. 69) – Sieckmann.

Markenformen – vor allem solchen, die visuell nicht wahrnehmbar waren – den Weg ins Register. Die *Sieckmann*-Kriterien waren hierfür von besonderer Bedeutung, da sie die Anforderungen an die grafische Darstellung konkretisierten und somit hinsichtlich der Frage, ob ein Darstellungsmittel den rechtlichen Anforderungen genügte, die materiell-rechtliche Prüfungsgrundlage bildeten. In Anbetracht ihres Stellenwertes für die Prüfung, ob eine Darstellungsmethode den Schutzgegenstand in rechtskonformer Weise wiedergab, prägten sie über Jahre hinweg die Rechtsprechung sowie die Eintragungspraxis der Markenämter. Ihre besondere Bedeutung für die Festlegung des Schutzgegenstandes von Marken wird zudem dadurch gestärkt, dass auch nach Wegfall des Erfordernisses der grafischen Darstellbarkeit an ihnen festgehalten wird.[162] Angesichts dieses gesteigerten Interesses an den *Sieckmann*-Kriterien sollen sie im Nachfolgenden näher erörtert werden. Bevor auf ihren Bedeutungsgehalt eingegangen wird, stellt sich jedoch die Frage, wie der EuGH auf diese Kriterien kam.

a) Herkunft der Sieckmann-*Kriterien*

Seit dem Grundsatzurteil *Sieckmann* ist allgemein anerkannt, dass Markendarstellungen die *Sieckmann*-Kriterien erfüllen müssen, um dem gebotenen Maß an Rechtssicherheit zu genügen. Während sie unter dem Erfordernis der grafischen Darstellbarkeit die Anforderungen an die grafische Darstellung konkretisierten, wird auch nach Einführung einer klaren und eindeutigen Bestimmbarkeit als flexibleres Kriterium an ihnen festgehalten.[163]

Da die *Sieckmann*-Kriterien erstmals vom EuGH in seinem Grundsatzurteil *Sieckmann* aufgestellt wurden, gilt der EuGH als ihr Schöpfer. Zuvor herrschte insbesondere im Zusammenhang mit den visuell nicht wahrnehmbaren Markenformen eine Unsicherheit hinsichtlich ihrer grafischen Darstellbarkeit.[164] Es ist jedoch zu berücksichtigen, dass der Generalanwalt *Colomer* maßgeblich an der Schöpfung der *Sieckmann*-Kriterien beteiligt war, da er in seinen Schlussanträgen auf einzelne Kriterien zu sprechen kam. So stellte *Colomer* bereits in seinen Schlussanträgen klar, dass nicht jede grafische Darstellung den Vorgaben der Richtlinie genüge. Er konkretisierte, dass die Darstellung „vollständig, klar

162 Vgl. Erwägungsgrund 13) der MarkenRL-2015; Art. 3 Abs. 1 UMDV.

163 Vgl. Erwägungsgrund 13) der MarkenRL-2015; Art. 3 Abs. 1 UMDV.

164 Siehe hierzu auch die Entscheidung des BPatG GRUR 2000, 1044 – Riechmarke. Das BPatG setze das Verfahren aus und legte dem EuGH u.a. die Frage vor, welche Anforderungen an das Erfordernis der grafischen Darstellbarkeit einer Geruchsmarke zu stellen sind.

und präzise" sein müsse, damit der Verkehr ohne jeden Zweifel wisse, worauf sich das Ausschließlichkeitsrecht beziehe.[165] Weiter führte er aus, dass sie „verständlich" für diejenigen sein müsse, die ein Interesse daran haben, in das Register Einsicht zu nehmen.[166] Es ist deshalb nicht von der Hand zu weisen, dass *Colomer* die Entscheidungsfindung des EuGH in einem erheblichen Umfang beeinflusst hat. Ein solches Mitwirken ist jedoch weder unüblich noch verwunderlich. Vielmehr entspricht es der Tätigkeit eines Generalanwalts. In Art. 252 AUEV ist festgelegt, dass es Aufgabe des Generalanwalts ist, öffentlich sowie in völliger Unparteilichkeit und Unabhängigkeit begründete Schlussanträge zu Rechtssachen zu stellen, in denen nach der Satzung des EuGH seine Mitwirkung erforderlich ist. Generalanwälte unterstützen somit gem. § 254 AUEV das Gericht bei seiner Entscheidungsfindung. Der Generalanwalt unterbreitet dem EuGH einen Entscheidungsvorschlag, nachdem er die Rechtssache gutachterlich vorbereitet hat.[167] An diesen Vorschlag ist der EuGH zwar nicht gebunden, er schließt sich ihm aber – wie auch hier – in einem hohen Prozentsatz der Fälle an.[168] Da der EuGH die *Sieckmann*-Kriterien als erstes Gericht in einem Urteil nannte und ihnen somit materielle Rechtskraft verlieh, ist der EuGH als Urheber der *Sieckmann*-Kriterien zu nennen und nicht der Generalanwalt.

b) Bedeutungsgehalt der Sieckmann-*Kriterien*

aa) Klarheit, Eindeutigkeit und Abgeschlossenheit

Das einzutragende Zeichen muss zu jedem sowohl für die in Markensachen zuständige Behörde als auch für die Öffentlichkeit, insbesondere für die Wirtschaftsteilnehmer, Zeitpunkt klar und eindeutig erkennbar sein.[169] Für die zuständige Behörde ist die klare und eindeutige Zeichendarstellung für das gesamte administrative Verfahren von zentraler Bedeutung. Nur eine klare und eindeutige Zeichendarstellung stellt sicher, dass die Behörde ihren Verpflichtungen nachkommen kann. Dies betrifft in erster Linie die Vornahme von Registereintragungen solcher Marken und damit einhergehend die Fortführung eines zweckdienlichen und genauen Markenregisters.[170] Von nicht geringerer Bedeutung ist die eindeutige Zeichendarstellung für das Informationsinteresse

165 Schlussanträge des Generalanwalts *Colomer* in der Rs. C-273/00 (Rz. 38) – Sieckmann.
166 Schlussanträge des Generalanwalts *Colomer* in der Rs. C-273/00 (Rz. 38) – Sieckmann.
167 *Lecheler*, S. 90.
168 *Lecheler*, S. 90.
169 EuGH GRUR 2003, 145, 148 (Rz. 50 f.) – Sieckmann.
170 EuGH GRUR 2003, 145, 148 (Rz. 50) – Sieckmann.

der Allgemeinheit. Die Allgemeinheit muss ohne Unsicherheiten in Erfahrung bringen können, welche Zeichen angemeldet und/oder eingetragen sind. Dies gilt insbesondere für Wirtschaftsteilnehmer, die sich über Eintragungen oder Anmeldungen ihrer gegenwärtigen oder potenziellen Wettbewerber informieren möchten. Dies erfordert eine klare und eindeutige Zeichendarstellung, da der Verkehr nur so präzise Informationen über die Rechte Dritter erlangen kann.[171]

Damit im Einklang steht das Erfordernis der Abgeschlossenheit. Nur eine in sich abgeschlossene Zeichendarstellung stellt sicher, dass der Benutzer des Markenregisters die genaue Ausgestaltung der Marke erfassen kann.[172] Das Erfordernis dient somit ebenfalls dem Zweck, die Marke selbst festzulegen, um ihren genauen Schutz definieren zu können. Folglich erleichtert auch dieses *Sieckmann*-Kriterium das administrative Arbeiten und dient dem Informationsinteresse der Allgemeinheit.

bb) Dauerhaftigkeit und Objektivität der Darstellung

Um ein eingetragenes Zeichen über einen längeren Zeitraum identifizieren zu können, ist erforderlich, dass die Zeichendarstellung dauerhaft und objektiv ist. Das Erfordernis der Dauerhaftigkeit ist wegen der theoretischen Möglichkeit einer jahrzehntelangen Bestandskraft der Marke von Bedeutung. Nur eine dauerhafte Darstellung stellt sicher, dass das Zeichen in ständiger und auf eine rechtssichere Weise wahrgenommen werden kann.[173] Aus diesem Grund muss auch jedes subjektive Element bei der Wahrnehmung und Identifizierung einer Marke ausgeschlossenen werden.[174]

cc) Verständlichkeit des Zeichens

Der EuGH legte in seiner *Sieckmann*-Entscheidung ferner fest, dass die grafische Darstellung der Marke für Benutzer des Markenregisters verständlich sein muss.[175] Die Einführung eines solchen Kriteriums ist im Hinblick auf eine zulässige mittelbare Zeichenwiedergabe sinnvoll, da angesichts der Akzeptanz von mittelbaren Darstellungen das Spektrum an potenziellen Darstellungsmethoden erweitert wurde. Es bestand die Gefahr, dass auf Darstellungsmittel zurückgegriffen wird, die zwar den Schutzgegenstand darstellen, jedoch nicht

171 EuGH GRUR 2003, 145, 148 (Rz. 51) – Sieckmann.
172 EuGH GRUR 2003, 145, 148 (Rz. 52) – Sieckmann.
173 EuGH GRUR 2003, 145, 148 (Rz. 53) – Sieckmann.
174 EuGH GRUR 2003, 145, 148 (Rz. 54) – Sieckmann.
175 EuGH GRUR 2003, 145, 148 (Rz. 52) – Sieckmann.

auf eine Weise, die seine Identifizierung ermöglichen. Relevant ist dies v.a. bei komplexeren mittelbaren Darstellungsmethoden wie z.B. einer Sonagrammdarstellung für Hörmarken. Wegen der vom EuGH gewählten Formulierung, dass die grafische Darstellung der Marke *„für Benutzer des Markenregisters verständlich sein muss“*,[176] stellt sich die Frage, wer Adressat der grafischen Darstellung ist. – Fachleute oder die Allgemeinheit? In Anbetracht ihrer Bedeutung ist dieser Frage ein eigener Abschnitt gewidmet.[177] An dieser Stelle genügt es festzuhalten, dass das Verständlichkeitserfordernis der Identifizierung des Zeichens dient.

dd) Leichte Zugänglichkeit

Im Gegensatz zu den anderen Einzelkriterien haftet dies Kriterium nicht unmittelbar der Marke an. Vielmehr muss der Ort der Zeichenwiedergabe diese Bedingung erfüllen.[178] Dies bedeutet, dass das Markenregister so ausgestaltet sein muss, dass sich die Benutzer des Markenregisters ohne Schwierigkeiten über die genaue Ausgestaltung einer Marke informieren können. Die Sicherstellung der leichten Zugänglichkeit liegt somit im Aufgabenbereich des Markenamtes und betrifft nicht die Zeichendarstellung als solches. Es ist deshalb nicht nachvollziehbar, weshalb der EuGH diese Anforderung als ein *Sieckmann*-Kriterium ausgestaltete.

ee) Kritische Würdigung der Einzelkriterien

Im Einklang mit dem Entscheidungsvorschlag des Generalanwalts *Colomer* schuf der EuGH die *Sieckmann*-Kriterien als Mindestanforderung an eine grafische Darstellung. Sie sollten eine hinreichend bestimmte Zeichenwiedergabe sicherstellen. Durch diese als allgemeingültige Kriterien ausgestalteten Anforderungen trug der EuGH Sorge, dass ein höchstmöglicher Grad an Identifizierbarkeit gewährleistet wurde, ohne dabei die Eigenschaften und Bedürfnisse der unterschiedlichen Markenformen außer Acht zu lassen.

Aus der vom EuGH gewählten Formulierung, eine Darstellung müsse klar, eindeutig, in sich abgeschlossen, leicht zugänglich, verständlich, dauerhaft und objektiv sein, folgt, dass er ein kumulatives Vorliegen aller *Sieckmann*-Kriterien forderte, damit eine grafische Darstellung den gesetzlichen Anforderungen genügte.[179] Fraglich ist jedoch, ob dies überhaupt erforderlich ist, um

---

176 EuGH GRUR 2003, 145, 148 (Rz. 52) – Sieckmann.

177 Siehe hierzu Kapitel 4 E.

178 Vgl. EuGH GRUR 2003, 145, 148 (Rz. 49) – Sieckmann.

179 Siehe EuGH GRUR 2003, 145, 148 (Rz. 55) – Sieckmann

das registerrechtliche Bestimmtheitsgebot zu erfüllen. Hierbei ist zu berücksichtigen, dass einige der Einzelkriterien sich gegenseitig bedingen und teilweise überschneiden.[180] So erfüllt ein Zeichen, welches eindeutig ist, gleichzeitig auch das Erfordernis der Abgeschlossenheit, Klarheit und Objektivität. Alle Kriterien ermöglichen die eindeutige Identifizierbarkeit des Schutzgegenstandes, ohne dass ein Interpretationsaufwand notwendig wird. Eine faktische Beschränkung der Einzelkriterien auf nur ein Kriterium wäre somit möglich, da alle weiteren Erfordernisse miterfasst wären. Im Ergebnis würde sich der Anforderungskatalog trotz des Wegfalls dreier ausdrücklich genannter Erfordernisse nicht ändern, da die Einzelkriterien in einem sich bedingenden Verhältnis stehen. In dieser Hinsicht wäre eine Beschränkung der *Sieckmann*-Kriterien auf weniger Kriterien ausschließlich formeller Natur.

Anders verhält es sich mit den anderen drei *Sieckmann*-Kriterien: Dauerhaftigkeit Verständlichkeit und leichte Zugänglichkeit. Hinsichtlich der Frage, ob die Kriterien der Dauerhaftigkeit und Verständlichkeit für die Erfüllung des Bestimmtheitsgebots unabdingbar sind, ist der mit den *Sieckmann*-Kriterien verfolgte Zweck zu berücksichtigen – nämlich die Marke selbst festzulegen, um den genauen Gegenstand des Schutzes identifizierbar zu machen. Die *Sieckmann*-Kriterien dienen demnach dazu, einen höchstmöglich Grad an Bestimmbarkeit gewährleisten zu können. Dies ist jedoch nur möglich, wenn die Marke dauerhaft und mithin auf beständige Art und Weise wiedergegeben wird und gleichzeitig für den Adressaten verständlich ist. Die Kriterien der Dauerhaftigkeit und Verständlichkeit sind somit unerlässlich für eine rechtssichere Zeichenwiedergabe. Ihr Vorliegen ist daher Voraussetzung für eine hinreichend bestimmte Zeichenwiedergabe. Auf sie kann folglich nicht verzichtet werden, sodass ihr kumulatives Vorliegen mit den erstgenannten Kriterien unabdingbar ist.

Es stellt sich jedoch die Frage, ob das auch für das Erfordernis der leichten Zugänglichkeit gilt. Wie anfangs erwähnt, sollen die *Sieckmann*-Kriterien eine hinreichend konkrete Wiedergabe der Marke sicherstellen, sodass der Verkehr ihren Schutzgegenstand ohne Weiteres erfassen kann. Anderes als alle anderen Kriterien haftet das in Rede stehende Kriterium jedoch nicht dem Zeichen selbst an, sondern knüpft an den Ort der Zeichenwiedergabe an: das zentral geführte Markenregister. Mit Eintragung in das Register muss die Marke für den Verkehr leicht zugänglich sein. Ob dies so ist, hängt jedoch nicht von der Darstellung der Marke selbst ab, sondern von der Benutzerfreundlichkeit des Markenregisters. Wie bereits zuvor erwähnt, ist deshalb nicht nachvollziehbar, weshalb der EuGH

180 *Fezer*, § 3 Rn. 394.

dieses Erfordernis als eine Anforderung an die grafische Darstellung ausgestaltet hat, die den Schutzgegenstand der Marke jederzeit und auf Dauer identifizierbar macht. Vielmehr handelt es sich um ein rein formales Kriterium, dass die Handhabung des Registers betrifft und nur mittelbar eine Auswirkung auf die Zeichenwiedergabe hat.

Zusammenfassend ist festzuhalten, dass eine rechtssichere (grafische) Zeichendarstellung die Voraussetzungen der Dauerhaftigkeit, Verständlichkeit, Abgeschlossenheit, Objektivität, Klarheit und Eindeutigkeit erfüllen muss. Hierbei ist jedoch zu berücksichtigen, dass sich die vier letztgenannten Kriterien gegenseitig bedingen und überschneiden. Daher hätte es genügt, wenn eines der Kriterien genannt worden wäre. Die ausdrückliche Aufnahme aller weiteren Voraussetzungen als *Sieckmann*-Kriterium war somit nicht erforderlich, ist gleichzeitig aber auch nicht schädlich. Die leichte Zugänglichkeit hingegen stellt primär auf die Benutzerfreundlichkeit des Markenregisters ab. Damit erfüllt sie zwar eine wichtige Funktion, sollte jedoch nicht als eine Mindestanforderung für eine konkrete Zeichendarstellung angesehen werden, da sie nicht unmittelbar der Zeichenwiedergabe anhaftet. Angesichts dieser unterschiedlichen Anknüpfungspunkte – das Zeichen selbst und das Markenregister – ist auch nicht verwunderlich, dass der EuGH in seiner Rechtsprechung noch nicht näher auf das Kriterium der leichten Zugänglichkeit eingegangen ist.[181] Für eine präzise Zeichendarstellung, die eine dauerhafte Identifizierbarkeit des Schutzgegenstandes sicherstellt, spielt es keine Rolle.

II. Die Allgemeingültigkeit der *Sieckmann*-Kriterien

Seit der *Sieckmann*-Rechtsprechung des EuGH im Jahr 2002 sind die *Sieckmann*-Kriterien elementarer Bestandteil des europäischen und deutschen Markenrechts. Unter der Voraussetzung der grafischen Darstellbarkeit bildeten sie den Maßstab für die Prüfung, ob eine Marke sich im Sinne der gesetzlichen Vorgaben grafisch darstellen ließ. Wegen ihrer allgemeingültigen Formulierung konkretisierten sie nicht nur die Anforderungen an die grafische Darstellung von Geruchsmarken, sondern aller denkbaren Markenformen. Dies bestätigte auch der EuGH in späteren Entscheidungen, in denen er sich mit der grafischen Darstellung von Farbmarken bzw. Hörmarken befasste und als Prüfungsmaßstab ebenfalls die *Sieckmann*-Kriterien anwendete.[182] Nicht verwunderlich ist es

181 *Fezer*, § 3 Rn. 410.

182 EuGH GRUR 2003, 604, 606 (Rz. 29 ff.) – Libertel; GRUR 2004, 858, 859 (Rz. 27 ff.) – Heidelberger Bauchemie; GRUR 2004, 54, 57 (Rz. 55) – Shield Mark/Kist.

daher, dass die deutsche Rechtsprechung im Rahmen der Prüfung von § 8 Abs. 1 MarkenG a.F. ebenfalls die vom EuGH entwickelten Kriterien übernahm.[183]

Auch nach Wegfall des Erfordernisses der grafischen Darstellbarkeit scheint sich nichts an ihrer Allgemeingültigkeit zu ändern, da auch zukünftig an den *Sieckmann*-Kriterien festgehalten wird. Dies lässt sich Erwägungsgrund 13) der MarkenRL-2015 und Erwägungsgrund 9) der Unionsmarkenverordnung entnehmen.

Darüber hinaus wurden die *Sieckmann*-Kriterien im Jahr 2018 erstmals auch in einer urheberrechtlichen Entscheidung vom EuGH angewandt.[184] Ein niederländischer Käseproduzent sah durch die Herstellung und den Vertrieb eines Konkurrenzproduktes seine Urheberrechte an einem seiner Produkte, einem Streichkäse mit Crème fraîche und Kräutern, verletzt.[185] In der Sache hatte der EuGH zu entscheiden, ob der Geschmack eines Lebensmittels urheberrechtlich geschützt werden kann. Hierfür müsste der Geschmack eines Lebensmittels als Werk i.S.d. Urheberrechts eingestuft werden. Der EuGH verneinte dies und zog in seiner Entscheidungsbegründung u.a. die *Sieckmann-Kriterien* heran, wobei er die einzelnen Kriterien nicht als *Sieckmann*-Kriterien bezeichnete.[186] Er führte aus, dass das urheberrechtliche Schutzobjekt mit hinreichender Genauigkeit und Objektivität identifizierbar sein müsse. Nur so können die zuständigen Behörden und die Öffentlichkeit, insbesondere Wirtschaftsteilnehmer, das geschützte Objekt zweifelsfrei identifizieren.[187] Gleichzeitig stellte er klar, dass die Ausdrucksform nicht notwendigerweise dauerhaft sein müsse.[188]

Zweifellos handelt es sich bei den Kriterien „Genauigkeit", „Objektivität" und „Dauerhaftigkeit" um drei *Sieckmann*-Kriterien, durch deren Anwendung auf eine urheberrechtliche Fallkonstellation eine Parallele zum Markenrecht gezogen wird.[189] Gemessen an diesen Anforderungen versagte der EuGH dem Geschmack

---

183 BGH GRUR 2007, 148, 150 f. (Rz. 17) – Tastmarke; GRUR 2007, 55, 56 (Rz. 18) – Farbmarke gelb/grün II; BPatG GRUR 2005, 594, 595 – Hologramm.

184 EuGH GRUR 2019, 73 – Levola/Smilde.

185 EuGH GRUR 2019, 73 – Levola/Smilde,

186 Eindeutiger äußerte sich hingegen der Generalanwalt *Wathelet* in seinen Schlussanträgen, da er in diesem Zusammenhang ausdrücklich die *Sieckmann*-Entscheidung nannte, Schlussanträge des Generalanwalts *Wathelet* in der Rs. C-310/17 (Rz. 56 ff.) – Levola/Smilde.

187 EuGH GRUR 2019, 73, 74 (Rz. 40 f.) – Levola/Smilde.

188 EuGH GRUR 2019, 73 (Rz. 40) – Levola/Smilde.

189 So auch *Schack*, Anmerkung zur EuGH Entscheidung Levola/Smilde in GRUR 2019, 73, 75 (Rz. 42) – Levola/Smilde.

eines Lebensmittels den urheberrechtlichen Schutz. Er wies darauf hin, dass die Identifizierung des Geschmacks eines Lebensmittels auf Geschmacksempfindungen und -erfahrungen beruht, die subjektiv und veränderlich seien.[190] Hinzu komme, dass unter Berücksichtigung der technischen Möglichkeiten es derzeit nicht möglich sei, den Geschmack eines Lebensmittels so wiederzugeben, das seine genaue und objektive Identifizierbarkeit sichergestellt werden könne.[191] Ob auch der markenrechtliche Schutz eines Geschmacks mit dieser Begründung unter der Voraussetzung der grafischen Darstellbarkeit versagt wurde bzw. nach neuem Recht versagt wird, ist an späteren Stellen dieser Arbeit thematisiert.[192] In diesem Abschnitt zur Allgemeingültigkeit der *Sieckmann*-Kriterien genügt die Feststellung, dass die *Sieckmann*-Kriterien jüngst nicht mehr nur im Markenrecht Relevanz aufweisen, sondern auch für ein weiteres Recht des geistigen Eigentums von besonderem Interesse sind. Im Markenrecht stellt sich jedoch die Frage, ob der Verzicht auf das Erfordernis der grafischen Darstellbarkeit und die Einführung einer klaren und eindeutigen Bestimmbarkeit als flexibleres Kriterium das Festhalten an allen *Sieckmann*-Kriterien überhaupt erforderlich macht. Dieser Fragestellung wird im sechsten Kapitel dieser Arbeit nachgegangen.[193]

E. Adressatenkreis der grafischen Darstellung – Verständlichkeit für wen?

Wie bereits kurz in Abschnitt C, Unterabschnitt 2 e) dieses Kapitels erwähnt, ist zu untersuchen, an wen sich die grafische Darstellung richtete, d.h., für wen die Zeichendarstellung verständlich sein musste/muss. Bei einer unmittelbaren Markendarstellung bereitet das Verständlichkeitserfordernis i.d.R. keine Schwierigkeiten, da der Schutzgegenstand unproblematisch durch seine unmittelbare zweidimensionale Darstellung identifiziert werden kann. Nicht ganz so eindeutig fällt das Ergebnis bei einer mittelbaren grafischen Zeichendarstellung aus. Es sind durchaus Darstellungsmethoden denkbar, die nur fachkundige Person verstehen wie z.B. chemische Formeln, Partituren oder Sonagrammdarstellungen. Deshalb ist nachfolgend zu untersuchen, für wen eine mittelbare grafische Darstellung verständlich sein musste/muss – für die Allgemeinheit oder für fachkundige Personen.

---

190 EuGH GRUR 2019, 73, 74 (Rz. 42) – Levola/Smilde.
191 EuGH GRUR 2019, 73, 74 (Rz. 42) – Levola/Smilde.
192 Siehe hierzu Kapitel 4 F II 4 f) und Kapitel 6 D III 5 c).
193 Siehe hierzu Kapitel 6 C.

Der EuGH lässt diese Frage unbeantwortet. In der *Sieckmann*-Entscheidung stellte der EuGH fest, dass die Wiedergabe eines Geruchs in Form einer chemischen Formel *nur wenige* wiedererkennen würden.[194] Deshalb erfülle diese Darstellungsmethode nicht das Verständlichkeitserfordernis.[195] Auf den ersten Blick impliziert die Äußerung des EuGH, dass eine Verständlichkeit für den Fachmann nicht ausreiche, sondern auf die Allgemeinheit abzustellen sei. Dies entspricht auch der Auffassung des Generalanwalts *Colomer*, der in seinen Schlussanträgen ebenfalls eine Verständlichkeit für die Allgemeinheit voraussetzte.[196] Ihm zufolge müsse das Zeichen für diejenigen verständlich sein, die ein Interesse daran haben könnten, in das Register Einsicht zu nehmen. In diesem Zusammenhang erwähnte er ausdrücklich „Verbraucher" und „andere Hersteller".[197] Es stellt sich jedoch die Frage, ob der EuGH tatsächlich das Verständlichkeitserfordernis am Maßstab der Allgemeinheit messen wollte. Bei genauerer Betrachtung erscheint dies zweifelhaft.

Grundsätzlich richtig ist, dass das Markenregister frei einsehbar sein muss, damit Rechtssicherheit und Transparenz geschaffen werden und v.a. auch die Öffentlichkeit über markenerhebliche Tatsachen unterrichtet wird bzw. sich informieren kann (Publizitätsgrundsatz). Fraglich ist jedoch, ob sich aus diesem Gebot ableiten lässt, dass auch die Zeichendarstellung für die Allgemeinheit verständlich sein musste/muss. Um die Frage beantworten zu können, ist zunächst zu klären, was unter dem Begriff der Allgemeinheit zu verstehen ist. Hierunter ist zunächst „jedermann" zu verstehen. Nach allgemeinem Sprachgebrauch ist dies jede einzelne Person ohne jegliche Unterscheidung. Bereits die „jedermann"-Definition verdeutlicht, dass ein so weit gefasster Adressatenkreis im Hinblick auf das Verständlichkeitserfordernis (ungewollt) zu Schwierigkeiten führen kann, denn unter die Definition sind auch Personengruppen zu subsumieren, die aufgrund körperlicher Beeinträchtigungen nicht in der Lage sind, jede zweidimensionale Reproduktion zu erfassen, wie dies beispielsweise bei Blinden oder Analphabeten der Fall ist.[198] Diese aus dem alltäglichen Leben gegriffenen Beispiele verdeutlichen, dass aus der uneingeschränkten Zugänglichmachung des Markenregisters für die Allgemeinheit nicht der Schluss gezogen werden kann, dass die (eingetragenen) Markendarstellungen auch für jedermann i.S.d.

194 EuGH GRUR 2003, 145, 149 (Rz. 69) – Sieckmann.
195 EuGH GRUR 2003, 145, 149 (Rz. 69) – Sieckmann.
196 Schlussanträge des Generalanwalts *Colomer* in der Rs. C-273/00 (Rz. 38) – Sieckmann.
197 Schlussanträge des Generalanwalts *Colomer* in der Rs. C-273/00 (Rz. 38) – Sieckmann.
198 *Kutscha*, S. 130; *Möller*, S. 159.

„jedermann"-Definition verständlich sein müssen. Wegen körperlicher Beeinträchtigungen bestimmter Personengruppen wäre die Voraussetzung der Verständlichkeit ansonsten *per se* nie gegeben. Beschränkt man den Personenkreis auf Personen, die die grafische Darstellung auch visuell wahrnehmen können, stellt sich weiterhin die Ausgangsfrage, welche Personengruppe maßgeblich ist. – Fachleute oder die Allgemeinheit? Eine in der Literatur weitverbreitete Ansicht stellt auf Personen mit Fachwissen ab.[199] Dies ist wegen nachfolgender Erwägungen, die am Beispiel der Hörmarke erläutert werden, sachgerecht und wird auch in dieser Arbeit vertreten.

Hörzeichen können in Form einer üblichen Notenschrift grafisch dargestellt werden. Dies ist von der Rechtsprechung anerkannt und fand und findet sogar seine rechtliche Verankerung in § 11 Abs. 2 MarkenV a.F./n.F.[200] Nicht jeder, der einen Blick in das Markenregister wirft, ist jedoch imstande, eine Notenschrift auch zu „entschlüsseln", obwohl er sie visuell wahrnehmen kann. Ein Hörzeichen kann somit nur von einem Fachkundigen richtig verstanden werden. Er muss imstande sein, Noten zu lesen und die Fähigkeit besitzen, die Aneinanderreihung der Noten in eine Tonfolge bzw. Melodie umzuwandeln.[201] Im Hinblick auf Hörzeichen wird somit auf die Verständlichkeit fachkundiger Personen abgestellt. Der Allgemeinheit wird zugemutet, eine fachkundige Person zurate zu ziehen und sich auf deren Expertise zu verlassen, sofern keine eigene vorliegt.

Seine Grenzen findet der zumutbare Aufwand hinsichtlich der Zuhilfenahme einer fachkundigen Person im allgemeinen Verhältnismäßigkeitsgebot, das als Ausfluss der Rechtsstaatlichkeit einzuhalten ist.[202] Eine Einsichtsnahmemodalität ist daher unverhältnismäßig, wenn sie unter derart erschwerten Umständen stattfindet, dass sie in ihren faktischen Auswirkungen eine Verhinderung der Geltendmachung entgegenstehender Rechte gleichkommt.[203] Diesen Ansatz verfolgte auch die dritte Beschwerdekammer des HABM (nunmehr EUIPO) in ihrer Entscheidung *Der Duft von Himbeeren* im Jahr 2001.[204] Zu diesem

199 *Rohnke*, MarkenR 2001, 12, 14; *Grabrucker*, MarkenR 2001 95, 97; *Sessinghaus*, WRP 2002, 650, 659 f.; *Kutscha*, S. 132 f.; *Bahner*, S. 95; *Möller*, S. 159 f.; *Guth*, MittdPat 2003, S. 97, 98.

200 EuGH GRUR 2004, 54 – Shield Mark/Kist; auf die Problematik der Bestimmtheit einer Notenschriftdarstellung wird im weiteren Verlauf der Arbeit genauer eingegangen.

201 *Kutscha*, S. 130; in der Tendenz auch: *Rohnke*, MarkenR 2001, 12, 14.

202 *Grabrucker*, MarkenR 2001, 95, 97; *Sessinghaus*, WRP 2002, 650, 659; *Möller*, S. 160; im Ergebnis auch: HABM GRUR 2002, 348 (Rz. 13) – Der Duft von Himbeeren.

203 *Sessinghaus*, WRP 2002, 650, 659.

204 Siehe HABM GRUR 2002, 348 (Rz. 13) – Der Duft von Himbeeren.

Zeitpunkt war noch keine Entscheidung des EuGH zum Vorabentscheidungsverfahren *Sieckmann* ergangen. Veröffentlicht waren lediglich die Schlussanträge des Generalanwalts *Colomer.* Auf sie nahm das HABM an den passenden Stellen Bezug. *Colomer* ging in seinen Schlussanträgen davon aus, dass als Adressatenkreise allein die Hersteller und Verbraucher infrage kämen, die Interesse daran haben könnten, Einsicht in das Register zu nehmen.[205] Die Beschwerdekammer nannte hingegen keinen expliziten Adressatenkreis. Sie führte diesbezüglich aus, dass die Verständlichkeit der Darstellung dann zu verneinen sei, wenn von demjenigen, der das Register einsieht, eine unverhältnismäßige Anstrengung oder besondere Kenntnisse als Wissenschaftler oder Forscher verlangt werde, um anhand der Darstellung erkennen zu können, um welches Zeichen es sich handle.[206] Vor diesem Hintergrund könnte die Hinzuziehung eines Fachmannes als eine solche erschwerte Bedingung anzusehen sein. Der nachfolgende Vergleich mit dem rechtsstaatlichen Veröffentlichungsgebot von erlassenen Rechtsnormen zeigt jedoch, dass dies im Ergebnis zu verneinen ist.[207] Für die Wirksamkeit von Rechtsnormen ist ausreichend, dass die Öffentlichkeit die Möglichkeit erhält, sich durch Gesetzesblätter über die entsprechenden Rechtsnormen zu informieren. Dies bedeutet jedoch nicht, dass die Allgemeinheit imstande ist, die Rechtsnormen auch inhaltlich zu verstehen. Vielmehr wird ihre Erschließung durch die Inanspruchnahme fachkundiger Personen wie der Rechts- oder Fachanwälte sichergestellt.[208] Da sich das Wissen in einem vernünftigen Rahmen beschaffen lässt, wird die Hinzuziehung eines Rechtsanwaltes als zumutbar angesehen.[209] Darüber hinaus zeigt auch ein Vergleich mit dem Patentrecht, dass die Hinzuziehung einer fachkundigen Person nicht als erschwerte Bedingung gewertet werden kann.[210] Bei der Frage nach der hinreichenden Offenbarung ist darauf abzustellen, ob ein Fachmann die Erfindung ausführen kann,[211] d.h., sie muss für diesen verständlich sein. Als Begründung, einen Fachmann als Adressaten anzuerkennen, wird auf die Komplexität und den erfinderischen Charakter des

---

205 Schlussanträge des Generalanwalts *Colomer* in der Rs. C-273/00 (Rz. 38) – Sieckmann.

206 HABM GRUR 2002, 348, (Rz. 13) – Der Duft von Himbeeren; Schlussanträge des Generalanwalts *Colomer* in der Rs. C-273/00 (Rz. 51) – Sieckmann.

207 *Grabrucker*, MarkenR 2001, 95, 97; *Sessinghaus*, WRP 2002, 650, 659; *Möller*, S. 160.

208 *Grabrucker*, MarkenR 2001, 95, 97; *Sessinghaus*, WRP 2002, 650,659; *Isenberg*, S. 39.

209 *Grabrucker*, MarkenR 2001, 95, 97; *Sessinghaus*, WRP 2002, 650, 659.

210 *Novak*, S. 31; *Möller*, S. 160.

211 Vgl. BPatG BeckRS 2016, 10711; *Möller*, S. 160.

Patents sowie das daraus resultierende Erfordernis nach einer präzisen Fachterminologie abgestellt.[212]

Im Ergebnis konnte und kann deshalb auch nichts anderes für eine mittelbare Zeichendarstellung gelten. Insbesondere, wenn das Zeichen durch Surrogate grafisch dargestellt wird/wurde. Marken müssen möglichst präzise dargestellt werden, damit das durch sie gewährte Ausschließlichkeitsrecht bestimmt werden kann. Um eine klare, präzise und unzweideutige Darstellung gewährleisten zu können, ist bzgl. der Verständlichkeit auf fachliches Sachwissen abzustellen – vor allem bei der Darstellung solcher Markenformen, deren präzise Darstellung ansonsten nicht garantiert wäre. Was bei Hörzeichen bereits gängige Praxis ist, sollte für alle anderen visuell nicht wahrnehmbaren Zeichen ebenfalls gelten. Der Allgemeinheit kann zugemutet werden, sich an eine fachkundige Person zu wenden, um ein konkretes Bild der Marke zu erhalten.[213] Dennoch ist darauf zu achten, dass auch die Einsichtnahme und die Identifizierung des Schutzgegenstandes durch einen Fachmann nicht mit einem unverhältnismäßig hohen Aufwand verbunden sind, da dies die Grenze des Zumutbaren darstellt. Dies ist für jeden Einzelfall gesondert zu prüfen. Nur wenn hinsichtlich des Verständlichkeitserfordernisses auf Fachwissen zurückgegriffen wird, kann der registerrechtliche Bestimmtheitsgrundsatz gewahrt werden. Die Verständlichkeit für eine fachkundige Person ist deshalb als Maßstab anzuerkennen. Diese Auffassung steht auch nicht im Widerspruch mit dem zu Anfang geschilderten Gebot, dass das Markenregister frei einsehbar sein muss. Dieser Grundsatz erfasst ausschließlich die *Berechtigung* zur Einsichtnahme, macht aber keine Vorgaben hinsichtlich der Verständlichkeit von Marken.[214]

F. Die grafische Darstellung verschiedener Markenformen

Im nachfolgenden Abschnitt ist auf die grafische Darstellung der einzelnen Markenformen einzugehen. Insbesondere ist zu erörtern, ob das Erfordernis der grafischen Darstellbarkeit für die Markenkategorie der nicht traditionellen Marken eine restriktive Wirkung entfaltete, indem ihnen mangels Darstellungsmöglichkeiten der Weg ins Register verwehrt wurde. Dies würde gleichzeitig eine Beschränkung des in § 3 Abs. 1 MarkenG normierten offenen Markenbegriffs

---

212 *Novak*, S. 31; *Möller*, S. 160.

213 *Kutscha*, S. 132 f.; *Grabrucker*, MarkenR 2001, S. 95 f.; im Ergebnis auch *Guth*, MittdPat 2003, S. 97 f.

214 *Möller*, S. 160.

bedeuten, da Markenschutz dann ausschließlich durch Benutzung im geschäftlichen Verkehr entstehen konnte, nicht aber durch Eintragung.

I. Die grafische Darstellung traditioneller Marken

Keine größere Hürde bereitete das Erfordernis der grafischen Darstellbarkeit für traditionelle Marken. Als solche werden Wortmarken, Bildmarken oder kombinierte Wort-Bild-Marken bezeichnet.[215]

Wortmarken bestehen aus Wörtern, Zahlen, Buchstaben oder weiteren Schriftzeichen in einer auf Dauer festgelegten Reihenfolge, während Wort-Bild-Marken aus einer dauerhaften Kombination textlicher und grafischer Elemente bestehen.[216] Die reine Bildmarke hingegen besteht ausschließlich aus grafischen Komponenten.[217] Angesichts ihrer zweidimensionalen Erscheinungsform scheiterte eine Registereintragung allenfalls am Vorliegen absoluter Schutzhindernisse gem. § 8 Abs. 2 MarkenG a.F., nicht jedoch an dem Erfordernis der grafischen Darstellbarkeit. Der Schutzgegenstand traditioneller Markenformen ist selbst für die Allgemeinheit ohne Weiteres visuell wahrnehmbar. Für ihre grafische Darstellung musste daher nicht auf Surrogate wie Figuren, Linien oder Schriftzeichen zurückgegriffen werden. Die Problematik der grafischen Darstellbarkeit stellte sich daher nicht.

Eine unmittelbare Zeichendarstellung war bei den traditionellen Markenformen bedenkenlos möglich und bedarf daher keiner weiteren Betrachtung.

II. Die grafische Darstellung nicht traditioneller Marken

Nicht traditionelle Marken sind rechtlich anerkannt und eignen sich ebenfalls dazu, Waren und/oder Dienstleistungen eines Unternehmens von denjenigen anderer Unternehmen zu unterschieden. Sie bestehen jedoch nicht (ausschließlich) aus Wort- bzw. Bildelementen oder einer Kombination hiervon. Ihre rechtliche Anerkennung ist auf den offenen Markenbegriff des § 3 Abs. 1 MarkenG zurückzuführen, nach dem grds. alle denkbaren Markenformen markenrechtlich geschützt werden können. Bei nicht traditionellen Marken unterscheidet

---

215 Vgl. Götting/Meyer/Vormbrock/*Schell*, § 22 Rn. 64, der zwischen „herkömmlichen" Markenformen und allen weiteren differenziert.

216 Siehe auch Götting/Meyer/Vormbrock/*Schell*, § 22 Rn. 65, 67; a.A.: *Fezer* differenziert zwischen reinen Wortmarken bestehend aus einem oder mehr Wörtern bzw. Sätzen und Buchstaben-, Zahlen- und Buchstaben-Zahlen-Marken, vgl. Fezer, § 3 Rn. 506, 522.

217 Siehe auch Götting/Meyer/Vormbrock/*Schell*, § 22 Rn. 66.

man zwischen solchen Markenformen, deren Schutzgegenstand unmittelbar visuell wahrnehmbar ist (wie z.B. bei Farbmarken oder dreidimensionalen Marken) und solchen, bei denen das nicht der Fall ist (wie z.B. bei Hörmarken).

Die Problematik der grafischen Darstellbarkeit stellte sich v.a. bei der Darstellung von visuell nicht wahrnehmbaren Marken. Wie bereits dargestellt, ist rechtlich anerkannt, dass eine mittelbare grafische Darstellung dem Erfordernis genügte. Die Darstellungsmethode musste jedoch die *Sieckmann*-Kriterien erfüllen, d.h., der Schutzgegenstand musste in einer klaren, eindeutigen, in sich abgeschlossen, leicht zugänglichen, verständlichen, dauerhaften und objektiven Weise wiedergegeben werden. Über Jahre hinweg hatte sich die Rechtsprechung daher mit der Frage zu befassen, welche Darstellungsmethoden eine solche adäquate Zeichenwiedergabe gewährleisteten. Hierbei musste die Darstellungsmethode immer dem Wesen der Marke entsprechen.

Im nachfolgenden ersten Hauptteil dieser Arbeit werden die in Betracht kommenden grafischen Darstellungsmethoden einzelner Markenformen auf ihre Rechtskonformität hin untersucht. Im weiteren Verlauf der Arbeit wird sodann aufgezeigt, ob der Verzicht auf das Erfordernis der grafischen Darstellung zu einer Besserstellung bzw. Eintragungserleichterung einzelner Markenformen geführt hat. Im Fokus der Untersuchung stehen dabei die visuell nicht wahrnehmbaren Markenformen. Die Reihenfolge der untersuchten Markenformen orientiert sich an ihrer Erwähnung in der MarkenV a.F.

1. *Die dreidimensionale Marke (Formmarke)*

Dreidimensionale Marken schützen dreidimensionale Gestaltungen einschließlich der Form der Ware oder ihrer Verpackung, vgl. § 3 Abs. 1 MarkenG. Ihre Schutzfähigkeit ist seit der Umsetzung der MarkenRL in nationales Recht anerkannt.[218]

Es gehört längst zur gängigen Praxis, dass wirtschaftliche Akteure aus allen Bereichen die dreidimensionale Gestaltung ihrer Produkte bzw. die Produktverpackung markenrechtlich vor Verletzungshandlungen schützen lassen. Selbst die Gestaltung von Verkaufsstätten kann mittlerweile als dreidimensionale Marke eingetragen werden.[219] Es ist daher keine Seltenheit, dass die am Rechtsverkehr beteiligten Personen mit den unterschiedlichsten dreidimensionalen Marken in Berührung kommen. Als bekannte Beispiele für geschützte Produktverpackungen

218 *Fezer*, § 3 Rn. 579.

219 EuGH EuZW 2014, 745, 746 (Rz. 27) – Apple/DPMA; Ströbele/Hacker/Thiering/*Miosga*, § 3 Rn. 40.

sind die Coca-Cola-Flasche,[220] die Granini-Flasche[221], das Nutella-Glas[222] oder die Getränkeverpackung der Capri Sun[223] zu nennen. Für das Produkt selbst, der Stabilo-Boss-Textmarker[224] oder der Duplo-Schokoladenriegel[225].

a) *Anforderungen an die grafische Darstellung von dreidimensionalen Marken*

Das Erfordernis der grafischen Darstellbarkeit bereitete für die Eintragung dreidimensionaler Marken keinerlei besondere Schwierigkeiten. Da die dreidimensionale Marke ein visuell wahrnehmbares Zeichen ist, erfolgte ihre grafische Darstellung durch Bilder. Gem. § 9 Abs. 2 S. 1 MarkenV a.F. konnten hierfür Lichtbilder oder Strichzeichnungen des jeweiligen Schutzgegenstandes eingereicht werden.[226]

Dennoch war darauf zu achten, dass der Schutzgegenstand weitestgehend verlustfrei wiedergegeben wurde. Dies konnte sich von Haus aus wegen der realen Ausdehnung in die dritte Dimension komplexer gestalten, als es bei anderen Markenformen üblich war.[227] Um eine möglichst originalgetreue grafische Darstellung des dreidimensionalen Schutzgegenstandes sicherzustellen, war gem. § 9 Abs. 2 S. 1 MarkenV a.F. das Einreichen von bis zu sechs Lichtbildern bzw. Strichzeichnungen erlaubt. Der Schutzgegenstand konnte so in bis zu sechs Ansichten aus unterschiedlichen Perspektiven gezeigt werden. Es war lediglich zu gewährleisten, dass durch die eingereichten Lichtbilder bzw. Strichzeichnungen der dreidimensionale Charakter des Zeichens hinreichend deutlich dargestellt wurde.[228]

Gleichzeitig ließ sich aus der normierten Maximalanzahl von sechs Abbildungen folgern, dass auch die Darstellung durch ausschließlich eine Abbildung dem Erfordernis der grafischen Darstellbarkeit i.S.v. § 8 Abs. 1 MarkenG a.F. genügen konnte. Dies bestätigte auch der BGH in seiner Entscheidung *Schokoladenstäbchen II*[229] und verwarf damit die Auffassung des BPatG, wonach

220 Registernummer EM 011585833; Registernummer EM 010532653.

221 Registernummer DE 39547366.

222 Registernummer DE 398501513.

223 Registernummer EM 012734737; Registernummer EM 012736435.

224 Registernummer DE 39761387.

225 Registernummer DE 306419386.

226 Ströbele/Hacker/Thiering/*Miosga*, § 3 Rn. 41.

227 *Falckenstein,* GRUR 1999, 881, 883.

228 BPatG GRUR 2012, 283, 284 – Schokoladenstäbchen; Ströbele/Hacker/Thiering/*Miosga*, § 3 Rn. 41.

229 BGH GRUR 2013, 929, 931 (Rz. 23) – Schokoladenstäbchen II.

die grafische Darstellung dreidimensionaler Marken regelmäßig das Einreichen mehrerer Ansichten erfordere.[230] In diesem Zusammenhang ist jedoch zu berücksichtigen, dass der markenrechtliche Schutz nur soweit reichte, wie der Schutzgegenstand klar und eindeutig bestimmt werden konnte.[231] Aus praktischen Erwägungen war daher i.d.R. das Einreichen mehrerer Ansichten empfehlenswert. Ein umfassender Schutz vor Verletzungen, insbesondere hinsichtlich der identischen oder ähnlichen Gestaltung, war nur vollumfänglich sichergestellt, sofern sich der Schutzgegenstand anhand der eingereichten Ansichten auch in Gänze erfassen ließ.[232] War dies nicht der Fall, führte dies zwar nicht zur Versagung der Eintragung, ging aber zulasten des Schutzumfanges, da ausschließlich der sichtbare Teil der Marke diesen bestimmte.[233]

b) Zusammenfassung

Die Hürden hinsichtlich der Anforderungen an die grafische Darstellung von dreidimensionalen Marken waren nicht allzu hoch. I.d.R. waren dreidimensionale Marken ohne Weiteres durch Lichtbilder oder Strichzeichnungen i.S.v. § 8 Abs. 1 MarkenG a.F. grafisch darstellbar, sodass in diesem Zusammenhang nicht von einer restriktiven Wirkung des Erfordernisses gesprochen werden kann. Damit einhergehend überrascht es auch nicht, dass das Erfordernis der grafischen Darstellbarkeit für dreidimensionale Marken in der Vergangenheit nur äußerst selten Gegenstand gerichtlicher Auseinandersetzungen war.[234] Der Markenanmelder musste lediglich sicherstellen, dass aus den eingereichten Ansichten zweifelsfrei hervorging, inwieweit Schutz in Bezug auf die „dritte Dimension“ beansprucht wurde, da der markenrechtliche Schutz nur soweit reichte, wie der Schutzgegenstand anhand der Ansichten klar und eindeutig identifiziert werden konnte. Zu empfehlen war deshalb die Einreichung mehrerer Lichtbilder bzw. Strichzeichnungen, die verschiedene Ansichten des Schutzgegenstandes zeigten.

---

230 BPatG GRUR 2012, 283, 284 – Schokoladenstäbchen.

231 *Falckenstein*, GRUR 1999, 881, 883.

232 *Falckenstein*, GRUR 1999, 881, 883.

233 BGH, GRUR 2013, 929, 931 (Rz. 23) – Schokoladenstäbchen II.

234 So z.B. BGH GRUR 2013, 929 – Schokoladenstäbchen II sowie die 1. Instanz BPatG GRUR 2012, 283 – Schokoladenstäbchen. Hauptsächlich ging es in Verfahren, die dreidimensionale Marken betrafen, um die Frage ihrer Unterscheidungskraft. Vgl. hierzu: BGH GRUR 2017, 1262 – Schokoladenstäbchen III; GRUR 2004, 502 – Gabelstapler II; BPatG GRUR 2017, 275 – Quadratische Schokoladenverpackung; zur fehlenden Unterscheidungskraft einer Gemeinschaftsmarke: EuGH GRUR 2012, 925 – Goldhase.

2. *Die Farbmarke*

Farbmarken bestehen aus einer konturenlosen Farbe (abstrakte Farbmarke) oder der Kombination mehrerer konturenloser Farben (abstrakte Farbzusammenstellungen).[235] Ihr Schutzgegenstand bestimmt sich daher losgelöst von einer figürlichen Begrenzung. Entscheidend ist allein die Farbe bzw. die Farbkombination als solches. Für ihre grafische Darstellung war daher eine Darstellung der Produkte mit konkreter Farbverwendung entbehrlich.[236] Von Farbmarken sind farbige Wort-Bild-Marken zu unterscheiden.[237] Auch, wenn die Schutzfähigkeit von Farbmarken mittlerweile anerkannt ist, war dies nicht immer so. Nach dem in § 25 WZG normierten Ausstattungsschutz waren Farben und Farbzusammenstellung nur in ihrer konkreten Aufmachung, also in ihrer konkreten räumlichen Erscheinung schutzfähig.[238] Infolge der Umsetzung der MRL nannte der deutsche Gesetzgeber erstmalig in § 3 Abs. 1 MarkenG a.F. Farben und Farbzusammenstellungen als mögliche Markenformen und erkannte somit die Schutzfähigkeit abstrakter Farbmarken an.[239] Damit kam der Gesetzgeber dem Bedürfnis der Wirtschaft nach.[240] Unternehmen hatten und haben ein enormes Interesse daran, Unternehmensfarben als sog. *Corporate Design* markenrechtlich schützen zu lassen. Hintergrund ist, dass bestimmte Farben – unabhängig von ihrer konkreten Erscheinungsform – Assoziationen mit einem bestimmten Unternehmen hervorrufen können.[241] Folglich können Farben auch losgelöst von einem bestimmen Erscheinungsbild als Herkunftshinweis dienen. Die Erlangung eines (registerrechtlichen) Farbmarkenschutzes war und ist jedoch nicht einfach. Die Rechtsprechung hatte sich mit zahlreichen Problemen im Hinblick auf ihre Eintragungsfähigkeit, Benutzung, ihren Schutzumfang und

---

235 *Fezer*, WRP 2007, 223, 224.

236 Ströbele/Hacker/Thiering/*Miosga*, § 3 Rn. 43; *Völker/Semmler*, GRUR 1998, 93, 94.

237 Hinsichtlich ihrer grafischen Darstellung bestehen keine Besonderheiten. In ihrem Fall ist die grafische Darstellung in Farbe einzureichen und die Farben sind in der Anmeldung zu bezeichnen, vgl. § 8 Abs. 1 S. 3 MarkenV a.F. und n.F.

238 *Eisenmann*, S. 42.

239 Mit der wörtlichen Erwähnung von Farben und Farbzusammenstellungen in § 3 Abs. 1 MarkenG war der deutsche Gesetzgeber dem europäischen einen Schritt voraus. Auf europäischer Ebene fanden erstmals in Art. 2 der MarkenRL-2015 Farben und Farbzusammenstellungen Erwähnung.

240 So auch *Slopek/Junkar*, MarkenR 2014, 286; kritisch: *Bechtolsheim/Gantenberg*, GRUR 2001, 705, 707; *Johannes/Zurkinden*, MarkenR 2000, 153, 158 f.

241 *Jaeger-Lenz*, WRP 1999, 290, 291.

ihre Verletzung auseinanderzusetzen.[242] Im Rahmen dessen wurden auch die Anforderungen an die grafische Darstellung einer Farbmarke äußerst kontrovers diskutiert.

a) *Anforderungen an die grafische Darstellung von Farbmarken*

Obwohl die Farbmarke ein visuell wahrnehmbares Zeichen ist, beschäftigte das Erfordernis der grafischen Darstellbarkeit über Jahre hinweg die Rechtsprechung.[243] Speziell die Frage, in welcher Form abstrakte Farbkombinationen adäquat dargestellt werden konnten, um dem Erfordernis der grafischen Darstellbarkeit zu genügen, war zentrales Thema der Diskussionen. Erst die EuGH-Entscheidungen zum abstrakten Farbmarkenschutz, *Libertel*[244] und *Heidelberger Bauchemie*[245], vermochten die kontroversen Debatten beenden.

aa) *Libertel und Heidelberger Bauchemie – Die Grundsatzentscheidungen des EuGH zu den Anforderungen an die grafische Darstellung abstrakter Farbmarken*

Mit seinen Grundsatzentscheidungen *Libertel*[246] und *Heidelberger Bauchemie*[247] legte der EuGH unmissverständlich fest, auf welche Art und Weise abstrakte Farbmarken grafisch darzustellen waren, um den rechtlichen Vorgaben zu genügen. Während er sich in der *Libertel*-Entscheidung mit dem Farbmarkenschutz abstrakter Einzelfarbmarken beschäftigte, konkretisierte er im *Heidelberger-Bauchchemie*-Urteil die Anforderungen an die grafische Darstellung einer abstrakten Farbzusammenstellung. Wie nachfolgende Ausführungen zeigen werden, variieren die Anforderungen an ihre grafische Darstellung. Es war deshalb von Bedeutung, ob Schutz für eine konturlose Einfarbenmarke oder für eine Farbzusammenstellung begehrt wurde. Damit wich der EuGH von der gängigen

---

242 *Slopek/Junkar*, MarkenR 2014, 286.

243 So z.B. in den nachfolgenden Entscheidungen, die einen abstrakten Farbmarkenschutz verneinen: BPatG GRUR 1996, 881 – Farbmarke; GRUR 1998, 1015 – Weiß/Zink-Gelb; GRUR 1998, 574 – Schwaz/Zink-Gelb; BeckRS 1998, 14581 – magenta; anders hingegen: BPatG GRUR 1999, 61 – ARAL/Blau I; GRUR 1999,60 – Rechteck in Pink WRP 1999, 329 – Blau/Weiß; BGH, GRUR 1999, 730 Farbmarke magenta/grau; BeckRS 1999, 30053371 Farbmarke magenta; BeckRS 1999, 30053397 – Farbmarke schwarz/zink-gelb; GRUR 2001, 1152 – Farbmarke violettfarben.

244 EuGH GRUR 2003, 604 – Libertel.

245 EuGH GRUR 2004, 858 – Heidelberger Bauchemie.

246 EuGH GRUR 2003, 604 – Libertel.

247 EuGH GRUR 2004, 858 – Heidelberger Bauchemie.

deutschen Eintragungspraxis ab, nach der hinsichtlich der Anforderungen an die grafische Darstellung von Farbmarken nicht zwischen Einfarbenmarken und Mehrfarbenmarken differenziert wurde.[248]

(1) Die Libertel-Entscheidung

In der älteren *Libertel*-Entscheidung erkannte der EuGH die Markenfähigkeit von Einfarbenmarken an und bestimmte, welche Anforderungen ihre grafische Darstellung erfüllen musste, um dem Erfordernis der grafischen Darstellbarkeit zu genügen. Im Ausgangverfahren verwehrte das Benelux-Markenamt der *Libertel Groep BV* die Eintragung der Farbe Orange für Waren und Dienstleistungen im Telekommunikationsbereich.[249]

Im Rahmen dessen wendete der EuGH erstmals die für Geruchsmarken entwickelten *Sieckmann*-Kriterien, die er wenige Monate zuvor in seiner *Sieckmann*-Rechtsprechung aufgestellt hatte, bei einer anderen Markenform an. Wenig überraschend stellte der EuGH fest, dass sich auch konturlose Farbmarken i.S.d. rechtlichen Vorgaben grafisch darstellen lassen, sofern ihre Darstellung klar, eindeutig, in sich abgeschlossen, leicht zugänglich, verständlich, dauerhaft und objektiv ist.[250] Er betonte, dass die ausschließliche Hinterlegung eines Farbmusters auf Papier dem Erfordernis der grafischen Darstellbarkeit nicht genüge. Vielmehr bedürfe es einer Klassifizierung der Farbe nach einem international anerkannten Kennzeichencode, da solche Codes genau und dauerhaft sind.[251] Papier als Trägerstoff gewährleiste hingegen nicht, dass der Farbton auch auf langfristige Sicht unveränderlich ist, da nicht ausgeschlossen werden könne, dass sich der auf Papier hinterlegte Farbton altersbedingt verändere.[252] Einer ausschließlichen Hinterlegung auf Papier fehle es daher an der erforderlichen Dauerhaftigkeit. Er stellte jedoch klar, dass nicht auszuschließen sei, dass bestimmte Trägerstoffe es erlauben, eine Farbe einzutragen, die sich nicht verändere.[253] Die Darstellung auf einem anderen Trägerstoff könnte somit die gesetzlichen Anforderungen erfüllen. Es ist jedoch fraglich, welche Art von Trägerstoff überhaupt

248 So stellte das BPatG in seiner Entscheidung *Rechteck in Pink* z.B. ausdrücklich klar, dass nur Einfarbenmarken die Anforderungen an die grafische Darstellbarkeit erfüllen könnten, siehe GRUR 1999, 60 – Rechteck in Pink.

249 EuGH GRUR 2003, 604, 605 (Rz. 1) – Libertel.

250 EuGH GRUR 2003, 604, 606 (Rz. 29 ff.) – Libertel.

251 EuGH GRUR 2003, 604, 606 (Rz. 32 ff.) – Libertel.

252 EuGH GRUR 2003, 604, 606 (Rz. 32 ff.) – Libertel.

253 EuGH GRUR 2003, 604, 606 (Rz. 32 ff.) – Libertel.

in Betracht käme, da bei Farben – egal auf welchem Trägerstoff sie aufgetragen werden – eine altersbedingte Veränderung in Form der Verblassung oder des Ausbleichens nicht ausgeschlossen werden kann. So sind beispielsweise auch die vom RAL-Institut herausgegebenen offiziellen Farbmusterkarten vor Sonneneinstrahlung zu schützen und bei Nichtgebrauch unter Lichtausschluss aufzubewahren. Selbst bei Einhaltung dieser Verwendungshinweise haben sie nur eine Gültigkeit von zwei bzw. fünf Jahren ab Ausgabe, um eine präzise Wiedergabe des Farbtons garantieren zu können.[254] In Betracht käme allenfalls, dass die Farbe auf einem Papier aufgetragen wird, welches anschließend eingescannt und in elektronischer Form gespeichert wird. Dies würde verhindern, dass die Farbe ausbleichen oder verblassen kann. Zwar würde diese Form der Wiedergabe das Erfordernis der Dauerhaftigkeit erfüllen, es fehlt jedoch an der erforderlichen Klarheit und Eindeutigkeit. Ohne die Angabe eines internationalen Farbklassifikationscodes kann wegen der vielen verschiedenen Farbnuancen nicht zweifelsfrei festgestellt werden, für welchen Farbton konkret Schutz beansprucht wird.

Darüber hinaus äußerte sich der EuGH dahin gehend, dass die alleinige Beschreibung bzw. Umschreibung des Farbtons – ohne die Bezeichnung der Farbe als Farbcode eines international anerkannten Farbklassifikationssystems – nicht den Anforderungen an die grafische Darstellung genüge. Einer solchen Darstellungsmethode fehle es der notwendigen Genauigkeit und somit der erforderlichen Klarheit und Eindeutigkeit.[255] Damit bestätigte der EuGH die Rechtsauffassung der Dritten Beschwerdekammer des HABM (nunmehr EUIPO), die bereits 1998 entschieden hat, dass die alleinige Angabe des herkömmlichen Farbtons wie z.B. „*orange*“ zu unpräzise sei.[256] Unter einem solch umfassenden Oberbegriff lassen sich eine Vielzahl von verschiedenen Farbschattierungen – vom Hellen bis ins Dunkle gehend – subsumieren.[257]

Für die grafische Darstellung von Einfarbenmarken war somit neben der Wiedergabe des Farbmusters (auf Papier), die Bezeichnung der Farbe als Farbcode eines international anerkannten Farbklassifikationssystems (z.B. Pantone oder RAL) unerlässlich. In den folgenden Jahren schlossen sich dieser Ansicht sowohl der BGH als auch die deutsche Rechtsprechungspraxis an.[258]

---

254 *Theißen*, GRUR 2004, 729, 730.

255 EuGH GRUR 2003, 604, 606 (Rz. 38) – Libertel.

256 HABM GRUR Int. 1998, 612 (Rz. 12) – Orange.

257 HABM GRUR Int. 1998, 612 (Rz. 12) – Orange.

258 BGH GRUR 2001, 1154, 155 – Farbmarke violettfarben; GRUR 2002, 538, 539 – grün eingefärbte Prozessorengehäuse; GRUR 2010, 637 (Rz. 10) – Farbe gelb (in Bestätigung

(2) Die Heidelberger Bauchemie-Entscheidung

Rund ein Jahr nach *Libertel* konkretisierte der EuGH in *Heidelberger Bauchemie* die Anforderungen an die grafische Darstellung abstrakter Farbzusammenstellungen.[259] Die in der deutschen Rechtsprechung weitverbreitete Auffassung der Gleichbehandlung von Einfarbenmarken und Farbzusammenstellungen wies der EuGH zurück.[260]

Die Markenanmelderin begehrte markenrechtlichen Schutz für ihre Firmenfarben blau und gelb. In der Anmeldung gab sie neben einer Darstellung der Farben auf Papier die RAL-Nummern der Farben an.[261] Zudem fügte sie der Anmeldung eine Beschreibung bei, in der es hieß, dass die Firmenfarben *„in jeder denkbaren Form"* benutzt werden könnten.[262] Der EuGH führte in der *Libertel*-Entscheidung seine Rechtsprechung zum Schutz von Einfarbenmarken fort und erstreckte sie auf Farbzusammenstellungen.[263] An die grafische Darstellung von abstrakten Farbzusammenstellungen stellte er jedoch strengere Anforderung als an die einer Einfarbenmarke.

Der EuGH stellte klar, dass die Anmeldung abstrakter Farbzusammenstellungen neben den Anforderungen an die Darstellung von Einfarbenmarken zusätzlich eine *systematische Anordnung* enthalten müsse, in der die betreffenden Farben in vorher festgelegter und beständiger Weise verbunden sind.[264] Die zusätzliche Voraussetzung verhinderte, dass die Farben in jeglichen denkbaren Formen verwendet werden konnten. Zu Recht wies der EuGH darauf hin, dass dies erforderlich sei, um eine eindeutige und beständige Zeichenwiedergabe garantieren zu können.[265] Ansonsten wäre es möglich, die Farben in zahlreichen Kombinationen zu nutzen. Die Gefahr hierbei bestand darin, dass die unterschiedlichen Farbanordnungen nicht mehr als Herkunftshinweis wahrgenommen werden würden.[266] Weiter führte er aus, dass sowohl die zuständigen

---

von BPatG GRUR 2009, 161, 162 – Farbmarke Gelb – Yello); BPatG GRUR 2010, 71, 72 – Farbe Lila.

259 EuGH GRUR 2004, 858 – Heidelberger Bauchemie.

260 So stellte das BPatG in seiner Entscheidung *Rechteck in Pink* z.B. ausdrücklich klar, dass nur Einfarbenmarken die Anforderungen an die grafische Darstellbarkeit erfüllen könnten, siehe GRUR 1999, 60 – Rechteck in Pink.

261 EuGH GRUR 2004, 858 – Heidelberger Bauchemie.

262 EuGH GRUR 2004, 858 – Heidelberger Bauchemie.

263 *Slopek/Junkar*, MarkenR 2014, 286, 288.

264 EuGH GRUR 2004, 858 – Heidelberger Bauchemie.

265 EuGH GRUR 2004, 858, 859 (Rz. 34) – Heidelberger Bauchemie.

266 EuGH GRUR 2004, 858, 859 (Rz. 35) – Heidelberger Bauchemie.

Behörden als auch die Wirtschaftsteilnehmer nicht mehr imstande wären, den Umfang des geschützten Markenrechts zu erkennen.[267] Aus diesem Grund ging der EuGH davon aus, dass die streitgegenständliche Darstellung nicht dem Erfordernis der grafischen Darstellbarkeit genügte.

Stimmen in der Literatur erachteten die Ungleichbehandlung von Einfarbenmarken und Farbkombinationen als ungerechtfertigt.[268] Manche erkannten hierin sogar das Leugnen einer eignen Markenform, nämlich die der Farbzusammenstellung[269]. Verkannt wird, dass ohne die Voraussetzung der *systematischen Anordnung* bei Farbzusammenstellungen die Gefahr bestanden hätte, dass Markeninhaber die Farben in zahlreichen Kombinationen nutzen. Dies hätte jedoch zu einer Ausuferung des Schutzgegenstandes geführt und wäre nicht mit dem registerrechtlichen Bestimmtheitsgrundsatz vereinbar gewesen. In diesem Fall wäre eine eindeutige Identifizierbarkeit des Schutzgegenstandes nicht mehr sichergestellt. Bei Einfarbenmarken hingegen stellt sich dieses Problem von Beginn an nicht, da dem Markeninhaber keine Vielzahl von Kombinationsmöglichkeiten zur Verfügung stehen. Deshalb sind auch die strengeren Anforderungen, die für Farbkombinationsmarken gelten, sachgerecht.[270]

Für die grafische Darstellung abstrakter Farbzusammenstellungen war somit zusätzlich zu den für die Darstellung von Einfarbenmarken geltenden Voraussetzungen die Angabe ihrer systematischen Anordnung erforderlich, damit der Verkehr erkennen kann, wie die betreffenden Farben miteinander verbunden sind. Andernfalls war eine rechtssichere Zeichendarstellung nicht gegeben.

bb) Die rechtskonforme Zeichendarstellung nach deutschem Recht unter der Voraussetzung der grafischen Darstellbarkeit

Seit den Grundsatzentscheidungen des EuGH zum abstrakten Farbmarkenschutz ist rechtlich anerkannt, dass unterschieden wird, ob markenrechtlicher Schutz für eine abstrakte Einfarbenmarke oder für Farbzusammenstellungen begehrt wird. Unter dem Erfordernis der grafischen Darstellbarkeit mussten alle abstrakten Farbmarken durch ein entsprechendes Farbmuster dargestellt werden und die geschützte/n Farbe/n waren mit dem Farbcode eines international anerkannten Farbklassifikationssystems zu bezeichnen. Die Anmeldung von Farbkombinationsmarken musste zusätzlich eine *systematische Anordnung* enthalten,

---

267 EuGH GRUR 2004, 858, 859 (Rz. 35) – Heidelberger Bauchemie.

268 *Bölling*, MarkenR 2004, 384, 390; *Viefhues/Klauer*, GRUR Int. 2004, 584, 595.

269 *Fezer*, MarkenR 1999, 73, 77.

270 So auch *Slopek/Junkar*, MarkenR 2014, 286, 289.

die festlegte, wie die betreffenden Farben miteinander verbunden waren. Dies sollte verhindern, dass die den Schutz beanspruchenden Farben in unzählig vielen Kombinationen verwendet werden konnten. Normiert waren die vom dem EuGH aufgestellten Kriterien in § 10 MarkenV n.F.

Eine genauere Betrachtung der Anforderungen an die grafische Darstellung von abstrakten Farbmarken zeigt jedoch, dass es dem vom EuGH geschaffenen Anforderungskatalog für die Zeichendarstellung abstrakter Farbmarken nicht gelang, alle Unsicherheiten zu beseitigen. Dies betraf insbesondere das Erfordernis der *systematischen Anordnung*, welches ausschließlich für Farbkombinationsmarken galt. Bevor die *systematische Anordnung* thematisiert wird, ist auf die allgemeingültigen Voraussetzungen der Farbbezeichnung durch ein international anerkanntes Farbklassifikationssystem einzugehen. Auch in diesem Zusammenhang musste der Markenanmelder bestimmte nicht normierte Vorgaben berücksichtigen, um das Erfordernis der grafischen Darstellbarkeit i.S.v. § 8 Abs. 1 MarkenG a. F. zu erfüllen.

(1) Die Bezeichnung der Farbe durch ein Farbklassifikationssystem

Der EuGH legte fest, dass abstrakte Farbmarken für ihre Schutzfähigkeit mit der Nummer *eines* international anerkannten Farbklassifikationssystems zu bezeichnen waren. Weder der EuGH noch die MarkenV machten konkrete Vorgaben hinsichtlich der Wahl des Klassifikationssystems. Dies ist auch sachgerecht, da es für die Identifizierbarkeit der Marke keine Rolle spielt, auf welches Farbklassifikationssystem für die Bezeichnung der Farbe zurückgegriffen wurde. Es galt dennoch bestimmte Besonderheiten zu berücksichtigen, bei deren Nichtbeachtung i.d.R. das Erfordernis der grafischen Darstellbarkeit nicht erfüllt war. Konnte beispielsweise eine Farbe nicht anhand einer Nummer aus dem Farbklassifikationssystem zweifelsfrei und eindeutig identifiziert werden, entsprach die Zeichendarstellung nicht dem Erfordernis i.S.v. § 8 Abs. 1 MarkenG a.F. Falsche oder unvollständige Bezifferungen waren weder klar, noch eindeutig und gingen somit stets zulasten des Markenanmelders.[271]

Empfehlenswert war zudem, für die Farbbezeichnung nur auf ein anerkanntes Farbklassifikationssystem (und nicht auf mehrere) zurückzugreifen. Stellte der Markenanmelder die abstrakte Farbe durch Farbcodes mehrere Farbklassifikationssysteme dar, bestand die Gefahr der mangelnden Identifizierbarkeit. Angesichts der unterschiedlichen Anzahl an Farbtönen, welche die anerkannten Farbklassifikationssysteme umfassen, war es möglich, dass bei

271 Vgl. BPatG BeckRS 2001, 16198.

Alternativangaben nicht exakt der gleiche Farbton durch die Alternativangaben beschrieben wurde, sondern lediglich eine Farbannäherung.[272] Eine solche Darstellung hätte zu Unsicherheiten bei der Bestimmung des Schutzgegenstandes führen können. In der Praxis haben sich die drei Klassifikationssysteme RAL, Pantone und HKS durchgesetzt.[273] Alle erfassen eine unterschiedliche Anzahl an Farbtönen. Das RAL-Klassifikationssystem umfasst aktuell 2.528 RAL-Farben, die sich in die Farbfächer „RAL CLASSIC" (213), „ RAL EFFECT" (490) und „RAL DESIGN SYSTEM plus" (1.825) einteilen lassen.[274] Der HKS-Farbfächer hingegen enthält insgesamt 3.520 Farbtöne, bestehend aus 88 Basisfarben sowie 39 Farbnuancen pro Basisfarbe.[275] Mit knapp 5.000 Farben umfasst die Klassifizierung nach Pantone die meisten Farben.[276] Sie lassen sich auf die Farbfächer „Druck- und Verpackungsindustrie" sowie „Produktdesign" aufteilen.[277] Bereits aus der unterschiedlichen Anzahl an Farbtönen folgt, dass bei Alternativangaben zwar ein nächstliegender Farbwert aus einem anderen anerkannten Klassifizierungssystem ermittelt werden kann, es sich hierbei jedoch immer nur um eine Annäherung handelt und nicht um eine exakte Übereinstimmung. Wird beispielsweise ein Farbton durch einen RAL- und einen Pantone-Farbcode bezeichnet, ist zweifelhaft, dass die Farbe eindeutig definiert werden kann. Wie bereits einleitend erwähnt, ist in solchen Fällen nicht sichergestellt, dass derselbe Farbton beschrieben wird und nicht nur eine Farbannäherung. Aus Gründen der Rechtssicherheit war daher davon abzuraten, für die Definition einer Farbe auf mehrere anerkannte Klassifizierungssysteme zurückzugreifen.[278] Anders fällt die Bewertung aus, wenn bei mehreren Farbtönen je Farbton verschiedene

---

272 So auch *Ingerl/Rohnke*, § 8 Rn. 101; *Theißen*, GRUR 2004, 729, 731 f.

273 *Sekretaruk*, S. 16 Rn. 25; *Fesenmair/Müller*, GRUR 2006, 724, 726, *Eichelberger*, GRUR 2016, 138 mit weiteren Rechtsprechungsnachweisen.

274 RAL-Farben, https://www.ral-farben.de/inhalt/anwendung-hilfe/faqs/faqs-allgemeine-fragen.html, zuletzt abgerufen am 05.04.2019.

275 HKS Farben, http://hks-farben.de/de_de/produkte/faecherset-hks-3000-03/, zuletzt abgerufen am 05.04.2019.

276 Pantone, https://store.pantone.com/de/de/farbsysteme-intro, zuletzt abgerufen am 05.04.2019.

277 Pantone, https://store.pantone.com/de/de/farbsysteme-intro, zuletzt abgerufen am 05.04.2019.

278 So auch *Eichelberger*, GRUR 2016, 138.

Klassifikationssysteme zur Anwendung kommen. In diesem Fall besteht das Problem der Farbalternative nicht.[279]

Sollte der Markenanmelder überhaupt keinen Farbcode eines international anerkannten Farbklassifikationssystems angegeben haben, ist auf eine Entscheidung des BPatG zu verweisen. Der 26. Senat des BPatG stellte zumindest für Einfarbenmarken klar, dass eine nachträgliche Bezeichnung der Farbe durch einen international anerkannten Farbcode den Mangel heilt. Das BPatG wertete die nachträgliche Benennung als eine Klarstellung, die auf dem Anmeldetag zurückwirkt und nicht als eine erstmalige Offenbarung des Schutzgegenstandes.[280]

(2) Das Erfordernis der systematischen Anordnung bei abstrakten Farbzusammenstellungen

Seit dem Urteil *Heidelberger Bauchemie* war bei Anmeldungen von Farbmarken, die aus einer Farbzusammenstellung bestanden, die Angabe bzgl. der konkreten Farbverteilung erforderlich. Sie musste verständlich und zweifelsfrei die Verbindung der betreffenden Farbflächen zueinander erkennen lassen.[281] Andernfalls fehlte es der Darstellung an der notwendigen Eindeutigkeit.

Infolge der EuGH-Entscheidung hatten die deutschen Gerichte zu überprüfen, wann das Erfordernis der *systematischen Anordnung* vorlag. Der BGH sah die Voraussetzung der *systematischen Anordnung* jedenfalls dann als erfüllt an, wenn begehrt wurde, mehrere Farben im Verhältnis 1:1 in seitlicher Anordnung nebeneinander einzutragen.[282] Für das Erfordernis der grafischen Darstellbarkeit bedeutete dies, dass dessen genüge getan wurde, wenn die Zeichendarstellung in Form eines rechteckigen Farbmusters aus zwei oder mehreren gleich

---

279 *Eichelberger,* GRUR 2016, 138; *Theißen*, GRUR 2004, 729, 732; a.A.: *Ingerl/Rohnke*, § 8 Rn. 101, die empfehlen, sich grundsätzlich nur auf ein Klassifikationssystem zu beziehen; vgl. ferner *Sekretaruk*, S. 17 Rn. 27, der i.E. die Hinzuziehung eines Farbklassifikationssystems als unzulässig erachtet, weil es mehrere solcher Systeme gibt.

280 BPatG BeckRS 2007, 08028 (Rz. 12) – braun abstrakte Farbmarke; sofern die Farbangabe durch die Nummer eines international anerkannten Farbklassifikationssystems fehlerhaft ist, ist keine Heilung mehr möglich, vgl. BPatG BeckRS 2001, 16198 (Rz. 14) – Farbkombination.

281 EuGH GRUR 2004, 858, 859 (Rz. 33) – Heidelberger Bauchemie; *Hasselblatt*, MAH gewerblicher Rechtsschutz, § 37 Unionsmarkenverordnung Rn. 61.

282 BGH GRUR 2007, 55, 56 (Rz. 13) – Farbmarke grün/gelb II; so auch BPatG GRUR 2005, 1056, 1057 (Rz. 1.4) – zweifarbige Farbkombination Dunkelblau/Hellblau.

breiten Farbstreifen ohne Zwischenraum erfolgte.[283] Bei mehr als zwei Farben musste zudem die Reihenfolge der Farben angegeben werden.[284]

Ein knappes Jahr vorher stellte das BPatG klar, dass eine *systematische Anordnung* dann nicht anzunehmen sei, wenn aus der Anmeldung lediglich hervorgeht, welche Farben die Marke *„umfasse"*.[285] Zu ungenau war außerdem, wenn das Farbverhältnis mit *„ungefähr 50:50"*[286] angegeben wurde, oder auch die Angabe, dass beide Farbanteile zusammen *„in allen Varianten 100 % ergeben"*[287]. Gleiches galt für die Verwendung der Formulierung, die Marke beanspruche Schutz *„in jeglichen denkbaren Formen"*.[288] Dies wurde auch in von zwei EuG-Entscheidungen aus dem Jahr 2017 bestätigt.[289] Das EuG gab einem Löschungsantrag von zwei abstrakten Farbkombinationsmarken statt, da ihre Angaben bzgl. der konkreten Farbverteilung nicht dem Erfordernis der *systematischen Anordnung* genügten. Der Markenanmelder begehrte Schutz für die Farbzusammenstellung Blau und Silber für „Energy Drinks" der Klasse 32. In der ersten Anmeldung hieß es, dass *„das Verhältnis beider Farben ungefähr 50:50"* sei und in der zweiten, dass beide Farben *„zu gleichen Teilen"* aneinander angrenzen.[290] Der EuG hielt die Angaben für nicht hinreichend präzise und eindeutig genug, da sie zahlreiche unterschiedliche Kombinationen zuließen.[291] Dies sollte mit dem Erfordernis der grafischen Darstellbarkeit aber gerade vermieden werden.

Eine Heilung der Markenanmeldung kam ebenfalls nicht in Betracht, wenn das Kriterium der *systematischen Anordnung* nicht von Beginn an erfüllt wurde. Eine nachträgliche Konkretisierung dahin gehend, wie die betreffenden Farben miteinander verbunden sind, stellt eine Änderung der Marke dar.[292] Dies ist wegen des Grundsatzes der Unveränderlichkeit der Marke unzulässig.

---

283 BPatG GRUR 2005, 1056 – zweifarbige Farbkombination Dunkelblau/Hellblau.
284 BGH GRUR 2007, 55, 56 (Rz. 13) – Farbmarke grün/gelb II.
285 BPatG BeckRS 2005, 12066 – Farbmarkenkonkretisierung II.
286 BPatG BeckRS 2011, 7985 – Farbkombination blau/silber.
287 BPatG GRUR 2009, 157 – Farbkombination orange/schwarz IV.
288 BPatG GRUR 2005, 1053 – Farbmarkenkonkretisierung.
289 EuG BeckRS 2017, 133166 (verbundene Rechtssachen).
290 EuG BeckRS 2017, 133166 Rn. 89 (verbundene Rechtssachen).
291 EuG BeckRS 2017, 133166 Rn. 89 (verbundene Rechtssachen).
292 BPatG GRUR 2005, 1053 – Farbmarkenkonkretisierung; BPatG BeckRS 2005, 12066 – Farbmarkenkonkretisierung II.

b) Zusammenfassung

Die Diskussionen in Bezug auf abstrakte Farbmarken und die Anforderungen an ihre grafische Darstellung wurden vom EuGH durch die Entscheidungen *Libertel* und *Heidelberger Bauchemie* beendet. Der EuGH konkretisierte sowohl für Einfarbenmarken als auch für Farbzusammenstellungen, wann ihre Darstellung den gesetzlichen Vorgaben genügte. Alle abstrakten Farbmarken waren durch ein entsprechendes Farbmuster darzustellen sowie mit der Nummer eines international anerkannten Farbklassifikationssystems zu bezeichnen. Die Anmeldung von Farbzusammenstellungen musste zusätzlich eine *systematische Anordnung* enthalten, die festlegte, wie die betreffenden Farben miteinander verbunden waren. Hier sollte der Markenanmelder eine möglichst konkrete Formulierung verwenden und nicht versuchen, sich durch eine vage Formulierung viele Kombinationsmöglichkeiten zu erhalten. Ansonsten bestand die Gefahr, dass mangels einer klaren und eindeutigen Zeichendarstellung der markenrechtliche Schutz versagt wurde. Bestätigt wurde dies erst jüngst wieder durch den EuG.[293]

In der Gesamtschau bleibt festzuhalten, dass das Erfordernis der grafischen Darstellbarkeit für Farbmarken keine restriktive Wirkung entfaltete, sofern sich der Markenanmelder an die gesetzlichen Vorgaben hielt. Dies galt insbesondere für abstrakte Farbzusammenstellungen.

3. Die Hörmarke

Bis zur Umsetzung der MarkenRL-2015 in nationales Recht wurde in Deutschland die Klangmarke als Hörmarke bezeichnet. Die Umbenennung ist darauf zurückzuführen, dass akustische Zeichen auf europäischer Ebene erstmals ausdrücklich in der MarkenRL-2015 in Art. 3 genannt werden. Da in Art. 3 MarkenRL-2015 nunmehr von Klängen die Rede ist, wurde entsprechend die Terminologie des § 3 Abs. 1 MarkenG und § 11 MarkenV angepasst.[294] Zuvor waren sie auf europäischer Ebene lediglich vom offenen Zeichenbegriff gedeckt.[295] Betrachtet man den Schutzgegenstand einer Hör- bzw. Klangmarke, ist jedoch die ursprüngliche Bezeichnung „Hörmarke“ zu bevorzugen, da die neue Bezeichnung „Klangmarke“ nur einen Ausschnitt des Schutzbereichs repräsentiert, wie nachfolgende Ausführungen zeigen:

---

293 EuG BeckRS 2017, 133166 Rn. 89 (verbundene Rechtssachen).

294 Ströbele/Hacker/Thiering/*Miosga*, 12. Aufl., § 3 Rn. 63.

295 EuGH GRUR 2004, 54, 56 (Rz. 35) – Shield Mark/Kist; Ströbele/Hacker/Thiering/*Miosga*, § 3 Rn. 63.

Bereits vor Umsetzung der MarkenRL-2015 in nationales Recht wurden Hörzeichen vereinzelt als Zeichen definiert, deren Schutzgegenstand der visuell nicht wahrnehmbare Klang ist.[296] Diese Definition begrenzt den Schutzgegenstand von Hörmarken ausschließlich auf Klänge und verkennt, dass es unterschiedliche Arten von Hörzeichen gibt. Um der Vielfältigkeit von Hörmarken gerecht zu werden, definierte das DPMA Hörmarken als „akustisch hörbare Marken, also Töne, Tonfolgen, Melodien oder sonstige Klänge und Geräusche".[297] Noch differenzierter betrachtet *Fezer* den Schutzgegenstand einer Hörmarke. *Fezer* definiert sie als „Zeichen, die vom Gehör wahrgenommen werden, ohne Sprache zu sein."[298] Darüber hinaus unterscheidet er zwischen melodischen (Töne, Tonfolgen, Melodien) und amelodischen (natürliche und synthetische Geräusche) Zeichen.[299]

Gemein haben alle Definitionen, dass Hörzeichen ausschließlich akustisch wahrgenommen werden. Sie gehören somit zu der Kategorie der visuell nicht wahrnehmbaren Marken. Dennoch ist den beiden letzten genannten Definitionen der Vorzug zu geben, da sie alle Formen einer Hörmarke umfassen und den Schutzgegenstand nicht auf Klänge beschränken. Dies gilt selbst dann, wenn Hörzeichen in der Praxis am häufigsten in Form eines Klanges vorkommen,[300] da eine Definition stets den Anspruch auf Vollständigkeit erheben sollte. Aus diesem Grund ist auch kritisch zu betrachten, dass Hörmarken zukünftig als Klangmarken bezeichnet werden. Durch diese Bezeichnung wird verkannt, dass Hörmarken gerade nicht nur in Form von Klängen in Erscheinung treten können, sondern auf unterschiedlichste Art und Weise.

Losgelöst von der theoretischen Diskussion um ihre Definition, kam der deutsche Gesetzgeber mit Einführung der damals als Hörmarke bezeichneten Markenform dem wirtschaftlichen Interesse nach einem akustischen Erkennungsmittel nach. Hörmarken bzw. Klangmarken sind seit Inkrafttreten des MarkenG 1994 im Wortlaut des § 3 MarkenG verankert, obwohl der europäische Gesetzgeber sie – wie aufgezeigt – erst in der Markenrichtlinie-2015 ausdrücklich erwähnt wird.[301] Heutzutage sind Hörmarken/Klangmarken insbesondere

296 Ströbele/Hacker/*Kirschneck*, 11. Aufl., § 3 Rn. 63.

297 DPMA, Hörmarke, https://www.dpma.de/docs/marken/mf_hoermarke.pdf, zuletzt abgerufen am 12.12.2017.

298 *Fezer*, § 3 Rn. 591, 595.

299 *Fezer*, § 3 Rn. 591, 595.

300 *Kortbein*, S. 69.

301 Der EuGH erkannte die Markenfähigkeit von Hörmarken im Jahr 2003 in der *Shield Mark/Kist*-Entscheidung erstmals ausdrücklich an.

als *Werbejingle* ein beliebtes Werbemittel und aus der Werbung nicht mehr wegzudenken.

Da in diesem Abschnitt die Anforderungen an die Darstellung einer Marke vor Umsetzung der MarkenRL-2015 erörtert werden, wird die alte Terminologie beibehalten und nachfolgend von Hörmarken gesprochen.

a) Anforderungen an die grafische Darstellung von Hörmarken

Dem Umstand geschuldet, dass Hörzeichen nur akustisch und nicht visuell wahrnehmbar sind, ist, dass sie sich nicht unmittelbar, sondern ausschließlich mittelbar grafisch darstellen lassen. Die potenziellen Markeninhaber mussten folglich für ihre grafische Darstellung auf Hilfsmittel zurückgreifen, durch die das akustische Zeichen visuell wahrnehmbar wurde. Eine elektronische Wiedergabe war nicht zulässig, obwohl § 11 Abs. 3 MarkenV a.F. vorsah, dass ebenfalls ein Datenträger einzureichen war, der die klangliche Wiedergabe enthielt. Hierbei handelte es sich lediglich um ein zwingendes Anmeldeerfordernis i.S.v. § 32 Abs. 3 MarkenV a.F., das zusätzlich zu den materiellen Eintragungsvoraussetzungen der grafischen Darstellbarkeit erfüllt sein musste, half aber nicht, das Erfordernis der grafischen Darstellung zu umgehen.[302] Eine gegenteilige Ansicht würde das Kriterium der grafischen Darstellbarkeit *ad absurdum* führen.[303] Somit bestimmte sich der Schutzgegenstand der Hörmarke ausschließlich durch die im Register eingetragene Form und somit durch ihre grafische Darstellung.[304]

Weit vor der *Sieckmann* Entscheidung stellte der BGH bereits 1988 klar, dass die Fixierung des Klanges als Schutzgegenstand allenfalls durch bestimmte Symbole möglich sei.[305] Als Hilfsmittel für die zweidimensionale Darstellung akustischer Zeichen kommen Noten und Sonagramme, aber auch die einfache wörtliche Beschreibung des Hörzeichens oder ein lautmalendes Wort (Onomatopoetikum) in Betracht. Im Nachfolgenden ist zu untersuchen, ob diese Formen

302 Ströbele/Hacker/Thiering/*Miosga*, 12. Aufl., § 3 Rn. 69, a.A.: *Bender*, FS 50 Jahre BPatG, S. 495, 496.

303 Der EuGH hat diese Frage in seiner *Shield Mark/Kist*-Entscheidung mangels Erheblichkeit offen gelassen, da die Anmeldung des Hörzeichens nicht in Form eines Tonträgers oder einer digitalen Aufzeichnung erfolgte, EuGH GRUR 2004, 54, 57 (Rz. 54) – Shield Mark/Kist.

304 *Hüttermann*/*Storz*, MittdPat 2005, 156, 159.

305 BGH GRUR 1988, 306, 307 – Hörzeichen. Der BGH verwehrte jedoch den registerrechtlichen Schutz, da Hörzeichen weder als Warenzeichen noch als Dienstleistungsmarke eintragungsfähig seien.

der Wiedergabe auch den Anforderungen einer grafischen Darstellung i.S.v. § 8 Abs. 1 MarkenG a.F. genügten.

aa) Shield Mark/Kist – Die Grundsatzentscheidung des EuGH zu Hörmarken

In seiner Grundsatzentscheidung *Shield Mark/Kist* aus dem Jahr 2004 erkannte der EuGH erstmals den markenrechtlichen Schutz von Hörzeichen an, sofern sie unterscheidungskräftig und grafisch darstellbar waren.[306]

Shield Mark war Inhaberin mehrerer Marken für Waren und Dienstleistungen der Klassen 9, 16, 41 und 42. Zu ihren Marken zählten u.a. mehrere Hörmarken, bestehend aus den ersten neun Tönen des Musikstücks *„Für Elise"* von Ludwig van Beethoven. Einige Marken wurden mittels eines Notensystems wiedergegeben, andere enthielten lediglich die Notenabfolge „e, dis, e, dis, e, h, d, c, a" außerhalb eines Notensystems oder die Angabe, dass die Marke aus der beschriebenen Melodie bestehe. Einige Marken enthielten zudem die Information „gespielt auf dem Klavier".[307] Shield Mark nutzte die Melodie *„Für Elise"* als Werbejingle. Eine weitere auf Shield Mark angemeldete Hörmarke bestand aus dem Krähen eines Hahnes. Das Geräusch wurde als *„Kukelekuuuu"*, einem lautmalenden Wort, grafisch dargestellt.[308] Das Krähen ertönte beim Starten einer Software, die Shield Mark vertrieb. Kist nutze für seine Werbekampagnen ebenfalls die Melodie *„Für Elise"* und verkaufte ein Computerprogramm, bei dessen Start ebenfalls das Krähen eines Hahnes zu hören war. Mit diesem Verhalten sah Shield Mark neben Verstößen gegen das Wettbewerbsrecht auch seine Markenrechte verletzt.

Die erste Instanz gab der Klage im Hinblick auf die lauterkeitsrechtlichen Aspekte statt, lehnte jedoch markenrechtliche Ansprüche von Shield Mark mit der Begründung ab, dass Klänge nicht als Marke eintragungsfähig seien. Das hiergegen gerichtete Beschwerdeverfahren setzte der Hoge Raad der Niederlande aus und legte dem EuGH die Fragen vor, ob Klänge oder Geräusche allgemein Markenfähigkeit i.S.d. MarkenRL besaßen und wenn ja, welche Anforderungen an die grafische Darstellbarkeit von Hörmarken zu stellen waren. Mit Verweisen auf die *Sieckmann*-Entscheidung erkannte der EuGH die Markenfähigkeit von Hörmarken an, sofern sie dazu geeignet sind, Waren und/oder Dienstleistungen eines Unternehmens von denen eines anderen zu unterscheiden. Zudem

306 EuGH GRUR 2004, 54 – Shield Mark/Kist.
307 EuGH GRUR 2004, 54, 55 (Rz. 14) – Shield Mark/Kist.
308 EuGH GRUR 2004, 54, 5 (Rz. 14) – Shield Mark/Kist.

mussten sie sich im Sinne der rechtlichen Vorgaben grafisch darstellen lassen. Der EuGH unterschied zwischen den verschiedenartigen Wiedergabeformen für Hörzeichen und untersuchte, ob jede Einzelne den Anforderungen an eine grafische Darstellung im Sinne der *Sieckmann*-Kriterien genügte. Wie bereits in seinen älteren Entscheidungen *Sieckmann, Libertel* und *Heidelberger Bauchemie* für Geruchs- bzw. Farbmarken, stellte der EuGH klar, dass auch die Darstellung eines Hörzeichens klar, eindeutig, in sich abgeschlossen, leicht zugänglich, verständlich, dauerhaft und objektiv sein musste.[309]

bb) Grafische Darstellungsmittel

Nachfolgenden werden verschiedene Darstellungsmethoden untersucht, mit deren Hilfe eine zweidimensionale Zeichendarstellung akustischer Zeichen möglich ist. Es wird auf die Darstellungsmethoden eingegangen, die der Grundsatzentscheidung *Shield Mark/Kist* zugrunde lagen.

(1) Notenschrift

In der deutschen Praxis mussten Hörmarken bis zur Markenrechtsreform 2015 gem. § 11 Abs. 2 MarkenV a. F. in einer „üblichen Notenschrift" dargestellt werden. Eine Notenschrift ist ein allgemein gebräuchlicher Code für musikalische Werke, der alle entscheidenden Informationen enthält, um einen oder mehrere Töne zu visualisieren. Durch eine Notenschrift werden u.a. der Anfangszeitpunkt, die Länge sowie die Höhe der einzelnen Töne angegeben.[310] Darüber hinaus kann durch einen entsprechenden Hinweis auch die Dynamik oder die Instrumentation festgelegt werden.[311] Handelt es sich um eine mehrstimmige Komposition, spricht man bei der notenschriftlichen Aufzeichnung von einer Partitur. Die einzelnen Stimmen werden übereinander angeordnet und mittels eines senkrecht verlaufenden Taktstriches miteinander verbunden.

Für die Darstellung von Geräuschen ist ein Notensystem jedoch ungeeignet. Geräuschhafte Hörempfindungen, wie z.B. das Öffnen einer Flasche, das Schließen einer Tür oder Tierlaute, lassen sich wegen ihrer Eigenart nicht durch eine Notenschrift wiedergeben. Auf ihre möglichen Darstellungsformen wird im weiteren Verlauf der Arbeit eingegangen. Festzuhalten bleibt, dass sich eine Notenschrift vom Grunde her dazu eignet, einzelne Töne oder ganze Tonfolgen bzw. auch mehrstimmige Kompositionen darzustellen. Problematisch ist jedoch, ob

309 EuGH GRUR 2004, 54, 57 (Rz. 55 f.) – Shield Mark/Kist.

310 *Hüttermann/Storz*, MittdPat 2005, 156, 157.

311 *Bahner*, S. 103.

die Niederlegung in einer *„üblichen Notenschrift“* den rechtlichen Anforderungen an die grafische Darstellbarkeit genügte. Diesbezüglich führte der EuGH in seiner *Shield Mark/Kist*-Entscheidung aus, dass die alleinige Wiedergabe einer Notenfolge außerhalb eines Notensystems wie „e, dis, e, dis, e, h, d, c, a“ ohne weitere Erläuterungen mangels Klarheit, Eindeutigkeit und Abgeschlossenheit die Anforderungen an die grafische Darstellbarkeit nicht erfüllte, und sprach sich für die Verwendung eines Notensystems aus.[312] Gleichzeitig berücksichtigte er, dass die alleinige Verwendung eines Notensystems nicht das Bestimmtheitserfordernis erfüllte, und konkretisierte die an das Notensystem zu stellenden Anforderungen: Die Notation müsse in Takte gegliedert und mit einem gängigen Notenschlüssel (G, F oder C) versehen sein.[313] Ferner müssen dem Notensystem der exakte Wert der einzelnen Noten (Ganze, Halbe, Viertel, Achtel) bzw. Pausen sowie eventuelle Vorzeichen (Kreuz, b oder Auflösungszeichen) zu entnehmen sein, um die Höhe und Dauer der Töne bestimmen zu können.[314] Nach Auffassung des EuGH gewährleiste nur eine solche detailgetreue Darstellungsweise eine exakte Zeichendarstellung, die die *Sieckmann*-Kriterien erfüllt und damit dem Erfordernis der grafischen Darstellbarkeit genügt.

Fraglich ist jedoch, ob ein in dieser Form dargestelltes Zeichen auch tatsächlich hinreichend bestimmt ist. Denkbar ist, dass auch bei einer auf diese Art und Weise dargestellten Marke ihre eindeutige Identifizierbarkeit nicht sichergestellt ist, da ggfs. andere musikalische Parameter unberücksichtigt bleiben. Dies schien auch der EuGH erkannt zu haben, da er in seiner zusammenfassenden Antwort der zweiten Vorlagefrage zwar die oben genannten Anforderungen an ein Notensystem erneut wiederholt, nunmehr aber in diesem Zusammenhang das Wort *„insbesondere“* verwendet.[315] Damit impliziert er, dass die vorgegebenen Anforderungen an ein Notensystem nicht abschließend sind. In diesem Zusammenhang muss sich stets vor Augen geführt werden, dass das geschützte Zeichen die Vertonung selbst ist. Die zweidimensionale Niederlegung ist lediglich ein Hilfsmittel, um den Schutzgegenstand zu visualisieren. Im Nachfolgenden ist zu erörtern, ob weitere musikalische Parameter in einer Notenschrift anzugeben sind, um eine rechtssichere Zeichendarstellung zu garantieren.

312 EuGH GRUR 2004, 54, 57 (Rz. 61) – Shield Mark/Kist.
313 EuGH GRUR 2004, 54, 57 (Rz. 62) – Shield Mark/Kist.
314 EuGH GRUR 2004, 54, 57 (Rz. 62) – Shield Mark/Kist.
315 EuGH GRUR 2004, 54, 57 (Rz. 64) – Shield Mark/Kist.

(a) Das Klangbild

Zunächst sind in diesem Zusammenhang die Art der Wiedergabe und das damit einhergehende erzeugte Klangbild zu thematisieren. Die Instrumentation ist entscheidend für das erzeugte Klangbild. In Abhängigkeit von den verwendeten Instrumenten variiert das Klangbild. Als Praxisbeispiel kann der bekannte Telekom-Jingle herangezogen werden, der am Ende einer Telekom-Werbung zu hören ist.[316] Grafisch wiedergegeben ist der *Jingle* in einer Notenschrift in C-Dur. Die kurze Melodie besteht aus vier Sechzehntelnoten, gefolgt von einer Viertelnote. Die ersten drei Sechzehntelnoten entsprechen dem Ton c und die letzte Sechzehntelnote dem Ton e. Bei der Viertelnote am Ende handelt es sich wieder um den Ton c, sodass sich die geschützte Tonfolge lautmalerisch wie folgt beschreiben lässt: „DaDaDaDiDaaa". Im Register wurde zur Zeichendarstellung eine Notenschrift eingetragen. Ungeachtet dessen, dass die im Register eingetragene grafische Darstellung mangels Taktangabe nicht im Einklang mit den vom EuGH aufgestellten Mindestkriterien steht, ist auf die Art und Weise der tatsächlichen akustischen Umsetzung des Telekom-Jingles näher einzugehen. Für die Vertonung greift das Unternehmen i.d.R. auf ein Klavier bzw. einen Flügel zurück. In der Vergangenheit wurde jedoch zur Weihnachtszeit der Pianoklang durch einen Glockenklang ersetzt. Dies führt zur Erzeugung eines anderen Klangeindrucks trotz identischer Notenschrift.[317] Das Beispiel verdeutlicht die Problematik, die sich stellt, wenn ein Zeichen durch eine Notenschrift ohne weitere Konkretisierung der Instrumentation dargestellt wird. Fehlt die Angabe der Instrumentation, ist zweifelhaft, ob es sich noch um eine eindeutige und klare Darstellung handelt, die jederzeit und auf Dauer eine eindeutige Identifizierbarkeit der Hörmarke zulässt. In solchen Fällen ist vielmehr eine unerlaubte Erweiterung des Schutzgegenstandes anzunehmen.[318]

Das Problem der Art und Weise der Wiedergabe lässt sich auch auf andere Fallkonstellationen übertragen, so z.B. auf Fälle, in denen das Klangbild infolge der wechselnden Besetzung variiert. Für das Klangbild ist von zentraler Bedeutung, ob die Hörmarke ausschließlich von einem Instrument, von mehreren Instrumenten oder sogar von einem Orchester akustisch umgesetzt wird.[319] Darüber hinaus kann sich auch die Spielweise auf den Klang auswirken. Streichinstrumente können z.B. mit dem Bogen bespielt (*arco*), gezupft (*pizzicato*) oder

---

316 Registernummer DE 39940591.

317 *Hüttermann/Storz*, MittdPat 2005, 156,159.

318 *Hüttermann/Storz*, MittdPat 2005, 156, 159.

319 *Kortbein*, S. 156.

zitternd, durch ein sehr schnelles Auf- und Abstreichen (*tremolo*) bespielt werden.[320] Es ist somit ersichtlich, dass der eigentliche Klang, der prägend für den Gesamteindruck einer Hörmarke ist, nicht durch die alleinige Darstellung in einem wie vom EuGH ausdrücklich geforderten Notensystem definiert werden kann. Ohne die Angabe der Instrumentation würde dem Markeninhaber ein großzügiger Interpretationsspielraum hinsichtlich der Vertonung eingeräumt werden, den es gerade gilt zu vermeiden. Dennoch gehört die Angabe der Instrumentation nicht zur ständigen Eintragungspraxis, zumal es in der Musik nur bei Partituren üblich ist, die Instrumentation anzugeben.[321] Aus rechtlicher Sicht erfüllt jedoch die Darstellung einer Hörmarke, die keine Angabe zur Instrumentation enthält, nicht das registerrechtliche Bestimmtheitserfordernis, da das Klangbild der Hörmarke einem zu großen Interpretationsspielraum unterliegt. Dies führt dazu, dass ihr kennzeichnender Charakter verändert werden kann.

Zu prüfen ist weiterhin, ob bei der Notenschrift als Darstellungsmittel weitere konkretisierende Angaben zu fordern sind, die in dem Grundsatzurteil des EuGH *Shield Mark/Kist* – wenn überhaupt – nur durch die Verwendung des Wortes „*insbesondere*" berücksichtigt wurden, aber keine ausdrückliche Erwähnung fanden.

(b) Weitere musikalische Parameter

Wie bereits einleitend erwähnt, können durch entsprechende Hinweise im Notensystem musikalische Parameter zweidimensional dargestellt werden. Der EuGH konkretisierte bereits in *Shield Mark/Kist* musikalische Parameter, die er als notwendig erachtete, um den Anforderungen einer klaren, eindeutigen, in sich abgeschlossenen, leicht zugänglichen, verständlichen, dauerhaften und objektiven Darstellung zu genügen. Hierbei beschränkte er seine Ausführungen auf die musikalischen Stilmittel der Taktart, der Rhythmik (Abfolge von Noten- bzw. Pausenwerten), der Tonart und der Melodik (Abfolge von Tonhöhen).[322] Unberücksichtigt ließ er hingegen die Dynamik und das Tempo. Fraglich ist, ob diese Parameter ebenso erforderlich sind, um den Schutzgegenstand klar und eindeutig bestimmen zu können, oder ob sie keiner weiteren Berücksichtigung bedürfen.

Durch die Dynamik wird die unterschiedliche Lautstärke innerhalb einer Tonfolge oder einer Komposition („*p*" = leise, „*f*" = laut) bestimmt.[323] Damit

320 Vgl. hierzu *Kortbein*, S. 156.

321 Vgl. hierzu *Kortbein*, S. 156.

322 EuGH GRUR 2004, 54, 57 (Rz. 62) – Shield Mark/Kist.

323 Vgl. hierzu auch *Kortbein*, S. 158.

einhergehend wird auch der Übergang zwischen verschieden laut zu spielenden Abschnitten innerhalb eines Stückes von dem musikalischen Stilmittel der Dynamik umfasst (Übergangsdynamik). So kann die Lautstärke innerhalb einer Komposition kontinuierlich zunehmen („*crescendo*") oder abnehmen („*decrescendo*"). Auch Akzente auf einzelnen Tönen, also abrupte Veränderungen der Lautstärke, werden durch das Stilmittel der Dynamik bestimmt (z.B. stehen „*sf*", „*sfz*" und „*fz*" für eine plötzliche Betonung, „*fp*" für laut und dann plötzlich leise). Es kann somit nicht von der Hand gewiesen werden, dass der Eindruck eines Musikstückes durch Dynamik geprägt wird. Nichts anderes kann daher auch für eine Hörmarke gelten. Dennoch muss berücksichtigt werden, dass die Dynamik keine feststehende Lautstärkenangabe ist, wie z.B. eine Angabe in Dezibel, sodass auch hier gestalterischer Spielraum gegeben ist.[324] Darüber hinaus ist zu berücksichtigen, dass angesichts der Kürze von Hörmarken oftmals keine Dynamikbezeichnungen erforderlich sind, da sie regelmäßig in der gleichen Lautstärke wiedergegeben werden.[325]

Vor allem aus letztgenanntem Grund dürfen die Anforderungen an das Bestimmtheitserfordernis einer Hörmarke nicht überspannt werden. Richtig ist, dass die Dynamik ein den Gesamteindruck prägendes musikalisches Stilmittel ist bzw. sein kann. Jedoch darf nicht außer Acht gelassen werden, dass bei kurzen Hörmarken wegen ihrer Länge i.d.R. nicht notwendigerweise auf dieses Stilmittel zurückgegriffen wird/werden muss. Es ist daher nachvollziehbar, warum der Dynamik in der *Shield Mark/Kist*-Entscheidung keinerlei Beachtung geschenkt wurde. Wählen Markeninhaber dennoch das Stilmittel der Dynamik, um den Charakter der Hörmarke zu prägen, ist es ein Leichtes, auf die bereits erwähnten vereinheitlichten Dynamikbezeichnungen zurückzugreifen. Diese können ohne Schwierigkeiten in das Notensystem übernommen werden. Selbst, dass dann immer noch ein gewisser gestalterischer Spielraum bleibt, ist nicht weiter von Belang. Vergleicht man die Konstellation mit einem Wortzeichen, kommt man zu dem Ergebnis, dass der Gesetzgeber auch hier dem Markenanmelder einen gewissen Gestaltungsspielraum einräumt. Für die Bestimmung des genauen Schutzgegenstandes wird bei einer Wortmarke keine Ausspracheregelung verlangt, sodass diesbezüglich ebenfalls Unterschiede auftreten können, die das Erscheinungsbild der Marke entscheidend mitbestimmen.[326] Als Praxisbeispiel ist auf die Marken „Nike" und „Lewis" hinzuweisen. Die erstgenannte

324 *Kortbein*, S. 158.

325 So auch *Kortbein*, S. 158.

326 *Bahner*, S. 110.

Marke wird – zumindest vom deutschen Verkehr – sowohl „*Neik*“, aber auch „*Neiki*“ ausgesprochen, die zweite Marke „*Liweis*“ oder „*Lewis*“. Da das Stilmittel der Dynamik trotz allem den Schutzgegenstand mitbestimmt und prägt, ist es bei Widersprüchen oder Verletzungsklagen dennoch zu berücksichtigen, sofern davon Gebrauch gemacht wurde.[327]

Das zuvor Gesagte gilt auch für das Tempo, einem weiteren musikalischen Parameter von besonderem Gewicht. Durch eine Tempoangabe wird festgelegt, in welcher Geschwindigkeit die gesamte Tonfolge bzw. Komposition gespielt wird. Die Taktangabe und die isolierte Notendarstellung definieren hingegen den Rhythmus und somit das zeitliche Verhältnis der Töne zueinander.[328] Die Tempoangaben reichen von „sehr breit“ („*larghissimo*“) als langsamstes Tempo bis „äußerst schnell“ („*prestissimo*“).[329] In seiner *Shield Mark/Kist*-Entscheidung verlangt der EuGH eine Taktangabe, damit ein Notensystem den Anforderungen der *Sieckmann*-Kriterien genügt, auf eine Tempoangabe verzichtet er hingegen.[330] Der EuGH lässt unberücksichtigt, dass das Tempo den Charakter eines Musikstückes wesentlich mitbestimmt, auch wenn die Melodie nicht verändert wird. So kann jedes Musikstück in einem schnellen, aber auch in einem langsamen Tempo gespielt werden. Ohne eine Tempoangabe wird dem Interpreten ein relativ großzügiger Gestaltungsfreiraum zugestanden. Der in der Literatur vorkommenden Ansicht, dass diese klangliche Veränderung dazu führt, dass die maßgebliche Tonfolge vom Verkehr nicht mehr wiedererkannt werden kann,[331] ist hingegen nicht zuzustimmen. Ihr ist entgegenzuhalten, dass bereits die Melodie, also die zeitliche Abfolge von Tönen, dem Musikstück seinen wiedererkennbaren Charakter verleiht und nicht die Tempoangabe. Daher ist trotz der dem Interpreten gewährten künstlerischen Freiheit hinsichtlich der Geschwindigkeit, in der die Tonfolge gespielt wird, davon auszugehen, dass die Tonfolge wiedererkannt wird. Aus Gründen der Rechtssicherheit sollte dennoch nicht auf die Tempo- und die Dynamikangabe verzichtet werden, sofern in der Vertonung hiervon Gebrauch gemacht wird. Andernfalls besteht zumindest die Gefahr, dass der Schutzgegenstand nicht ausreichend spezifiziert ist.

---

327 Vgl. auch *Hüttermann/Storz*, MittdPat 2005, 156, 160.
328 *Kortbein*, S. 157.
329 *Kortbein*, S. 84.
330 EuGH GRUR 2004, 54, 57 (Rz. 62) – Shield Mark/Kist.
331 So *Kortbein*, S. 157.

(c) Zusammenfassung

In der Gesamtschau ist festzuhalten, dass die Darstellung eines Hörzeichens mittels eines Notensystems, das die in der *Shield Mark/Kist*-Entscheidung ausdrücklich genannten Voraussetzungen erfüllt, nicht genügt, um das registerrechtlichen Bestimmtheitserfordernis zu erfüllen. Das akustische Zeichen wird nicht in einer Form dargestellt, die seine eindeutige Identifizierbarkeit sicherstellt. Die vom EuGH ausdrücklich geforderten Konkretisierungen genügen daher nicht, damit sich der Verkehr ein konkretes Bild vom Schutzgegenstand und -umfang machen kann.[332] Der Darstellung eines akustischen Zeichens mittels Notenschrift ohne Angaben zur Instrumentation sowie Tempo oder Dynamik (sofern hiervon Gebrauch gemacht wird) fehlt es an der notwendigen Klarheit und Eindeutigkeit.

Aus diesem Grund ist es auch nachvollziehbar, dass der EuGH in seiner zusammenfassenden Antwort auf die Frage, welche Anforderungen eine Notenschrift erfüllen muss, auf das Wort „*insbesondere*" zurückgriff.[333] Hiermit wird impliziert, dass es sich bei den von ihm ausdrücklich genannten Anforderungen an ein Notensystem nur um eine nicht abschließende Aufzählung handelt. Eine solche Öffnung ist sachgerecht, da eine Abbildung im Notensystem möglichst detailliert gestaltet werden muss, um überhaupt als zulässiges Darstellungsmittel in Betracht zu kommen. Auch, wenn der EuGH in seiner *Shield Mark/Kist*-Entscheidung die musikalischen Parameter Instrumentation, Tempo und Dynamik (sofern von letzteren beiden Gebrauch gemacht wird) nicht ausdrücklich erwähnt, sollten sie dennoch stets angegeben werden, da sie für das Klangbild – und somit dem Schutzgegenstand – von entscheidender Bedeutung sind. Andernfalls wird die Unbestimmtheit des Registers in Kauf genommen, da ein großer Interpretationsspielraum im Hinblick auf die musikalische Umsetzung besteht. Dabei bestimmt das Klangbild maßgeblich den Gesamteindruck des Hörzeichens und verleiht ihm seine Eigenart. Geht man vom Schutzumfang aus, ist zwar richtig, dass er sich bei Hörzeichen, die aus einfachen einprägsamen Melodien und Tonfolgen bestehen, nicht auf ihre zweidimensionale Darstellungsform beschränkt. Vielmehr bestünde auch ein Unterlassungsanspruch gegen Dritte, die die geschützte Hörmarke in einer anderen Tonart, mit einer anderen Instrumentation oder in einem anderen Tempo verwenden.[334] Dies ändert jedoch nichts an der vorgenommen rechtlichen Beurteilung, da dies

332 So auch *Hüttermann/Storz*, MittdPat 2005, 156,158 f.; *Kortbein*, S. 158.
333 EuGH GRUR 2004, 54, 57 (Rz. 64) – Shield Mark/Kist.
334 *Fezer*, § 3 Rn. 599; *Becker*, WRP 2000, 56, 61.

irrelevant für die Frage nach den Anforderungen ist, die ein Zeichen erfüllen muss, damit markenrechtlicher Schutz überhaupt erst entstehen kann. Deshalb ist auch der Ansicht[335] zu widersprechen, dass es bei der Eintragungsfähigkeit von Hörzeichen nicht um Feinheiten wie die Instrumentation oder gar der Interpretation gehe.[336] Würde es bei der Anmeldung gerade nicht auf solche Feinheiten ankommen, würde derjenige bessergestellt werden, der das Zeichen bei Eintragung möglichst unbestimmt darstellt. Er könnte dann einen großzügigeren Schutzbereich für sich beanspruchen, als derjenige, der bereits bei Anmeldung eine detailgetreue Zeichendarstellung einreicht, indem er z.B. schon die Instrumentation angibt.[337] Darüber hinaus stellte auch der EuGH in *Shield Mark/Kist* klar, dass die Darstellung eines Hörzeichens durch ein Notensystem ohne konkrete Angaben mangels Bestimmtheit nicht den Anforderungen der grafischen Darstellbarkeit genügt.[338] Die Klarstellung des EuGH lässt darauf schließen, dass es gerade auf solche Feinheiten ankommt und sie im Hinblick auf das Eintragungsverfahren nicht vernachlässigt werden dürfen. Dies steht auch im Einklang mit dem registerrechtlichen Bestimmtheitsgrundsatz, nach dem das Zeichen bereits zum Zeitpunkt der Anmeldung klar und eindeutig definiert sein muss, sodass eine Identifizierung des Schutzgegenstandes jederzeit möglich ist und seine nachträgliche Abänderung konterkariert wird.[339] Daher muss auch die Darstellung des Hörzeichens so konkret sein, dass der künstlerischen Gestaltungsfreiheit kein ins Gewicht fallender Raum verliehen wird. Dies bedeutet, dass alle relevanten musikalischen Parameter so detailliert anzugeben sind, dass man der Notenschrift die geschützte Tonfolge zweifelsfrei entnehmen kann.[340] Deshalb ist insbesondere auch stets die Instrumentation anzugeben, auch wenn dies der EuGH nicht ausdrücklich forderte. Andernfalls lässt die Darstellung einen weiten Interpretationsspielraum zu. Dies führt dazu, dass der Schutzgegenstand durch die grafische Darstellung nicht zweifelsfrei festgelegt wird. Gleiches gilt für die Dynamik und das Tempo, sofern von diesen musikalischen Parametern Gebrauch gemacht wird. Grund hierfür ist, dass durch die klangliche Wiedergabe – also die verwendeten Instrumente, die Dynamik und

---

335 *Fritz*, S. 211; *Schmieder*, NJW 1997, 2908, 2909.

336 So auch *Bahner*, S. 106 f.; *Hüttermann/Storz*, MittdPat 2005, 156, 160.

337 *Bahner*, S. 107; *Hüttermann/Storz*, MittdPat 2005, 156, 160.

338 EuGH GRUR 2004, 54, 57 (Rz. 62) – Shield Mark/Kist.

339 *Fezer*, § 3 Rn. 377, § 32 Rn. 1.

340 *Guth*, MittdPat 2003, S. 97, 99.

das Tempo – unterschiedliche Klangeindrücke erzeugt werden können, die sich auch in der grafischen Darstellung wiederfinden sollten.

Ein weiterer Nachteil der Notenschrift als Darstellungsmittel ist, dass sich durch sie keine Geräusche in zweidimensionaler Form darstellen lassen. Hierfür spielt es auch keine Rolle, wie sorgsam die Übersetzung von akustischen Zeichen in eine zweidimensionale Notenschrift erfolgen würde. Eine Darstellung durch Notenschrift lässt bereits die Natur bzw. Eigenart dieser Hörempfindung nicht zu. Gleichwohl ist deren Schutz als Hörzeichen für den Verkehr genauso von Interesse wie der einer Tonfolge/Melodie. Ein beliebtes Praxisbeispiel für bekannte und charakteristische Geräusche ist das Brüllen des MGM-Löwen, das zu Beginn eines jeden von Metro-Goldwyn-Mayer (MGM) produzierten Filmes zu hören ist.[341]

Sollte für die Darstellung von Tonfolgen und Melodien von einer Notenschrift Gebrauch gemacht werden, ist darauf zu achten, dass sie alle erforderlichen Informationen enthält. Hierzu gehört insbesondere auch die Angabe der Instrumentation.

(2) Sonagramm

Anders als durch Notenschrift lassen sich Geräusche durch Sonagramme (Schallspektrogramm) grafisch darstellen. Hierbei handelt es sich um ein zeitabhängiges Frequenz-Amplituden-Spektrum.[342] Für die bildliche Darstellung werden in einem Koordinatensystem auf der horizontalen Achse (Abszisse) die Zeit und auf der senkrechten Achse (Ordinate) die Frequenz wiedergegeben, als weitere Dimension kommt die Amplitude hinzu. Die Frequenz bezeichnet die Anzahl der Schwingung pro Sekunde und ist maßgeblich für die Tonhöhe, die in Hertz (Hz) angegeben wird.[343] Für die Lautstärke ist die Amplitude entscheidend, die in Dezibel (dB) gemessen und durch unterschiedliche Schwärzungsgrade visualisiert wird. Ein Schwärzungsgrad von 100 % ist bei 140 dB erreicht, einer von 0 % bei minus 10 dB.[344]

Mit der am 15. Oktober 2003 in Kraft getretenen fünften Verordnung zur Änderung der Markenverordnung vom 1. September 2003[345] entfiel die

---

341 Vgl. *Becker*, WRP 2000, 56, 57; *Eisenführ*, MittdPat 2006, 413, 418, *Hofmann*, S. 231; *Kortbein*, S. 159.

342 *Fezer*, § 3 Rn. 604; *Kortbein*, S. 54; *Meister*, WRP 2000, 967, 968.

343 *Fezer*, § 3 Rn. 602; *Becker*, WRP 2000, 56, 58.

344 *Becker*, WRP 2000, 56, 58.

345 Fünfte Verordnung zur Änderung der MarkenV vom 01.09.2003, BGBl. 2003, Teil I Nr. 44 S. 1701.

Möglichkeit, für die Darstellung von Hörmarken ein Sonagramm einzureichen. Bis zum Inkrafttreten der fünften Verordnung zur Änderung der MarkenV war dies gem. § 11 Abs. 2 S. 1 und Abs. 5 a. F. möglich, sofern sich Hörmarken wegen ihrer Art nicht mittels einer üblichen Notenschrift darstellen ließen.[346] Als Begründung wurde in der Mitteilung des Präsidenten des DPMA auf das *Sieckmann*-Urteil des EuGH verwiesen.[347] In weiten Teilen der Literatur stieß der Wegfall der Sonagrammdarstellung als grafisches Darstellungsmittel für Hörmarken auf Unverständnis.[348] *Fezer* zweifelte sogar an der Richtlinienkonformität dieser Rechtsauffassung.[349] Angesichts der vom DPMA und in der Literatur kontrovers diskutierten Zulässigkeit von Sonagrammdarstellungen soll nachfolgend zu dieser Frage Stellung bezogen werden – nicht zuletzt, weil durch eine Sonagrammdarstellung Geräusche grafisch dargestellt werden konnten. Dies war durch ein Notensystem nicht möglich. Bereits die Begründung für den Wegfall der Sonagrammdarstellung erscheint bedenklich. Ohne nähere Erläuterungen wird in der Mitteilung des Präsidenten des DPMA auf die *Sieckmann*-Entscheidung des EuGH verwiesen, obwohl Gegenstand des Verfahrens eine Geruchsmarke war, kein akustisches Zeichen. Unbestritten ist, dass der EuGH in der *Sieckmann*-Entscheidung die Anforderungen an die grafische Darstellbarkeit konkretisierte. Er gab damit eine Marschrichtung vor, die er auch bei der Darstellung von akustischen Zeichen in der Entscheidung *Shield Mark/Kist* erstmals anwendete. Dennoch lässt sich nicht ohne Bedenken der Standpunkt des DPMA vertreten, dass aufgrund einer europarechtlichen Rechtsprechung Sonagramme nicht die Anforderungen an das Erfordernis der grafischen Darstellbarkeit erfüllen. Denn auch in seiner *Shield Mark/Kist*-Entscheidung hat der EuGH mangels Erheblichkeit im Vorlageverfahren ausdrücklich nicht zur Darstellungsmethode mittels Sonagramm Stellung genommen.[350] Zu erörtern

---

346 Verordnung zur Ausführung des MarkenG (MarkenV) v. 30.11.1994, BGBl. 1994, Teil 1, Nr. 85 S. 3555 ff., zuletzt geändert durch die Vierte Verordnung zur Änderung der Markenverordnung vom 01.01.2002, BGBl. 2002, Teil 1 Nr. 1, S. 33 f.

347 Vgl. Mitteilung Nr. 08/03 des Präsidenten des DPMA, BlPMZ 2003, 320. Die Mitteilung Nr. 08/03 hebt die Mitteilung Nr. 16/94 des Präsidenten des DPMA auf, nach der für die grafische Darstellung von Hörmarken, die wegen ihrer Art nicht durch eine übliche Notenschrift dargestellt werden konnten, das Sonagramm als Darstellungsmethode zulässig war.

348 *Fezer*, § 3 Rn. 603; *Schmitz*, GRUR 2007, 290, 292; *Hoffrichter-Daunicht*, GRUR 2007, 935 f. (936), *Bahner*, S. 130 f.; a.A.: *Kortbein*, S. 161.

349 *Fezer*, § 3 Rn. 603.

350 EuGH GRUR 2004, 54, 57 (Rz. 54) – Shield Mark/Kist.

ist daher, ob ein Sonagramm den vom EuGH festgelegten Anforderungen an die grafische Darstellung genügte oder ob ein akustisches Zeichen durch diese Darstellungsmethode nicht klar, eindeutig, in sich abgeschlossen, dauerhaft, leicht zugänglich, objektiv und verständlich wiedergegeben werden konnte.

(a) Die Rechtsprechung des EUIPO (vormals HABM)

Für die Beantwortung der Frage nach der Zulässigkeit eines Sonagramms als Darstellungsmittel sollte zunächst ein Blick auf das Unionsmarkenrecht geworfen werden.[351] Das Unionsmarkenrecht wurde durch die VO (EU) 2015/2424 vom 6. Dezember 2015 umfassend neu gefasst und durch die VO (EU) 2017/001 vom 15. Juli 2017 neu kodifiziert. Bevor damit einhergehend auch auf europäischer Ebene das Erfordernis der grafischen Darstellbarkeit entfiel, musste ein Zeichen gem. Art. 4 GMV a.F. diesem Erfordernis genügen. Es überrascht daher nicht, dass sich in der Vergangenheit auch das Harmonisierungsamt für den Binnenmarkt (HABM, nunmehr EUIPO) auf europäischer Ebene mit den Anforderungen der grafischen Darstellbarkeit zu beschäftigten hatte. Infolgedessen hat das HABM in den Jahren 2003 und 2005 zur Darstellungsform mittels Sonagramm ausdrücklich Stellung genommen.[352] In beiden Fällen entschied die Vierte Beschwerdekammer des HABM, dass ein *vollständiges* Sonagramm den Anforderungen an die grafische Darstellbarkeit genüge und damit den *Sieckmann*-Kriterien entspreche, die der EuGH ein knappes Jahr vor der ersten Entscheidung aufstellte. Gegenstand der älteren HABM-Entscheidung war das Gebrüll eines Löwen, das als Gemeinschaftsmarke (nunmehr Unionsmarke) für Waren und Dienstleistungen der Klassen 9, 38, 41 und 42 angemeldet wurde. Für das Erfordernis der grafischen Darstellbarkeit reichte der Markenanmelder das Löwengebrüll in Form einer Sonagrammdarstellung ein. Die Vierte Beschwerdekammer des HABM versagte zwar die Eintragung, jedoch nur, weil der Markenanmelder eine unvollständige Sonagrammdarstellung einreichte. Der Sonagrammdarstellung fehlten die Abszisse und die Ordinate.[353] Zur Darstellungsmethode eines vollständigen Sonagramms führte die Kammer aus, dass es diesbezüglich keinerlei Bedenken gebe.[354] Vielmehr sei ein Sonagramm mit

---

351 Die Unionsmarke ist ein EU-weites, supranationales Schutzrecht. Ihre Wirkung ist einheitlich für das gesamte Gebiet der Europäischen Union, siehe Erdmann/Rojahn/Sosnitza/*Pohlmann*, Kapitel 5 Rn. 822.

352 HABM GRUR 2003, 1054 – Schallmarke; HABM GRUR 2006, 343 – „Arzneimittel Ihres Vertrauens: Hexal".

353 HABM GRUR 2003, 1054, 1056 (Rz. 29) – Schallmarke.

354 HABM GRUR 2003, 1054, 1056 (Rz. 26 f.) – Schallmarke.

einer Notenschrift vergleichbar, da beide Darstellungsmittel den Schutzgegenstand in gleichem Umfang definieren können. Eine Sonagrammdarstellung sei sogar genauer, da mehr Nuancen des Klanges, insbesondere Klangeigenschaften dargestellt werden.[355] Auch, wenn der Verkehr mehr mit einer üblichen Notenschrift vertraut sei, erachtete die Kammer die Darstellung der Marke mittels Sonagramm als präziser. Sie sei daher die vorzugswürdigere Darstellungsform, da mehr Nuancen und Klangeigenschaften wiedergegeben werden können als durch eine übliche Notenschrift.[356] Zur Verständlichkeit führte die erkennende Kammer aus, dass man das Lesen eines Sonagramms erlernen könne. Gleiches gelte für eine Notenschrift.[357] Daher sei auch nicht das Argument überzeugend, dass ein Sonagramm nicht auf den ersten Blick von jedermann oder der Beschwerdekammer verstanden werden könne.[358] Entscheidend sei allein, dass das Sonagramm alle wesentlichen Informationen enthalte, um gelesen werden zu können.[359]

Die gleiche Beschwerdekammer des HABM bestätigte ihre Rechtsauffassung knapp zwei Jahre später in der Entscheidung *„Arzneimittel Ihres Vertrauens: Hexal"*.[360] Die Anmelderin meldete den gesprochenen Text *„Arzneimittel Ihres Vertrauens: Hexal"* als Hörmarke für Waren der Klasse 5 an. Zuvor lehnte der Prüfer der Markenanmeldung die Eintragung ab und begründete seine Entscheidung mit der Unverständlichkeit von Sonagrammen für den breiten Verkehrskreis.[361] Er erachtete dies als einen wesentlichen Unterschied zu einer Notenschrift.[362] Darüber hinaus differenzierte er zwischen *einfachen* und *schwierigen* Notentexten und führte im Hinblick auf die Verständlichkeit aus, dass Erstere von einem breiten Personenkreis verstanden werden können, während es für Letztere eines Fachmanns bedürfe.[363] Die Vierte Beschwerdekammer gab der gegen die Entscheidung gerichteten Beschwerde statt und sprach sich erneut für die Zulässigkeit eines Sonagramms als Darstellungsmittel aus. Im Hinblick auf die Zulässigkeit von Sonagrammen als grafisches Darstellungsmittel verwies die erkennende Kammer auf ihre *Schallmarken*-Entscheidungen,

---

355 HABM GRUR 2003, 1054, 1056 (Rz. 26) – Schallmarke.
356 HABM GRUR 2003, 1054, 1056 (Rz. 26) – Schallmarke.
357 HABM GRUR 2003, 1054, 1056 (Rz. 27) – Schallmarke
358 HABM GRUR 2003, 1054, 1056 (Rz. 27) – Schallmarke.
359 HABM GRUR 2003, 1054, 1056 (Rz. 27) – Schallmarke.
360 HABM GRUR 2006, 343 – „Arzneimittel Ihres Vertrauens: Hexal".
361 HABM GRUR 2006, 343 – „Arzneimittel Ihres Vertrauens: Hexal".
362 HABM GRUR 2006, 343 – „Arzneimittel Ihres Vertrauens: Hexal".
363 HABM GRUR 2006, 343 – „Arzneimittel Ihres Vertrauens: Hexal".

in der sie ausführlich deren Zulässigkeit als grafisches Darstellungsmittel für Hörmarken dargelegt hatte. Ausdrücklich stellte die Beschwerdekammer erneut klar, dass das Lesen eines Sonagramms wie eine Fremdsprache oder eine Notenschrift ohne größere Schwierigkeiten erlernbar sei, zumal Anleitungen hierzu im Internet allgemein verfügbar seien und es keinerlei zusätzlicher Hilfsmittel wie Instrumente bedürfe.[364] Darüber hinaus lehnte die Kammer die Auffassung des Amtes ab, nach der eine vom subjektiven Empfinden abhängige Differenzierung in *einfache* und *schwere* Notentexte zu erfolgen hätte. Eine solche Unterscheidung hätte zur Folge, dass *einfache* Notentexte den Anforderungen der grafischen Darstellbarkeit genügen, da sie für jedermann verständlich seien, schwere Notentexte wiederum nicht, da ihre Verständlichkeit nur unter Hinzuziehung eines Fachmannes gegeben wäre.[365] Für ein solches Verständnis lasse sich nach der Auslegung des Art. 4 GMV a.F. durch den EuGH keinerlei Stütze finden.[366]

(b) Das Sonagramm, ein zulässiges Darstellungsmittel?

Betrachtet man ausschließlich die deutsche Rechtslage vor der letzten umfassenden Markenrechtsreform 2015, ist die in der Überschrift aufgeworfene Frage zu verneinen. Mit Inkrafttreten der Fünften Verordnung zur Änderung der Markenverordnung vom 01. September 2003, ist das Sonagramm seit dem 15. Oktober 2003 nicht mehr als grafisches Darstellungsmittel für Hörmarken zugelassen. Die damalige Reform hatte weitreichende Konsequenzen für die Registereintragung von akustischen Zeichen. Geräusche konnten nicht mehr als Hörmarke eingetragen werde, da sie mangels grafischer Darstellbarkeit nicht mehr eintragungsfähig waren.[367] Den Rechtsanwendern wurde eine Form der Hörmarke genommen, wodurch das Markenrecht im Hinblick auf die nicht konventionellen Markenformen beschränkt wurde. Geräusche konnten nur noch kraft der Verkehrsgeltung oder notorischen Bekanntheit Markenschutz erlangen. Dass dieser Maßnahme entgegengebrachte Unverständnis seitens der Literatur[368] ist nachvollziehbar und zu befürworten. Die Streichung des Sonagramms als

---

364 HABM GRUR 2006, 343, 344 (Rz. 13) – „Arzneimittel Ihres Vertrauens. Hexal".

365 HABM GRUR 2006, 343, 344 (Rz. 11) – „Arzneimittel Ihres Vertrauens. Hexal"; siehe Kapitel 4 E zum Adressatenkreis der grafischen Darstellung.

366 HABM GRUR 2006, 343, 344 (Rz. 11) – „Arzneimittel Ihres Vertrauens. Hexal".

367 Dies galt insbesondere, da auch eine Beschreibung nicht den *Sieckmann*-Kriterien genügte, wie nachfolgende Ausführungen zeigen werden, siehe Kapitel 4 F II 3 a) bb) (3).

368 *Fezer*, § 3 Rn. 603; *Schmitz*, GRUR 2007, 290, 292; *Hoffrichter-Daunicht*, GRUR 2007, 935, 936; *Bahner*, S. 130 f.; a. A. *Kortbein*, S. 161.

Darstellungsmittel erweckt den Anschein, als ob in diesem Zusammenhang tragende markenrechtliche Aspekte, wie beispielsweise der registerrechtliche Bestimmtheitsgrundsatz oder das Ziel der Förderung eines effektiven Markenschutzes außer Acht gelassen wurden und allein ein behördeninternes Amtsinteresse in den Vordergrund gestellt wurde.[369] Es ist unerklärlich, weshalb als Begründung der Reform in der Mitteilung Nr. 08/03 des Präsidenten des DPMA auf das *Sieckmann*-Urteil des EuGH verwiesen wurde. Unbestritten ist, dass der EUGH in dieser Entscheidung die *Sieckmann*-Kriterien als Anforderungskatalog an die grafische Darstellbarkeit aufstellte. Mit der Zulässigkeit der Sonagrammdarstellung befasste er sich hingegen nicht. Diesbezüglich ist festzuhalten, dass ein Sonagramm den vom EuGH aufgestellten Kriterien entspricht, indem es insbesondere auch Geräusche klar, eindeutig, in sich abgeschlossen, dauerhaft, leicht zugänglich, objektiv und verständlich wiedergeben kann. Ein Sonagramm kann ebenso gelesen und verstanden werden wie ein Notensystem. In diesem Zusammenhang ist darauf hinzuweisen, dass bezweifelt werden kann, dass jedermann bzw. die Allgemeinheit imstande ist, ein Notensystem – geschweige denn eine Partitur – zu lesen und zu verstehen. Wie auch das Lesen einer Notenschrift erlernbar ist, ist dies auch für Sonagramme möglich.[370] Die Zulässigkeit dieser Darstellungsmethode darf deshalb hieran nicht scheitern. Durch ein Sonagramm können sogar mehr Nuancen und Klangeigenschaftes des akustischen Zeichens dargestellt werden als durch eine übliche Notenschrift. Sie ist somit die präzisere und vorzugswürdigere Darstellungsform.[371] Es ist deshalb auch nicht verwunderlich, dass von einer Sonagrammdarstellung als akustischem *genetischen Fingerabdruck* eines Geräusches gesprochen wird.[372] Gegenteiliges ist auch nicht dem Unionsmarkenrecht (vormals Gemeinschaftsmarkenrecht) zu entnehmen. Vielmehr hat das HABM (nun EUIPO) ausdrücklich klargestellt, dass ein vollständiges Sonagramm den Anforderungen der grafischen Darstellbarkeit entspricht. Eine andere Ansicht wird auch nicht vom EuGH vertreten, da er die dies betreffende Vorlagefrage in *Shield Mark/Kist* mangels Erheblichkeit unbeantwortet ließ.[373]

---

369 So auch *Fezer*, § 3, Rn. 603.

370 Hierzu kritisch: Ströbele/Hacker/Thiering/*Miosga*, § 3 Rn. 72. Sonagramme seien keinesfalls leicht erlernbar, da es eines äußerst aufwendigen, detektivisch anmutenden Entschlüsselungsvorganges bedürfe.

371 Vgl. HABM GRUR 2003, 1054,1056 (Rz.: 26) – Schallmarke, a.A. *Langer*, S. 193.

372 *Schmitz*, GRUR 2007, 290, 292.

373 EuGH GRUR 2004, 54, 57 (Rz. 54)– Shield Mark/Kist.

(c) Zusammenfassung

Im Ergebnis war der Ausschluss des Sonagramms als adäquate Darstellungsmethode eine nicht nachvollziehbare Beschränkung des Markenschutzes, da sie den *Sieckmann*-Kriterien genügte und somit die Voraussetzung der grafischen Darstellbarkeit erfüllte.[374] Praxisrelevante Auswirkungen hatte die Streichung überwiegend für den markenrechtlichen Schutz von Geräuschen, da sie sich nicht durch eine übliche Notenschrift darstellen ließen und eine Beschreibung ebenfalls nicht als adäquate Darstellungsmethode anerkannt wurde.[375] Geräusche ließen sich daher nicht unter dem Erfordernis der grafischen Darstellbarkeit als Registermarke schützen. Damit wurde ein bedeutender Teil der infrage kommenden Hörzeichen vom registerrechtlichen Markenschutz ausgeschlossen.

(3) Wörtliche Beschreibung, insbesondere Onomatopoetika

Grundsätzlich denkbar ist auch, akustische Zeichen bzw. deren Klang durch wörtliche Beschreibung oder ein Onomatopoetikum grafisch darzustellen. Ein Onomatopoetikum ist ein lautmalendes Wort, das in erster Linie der Nachahmung von Geräuschen bzw. Lauten dient.[376] Beispiele aus dem deutschen Sprachgebrauch sind „*kikeriki*“ für das Krähen eines Hahnes oder „*tick tack, tick tack*“ für die lautmalende Darstellung des Tickens einer Uhr. Der EuGH stufte sowohl die Beschreibung als auch das Onomatopoetikum als ungeeignet ein, um den Schutzgegenstand eines akustischen Zeichens in zulässiger Weise grafisch darzustellen. In *Shield Mark/Kist* führte er aus, dass weder die wörtliche Beschreibung noch ein Onomatopoetikum klar und eindeutig seien.[377] Die Problematik eines Onomatopoetikums veranschaulicht das folgende Beispiel: Wie einleitend erwähnt, ist „*kikieriki*“ das in Deutschland gängige lautmalende Wort für das Krähen eines Hahnes. In Frankreich lautet es hingegen „*cocorico*“ und in den Niederlanden als „*kukeleku*“.[378] Drei unterschiedliche Onomatopoetika für das gleiche Geräusch. Das Beispiel zeigt, dass Onomatopoetika individuell bzw. je nach Mitgliedstaat unterschiedlich verstanden werden.[379] Selbst, wenn man davon ausgeht, dass es nur auf den deutschen Rechtskreis ankommt, kann

---

374 a.A.: *Guth*, MittdPat 2003, 97, 99 unter Verweis auf *Ströbele* GRUR 1999, 1041, 1044; *Bender*, FS 50 Jahr3 BPatG, 495, 508, *Langer* S. 193.

375 Siehe zur Darstellung durch Onomatopoetikum Kapitel 4 F II 3 a) bb) (3).

376 *Schmitz*, GRUR 2007, 290, 291.

377 EuGH GRUR 2004, 54, 57 (Rz. 59) – Shield Mark/Kist.

378 *Schmechel*, ZEuP 2004, 1102.

379 EuGH GRUR 2004, 54, 57 (Rz. 60) – Shield Mark/Kist.

jedoch ohne weitere Erläuterungen weder die zuständige Behörde noch der angesprochene Verkehrskreis wissen, ob das geschützte Zeichen das Onomatopoetikum selbst ist oder das reale Geräusch ist.[380] Darüber hinaus muss ein Geräusch nicht immer identisch sein. Dies gilt insbesondere für Tierlaute. Das Krähen eines Hahnes oder das Gebrüll eines Löwen kann variieren. Es mangelt einem Onomatopoetikum daher an der erforderlichen Klarheit und Eindeutigkeit. Zu Recht hat daher der EuGH in *Shield Mark/Kist* angenommen, dass die Wiedergabe eines Hahnenschreis durch das lautmalende Wort *„kukelekuu"* mangels Klarheit und Eindeutigkeit den Anforderungen an die grafische Darstellbarkeit nicht genüge.[381] Seine ablehnende Haltung steht im Einklang mit seiner bisherigen Rechtsprechung andere Markenformen betreffend.[382] Die Adaption seiner Rechtsprechung auf Hörmarken ist daher nur eine logische Konsequenz. Zu keinem anderen Ergebnis gelangt man, wenn das Geräusch beschrieben bzw. umschrieben wird. Auch diese Darstellungsweise ist weder eindeutig noch klar genug.

b) Zusammenfassung

Obige Ausführungen zeigen, dass das Erfordernis der grafischen Darstellbarkeit für Hörmarken eine Beschränkung ihres Markenschutzes darstellte. Ein effektiver Markenschutz war infolge der hohen Anforderungen an ihre grafische Darstellung nicht möglich. Nicht jede denkbare akustische Markenform ließ sich im Einklang mit den rechtlichen Vorgaben darstellen, sodass einige Formen *per se* vom registerrechtlichen Markenschutz ausgeschlossen waren. Nachvollziehbar ist, dass Wörter oder Onomatopoetika nicht die für eine grafische Darstellung erforderliche Klarheit und Eindeutigkeit besitzen. Sie lassen keine eindeutige Identifizierbarkeit des Schutzgegenstandes zu, ohne den Interpretationsspielraum auf ein Minimum zu reduzieren. Nicht überzeugend ist hingegen, dass eine Sonagrammdarstellung kein adäquates Darstellungsmittel mehr sein sollte. Hierdurch erfuhr das deutsche Markenrecht einen wesentlichen Einschnitt, da mangels anderer Darstellungsmethoden Geräusche nicht registerrechtlich geschützt werden konnten. Sie konnten allenfalls *sachlichen* Markenschutz beanspruchen. Dies ist letzten Endes eine unbefriedigende Lösung, da die Nachweisführung eines *sachlichen* Markenrechts deutlich schwieriger ist, als die eines Registerrechts. Gleichwohl ist die wirtschaftliche Bedeutung von Geräuschen

---

380 EuGH GRUR 2004, 54, 57 (Rz. 60) – Shield Mark/Kist.

381 EuGH GRUR 2004, 54, 57 (Rz. 60) – Shield Mark/Kist.

382 EuGH GRUR 2003, 145, 149 (Rz. 70) – Sieckmann; GRUR 2003, 604, 606 (Rz. 35 ff.).

nicht als geringer einzustufen. In diesem Zusammenhang entbehrt die Argumentation des deutschen Gesetzgebers jeglicher Nachvollziehbarkeit. Weder hat der EuGH zur Zulässigkeit einer Sonagrammdarstellung Stellung genommen, noch stehen die *Sieckmann*-Kriterien der Zulässigkeit dieser Darstellungsform entgegen. Durch eine *vollständige* Sonagrammdarstellung kann ein akustisches Signal klar, eindeutig, in sich abgeschlossen, dauerhaft, leicht zugänglich und verständlich wiedergegeben werden. Entscheidend ist alleine, dass es sich um eine vollständige Darstellung handelt, wie auch das HABM zutreffend festgestellt hat. Gleiches gilt für die notenmäßige Darstellungsform innerhalb eines abgeschlossenen Notensystems. Im Einklang mit dem vorher Gesagten forderte bereits der EuGH in *Shield Mark/Kist* eine Präzisierung innerhalb des Notensystems. Durch die vom EuGH ausdrücklich geforderten Angaben (ein in Takte gegliedertes Notensystem mit einem Notenschlüssel, Noten- und Pausenzeichen, Notenwerten und Vorzeichen) kann der Schutzgegenstand jedoch noch nicht hinreichend definiert werden. Vielmehr bedarf es noch der Angabe weiterer musikalischer Parameter wie Tempo oder Dynamik (sofern hiervon Gebrauch gemacht wird) und insbesondere der Instrumentation, damit die grafische Darstellung dem registerrechtlichen Bestimmtheitsgrundsatz genügt. Andernfalls eröffnet sich für den Rechteinhaber ein großzügiger Interpretationsspielraum, der jedoch so weit wie möglich minimiert werden muss. Dies gelingt nur durch eine vollständige Darstellung, wodurch auch nachträgliche Abänderungen des Schutzgegenstandes konterkariert werden.

In der Gesamtschau ist somit festzuhalten, dass das Erfordernis der grafischen Darstellbarkeit bei Hörmarken nicht zielführend war und eine restriktive Wirkung entfaltete. Der Wegfall des Erfordernisses ist daher für Hörmarken begrüßenswert.

4. *Sonstige Markenformen i.S.v. § 12 MarkenV a.F.*

Infolge des offenen Markenbegriffs in § 3 Abs. 1 MarkenG sind nicht nur die Zeichen markenfähig, die explizit in § 3 Abs. 1 MarkenG genannt werden, sondern auch jede denkbare Zeichenform, sofern sie die hierfür erforderlichen Voraussetzungen erfüllt. Im Nachfolgenden ist zu untersuchen, wie sich das Erfordernis der grafischen Darstellbarkeit auf die Eintragungsfähigkeit der sonstigen Markenformen i.S.v. § 12 MarkenV a.F. auswirkte. Insbesondere ist zu erörtern, ob die vormals bestehende Eintragungsvoraussetzung restriktive Wirkung entfaltete und deshalb ihre Eintragung mangels adäquater Darstellungsmethode verwehrt wurde.

a) *Die rechtskonforme grafische Darstellung der sonstigen Marken*

§ 12 MarkenV a.F. enthielt Regelungen für die grafische Darstellung von Zeichen, die keine ausdrückliche Erwähnung in § 3 Abs. 1 MarkenG a.F. fanden. Gem. § 12 Abs. 2 MarkenV a.F. fanden die Regelungen §§ 8 bis 11 MarkenV a.F. für die grafische Darstellung sonstiger Markenformen entsprechend Anwendung. Da §§ 8 bis 11 MarkenV a.F. Regelungen für Bild-, dreidimensionale, Farb- und Hörmarken enthielten, kann nachfolgend auf die bereits erörterten Darstellungsmethoden Bezug genommen werden. Dennoch empfiehlt sich eine gesonderte Betrachtung jeder Markenform, da sich die Anforderungen an die grafische Darstellung nach dem Wesen der jeweiligen Marke richten.

Darüber hinaus war für ihre grafische Darstellung gem. § 6 a Abs. 2 MarkenV a.F. das Einreichen einer Beschreibung obligatorisch, sofern sich ihr Schutzgegenstand ohne eine solche nicht ausreichend darstellen ließ. Vor der Markenrechtsnovelle durfte eine Beschreibung aus maximal 100 Wörtern bestehen und war als fortlaufender Text einzureichen, vgl. § 6 a Abs. 3 MarkenV a.F.[383]

b) *Die Positionsmarke*

Die Positionsmarke schützt die besondere Art und Weise der stets gleichbleibenden Anbringung oder Anordnung eines Zeichens auf einer Ware oder einem Warenteil.[384] Entscheidend ist somit, dass ein konkretes Zeichen an stets gleichbleibender Stelle, in gleicher Form und Größe, auf einem bestimmten Warenteil angebracht ist.[385]

Bereits die Definition verdeutlicht die Besonderheit der Positionsmarke, die allen anderen Markenformen – traditionellen sowie nicht traditionellen – fremd ist. Typischerweise ist für den Markenschutz ausschließlich das Zeichen von Bedeutung, unabhängig von seiner konkreten Positionierung. Bei der

---

383 Nunmehr darf die Beschreibung aus 150 Wörtern bestehen, vgl. § 6 b) Abs. 4 MarkenV n.F.

384 Ströbele/Hacker/Thiering/*Miosga*, § 3 Rn. 84;
DPMA, https://www.dpma.de/docs/marken/mf_sonstige_markenform.pdf, zuletzt abgerufen am 01.08.2018; *Klein* findet diese Definition missverständlich, da nicht eine besondere bzw. bestimmte Anbringungsart (z.B. durch einstanzen oder eingießen) Schutzgegenstand ist, sondern nur ein Zeichen in einer bestimmten Position, Klein S. 56.

385 Vgl. BPatG GRUR 1998, 390, 391 – Roter Streifen auf Schuhabsatz; GRUR 1998, 819, 820 – Jeanstasche mit Ausrufezeichen; HABM GRUR-RR 2003, 149, 150 (Rz. 22) – Roter Punkt (Positionsmarke); GRUR-RR 2005, 276, 277 (Rz. 15) – Kussmund, GRUR-RR 2005, 278 (Rz. 12) – Grüner Ring; GRUR-RR 2007, 393 (Rz. 27) – Injektionsspritze.

Positionsmarke hingegen ist die Position des Zeichens kein außerhalb der Marke liegender Umstand. Ihr Schutzgegenstand setzt sich aus dem Zeichen selbst und seiner konkreten Position zusammen. Es wird deshalb auch von einem „*zweigliedrigen Schutzgegenstand*" gesprochen.[386] Dies hat zur Folge, dass auch nicht unterscheidungskräftige Zeichen allein wegen ihre Positionierung Unterscheidungskraft erwerben können.[387] Ohne die Angabe der genauen Position liegen die für den Schutzgegenstand notwendigen Voraussetzungen einer Positionsmarke nicht vor.

In der Vergangenheit mussten sich die deutschen Gerichte immer wieder mit Positionsmarken befassen, auch wenn sie im Vergleich zu anderen Markenformen eine eher untergeordnete Rolle spielten.[388] Im Jahr 1998 war die Positionsmarke erstmals Gegenstand einer Entscheidung des BPatG.[389] In der Entscheidung wurde das streitgegenständliche Zeichen weder als Positionsmarke bezeichnet, noch machte sich das BPatG Gedanken über die eigentliche Markenform des als „sonstige Aufmachung" i.S.v. 3 Abs. 1 MarkenG a.F. angemeldeten Zeichens. Von entscheidender Bedeutung war jedoch, dass das BPatG erstmalig die Ansicht vertrat, dass die *gleichbleibende Positionierung* einer ansonsten nicht hinreichend unterscheidungskräftigen einfachen geometrischen Figur maßgeblich für den anzuerkennenden markenrechtlichen Schutz sei[390] – eine Eigenschaft, die für Positionsmarken essenziell und charakteristisch ist. Gegenstand des Verfahrens war der markenrechtliche Schutz eines querläufigen, durchgehenden roten Streifens im Absatz eines Herrenschuhes.[391] Nach Ansicht des BPatG komme dem roten Querstreifen, der an gleichbleibender Stelle in den Absatz eines Schuhes eingearbeitet ist, ohne dass ihm eine funktionale Bedeutung zuteilwird, stets Unterscheidungskraft zu.[392] Der angesprochene Verkehrskreis würde ohne Weiteres den in gleicher Weise positionierten roten Streifen als Herkunftshinweis verstehen.[393]

Noch im selben Jahr konkretisierte das BPatG in der Entscheidung *Jeanstasche mit Ausrufezeichen* vier Voraussetzungen, die für den markenrechtlichen Schutz von Positionsmarken relevant sind.[394] Das Zeichen muss stets auf einem

386 *Klein*, S. 54.
387 *Heise*, GRUR 2008, 286; *Bingener*, MarkenR 2004, 377, 380; *Klein*, S. 55.
388 *Klein*, S. 7; *Heise*, GRUR 2008, 286.
389 BPatG GRUR 1998, 390 – Roter Streifen auf Schuhabsatz.
390 BPatG GRUR 1998, 390, 391 – Roter Streifen auf Schuhabsatz.
391 BPatG GRUR 1998, 390 – Roter Streifen auf Schuhabsatz.
392 BPatG GRUR 1998, 390, 391 – Roter Streifen auf Schuhabsatz.
393 BPatG GRUR 1998, 390, 391 – Roter Streifen auf Schuhabsatz.
394 BPatG GRUR 1998, 819 – Jeanstasche mit Ausrufezeichen.

ganz bestimmten Warenteil angebracht sein (Nr. 1), in einer stets gleichbleibenden Platzierung bzw. Positionierung (Nr. 2), in einer gleichbleibenden Größe (Nr. 3) und in einem bestimmten farblichen Kontrast zum Rest der Ware abgebildet werden (Nr. 4).[395] Diese vier konkretisierenden Voraussetzungen unterstreichen erneut, dass die Position des Zeichens kein außerhalb der Marke stehender Umstand ist. Dies folgt daraus, dass zwei der vier Voraussetzungen positionsbezogen sind (Nr. 1 und Nr. 2). Die anderen beiden sind zeichenbezogen (Nr. 3 und Nr. 4).

Da die Positionsmarke keiner der in der MarkenV genannten Markenformen zugeordnet werden kann, gehörte sie zu den „sonstigen Markenformen" i.S.v. § 12 MarkenV a.F. Die rechtliche Einordnung der Positionsmarke war jedoch keineswegs unumstritten. Teilweise wurde sie als herkömmliche Bild- oder dreidimensionale Marke angesehen, sodass sich im Markenregister Positionsmarken finden lassen, die als „Bildmarke" oder „dreidimensionale Marke" eingetragen wurden.[396] Dem ist jedoch entgegenzuhalten, dass der 28. Senat des BPatG in der Entscheidung *Positionierungsmarke* im Jahr 1999 diese Einordnung ausdrücklich ablehnte.[397] Seiner Ansicht nach bildeten Positionsmarken keine Unterkategorie der Bild- oder dreidimensionalen Marken. Eine fälschlicherweise als Bild- oder dreidimensionale Marke erfolgte Anmeldung bedurfte deshalb einer gesetzeskonformen Auslegung.[398]

aa) Anforderungen an die grafische Darstellung von Positionsmarken

Die grafische Darstellung einer Positionsmarke bereitete regelmäßig keine größeren Schwierigkeiten. Da die Positionsmarke eine visuell wahrnehmbare Marke ist, erfolgte die Wiedergabe durch bildliche Darstellung. Gem. § 12 Abs. 2 i.V.m. 9 Abs. 2 S. 1 MarkenV a.F. konnte ihr Schutzgegenstand in bis zu sechs

---

395 BPatG GRUR 1998, 819 – Jeanstasche mit Ausrufezeichen, a.A.: *Bingener*, MarkenR 2004, 377, 379. Nach *Bingener* ist kein farblicher Kontrast erforderlich, da dies zu eng gefasst wäre. Es reiche die Abhebung des Zeichens vom Positionsträger in irgendeiner Weise aus.

396 So z.B.: Registernummer DE DD641687 von Levi Strauss & Co. Die Marke (ein Fähnchen auf dem die Worte „Levis" zu lesen sind, und auf der linken Seite der Jeans-Gesäßtasche angebracht ist) wurde als Wort-Bild-Marke eingetragen; Registernummer EM 003517646 der Adidas AG (die „drei schwarzen Streifen", welche seitlich auf einem Turnschuh zu sehen sind) wurde als Bildmarke eingetragen; so auch: *Klein*, S. 5 f.; *Heise*, GRUR 2008, 286

397 BPatG, BeckRS 1999, 15292 – Positionierungsmarke.

398 BPatG, BeckRS 1999, 15292 – Positionierungsmarke.

Ansichten wiedergeben werden. Die bildliche Darstellung musste das Basiszeichen und seine gleichbleibende Position erkennen lassen, sodass aus der Darstellung hervorging, wie das Zeichen auf der Ware angebracht war. In der Regel wurde für die grafische Darstellung auf eine skizzierte Zeichnung der Ware zurückgegriffen, auf der sich in richtiger Position das Zeichen befand.

Der Träger der Marke, die Ware selbst, gehört nicht zum Schutzgegenstand von Positionsmarken.[399] Er dient lediglich dazu, dem Verkehr einen Bezugspunkt für die Position und die Größenverhältnisse der Marke auf dem Trägergegenstand an die Hand zu geben. Seine grafische Darstellung erfolgte regelmäßig durch eine gestrichelte Linie. Dies erzeugte den von der Rechtsprechung geforderten Kontrast zwischen Träger- und Schutzgegenstand.[400] Bekräftigt wurde der Kontrast oftmals durch eine farbige Gestaltung der Positionsmarke. Auch hierdurch hob sich die Marke erheblich von den übrigen schwarz/weiß dargestellten Elementen ab. Eine Darstellung der Ware im Ganzen war nicht erforderlich. Von der Rechtsprechung ist ausdrücklich anerkannt, dass es ausreichend ist, denjenigen Warenteil darzustellen, welcher für die Bestimmung des Schutzgegenstandes notwendig ist.[401]

Problematisch erscheint allenfalls, wenn eine Positionsmarke nicht für Waren, sondern Dienstleistungen eingetragen werden sollte. Als immaterielle Güter lassen sich Dienstleistungen mangels Körperlichkeit nicht unmittelbar bildlich darstellen, sodass es an einem unmittelbaren Trägergegenstand fehlt.[402] Für Positionsmarken ist ein solcher jedoch von Natur aus notwendig. In einem solchen Fall musste für ihre grafische Darstellung auf Gegenstände zurückgegriffen werden, die im Zusammenhang mit der Ausübung der Dienstleistung standen. Als Beispiel sind Arbeitskleidung oder Arbeitsmittel zu nennen.[403] Es war deshalb möglich die Arbeitskleidung als Trägergegenstand darzustellen, auf der das Zeichen entsprechend den Voraussetzungen der Positionsmarke dargestellt wurde. Entsprechendes galt, wenn das Zeichen auf Arbeitsmitteln wie z.B. Briefpapier verwendet werden sollte. Nicht von der Hand zu weisen ist jedoch, dass die Benutzungsmöglichkeiten der Positionsmarke zumindest

399 Siehe Registernummer DE DD641687; Registernummer DE 39852348; Registernummer DE 302010059753; Registernummer EM 003517646.

400 BPatG GRUR 1998, 819 – Jeanstasche mit Ausrufezeichen.

401 BPatG BeckRS 2014, 12874- Gelber Sartorius-Bogen.

402 *Bingener*, MarkenR 2014, 377, 381 ff.

403 *Bingener*, MarkenR 2014, 377, 381, 383.

im Zusammenhang mit Dienstleistungen beschränkt sind. Dies ist jedoch dem Wesen der Positionsmarke geschuldet und daher hinzunehmen.

Darüber hinaus ist fraglich, ob das Einreichen einer Beschreibung des Schutzgegenstandes erforderlich war, um dem Erfordernis der grafischen Darstellbarkeit zu genügen. Seit 2016[404] ist in der MarkenV in § 6 a Abs. 2 MarkenV a.F. ausdrücklich geregelt, dass das Einreichen einer Beschreibung von sonstigen Marken dann erforderlich ist, wenn sich der Schutzgegenstand allein durch eine grafische Darstellung nicht ausreichend abbilden lässt. Bereits 2010 hat das BPatG in dem Beschluss *Farbfläche auf Maschinengehäuse* klargestellt, dass es zumindest bei Positionsmarken zwingend einer zusätzlichen Beschreibung bedarf.[405] Denn nur auf diese Weise könnten die Angaben über die genaue Platzierung des Zeichens und seine Größe auf den beanspruchten Waren verlässlich vermittelt werden.[406] Der 28. Senat wies ausdrücklich darauf hin, dass es sich deshalb nicht um eine ergänzende Erläuterung, sondern um einen untrennbaren Bestandteil der grafischen Darstellung i.S.v. § 8 Abs. 1 MarkenG a.F. handelte. In der Beschreibung wurde unter der Voraussetzung der grafischen Darstellbarkeit oftmals klargestellt, dass das geschützte Zeichen eine Positionsmarke ist. Hierauf wurde zur Klarstellung zurückgegriffen, da bei ihrer Anmeldung lediglich „sonstige Markenform" anzugeben war. Darüber hinaus wurde regelmäßig ergänzend erwähnt, dass die durch gepunktete Linien dargestellte Form des jeweiligen Trägergegenstandes lediglich zur besseren Verortung der Marke diente und nicht zum Schutzgegenstand gehörte.[407] Es ist jedoch zweifelhaft, dass eine obligatorische Ausgestaltung tatsächlich notwendig war, um eine Positionsmarke in rechtskonformer Weise darstellen zu können. Nach der hier vertretenen Ansicht lässt sich der Schutzgegenstand i.d.R. bereits durch die eingereichte Zeichnung eindeutig identifizieren.[408] Bereits die Zeichnung enthält

---

404 Siehe Vierte Verordnung zur Änderung der MarkenV vom 02.06.2016, BGBl. 2016, Teil I, Nr. 28 S. 1354 ff.

405 BPatG BeckRS 2010, 20925 – Farbfläche auf Maschinengehäuse.

406 BPatG BeckRS 2010, 20925 – Farbfläche auf Maschinengehäuse; so bereits der 29. Senat des BPatG 2009, wobei er in der Begründung ausschließlich auf die Festlegung der Position und nicht auf die Größe einging, BeckRS 2009, 25613 – Schultütenspitze; a.A.: BPatG BeckRS 2009, 4047. Der 27. Senat betrachtete die Beschreibung zwar als ein wesentliches Erfordernis der Anmeldung, nicht aber der angemeldeten Marke selbst, da die Beschreibung damals (2004) noch nicht in das Register eingetragen wurde und dem Verkehr somit nicht auf Anhieb bekannt war; *Bingener,* MarkenR 2004, S. 377, 379 f.

407 Registernummer DE 302010059754; Registernummer EM 013755244.

408 a.A.: Ströbele/Hacker/Thiering/*Miosga*, § 3 Rn. 85.

die hierfür erforderlichen Elemente. Sie zeigt den Trägergegenstand in gestrichelter Linie sowie das Zeichen, das in stets gleichbleibender Position auf dem Trägergegenstand angebracht ist. Von einer hinreichend bestimmten Darstellung, die im Einklang mit den *Sieckmann*-Kriterien steht, ist deshalb auch ohne Beschreibung auszugehen.

bb) Zusammenfassung

In der Gesamtschau ist festzuhalten, dass das Erfordernis der grafischen Darstellbarkeit für Positionsmarken keine größere Hürde darstellte. Es entfaltete somit auch keine restriktive Wirkung. Ihr Schutzgegenstand ließ sich durch – mindestens – eine bildliche Abbildung darstellen, die die von der Rechtsprechung geschaffenen vier Voraussetzungen für die Zeichenwiedergabe von Positionsmarken erfüllen musste (Darstellung des Warenteils, Darstellung der gleichbleibenden Position, Größe und Kontrast). Sollte die Positionsmarke für Dienstleistungen Schutz beanspruchen, war für ihre grafische Darstellung auf Gegenstände zurückzugreifen, die im Zusammenhang mit der Ausübung der Dienstleistung standen. Dies stellte deshalb auch keine besondere Herausforderung dar. Zudem war das Einreichen einer Beschreibung obligatorisch. Nach der hier vertretenen Auflassung war eine Beschreibung jedoch nicht erforderlich, da bereits die bildliche Darstellung den Schutzgegenstand mit der erforderlichen Klarheit und Eindeutigkeit wiedergab.

c) Die Bewegungsmarke

Die Bewegungsmarke ist eine Markenform, deren Schutzgegenstand sich in unterscheidungskräftigen Bewegungsabläufen jeglicher Art erschöpft und zu den „sonstigen Markenformen" i.S.v. § 12 MarkenV a.F. gehörte. Dabei kann es sich um natürliche Bewegungsvorgänge (laufende Person, fliegendes Tier), aber auch um künstlich animierte (Zeichentrickfilm, computeranimiert) handeln.[409]

In der Praxis werden Bewegungsmarken häufig in Zusammenhang mit Werbespots relevant. Die Henkel AG & Co. KGaA[410] (u.a. für Waschmittel) oder die

409 *Fezer*, § 3 Rn. 628; DPMA, Richtlinie für die Prüfung von Markenanmeldungen und für die Registerführung v. 01.08.2018 in der Fassung vom 01.05.2019, S. 22, https://www.dpma.de/docs/formulare/marken/w7735.pdf, zuletzt abgerufen am 05.10.2019.

410 Registernummer DE 30305190 und Registernummer DE 30313907, beides aktive Bewegungsmarke; Registernummer DE 303051892 und Registernummer DE 303084, beides nicht mehr aktive Bewegungsmarken.

Deutsche Telekom AG[411] (u.a. für Telekommunikationsdienstleistungen) sind als zwei bekannte Unternehmen zu nennen, die sich kurze Werbespotsequenzen als Bewegungsmarken haben schützen lassen. So beispielsweise der animierte „Spee-Fuchs", der Goldmünzen in die Höhe wirft und wieder auffängt, um das beworbene Waschmittel als „die schlaue Art des Waschens" anzupreisen.[412] In der Rechtsprechung waren Bewegungsmarken im Vergleich zu anderen Markenformen eher selten,[413] sodass sich die Gerichte auch nicht eingehend mit ihrer grafischen Darstellbarkeit befassen mussten.

Lange Zeit subsumierte die Literatur unter den Begriff der Bewegungsmarke nicht nur „stumme" Bewegungsabläufe, sondern auch solche, die mit einer Tonfolge verknüpft waren.[414] *Fezer* führte als Synonym der Bewegungsmarke den Begriff der „multimedialen Marke" ins Feld.[415] Mit der letzten Reform schuf der europäische Gesetzgeber die neue, eigenständige und somit neben der Bewegungsmarke stehende Markenform der „Multimediamarke". Per Definition ist die Multimediamarke eine Marke, die aus der Kombination von stehendem bzw. bewegtem Bild und Ton besteht.[416] Der europäische Gesetzgeber kam damit dem Bedürfnis nach einer eigenständigen Markenform nach, deren Schutzgegenstand beide Elemente, sowohl Bild als auch Ton, vereint. Gleichzeitig stellte das EUIPO mit Einführung der Multimediamarke klar, dass Bewegungsmarken nicht aus Klängen bestehen, sondern sich in reinen Bewegungsabläufen erschöpfen.[417] Daher beschränken sich die nachfolgenden Ausführungen auf Bewegungsmarken im klassischen Sinne, d.h. solche, die ausschließlich aus der Bewegung oder Positionsänderung der wiedergegebenen Elemente bestehen.

aa) Anforderungen an die grafische Darstellung von Bewegungsmarken

Die Voraussetzung der grafischen Darstellbarkeit erforderte, dass der geschützte Bewegungsablauf bildlich dargestellt wurde. Die Schwierigkeit bestand – trotz

---

411 Registernummer DE 30209487 und Registermarke EM 2818334, beides aktive Bewegungsmarken.

412 Registernummer DE 30313907.

413 Eine der relevantesten Entscheidungen ist die des HABM GRUR 2004, 63 – Lamborghini-Türbewegungsablauf, hinsichtlich der Frage der Unterscheidungskraft der Türaufbewegung bei Sportwagen.

414 *Fezer*, § 3 Rn. 631; *Hofmann*, S. 231.

415 *Fezer*, § 3 Rn. 631.

416 DPMA, Multimediamarke, https://www.dpma.de/docs/marken/mf_multimediamarke.pdf, zuletzt abgerufen am 07.02.2019.

417 EUIPO Guidelines, Teil B, Abschnitt 4, Kapitel 2, 2.7.

ihrer visuellen Wahrnehmbarkeit – darin, die Bewegungsabfolge so klar und eindeutigen bildlich wiederzugeben, dass keinerlei Raum für Interpretationen blieb.

In der deutschen Literatur wurde bereits vor Umsetzung der MarkenRL an der Markenfähigkeit von Bewegungsmarken bzw. an ihrer grafischen Darstellung gezweifelt.[418] Ohne Begründung wurde die Ansicht vertreten, dass bewegte Zeichen nicht dem Erfordernis der grafischen Darstellbarkeit genügen könnten.[419] Erst Jahre später wurde diese kritische Haltung erläutert. Es hieß, bei der grafischen Darstellung von Bewegungsmarken bereite es erhebliche Probleme, dass der markenrechtliche Schutz nicht für die einzelnen Darstellungen beansprucht werde, sondern für den gesamten Bewegungsablauf.[420] Diesen Stimmen ist jedoch entgegenzuhalten, dass keine strengeren Anforderungen an die grafische Darstellung von Bewegungsmarken gestellt werden durften als an die anderer Markenformen. Die Darstellung eines Bewegungsablaufes durch eine Abfolge von Bildern entsprach einer zulässigen Form der mittelbaren Zeichendarstellung. Bewegungsabläufe bestehen aus koordinierten oder willkürlichen Einzelbewegungen, die sich als Einzelbilder grafisch dokumentieren lassen. Entsprechend der Darstellung einer Hörmarke durch ein Notensystem musste daher auch die Wiedergabe einer Bewegungsmarke durch eine Bildfolge als zulässig erachtet werden.[421] Die teilweise in der Literatur vertretene kritische Haltung ist daher abzulehnen.

Ein Bewegungsablauf konnte somit unbedenklich durch eine Bildabfolge wiedergegeben werden. Den Einzelbildern sollten die Anfangs- und Endposition der Bewegung als auch wesentliche Änderungen zeigen.[422] Wegen des Verweises in § 12 Abs. 2 MarkenV a.F. auf § 9 Abs. 2 MarkenV a.F. durfte die geschützte Bewegungsabfolge in maximal bis zu sechs Einzelbildern dargestellt werden. Dies führte dazu, dass ausschließlich kurze Bewegungsabläufe als Bewegungsmarke eintragungsfähig waren. Andernfalls wäre eine eindeutige Identifizierbarkeit des Schutzgegenstandes nicht mehr möglich, da zu viel Raum für Interpretationen geblieben wäre. Aus Gründen der Rechtssicherheit war eine Beschränkung auf kurze Bewegungsabläufe daher sachgerecht. Der Verkehr musste in die Lage

418 *Kunz-Hallstein*, GRUR Int. 1990, 747, 751.

419 *Kunz-Hallstein*, GRUR Int. 1990, 747, 751.

420 Althammer/*Ströbele*/Klaka, MarkenG 6. Aufl., § 3 Rn. 27; diese strenge Auffassung wird nicht mehr vertreten. Vielmehr muss die Darstellung den *Sieckmann*-Kriterien genügen, vgl. Ströbele/Hacker/Thiering/*Miosga*, § 3 Rn. 86.

421 *Fezer*, § 3 Rn. 289; *Hofmann*, S. 232.

422 *Pres*, S. 153.

versetzt werden den Einzelbildern die konkrete Bewegung in klarer und eindeutiger Weise entnehmen zu können. Lange Bewegungsabläufe hätten jedoch einer weitaus größeren Anzahl an Einzelbilder bedurft, sofern eine akkurate Darstellung der Bewegungsfolge gewährleistet werden soll. Ansonsten hätten die dargestellten Einzelbewegungen zu weit auseinandergelegen. Dies hätte zur Folge gehabt, dass sich der geschützte Bewegungsablauf nur noch hätte erahnen lassen. Eine klare und eindeutige Darstellung des Schutzgegenstandes wäre damit nicht mehr möglich gewesen, da sich der Verkehr nicht mit hinreichender Gewissheit hätte sicher sein können, was die geschützte Bewegungsfolge ist. Vielmehr hätte ihn nur seine Vorstellungskraft erahnen lassen, was Schutzgegenstand sein sollte. Dies wäre jedoch mit den *Sieckmann*-Kriterien der Klarheit, Eindeutigkeit, Objektivität und Abgeschlossenheit nicht vereinbar gewesen.

Darüber hinaus war gem. § 6 a Abs. 2 MarkenV a.F. das Einreichen einer Beschreibung des Schutzgegenstandes obligatorisch, da sich ihr Schutzgegenstand mit der grafischen Darstellung nicht ausreichend darstellen ließ. Dies ist darauf zurückzuführen, dass den Abbildungen nur Momentaufnahmen einer Bewegungsabfolge zu entnehmen waren. Mit der bis zu 100 Wörter umfassenden Beschreibung sollte der Schutzgegenstand der Marke i.S.v. § 6 a Abs. 3 S. 3 MarkenV a.F. in objektiver Weise konkretisiert werden. Häufig gab die Beschreibung Aufschluss darüber, wie viele Sekunden die Darstellungsdauer des jeweiligen Bildes betrug, bevor auf das nächste Bild gewechselt wurde und sich aus dieser Gesamtschau ein fließender Bewegungsablauf ergab.[423] Teilweise findet sich aus der Zeit des Erfordernisses der grafischen Darstellbarkeit auch der klarstellende Hinweis im Register, dass es sich bei der geschützten Marke um eine Bewegungsmarke handelt, mit wörtlicher Beschreibung der dargestellten Einzelbewegung.[424]

bb) Zusammenfassung

Kurze Bewegungsabläufe ließen sich unter der Voraussetzung der grafischen Darstellbarkeit unproblematisch darstellen. Sie konnten durch bis zu sechs Einzelbilder dargestellt werden, denen sich die Anfangs- und Endposition sowie wesentliche Bewegungsveränderungen entnehmen ließen. Zusätzlich war der Bewegungsablauf in bis zu 100 Wörtern zu beschreiben, vgl. § 6 a Abs. 3 S. 1 MarkenV a.F.

---

423 So z.B. bei Registernummer DE 30313907; Registernummer DE 30305190; Registernummer DE 30305191, nicht mehr aktiv.

424 So z.B. bei Registermarke EM 002762813; nicht mehr aktiv.

Diese Darstellungsweise löst keinerlei Bedenken aus. Das Erfordernis der grafischen Darstellbarkeit entfaltete deshalb für Bewegungsmarken, deren Schutzgegenstände aus kurzen Bewegungssequenzen bestanden, keine restriktive Wirkung. Der Verkehr war in der Lage den Schutzgegenstand entsprechend den *Sieckmann*-Kriterien zu erfassen. An ihre Grenzen stieß die vorgenannte Darstellungsmethode jedoch, wenn längere Bewegungsabläufe geschützt werden sollten. Solche ließen sich nicht vollständig in bis zu sechs Bildern mit der erforderlichen Klarheit, Eindeutigkeit, Abgeschlossenheit und Objektivität darstellen. In diesen Fällen musste sich der Betrachter auf seine Vorstellungskraft verlassen, um den vermeintlichen Schutzgegenstand der Marke zu erfassen. Bei langen Bewegungsabfolgen konnten nämlich nicht alle relevanten Einzelbewegungen bildlich erfasst werden. Eine solche Vorgehensweise war nicht mit den *Sieckmann*-Kriterien vereinbar. Vielmehr musste allein die grafische Darstellung eine klare, eindeutige, in sich abgeschlossene und objektive Darstellung des Schutzgegenstandes sicherstellen. Daraus folgt, dass unter der Voraussetzung der grafischen Darstellbarkeit nicht alle denkbaren Bewegungsabläufe schutzfähig waren, sondern nur solche deren eindeutige Wiedergabe in bis zu sechs Bildern gewährleistet werden konnte. Diese Schlussfolgerung ist aus mehreren Gründen nachvollziehbar. Zum einen ist die Wiedergabe längerer Bewegungsabläufe durch grafische Darstellung mit dem registerrechtlichen Bestimmtheitsgrundsatz unvereinbar, da sich längere Bewegungsabläufe nicht zweifelfrei in bis zu sechs Abbildungen darstellen lassen, ohne dass der Betrachter seine Vorstellungskraft bemühen muss. Zum anderen besteht die Gefahr, dass längere Bewegungsabfolgen nicht mit den der Marke innewohnenden Funktionen vereinbar sind. Zweifelhaft ist insbesondere, ob längere Bewegungsabläufe als Herkunftshinweis wahrgenommen werden. Der Verbraucher oder Endabnehmer fasst lange Bewegungsabläufe nicht ohne Weiteres als Zeichen auf, das zur Unterscheidung bestimmter Waren und/oder Dienstleistungen eines Unternehmens von denen eines anderen dient. In der Regel werden sie lange Bewegungsabläufe zwar als Werbe- oder Imagefilm des jeweiligen Unternehmens verstehen, jedoch ohne tiefgehendere Bedeutung. Die Zulässigkeit längerer Bewegungsabläufe hätte somit die Funktionen einer Marke verwässert.

Daher ist im Ergebnis festzuhalten, dass das Erfordernis der grafischen Darstellbarkeit nur für kurze Bewegungsabläufe keine restriktive Wirkung entfaltete. Ob nach Verzicht auf dieses Erfordernis auch längere Bewegungsabfolgen dem registerrechtlichen Schutz zugänglich sind, wird im sechsten Kapitel erörtert.[425]

---

425 Siehe hierzu Kapitel 6 D III 4 c).

d) *Die Hologrammmarke*

Hologrammmarken bestehen aus Elementen mit holografischen Merkmalen.[426] Charakteristisch für die Holografie ist die durch den Neigungswinkel des Hologramms im Zusammenspiel mit der Blickrichtung des Betrachters ausgelöste Bildveränderung.[427] Beeinflusst werden kann die Bildveränderung zudem durch die Art der Lichtquelle; natürliches oder künstliches Licht.[428] In Folge der Bewegung und des Neigungswinkels wird wegen der scheinbaren Raumtiefe trotz der Flächigkeit des Hologramms eine dreidimensionale Wiedergabe des dargestellten Gegenstandes erzeugt. Darüber hinaus kann durch ein Hologramm auch ein abstraktes Bildnis erzeugt werden (wie z.B. in Längsrichtung verlaufende Streifen), dessen Konturen erst durch die kontinuierliche Veränderung der oben genannten Parameter entstehen, sichtbar werden oder sich verändern.[429] Einfluss auf die holografische Veränderung kann auch der vom Betrachter gewählte Betrachtungs- und Lichteinfallswinkel haben.

Hologramme werden im wirtschaftlichen Verkehr vielseitig eingesetzt. Oftmals finden sie sich als Gestaltungselement von Produktverpackungen wieder. Teilweise werden sie auch als Sicherheitsmerkmal auf Produkten bzw. Produktverpackungen in Form eines sog. Sicherheitsetikettes angebracht oder als Sicherung gegen Fälschungen auf Kreditkarten oder Geldscheinen verwendet.

aa) *Anforderungen an die grafische Darstellung von Hologrammmarken*

Unter der Voraussetzung der grafischen Darstellbarkeit war die zentrale Frage, ob sich der die Hologrammmarken kennzeichnende Hologrammeffekt vollumfänglich i.S.v. § 8 Abs. 1 MarkenG a.F. darstellen ließ. Entscheidend war somit, ob die *Änderungen im Bild* in rechtskonformer Weise grafisch dargestellt werden konnten.

Diese zentrale Fragestellung erinnert an die Voraussetzungen, die eine Bewegungsmarke erfüllen musste, um dem Erfordernis der grafischen Darstellbarkeit zu genügen – nämlich die exakte Reproduktion des geschützten Bewegungsablaufes. Bei Hologrammen kommt erschwerend hinzu, dass sie verschiedenen Gestaltungsformen unterliegen können. Gegenstand eines Hologramms kann die dreidimensionale Abbildung eines Objekts auf zweidimensionalen

---

426 EUIPO, Markendefinition, abrufbar unter https://euipo.europa.eu/ (Marken, Grundlegendes zu Marken, Markendefinition), zuletzt abgerufen am 02.03.2019.

427 *Eisenführ*, MittdPat, 2006, 413, 418.

428 BPatG WRP 2005, 1025, 1026 (Rz. 1) – Hologramm.

429 BPatG WRP 2005, 1025,1026 (Rz. 1) – Hologramm.

Oberflächen mit Tiefenanmutung sein. Denkbar ist aber auch ihre abstrakte Erscheinung wie z.B. farbige Linienführungen, die durch die kontinuierliche Veränderung der Parameter Neigungswinkel, Blickrichtung und ggfs. der Lichtquelle sichtbar werden bzw. sich verändern, sowohl im Hinblick auf ihre flächenmäßige als auch ihre farbige Gestaltung. Auf letztere Hologrammart wird insbesondere bei der Gestaltung von Produktverpackungen zurückgegriffen, wenn sie aus einer „schillernden Oberfläche" bestehen soll. Die holografische Darstellung eindeutiger Objekte wird hingegen oft als Sicherungsmittel gegen Fälschungen eingesetzt, so z.B. auf Kreditkarten oder Geldscheinen. Die unterschiedlichen Erscheinungsformen von Hologrammen erlauben es daher nicht, die Frage, ob sich Hologrammmarken i.S.d. der rechtlichen Vorgaben grafisch darstellen ließen, pauschal zu beantworten. Vielmehr ist zwischen der Art der Hologramme (abstraktes Flächenhologramm oder Objekthologramm) zu differenzieren. Einen solchen Ansatz wählte bereits das BPatG in seiner Entscheidung *Hologramm.*[430] Bei dem angemeldeten Hologramm handelte es sich um ein abstraktes/konturunbestimmtes flächiges Farbhologramm, das für Verpackungen von Eau de Toilette verwendet werden sollte.[431] Zusammen mit Musterstücken fügte die Anmelderin den Unterlagen eine Beschreibung bei. In dieser beschrieb sie u.a. den Grundfarbton durch einen Pantone-Farbton sowie die unterschiedlichen Farberscheinungen des Hologramms unter verschiedenen Betrachtungswinkeln (30°, 90°, 60°, 90°, 120°, 150°).[432] Als Ausgangssituation für eine mögliche Reproduktion beschrieb sie ferner die Witterungsbedingungen und die Situation, unter welchen der Schutzgegenstand wahrnehmbar war. Nämlich *„bei sonnigem Wetter in Augenhöhe des Betrachters mit der Sonne im Rücken"*.[433] Das BPatG sah die Voraussetzungen der grafischen Darstellbarkeit durch die eingereichte Darstellungsmethode als nicht erfüllt an, da sich die Marke für die Eintragung in das Register nicht reproduzieren ließe. Grund hierfür sei, dass die besonderen Farb- und Bewegungseffekte der Marke bei Eintragung in ein elektronisch geführtes Register nicht mehr erkennbar wären.[434] Die Besonderheiten würden bei einem Scanvorgang der eingereichten Musterstücke verloren gehen. Dies würde dazu führen, dass die grafische Wiedergabe im Register erheblich von der eigentlichen effektgeladenen Erscheinungsform

---

430 BPatG WRP 2005, 1025 – Hologramm.

431 BPatG WRP 2005, 1025 – Hologramm.

432 BPatG WRP 2005, 1025 (Rz. 7 ff.) – Hologramm.

433 BPatG WRP 2005, 1025 (Rz. 6) – Hologramm.

434 BPatG WRP 2005, 1025 (Rz. 37) – Hologramm

abweiche.[435] Auch die eingereichte Beschreibung vermöge hieran nichts ändern, da diese nur eine Momentaufnahme liefere, die sich unter den angegebenen Bedingungen einstelle.[436] Unter anderen Bedingungen ließen sich andere Ergebnisse erreichen, sodass auch die Beschreibung nicht den registerrechtlichen Anforderungen gerecht werde. Mangels Klarheit und Eindeutigkeit wurde dem Zeichen der Schutz verwehrt. Gleichzeitig stellte das BPatG klar, dass dies nicht bedeute, dass keine Hologrammdarstellung den Anforderungen an die grafische Darstellbarkeit genügen könne. Eine andere Art von Hologramm könne durchaus die Voraussetzungen erfüllen und infolgedessen zur Eintragung gelangen. Nämlich solche, die unter verschiedenen Blickwinkeln eine geringe Anzahl an Bilder erkennen lassen, unabhängig von der Lichtquelle.[437] Das BPatG führt weiter aus, dass sich solche Hologramme ohne Schwierigkeiten grafisch darstellen lassen, indem die einzelnen Bilder dargestellt werden und der Betrachtungswinkel definiert werde, in dem sie erscheinen.[438]

Diese unter dem Erfordernis der grafischen Darstellbarkeit vorgenommene Differenzierung vom BPatG ist sachgerecht, weil keine pauschale Versagung des Eintragungsschutzes von Hologrammen erfolgte. Entscheidend war das Wesen des jeweiligen Hologramms.[439] Unter der Voraussetzung der grafischen Darstellbarkeit bedeutete dies, dass Hologramme aus „schillernden Oberflächen" nicht eintragungsfähig waren. Die Farb- und Bewegungseffekte, die sich in Abhängigkeit vom Lichteinfall verändern, ließen sich nicht mit der erforderlichen Klarheit und Eindeutigkeit in zweidimensionaler Form darstellen. Zu keinem anderen Ergebnis führte das Beifügen einer Beschreibung, da selbst eine präzise Beschreibung der Effektveränderung nicht gerecht werden konnte. Auch hier wäre sonst der subjektiven Wahrnehmung zu viel Raum gelassen worden. Wurden hingegen Gegenstände holografisch dargestellt, die sich infolge von Bewegung veränderten, war es nicht ausgeschlossen, dass das Ergebnis hinsichtlich ihrer rechtskonformen Darstellung anders ausfiel. Durch die Darstellung einzelner Bilder, ergänzt um eine Beschreibung der Perspektive, unter der diese Bilder erschienen, war eine rechtskonforme grafische Darstellung möglich. Der

---

435 BPatG WRP 2005, 1025 (Rz. 36) – Hologramm.

436 BPatG WRP 2005, 1025 (Rz. 39) – Hologramm.

437 BPatG WRP 2005, 1025 (Rz. 40) – Hologramm.

438 BPatG WRP 2005, 1025 (Rz. 40) – Hologramm.

439 a.A.: *Fezer*, § 3 Rn. 501 f., der keine Differenzierung vornimmt, i.E. aber die Entscheidung des BPatG kritisiert und sich für die generelle grafische Darstellbarkeit von Hologrammen ausspricht.

Interpretationsspielraum wurde in solchen Fällen auf ein Minimum reduziert, da die bildliche Veränderung je nach Neigungswinkel erkennbar dargestellt wurde. Bei dieser Darstellungsform kann auf die Ausführungen zur Darstellung von Bewegungsmarken verwiesen werden, da die dort aufgestellten Grundsätze hier ebenfalls gelten.[440]

bb) Zusammenfassung

Wie jede andere Markenform mussten auch Hologrammmarken für ihre Registereintragung grafisch darstellbar sein. Ob sie dieses Kriterium erfüllten oder nicht, war abhängig von der spezifischen Ausgestaltung des Hologramms. Schwierigkeiten bereiteten (abstrakte) Flächenhologramme, deren Erscheinungsform sich darauf beschränkte in Abhängigkeit eines bestimmten Blickwinkels unter einem bestimmten Lichteinfall verschiedene Farbeffekte zu erzeugen. Durch eine zweidimensionale Darstellung konnte zwar ein bestimmter Zustand wiedergegeben werden, jedoch ließen sich die verschiedenen farblichen Veränderungen unter bestimmten Lichtverhältnissen nicht wiedergeben. Dies änderte sich auch nicht durch das Einreichen mehrere Bilder unterschiedlicher Blickwinkel, da eine Lichtquelle bei einer grafischen Darstellung nicht berücksichtigt werden kann.

Anders verhielt es sich, wenn Objekte holografisch dargestellt wurden. Ähnlich wie bei Bewegungsmarken konnten Objekte und ihre holografische Veränderung in wenigen Bildern grafisch dargestellt werden. In Kombination mit einer Beschreibung der jeweils auf dem Bild gezeigten Perspektive ließ sich der Schutzgegenstand in rechtskonformer Weise wahrnehmen. Kritiker, die sich grundsätzlich gegen die Eintragung von Hologrammmarken mangels klarer und eindeutiger Wiedergabe aussprachen, verkannten, dass das BPatG nicht jedem Hologramm die Eintragungsfähigkeit absprach, sondern nur solchen, bei denen der Lichteinfall in Kombination mit der Bewegung ausschlaggebend für das Auslösen der holografischen Effekte war. Dies ist auch sachgerecht, da in solchen Fällen die eigentliche Erscheinungsform von vielen Faktoren und Nuancen abhängig ist, die nicht in einer grafischen Darstellung berücksichtigt werden können. Hieran konnte auch eine Beschreibung nichts ändern. Unabhängig davon ist jedoch fraglich, ob der Verkehr in einem solchen Hologramm überhaupt einen Herkunftshinweis erkennt oder ob solche Hologramme doch primär als Sicherheitsmerkmal wahrgenommen werden. Auch dies wird jedoch wieder vom konkreten Einzelfall abhängig sein und kann nicht pauschal

---

440 Siehe hierzu Kapitel 4 F II 4 c) aa).

beantwortet werden. Aus vorgenannten Gründen konnte Hologrammmarken deshalb auch nicht unter dem Erfordernis der grafischen Darstellbarkeit die Eintragung versagt werden, wenngleich unter der vormals bestehenden Voraussetzung kein Hologramm als deutsche Marke in das Register eingetragen wurde. In der Gesamtschau ist daher festzuhalten, dass das Erfordernis der grafischen Darstellbarkeit für Hologrammmarken eine restriktive Wirkung entfaltete.

e) Die Geruchsmarke

Bei Geruchsmarken erfolgt die Identifizierung der von ihr geschützten Waren und/oder Dienstleistungen ausschließlich über den menschlichen Geruchssinn und somit olfaktorisch.[441] Das bedeutet, dass die kennzeichenrechtliche Herkunftsfunktion ausschließlich über die Nase bzw. den Geruchssinn realisiert wird.[442] Zweifelhaft ist bereits, ob der Verkehr einen bestimmten Geruch als Kennzeichnung einer betrieblicher Herkunft von bestimmten Waren und/oder Dienstleistungen wahrnimmt oder ob Düfte vorrangig unbewusst wahrgenommen werden.[443] Auch diese Frage ist vom konkreten Einzelfall abhängig und entzieht sich daher einer pauschalen Beantwortung. Zutreffend ist hingegen, dass Gerüche bzw. Düfte in vielen Warensektoren allgemeine Eigenschaften von Waren sind. So z.B. in der Parfum- oder Kosmetikindustrie. Teilweise werden sie auch zur Erzeugung einer bestimmten Raumatmosphäre eingesetzt.[444] Die Präsenz im wirtschaftlichen Verkehr ist Anlass genug, nachfolgend zu erörtern, ob sich Gerüche i.S.d. vormals bestehenden Anforderungen grafisch darstellen ließen.

aa) Anforderungen an die grafische Darstellung eines Geruchs

Wegen der fehlenden Möglichkeit, Gerüche visuell wahrzunehmen, stellt sich die Frage, wie und ob Gerüche i.S.d. vormals bestehenden rechtlichen Vorgaben grafisch dargestellt werden konnten. Da eine unmittelbare grafische Darstellung aufgrund ihrer Eigenschaften nicht in Betracht kam, konnte ein Geruch allenfalls durch Hilfsmittel grafisch dargestellt werden. Mit dieser Frage hatte sich

---

441 *Fezer*, § 3 Rn. 606.

442 *Fezer*, § 3 Rn. 606.

443 So *Guth*, MittdPat 2003, 97 f.; a.A.: *Fezer*, WRP 1999, 575, 578, der ausdrücklich darauf hinweist, dass der Praxis in Werbung und Marketing vertraut ist, dass ein Duft als markenfähiges Zeichen zur Kommunikation über unternehmerische Leistungen eingesetzt werden kann.

444 *Guth*, MittdPat 2003, 97, 98.

der EuGH in seiner Grundsatzentscheidung *Sieckmann* zu befassen, die bereits im ersten Kapitel dieser Arbeit kurz dargestellt wurde.[445] Der EuGH setzte sich in der *Sieckmann*-Entscheidung mit unterschiedlichen Darstellungsmethoden eines Geruchs auseinander. Er kam jedoch zu dem Ergebnis, dass keine der streitgegenständlichen Darstellungsmethoden dem Erfordernis der grafischen Darstellbarkeit i.S.v. § 8 Abs. 1 MarkenG a.F. genügte. Ungeachtet dessen wird nachfolgend erörtert, ob sich Gerüche i.S.d. von § 8 Abs. 1 MarkenG a.F. grafisch darstellen ließen oder ob ihnen wegen ihres Wesens als flüchtige Substanz unüberwindbare Schwierigkeiten entgegenstanden. Dies hätte zur Folge, dass das Erfordernis der grafischen Darstellbarkeit für die Eintragung von Geruchsmarken eine restriktive Wirkung entfaltete. Bei den nachfolgend erörterten Darstellungsmitteln wird sich an denen orientiert, die auch der EuGH in seiner *Sieckmann*-Entscheidung zu beurteilen hatte. Der Prüfungsaufbau orientiert sich hingegen an der von *Sessinghaus* gewählten Differenzierung zwischen den Anknüpfungspunkten Geruchswahrnehmung und Substanz.[446]

(1) Die grafische Darstellung einer Geruchswahrnehmung

In der *Sieckmann*-Entscheidung beschrieb der Anmelder den Duft bzw. Geruch seiner Geruchsmarke als *„üblicherweise balsamisch-fruchtig mit einem leichten Anklang an Zimt"*. Die wörtliche Beschreibung steht beispielhaft für eine Möglichkeit, visuell nicht wahrnehmbare Geruchsmarken darzustellen, nämlich durch die verbale Beschreibung ihres olfaktorischen Eindrucks. Daneben ist auch die grafische Darstellung des wahrgenommenen Geruchs durch ein Geruchsdiagramm oder durch Rückgriff auf ein Klassifikationssystem denkbar. Nachfolgend wird untersucht, ob diese an die Geruchswahrnehmung anknüpfenden Wiedergabeformen den Anforderungen i.S.v. § 8 Abs. 1 MarkenG a.F. genügten.

(a) Wörtliche Beschreibung des olfaktorischen Eindrucks

Ein naheliegendes Darstellungsmittel in Zusammenhang mit Geruchsmarken ist die wörtliche Beschreibung des von der Marke ausgehenden olfaktorischen Eindrucks. Sie kann auf zwei unterschiedliche Weisen erfolgen. Die erste Möglichkeit ist die wörtliche Beschreibung des Geruchs als solcher. Häufig wird hingegen ein Referenzwert angegeben, indem die Beschreibung des Geruchs in

---

445 EuGH GRUR 2003, 145, 148 (Rz. 55) – Sieckmann; siehe hierzu auch Kapitel 4 D I 1.
446 *Sessinghaus*, WRP 2002, 650.

Bezug auf ein anderes Objekt erfolgt.[447] Konkret bedeutet dies, dass eine Formulierung wie *„der Schutzgegenstand des Zeichens riecht wie [Objekt]"* gewählt wird. Gegenstand der *Sieckmann*-Entscheidung waren beide Darstellungsmethoden. Indem der Anmelder den Schutzgegenstand als *„üblicherweise balsamisch-fruchtig"* beschrieb, gab er den Duft des einzutragenden Zeichens wieder, ohne auf ein Objekt Bezug zu nehmen. Erst im zweiten Teil der eingereichten wörtlichen Beschreibung *„mit einem leichten Anklang an Zimt"* trat ein Objektbezug hinzu. Die Problematik ist, dass der Mensch nach neuestem Forschungsstand dazu fähig ist, bis zu einer Billion unterschiedliche Gerüche wahrzunehmen.[448] Allein schon wegen der Vielzahl an Gerüchen bereitet eine präzise wörtliche Benennung Schwierigkeiten. Es stellt sich somit die Frage, ob eine verbale Beschreibung des Geruchs unter der Voraussetzung der grafischen Darstellbarkeit den Schutzgegenstand mit der erforderlichen Klarheit, Eindeutigkeit und Objektivität darstellen konnte oder nicht.

In der *Sieckmann*-Entscheidung bejahte der EuGH das Fehlen der drei oben genannten Voraussetzungen, wenngleich auch ohne Begründung.[449] Der rechtlichen Würdigung des EuGH ist dennoch zuzustimmen. Bereits wegen der Vielfalt von existierenden Gerüchen und ihrer Komplexität kann daran gezweifelt werden, dass eine klare und eindeutige Geruchswiedergabe durch wörtliche Beschreibung erfolgen kann. Ein Kernproblem hierbei ist ein sprachliches. Dem Menschen fehlt es an Beschreibungsmöglichkeiten, insbesondere wenn er den Geruch ohne Objektbezug beschreiben möchte. Dies ist bei über einer Billion wahrnehmbarer Gerüche nicht verwunderlich. Geht man davon aus, dass eine Geruchsbeschreibung allein durch Adjektive möglich ist (*„balsamisch-fruchtig"*), würde dies einen großen Interpretations- und Assoziationsspielraum eröffnen, was im Widerspruch mit den Erfordernissen der Klarheit und Eindeutigkeit steht. Unabhängig davon fällt es Menschen ohnehin leichter, bei Geruchsbeschreibung auf ein anderes Objekt, dessen Geruch ihnen aus dem alltäglichen Leben bekannt ist, Bezug nehmen zu können. Bei einem solchen Vorgehen wird

---

447 Vgl. EuG GRUR Int. 2006, 134 (Rz. 33) – Odeur de fraise mûre; HABM, Ent. v. 11.02.1999, R-156/1998-3, – The smell of fresh cut grass; HABM, Ent. v. 05.12.2001, R-711/1999-3 – Der Duft von Himbeeren; *Isenberg*, S. 51 f.

448 *Bushdid/Magnasco/Vosshall/Keller*: http://science.sciencemag.org/content/343/6177/1370.full, zuletzt abgerufen am 28.03.2019; zuvor ist man davon ausgegangen, dass der Mensch fähig ist, bis zu 10.000 verschiedene Gerüche wahrzunehmen, vgl. hierzu auch PatG GRUR 2000, 1044, 1046 – Riechmarke.

449 EuGH GRUR 2003, 145, 149 (Rz. 70) – Sieckmann.

maßgeblich auf die starke Erinnerungswirkung von Gerüchen gesetzt.[450] Wegen der besonderen assoziativen Kraft von Gerüchen braucht es für die geruchliche Gewöhnung und Gewohnheitsbildung nur eine einzige Erfahrung, um permanent haften zu bleiben, sodass beim Menschen von einem außerordentlich ausgeprägten „Duftgedächtnis" gesprochen werden kann.[451] Aus biologischer Sicht lässt sich die starke Erinnerungswirkung von Gerüchen durch die enge Verbindung der Riechbahn mit dem limbischen System erklären.[452] Letztgenannte ist eine Funktionseinheit des Gehirns, die maßgeblich an der Regulation von Emotionen, Motivation, Aufmerksamkeit sowie Lern- und Gedächtnisprozessen beteiligt ist.[453] So können Menschen Gerüche, die sie als Kinder wahrgenommen haben, auch als Erwachsener wiedererkennen und bestimmten Situationen zuordnen. Als Beispiel wird hier häufig der Geruch von Babycreme bzw. Babykosmetik angeführt.[454] Eine ähnliche Erinnerungswirkung soll erreicht werden, wenn die Geruchsbeschreibung durch einen Objektbezug erfolgt. Ziel des Objektbezugs ist, dass der Verkehr sich den vom Objekt ausgehenden Geruch vor Augen führt und diesen Geruch auf den Schutzgegenstand überträgt. Die Beschreibung richtet sich somit in erster Linie an die Vorstellungskraft des Adressaten. Hierin liegt eine weitere Problematik der wörtlichen Geruchsbeschreibung. Sie setzt nämlich voraus, dass jeder Mensch das gleiche Geruchsempfinden hat. Es wird unterstellt, dass bei jedem Menschen der Geruch einer Blumenwiese, einer Erdbeere oder von Kaffee etc. dieselben geruchlichen Assoziationen auslöst. Tatsächlich aber wird die menschliche Geruchswahrnehmung maßgeblich von seinem individuellen, subjektiven Empfinden beeinflusst.[455] Es sind zwar durchaus Fälle denkbar, in denen die subjektiven Vorstellungsinhalte identisch sind, pauschalisiert werden kann dies jedoch keinesfalls. Vielmehr ist festzuhalten, dass sich gerade durch die subjektive Wahrnehmung ein Interpretationsspielraum eröffnet, der keine hinreichend eindeutig und verlässliche Information liefert. Folglich fehlt es einer Beschreibung mit Objektbezug an der erforderlichen Klarheit, Eindeutigkeit und vor allem der notwendigen

---

450 Vgl. *Isenberg*, S. 22; *Kutscha* S. 71; *Kischkel*, S. 20; *Vester*, S. 21.

451 *Knoblich*, Bruhn Hdb. Markenartikel Bd. II, 857; *Kutscha*, S. 71.

452 *Vester*, S. 21; *Hildebrandt*, MarkenR 2002, 1, 3; *Isenberg*, S. 22.

453 Brockhaus Enzyklopädie Online, limbisches System: https://brockhaus.de/ecs/enzy/article/limbisches-system, zuletzt abgerufen am 29.03.2019.

454 *Knoblich*, Bruhn Hdb. Markenartikel Bd. II, 857; *Kutscha*, S. 71; *Isenberg*, S. 22.

455 Vgl. *Sessinghaus*, WRP 2002, 650, 655; *Kutscha*, S. 76, 192 f; *Grabrucker*, MarkenR 2001, 95, 97.

Objektivität. Gerüche ließen sich somit nicht durch eine solche Beschreibung i.S.v. § 8 Abs. 1 MarkenG grafisch darstellen.

Fraglich ist, ob von diesem Grundsatz Ausnahmen für charakteristische, allseits bekannte Gerüche zuzulassen waren. So erkannte das HABM (nunmehr EUIPO) 1999 erstmalig die Eintragungsfähigkeit einer Geruchsmarke in der Entscheidung *Duft frisch geschnittenen Grases* an.[456] Es ging um die Eintragung des Geruchs von frisch geschnittenem Heu für Tennisbälle der Klasse 28. Die Zweite Beschwerdekammer führte in ihrer Begründung dazu aus, dass der streitgegenständliche Geruch, der von frisch geschnittenem Heu, ein charakteristischer Geruch sei, der von jedermann aufgrund seiner subjektiven Erfahrung sofort erkannt werden würde. Man verbinde damit angenehme Erfahrungen. Er wecke Assoziationen an den Frühling oder Sommer, gemähte Felder oder Spielfelder. Nach Auffassung der Beschwerdekammer genüge dies, um eine unmittelbare und unzweideutige Vorstellung der Marke zu erhalten.[457] Nach dieser Auffassung ließen sich prägnante Gerüche, von denen erwartet werden konnte, dass *jeder* eine bzw. dieselbe gedankliche Assoziation mit ihnen verbinde, durch eine wörtliche Beschreibung mit Objektbezug darstellen.

Bei weiten Teilen der Literatur stieß diese Auffassung auf Kritik.[458] Als problematisch wurde empfunden, dass sich die vom HABM vertretene Auffassung an einem subjektiven Empfinden orientiert und sich somit jeder objektiven Grundlage entzog.[459] Es wurde vorausgesetzt, dass jeder die gleichen Erfahrungen mit einem bestimmten Geruch gemacht haben muss, da ansonsten eine identische Assoziation nicht ausgelöst und auf die Beschreibung bzw. den Schutzgegenstand übertragen werden konnte.[460] Dies ist jedoch gerade wegen der individuellen Geruchswahrnehmung zweifelhaft. Darüber hinaus kritisierte die Literatur, dass nicht gewährleistet werden konnte, dass der Geruch von frisch geschnittenem Gras beständig sei. Es sei denkbar, dass angesichts unterschiedlicher Klimabedingungen, der Samenart oder wegen des Zeitpunkts des Schnitts der Duft variiere.[461] Die von der Literatur ins Feld geführten Kritikpunkte sind nachvollziehbar und überzeugen. Allein durch die verbale Beschreibung mit Objektbezug

456 HABM, Ent. v. 11.02.1999, R-156/1998-3, – The smell of fresh cut grass.

457 HABM, Ent. v. 11.02.1999, R-156/1998-3 (Rz. 34) – The smell of fresh cut grass.

458 Vgl. *Sessinghaus*, WRP 2002, 650, 654; *Kur*, MarkenR 2000, 1, 2; *Meister*, WRP 2000, 967, 970.

459 *Sessinghaus*, WRP 2002, 650, 654; vgl. auch *Meister*, WRP 2000, 967, 970.

460 *Sessinghaus*, WRP 2002, 650, 654.

461 *Meister*, WRP 2000, 967, 970.

ist nicht eindeutig, wo der Schutzbereich beginnt und endet. Anstatt der angestrebten Rechtssicherheit wird genügend Raum für Interpretationen gelassen. Dies führt dazu, dass eine hinreichend bestimmte Darstellung und damit einhergehend eine eindeutige Identifizierung des Schutzgegenstandes nicht möglich sind. – ein klarer Widerspruch zu dem mit der grafischen Darstellbarkeit verfolgten Zweck. Selbst wenn man unterstellt, dass die Mehrheit bzw. viele Personen bei dem Geruch von frisch geschnittenem Gras die gleichen, zumindest sehr ähnlichen Assoziationen haben, ändert dies nichts an der vorhergehenden rechtlichen Einschätzung. Die Differenzierung nach der Bekanntheit eines Geruchs ist in einem System, das Rechtssicherheit schaffen und garantieren soll, nicht zielführend. Es läge an der für die Eintragung zuständigen Behörde, zu entscheiden, wann eine solche allgemeine Bekanntheit vorliegt, um eine wörtliche Beschreibung als adäquate Darstellungsmethode ausreichen zu lassen und wann dies nicht der Fall ist. Im Ergebnis würde dies von dem Ziel der Rechtssicherheit wegführen, hin zu einer allein in dem Ermessen der Behörden stehenden Entscheidung. Nicht zuletzt deshalb, weil sich auch eine solche Behördeneinschätzung jeglicher objektiven Grundlagen entziehen würde.

Ungeachtet der Kritik bestätigte die Dritte Beschwerdekammer des HABM in der Entscheidung *Der Duft von Himbeeren* vom 05. Dezember 2001 die Rechtsansicht der Zweiten Beschwerdekammer und bejahte die grafische Darstellbarkeit eines Geruchs durch verbale Beschreibung. Die Eintragung des Geruchs scheiterte an dem Fehlen seiner Unterscheidungskraft.[462] Die Anmelderin begehrte die Eintragung einer Geruchsmarke für Brennstoffe, einschließlich Motorentreibstoffe, insb. Diesel als Heiz-, Brenn- und Kraftstoff der Klasse 4. Bei dem Geruch handelte es sich um den Duft von Himbeeren.[463] Im Hinblick auf seine grafische Darstellung durch verbale Beschreibung erachtete auch die Dritte Beschwerdekammer in Ausnahmefällen eine solche als ausreichend, wenn gewährleistet werden könne, dass der Duft klar, präzise und objektiv wiedergegeben werden könne.[464] Bei dem Duft von Himbeeren sei dies der Fall, da dieser nicht vage und ungenau und immer erkennbar sei. Allein schon wegen des Bezugs auf die Frucht, die seit Urzeiten gesammelt und kultiviert werde.[465] Die

462 HABM, Ent. v. 05.12.2001, R-711/1999-3 – Der Duft von Himbeeren.

463 HABM, Ent. v. 05.12.2001, R-711/1999-3 (Rz. 5) – Der Duft von Himbeeren.

464 HABM, Ent. v. 05.12.2001, R-711/1999-3 (Rz. 28) – Der Duft von Himbeeren; zu diesem Zeitpunkt war noch keine Entscheidung des EuGH zum Vorabentscheidungsverfahren *Sieckmann* ergangen, sondern ausschließlich die Schlussanträge des Generalsanwalts *Colomer*, auf die das HABM an der passenden Stelle Bezug nahm.

465 HABM, Ent. v. 05.12.2001, R-711/1999-3 (Rz. 29 f.) – Der Duft von Himbeeren.

Beschwerdekammer stellte damit ausdrücklich klar, dass es sich bei der Frage nach der Zulässigkeit der grafischen Darstellung von Gerüchen durch verbale Beschreibung stets um eine Einzelfallentscheidung handele. Dies verdeutlichte sie mit der Feststellung, dass – ihrer Ansicht nach – Geruchsmarken im Regelfall *nicht allein* durch eine verbale Beschreibung grafisch darstellbar waren, weil ein Geruch bzw. Duft i.d.R. aus mehreren chemischen Komponenten bestehe, sich verflüchtige und subjektiv unterschiedlich wahrgenommen werde.[466] Bei einzigartigen und v.a. reinen Gerüchen wie der Duft von Himbeeren müsse dies anders beurteilt werden. Bei solchen genüge eine wörtliche Beschreibung des Geruchs, da kein Raum für eine subjektive Auslegung bleibe.[467]

Die Entscheidung brachte wenig neue Erkenntnisse, bestätigte vielmehr die zuvor getroffene Rechtsauffassung. Erneut nahm das HABM eine Geruchsdifferenzierung im Zusammenhang mit der Zulässigkeit einer verbalen Beschreibung vor. Anders als die Zweite Beschwerdekammer in der Entscheidung *Duft frisch geschnittenen Grases,* stellte die Dritte Beschwerdekammer in der jüngeren Entscheidung für die Differenzierung nicht darauf ab, ob es sich um einen charakteristischen Geruch handelt, den jeder kennt. Sie unterschied zwischen dem Vorliegen von reinen, einzigartigen Gerüchen und allen anderen. Im Ergebnis fußt die Begründung dennoch auf derselben Argumentationslinie, verwendet werden lediglich unterschiedliche Umschreibungen. In beiden Fällen kommt es darauf an, ob davon ausgegangen werden kann, dass der Verkehr den Geruch eindeutig erkennt. Während die Dritte Beschwerdekammer einen solchen wiedererkennbaren Duft mit dem Wort „charakteristisch" umschreibt, wählte die zweite Beschwerdekammer die Formulierung „rein und einzigartig". Angesichts derselben Argumentation kommen auch hier die oben aufgeführten Gründe gegen die Zulässigkeit einer wörtlichen Beschreibung zum Tragen, welche bereits im Zusammenhang mit der Entscheidung *Duft frisch geschnittenen Grases* erörtert wurden. Ausnahmen hinsichtlich einer Darstellung von (vermeintlich) bekannten Gerüchen sind daher nicht zuzulassen. Dies hätte den registerrechtlichen Bestimmtheitsgrundsatz unterlaufen.

Diese Ansicht teilte auch das EuG in *Odeur de fraise mûre*[468] im Jahr 2005. Mit der Entscheidung bestätigte das EuG die Ansicht des EuGH in der drei Jahre älteren *Sieckmann*-Entscheidung. Nach Ansicht des EuG konnte eine wörtliche Beschreibung nicht die Anforderungen an eine grafische Darstellung erfüllen.[469]

---

466 HABM, Ent. v. 05.12.2001, R-711/1999-3 (Rz. 28) – Der Duft von Himbeeren.

467 HABM, Ent. v. 05.12.2001, R-711/1999-3 (Rz. 30) – Der Duft von Himbeeren.

468 EuG GRUR Int. 2006, 134 – Odeur de fraise mûre.

469 EuG GRUR Int. 2006, 134, 135 (Rz. 33) – Odeur de fraise mûre.

Der EuG konkretisierte in *Odeur de fraise mûre*, dass die verbale Beschreibung „*der Duft reifer Erdbeeren*" keine eindeutige und präzise Darstellung des Schutzgegenstandes sicherstelle.[470] Dennoch äußerte sich das EuG dahin gehend, dass es nicht gänzlich ausgeschlossen sei, dass eine Beschreibung der Geruchsmarke alle Voraussetzung der grafischen Darstellung erfüllen könne.[471] Nach Ansicht des EuG war somit erneut der konkrete Einzelfall entscheidend. Das EuG ließ jedoch unbeantwortet, welche Anforderungen die wörtliche Beschreibung hierfür erfüllen müsste. In der streitgegenständlichen Entscheidung beschrieb der Anmelder die Geruchsmarke mit den Worten „*odeur de fraise mûre*" (Duft reifer Erdbeeren) und fügte dieser die Farbabbildung einer Erdbeere bei. Er begehrte Schutz für verschiedene Waren der Klassen 3, 16, 18 und 25. Nach Ansicht des EuG reichte die wörtliche Beschreibung im konkreten Fall nicht aus, um eine eindeutige Identifizierung des Schutzgegenstandes zu ermöglichen.[472] Der Duft einer reifen Erdbeere unterscheide sich je nach Sorte.[473] Dies stehe im Widerspruch zu einer eindeutigen und präzisen Wiedergabe stehe, da nicht alle subjektiven Elemente bei der Erkennung und Wahrnehmung des angemeldeten Zeichens ausgeschlossen werden können.[474] Daran ändere auch die Farbabbildung einer Erdbeere nichts, weil diese Darstellung ebenfalls nicht dem Erfordernis der grafischen Darstellbarkeit Rechnung trage.[475] Die Kombination zweier ungenügender Darstellungsformen komme ebenfalls nicht als zulässige grafische Darstellung in Betracht.[476]

Erfolgt die Geruchsbeschreibung ohne Objektbezug sondern ausschließlich durch Adjektive, ist ebenfalls davon auszugehen, dass die wörtliche Beschreibung die Anforderungen an die grafische Darstellung nicht erfüllte. Einer solche Beschreibung fehlte es in gleichem Maße an der geforderten Klarheit, Eindeutigkeit und Objektivität. Auch hier würde auf die subjektive Erinnerungswirkung vertraut werden. Der Bereich möglicher Assoziationen wäre sogar weiter, als es bei einer Darstellung mit Objektbezug der Fall ist. Grund hierfür ist, dass der

---

470 EuG GRUR Int. 2006, 134, 135 (Rz. 33) – Odeur de fraise mûre.

471 EuG GRUR Int. 2006, 134, 135 (Rz. 28) – Odeur de fraise mûre.

472 EuG GRUR Int. 2006, 134, 135 (Rz. 33) – Odeur de fraise mûre.

473 EuG GRUR Int. 2006, 134, 135 (Rz. 33) – Odeur de fraise mûre.

474 EuG GRUR Int. 2006, 134, 135 (Rz. 33) – Odeur de fraise mûre.

475 EuG GRUR Int. 2006, 134, 136 (Rz. 45) – Odeur de fraise mûre; hinsichtlich der Feststellung, dass Erdbeeren je nach Sorte unterschiedlich duften, kann der Schutzgegenstand durch die Abbildung einer Erdbeere ohne Sortenbeschreibung nicht klar und eindeutig identifiziert werden, siehe Rz. 41.

476 EuG GRUR Int. 2006, 134, 136 (Rz. 45) – Odeur de fraise mûre.

Verkehr bei Adjektiven wie „balsamisch“ oder „fruchtig“ ein weniger konkretes und eindeutiges Bild vor Augen hat. Ein Missverhältnis zwischen Vorstellung und Schutzgegenstand kann daher nicht zweifelsfrei ausgeschlossen werden. Daher stellt auch eine Beschreibung des Geruchseindruckes durch Adjektive keine eindeutige Zeichendarstellung sicher.

In der Gesamtschau lässt sich somit festhalten, dass sich Geruchsmarken durch eine wörtliche Beschreibung nicht i.S.v. § 8 Abs. 1 MarkenG a.F. grafisch darstellen ließen. Einer solchen – unabhängig davon, ob sie mit oder ohne Objektbezug erfolgte – fehlte es an der geforderten Klarheit, Eindeutigkeit und Objektivität. Selbst wenn man davon ausgehen würde, dass ein olfaktorisches Zeichen durch einen, dem Verkehr alltäglich bekannten Geruch beschrieben werden könnte, müsste die Behörde eine Geruchsdifferenzierung dahin gehend vornehmen, ob es sich tatsächlich um einen allseits bekannten Geruch handelt oder nicht. Diese Methode ist insbesondere bei Grenzfällen problematisch, da sich die behördliche Einschätzung jeder objektiven Grundlage entzieht. Daher konnten auch (vermeintlich) charakteristische Gerüche nicht im Einklang mit den rechtlichen Vorgaben grafisch dargestellt werden. In diesem Zusammenhang ist jedoch auch zu berücksichtigen, dass das EuG die grafische Darstellbarkeit von Geruchsmarken durch verbale Beschreibung nicht pauschal verneint hat, sondern ihr Vorliegen anhand des konkreten Einzelfalles zu entscheiden war.[477] Wegen obiger Ausführungen ist jedoch zweifelhaft, ob dies überhaupt möglich war.

(b) Beschreibung eines Geruchs durch ein Klassifikationssystem

Eine weitere Möglichkeit, Gerüche grafisch darzustellen, ist ihre Klassifizierung durch ein Klassifikationssystem. Hierbei handelt es sich um eine besondere Form der wörtlichen Beschreibung. Bei Farben sind Klassifikationssysteme sowohl auf nationaler, als auch auf internationaler Ebene anerkannt. Zudem erkennt sie auch die Rechtsprechung – zumindest für Farben – als adäquate Darstellungsmethode an.[478] Daher sollte diese Darstellungsmethode auch für Gerüche in Betracht gezogen werden. Anders als bei Farben ist jedoch, dass Menschen schon immer Schwierigkeiten hatten, für Gerüche die passenden Worte zu finden.[479]

---

477 EuG GRUR Int. 2006, 134, 135 (Rz. 28) – Odeur de fraise mûre.

478 Siehe z.B. EuGH GRUR 2003, 604, 608 (Rz. 68) – Libertel; GRUR 2004, 858 – Heidelberger Bauchemie; EuG BeckRS 2017, 133166 (verbundene Rechtssachen) (Rz. 58); BGH GRUR 2007, 55 – Farbmarke grün/gelb II; BPatG GRUR 2009, 157 – Farbkombination orange/schwarz IV; BeckRS 2007, 08028 – braun abstrakte Farbmarke.

479 *Rengshausen*, S. 41.

Dies ist auf das vergleichsweise beschränkte Vokabular in Bezug auf Gerüche zurückzuführen, insbesondere wenn der Geruch ohne Objektbezug beschrieben werden soll.[480]

Ansätze in Richtung Kategorisierung von Gerüchen gehen bis in die Antike zurück. Der Philosoph Aristoteles (385 v. Chr.) unterschied zwischen sechs Stoffgruppen (stechend / süß / herb / ölig / bitter / scharf) und schuf damit das erste bekannte Klassifikationssystem für Riechstoffe.[481] Über die Jahrhunderte entwickelten Wissenschaftler stets neue Klassifizierungssysteme, die jeweils eine unterschiedliche Anzahl an Gruppen umfassten[482], bis hin zu einem von *Henning* (1915) entwickelten Geruchsprisma – ein Modell in Form eines Prismas, dessen Ecken die Basisgerüche blumig, fruchtig, faulig, würzig, brenzlich und harzig darstellten.[483] Ein heute noch häufig verwendetes Klassifikationssystem ist das von *John E. Amoore*. Er entwickelte 1977 ein System, dass zwischen den sieben Primärgerüchen campherartig, moschusartig, blumig, minzig, ätherisch, stechend und faulig unterscheidet und aus deren Mischung alle übrigen Gerüche erzeugt werden können.[484] Hinzu kommen die von Parfumeuren entwickelten speziell für Parfume geltende, teilweise sehr differenzierte Klassifikationssysteme.[485] Allein diese Ausführungen zeigen, dass eine Fülle an Versuchen unternommen wurden, die Komplexität von Gerüchen in eine möglichst allgemeingültige, abstrakte Form zu bringen. Dennoch existiert, im Gegensatz zur Klassifizierung von Farben, kein (international) anerkanntes

480 *Rengshausen*, S. 41.

481 *Rempel*, S. 104; *Isenberg*, S. 48.

482 So etwa das System von *Linné* (18. Jhr.), das aus sieben Teilklassen besteht (aromatische Gerüche, wohlriechende Gerüche, ambrosische Gerüche, knoblauchhafte/lauchartige Gerüche, schweißige/böckelnde Gerüche, faulige Gerüche, Übelkeit erregende Gerüche); das System von *Zwaardermarkers* (19. Jhr.), das im weitesten Sinne das System von *Linné* ergänzt und aus neun Klassen besteht (ätherische Gerüche, aromatische Gerüche, balsamische Gerüche, ambrosische/moschusartige Gerüche, knoblauchartige/lauchartige Gerüche, brenzliche/angenehm verbrannte Geruche, schweißige Geruche, faulige Gerüche, Übelkeit erregende Gerüche); das System von *Crocker-Henderson* (1927), das nur vier Klassen unterscheidet (duftend, sauer, brenzlich, schweißig/böckelnd), die in jedem Geruchsstoff vorhanden sind und nach ihrer Hauptqualität eingeteilt werden; nähre Erläuterungen hierzu *Gschwind*, S. 31 ff.

483 *Gschwind*, S. 34 f.; *Rempel*, S. 104 f., *Rempel* weist ferner darauf hin, dass das Geruchsprisma in der Literatur auf Kritik gestoßen ist (m.w.N.), da es nicht möglich war, alle Düfte unter die vorgeschlagenen Kategorien zu subsumieren.

484 *Rempel*, S. 105; *Isenberg*, S. 49.

485 *Gschwind*, S. 37 ff. mit weiteren Ausführungen.

Klassifikationssystem.[486] Dies ist auf mehrere Faktoren zurückzuführen: Anders als bei der optischen Wahrnehmung basiert die olfaktorische Wahrnehmung auf chemischen Molekülen bzw. Reizen und nicht auf einem chemischen oder physikalischen Maß wie etwa der Wellenlänge des Lichts für das Sehen, die die Grundlage dieser Wahrnehmung bildet.[487] Dies erschwert die Klassifizierung von Gerüchen maßgeblich. Darüber hinaus spielt bei der Geruchswahrnehmung die persönliche Erfahrung und mit ihr einhergehend die subjektive Wahrnehmung eine entscheidende Rolle.[488] Obwohl man um Objektivität bemüht sein mag, ist eine Klassifizierung von Gerüchen stets von individuell unterschiedlichen Empfindungen geprägt. Im Zusammenhang mit dem Erfordernis der grafischen Darstellbarkeit stellte sich daher die Frage, ob überhaupt eine Darstellung durch Geruchsklassifikationssystem den Anforderungen von § 8 Abs. 1 MarkenG a.F. genügen konnte. Eine solche Darstellung musste insbesondere sicherstellen, dass der Geruch klar, eindeutig und objektiv identifizierbar wiedergegeben wurde. Bereits wegen der Subjektivität der Geruchswahrnehmung wird das Vorliegen einer objektiven Darstellung des Geruchs zu verneinen sein. Dass eine objektive Geruchsdarstellung nicht möglich ist, verdeutlicht auch das nachfolgende Beispiel, anhand dessen *Gschwind* konkret die Problematik der Parfumduft-Klassifikation darstellt.[489] So wird der Duft des weltweit bekannte Parfums Chanel N° 5 von verschiedenen Parfumeuren unterschiedlich klassifiziert. Als Beispiel sind die Parfumeure *Haarman & Reimer* zu nennen, die den Duft als *„blumig, aldehydig"* beschrieben, *Quest International* beschreiben ihn als *„aldehydig, blumig, holzig"*, *Firmenrich S.A.* als *„blumig, aldehydig, amber"* und *Givaudan* ausschließlich als *„aldehydig"*.[490] Erneut unterstreicht dieses Beispiel die Komplexität von Gerüchen und belegt die Schwierigkeiten hinsichtlich ihrer Klassifizierung. Auch ohne (vertiefte) Kenntnisse der Feinheiten der einzelnen Klassifikationssysteme[491] ist auf den ersten Blick erkennbar, dass sich die Einordnung desselben Dufts trotz Übereinstimmungen (*„aldehydig"*) voneinander unterscheidet. Dies spiegelt auch das Hauptproblem der Klassifikationssysteme

486 Vgl. *Harper/Bate Smith/Land*, S. 114; siehe auch *Rempel*, S. 104 *Knoblich/Scharf/Schubert, S. 21; Schilling*, S. 115.

487 *Rempel*, S. 104.

488 Siehe zur Erinnerungswirkung von Gerüchen *Isenberg*, S. 22; *Kutscha* S. 71; *Kischkel*, S. 20; *Vester*, S. 21

489 *Gschwind*, S. 48.

490 *Gschwind*, S. 48.

491 Ausführliche Informationen zu den Parfumklassifikationen verschiedener Parfumeure, siehe *Gschwind*, S. 37 ff.

bei Gerüchen wieder, nämlich dass die Geruchswahrnehmung eine subjektive Empfindung ist. Wie auch schon *Gschwind* richtigerweise erkannt hat, sind Klassifikationssysteme daher nichts anderes als „subjektive Sprachspiele der Parfumeure".[492] Nun könnte man argumentieren, dass es dennoch möglich sein muss, ein einheitliches Klassifizierungssystem als objektive Einteilungsgrundlage zu entwickeln, welches eine klare, eindeutige und objektive Geruchsdarstellung erlaubt. Allein wegen der Vielfalt vorhandener Gerüche und der menschlichen Fähigkeit, bis zu eine Billion Gerüche zu unterscheiden, erscheint dies jedoch als eine unerreichbare Aufgabe. Ein Klassifikationssystem eignete sich daher ebenfalls nicht zur grafischen Darstellung von Gerüchen im Sinne von § 8 Abs. 1 MarkenG a.F.

(c) Abbildung des den Duft verströmenden Objekts

Wie bereits kurz in dem Abschnitt zur wörtlichen Beschreibung des olfaktorischen Eindrucks erwähnt, kam als Hilfsmittel für die grafische Darstellung einer Geruchsmarke die Abbildung des den Duft verströmenden Objekts in Betracht. Fraglich ist jedoch, ob eine solche Darstellung die vormals bestehenden rechtlichen Anforderungen i.S.v. § 8 Abs. 1 MarkenG a.F. erfüllen vermochte. Das EuG erachtete eine solche Darstellungsform in Zusammenhang mit Geruchsmarken als nicht zulässig. Es führte aus, dass die grafische Darstellung den Schutzgegenstand – also den Duft als solches – darstellen muss, nicht aber die Ware, die ihn verströmt.[493] Damit griff das EuG einen Gedankengang des EuGH auf, mit dem der EuGH die Zulässigkeit einer chemischen Formel als adäquate Darstellungsmethode für Geruchsmarken verneinte.[494] Im Ergebnis ist die ablehnende Ansicht hinsichtlich dieser Darstellungsmethode sachgerecht.

Um anhand der Darstellung des den Duft verströmenden Objekts überhaupt eine Vorstellung des Schutzgegenstandes – dem Geruch selbst – zu erhalten, muss zunächst eine gedankliche Verknüpfung zwischen der Abbildung und dem „üblichen" Geruch erfolgen. An dieser Stelle ist jedoch nicht sichergestellt, dass bei den Verkehrskreisen stets identische Assoziationen hervorgerufen werden. Wie bereits erwähnt, ist die Geruchswahrnehmung maßgeblich von dem gedanklichen Erinnerungsbild einer Person und ihrer subjektiven Wahrnehmung geprägt. Eine solche Darstellung entzog sich daher der erforderlichen Objektivität. Dass mittelbare grafische Darstellungsmethoden auch auf

---

492 *Gschwind*, S. 37.

493 EuG MarkenR 2005, 536, 540 (Rz. 40) – Odeur de fraise mûre.

494 Siehe EuGH GRUR 2003, 145, 149 (Rz. 96) – Sieckmann.

objektiven Grundlagen beruhen können, bestätigt die Darstellung einer Hörmarke durch Notenschrift (sofern diese vollständig ist) oder die Angabe einer Farbe durch ein Klassifikationssystem. Beide Darstellungsmethoden geben den Schutzgegenstand ohne weitergehende gedankliche Assoziationen präzise wieder. So kann der Verkehr beispielsweise einen RAL- oder Pantone-Farbcode nachschlagen und kommt zu einem eindeutigen Ergebnis, wie die geschützte Farbmarke aussieht, ohne sich weitergehende Gedanken über den Schutzgegenstand machen zu müssen. Gleiches gilt für die Darstellung der Hörmarke mittels einer vollständigen Notenschrift. Wird die Tonfolge durch das Bespielen des jeweiligen Instrumentes umgesetzt, bedarf es ebenfalls keiner weitergehenden gedanklichen Anstrengungen. Dies ist nur möglich, wenn der Interpretationsspielraum auf ein Minimum reduziert wird, um den Schutzgegenstand klar und eindeutig bestimmen zu können. Allein die Abbildung des den Duft verströmenden Objektes stellt dies jedoch nicht sicher. Zudem ist zu berücksichtigen, dass sich diese Darstellungsmethode nicht als Darstellungsmittel für komplexere, objektunabhängige Gerüche eignet; ebenso wenig für Gerüche, für die mehrere Abbildungen infrage kommen. Dies führt dazu, dass diese Darstellungsmethode *per se* nur auf einen sehr begrenzten Bereich anwendbar wäre.[495]

Insgesamt ist somit festhalten, dass die Abbildung des den Duft verströmenden Objekts ebenfalls nicht als taugliches Darstellungsmittel i.S.v. § 8 Abs. 1 MarkenG a.F. in Betracht kam.

(d) Angabe eines Kochrezepts

Mit der wohl kreativsten Idee, wie ein Geruch mittelbar grafisch dargestellt werden kann, musste sich das Schweizer Bundesverwaltungsgericht (BVGer) im Jahr 2011 auseinandersetzen. In dem Verfahren ging es um die Frage, ob eine Geruchsmarke, der Duft von gebrannten Mandeln, für Waren der Klassen 14, 28 und 35 eintragungsfähig war.[496] Um dem Erfordernis der grafischen Darstellbarkeit zu genügen, reichte der Markenanmelder ein detailliertes Kochrezept für die Herstellung von gebrannten Mandeln ein, wobei im Fokus die Erzeugung des Dufts solcher Mandeln stand. Die Idee dahinter war vermutlich, dass ein Rezept sicherstellen soll, dass bei seiner strikten Befolgung stets der gleiche Geschmack/Geruch erzeugt wird.

Neben den Zutaten und der Zubereitungsart enthielt das Rezept detaillierte Angaben zu den räumlichen Gegebenheiten. So heißt es einleitend, dass die

495 *Isenberg*, S. 52.

496 BVGer, Urt. v. 23.05.2011, Az.: B 4818/2010 – Duft von gebrannten Mandeln.

Zubereitung in einer vorab frisch gelüfteten Chromstahlküche erfolgt, in der weder Fenster noch die Tür geöffnet sind und auch sonst keine andere Luftzufuhr eingeschaltet ist, sodass die Raumtemperatur bei 20 °C liegt.[497] Darüber hinaus wurden auch die verwendeten Zutaten in ihren benötigten Mengen exakt angegeben, wie nachfolgende Beispiele zeigen: „1/8 Liter Schweizer Trinkwasser", „1 Messerspitze (0,5 Gramm) Vanillezucker (feiner weißer Zucker mit Vanillin-Aroma ($C_8H_8O_3$))" oder „200 g kalifornische Nonpareil-Mandeln".[498] Ebenso präzise wird die Zubereitung beschrieben, bevor zum Schluss klargestellt wird, dass der relevante Duft „unmittelbar nach Abschluss des Zubereitungsverfahrens" zu riechen ist.[499] Mit Verweis auf die *Sieckmann*-Entscheidung des EuGH versagte das BVGer der Geruchsmarke die Eintragung in das Schweizer Markenregister. Nach Auffassung des BVGer lasse sich ein bestimmter Duft nicht durch die Angabe eines Kochrezepts präzise und objektiv darstellen.[500] Das BVGer führte in seiner Entscheidungsbegründung ausführlich aus, weshalb selbst ein detailliertes Kochrezept wie im vorliegenden Fall mit Unklarheiten behaftet sei, die Auswirkungen auf das Resultat, d.h. den „Duft von gebrannten Mandeln" haben können.[501] So habe man z.B. keinen Einfluss auf den Geschmack und Duft von Naturprodukten (wie z.B. der Mandeln). Außerdem können Fremdaromen, die in der Küche oder der Bratpfanne haften das Resultat beeinflussen, oder aber die Messung der erforderlichen Kochtemperatur könne Schwierigkeiten bereiten, da diese innerhalb der Pfanne große Schwankungen aufweisen kann.[502] Zuletzt leide die Objektivität darunter, dass mit der produzierenden Person eine menschliche Komponente ins Spiel käme, die vom Markeninhaber nicht beeinflusst werden könne. Die persönlichen Vorkenntnisse und Kochkünste hätten jedoch ebenfalls Einfluss auf das Resultat.[503]

---

497 Siehe hierzu: Registerauszug zur Markenanmeldung Gesuch Nr. 63982/2007 des Schweizer Markenregisters, abrufbar unter: https://www.swissreg.ch/srclient/faces/jsp/trademark/sr30.jsp, zuletzt abgerufen am 13. September 2019.

498 Siehe hierzu: Registerauszug zur Markenanmeldung Gesuch Nr. 63982/2007 des Schweizer Markenregisters, abrufbar unter: https://www.swissreg.ch/srclient/faces/jsp/trademark/sr30.jsp, zuletzt abgerufen am 13. September 2019.

499 Siehe hierzu: Registerauszug zur Markenanmeldung Gesuch Nr. 63982/2007 des Schweizer Markenregisters, abrufbar unter: https://www.swissreg.ch/srclient/faces/jsp/trademark/sr30.jsp, zuletzt abgerufen am 13. September 2019.

500 BVGer, Urt. v. 23.05.2011, Az.: B 4818/2010, Rz. 6.3.2 – Duft von gebrannten Mandeln.

501 Siehe hierzu BVGer, Urt. v. 23.05.2011, Az.: B 4818/2010, Rz. 6.3.2 – Duft von gebrannten Mandeln.

502 BVGer, Urt. v. 23.05.2011, Az.: B 4818/2010, Rz. 6.3.2 – Duft von gebrannten Mandeln.

503 BVGer, Urt. v. 23.05.2011, Az.: B 4818/2010, Rz. 6.3.2 – Duft von gebrannten Mandeln.

In der Gesamtschau hat das BVGer zu Recht entschieden, dass selbst die Angabe eines detailliertes Kochrezept nicht den Anforderungen an eine grafische Darstellung genügte. Die in der Schweizer Entscheidung getroffenen Feststellungen entsprechen dem deutschen Rechtsverständnis, sodass davon auszugehen ist, dass auch ein deutsches Gericht bei der Beurteilung desselben Sachverhalts zu keinem anderen Ergebnis gekommen wäre. Auch wenn man dieser Darstellungsmethode nicht ihre Kreativität absprechen kann, lässt sich eine Geruchsmarke durch ein Kochrezept nicht mit der erforderlichen Klarheit, Eindeutigkeit und Objektivität wiedergeben. Wie das BVGer detailliert ausgeführt hat, ist das Resultat des Kochvorganges und damit einhergehend auch der erzeugte Geruch von zu vielen unbeeinflussbaren Faktoren abhängig, die einer rechtssicheren Zeichendarstellung entgegenstehen. Zudem ist zu berücksichtigen, dass sich diese Methode nicht als Darstellungsmittel für alle Gerüche eignet, sondern nur für solche, die sich durch einen Koch- bzw. Backvorgang erzeugen lassen.

Im Ergebnis ist somit festhalten, dass die Angabe eines Kochrezepts auch nach deutschem Recht nicht als taugliches Darstellungsmittel i.S.v. § 8 Abs. 1 MarkenG a.F. in Betracht kam.

(e) Angabe der Analyseergebnisse von elektronischen Nasen

Zur objektiven Messung von Geruchsstoffen können elektronische Messgeräte zum Einsatz kommen, die dem menschlichen Riechsystem nachempfunden sind.[504] Sie heißen elektronische Nasen bzw. Olfaktometer.[505] Olfaktometer bzw. elektronische Nasen sind Messgeräte zur Messung und Analyse von Gasen und Gasgemischen in der Luft. Vereinfacht gesprochen setzen sie sich aus drei Komponenten zusammen: dem Zuführsystem für Gase, einem Sensoren-Feld (*Sensor-Array*) und der Technologie zur Datenerfassung, der sog. Mustererkennung.[506] Die gasförmige Geruchsprobe wird zunächst am sog. *Sensor-Array* registriert, welches mit Sensoren ausgestattet ist. Es ist das Herzstück elektronischer Nasen.[507] Wegen ihrer Funktion werden die Sensoren bzw. das *Sensor-Array* auch als das technische Pendant zu den menschlichen Riechzellen bezeichnet.[508] Indem sich am *Sensor-Array* die von den verschiedenen Sensoren empfangenen Signale überlagern, entsteht ein für jedes Gasgemisch spezifisches Muster

---

504 *Sessinghaus*, WRP 2002, S. 650, 655; *Schilling*, S. 132; *Fröhlich*, S. 104.
505 *Rengshausen*, S. 34.
506 *Benthin*, S. 20.
507 *Rengshausen*, S. 34; *Sessinghaus*, WRP 2002, S. 650, 655; *Schilling*, S. 132.
508 Vgl. *Schilling*, S. 132; *Fröhlich*, S. 104.

(*Pattern*), anhand dessen die registrierten Gase klassifiziert werden können.[509] Das spezifische Muster ermöglicht es, das Gasgemisch bzw. den Geruch einer vorher definierten Klasse (*Cluster*) zuzuordnen.[510] Die gewonnenen Analyseergebnisse lassen sich anschließend durch mathematische Überlegungen und analytische Datenverarbeitung in verschiedenen Diagrammtypen darstellen.[511] Für die Geruchsanalyse eignet sich zur Darstellung insbesondere das sog. Netzdiagramm (*Spider Web)*.[512] Bei einem Netzdiagramm symbolisiert der Abstand zum Zentrum die Stärke der Sensorsignale, wodurch der visuelle Gesamteindruck der Messergebnisse auf schnelle Weise generiert werden kann.[513] Äußerst zweifelhaft ist jedoch, ob solche Diagramme den vom EuGH aufgestellten *Sieckmann*-Kriterien genügen und somit als taugliches grafisches Darstellungsmittel i.S.v. § 8 Abs. 1 MarkenG a.F. in Betracht kamen.

Auch wenn elektronische Nasen dem menschlichen Geruchssinn nachempfunden sind,[514] fällt bei genauer Betrachtung auf, dass zwischen beiden Riechsystemen mehr Unterschiede als Gemeinsamkeiten bestehen. Ein zentraler Unterschied ist, dass elektronische Nasen zur Geruchserkennung vorab auf die entsprechenden Geruchsstoffe programmiert werden müssen.[515] Dies führt zum einen dazu, dass sie nur in Abhängigkeit der Fülle der Eingabewerte – mit denen sie vorab trainiert wurden – eine unterschiedliche Anzahl an Gerüchen erkennen und zuordnen können.[516] Zum anderen lassen sich die Auswertungen zweier elektronischer Nasen nicht unbedenklich miteinander vergleichen, da ihre jeweilige Programmierung einen starken Einfluss auf die Analyseergebnisse hat.[517] Vorteil ihrer Messergebnisse ist, dass sie ausschließlich auf objektiven Komponenten beruhen und daher losgelöst von subjektiven Faktoren sind.[518] Die Tagesform der riechenden Person oder ihre subjektive Erinnerungswirkung

---

509 *Schilling*, S. 132; *Sessinghaus*, WRP 2002, S. 650, 655; *Fröhlich*, S. 104.

510 *Sessinghaus*, WRP 2002, S. 650, 655; *Fröhlich*, S. 104; *Schilling*, S. 21; *Rengshausen*, S. 35, *Rengshausen* konkretisiert, dass hierzu Mustererkennungssysteme oder Netzwerkanalysen eingesetzt werden.

511 *Schilling*, S. 132; *Sessinghaus*, WRP 2002, S. 650, 655; *Fröhlich*, S. 104.

512 *Schilling*, S. 132; *Rengshausen*, S. 35, *Sessinghaus*, WRP 2002, S. 650, 655.

513 *Rengshausen*, S. 35 mit Verweis auf *Neugebauer*, DRAGOCO Report 1998, Heft 6, 257, 259; *Schilling*, S. 132; *Sessinghaus*, WRP 2002, 650, 655.

514 *Rengshausen*, S. 34.

515 *Sessinghaus*, WRP 2002, S. 650, 655; *Schilling*, S. 133.

516 *Eberhardt*, S. 91.

517 *Sessinghaus*, WRP 2002, S. 650, 655, *Schilling* S. 133.

518 *Isenberg*, S. 55; *Sessinghaus*, WRP 2002, 650, 655.

spielen hier keine Rolle.[519] Zudem tritt bei elektronischen Nasen keine olfaktorische Adaption auf, die sich bei Menschen nach einem gewissen Zeitraum einstellt, wenn sie mit demselben Geruch länger in Berührung kommen.[520] Das menschliche Gehirn nimmt diesen Geruch dann nicht mehr wahr bzw. kann den Geruch nicht mehr reproduzieren. Zumindest solange nicht, solange der Raum, in dem der Geruch wahrgenommen wurde, nicht verlassen wurde, um bewusst oder unbewusst etwas Neues zu riechen und ihn anschließend wieder zu betreten. Elektronischen Nasen ist eine solche Gewöhnung fremd. Sie nehmen jederzeit alle Gerüche auf. Ihr Potenzial hinsichtlich der Geruchsmessung reicht sogar so weit, dass sie auch Geruchsstoffe messen können, die unterhalb der menschlichen Wahrnehmungsschwelle liegen.[521]

Dennoch ist in der Gesamtschau fraglich, ob ihre Analyseergebnisse ein geeignetes Hilfsmittel waren, einen Geruch i.S.v. § 8 Abs. 1 MarkenG a.F. hinreichend konkret darzustellen. Weder europäische noch nationale Gerichte bzw. Markenämter mussten sich mit dieser Frage beschäftigen. Die Literatur hat diesbezüglich weitestgehend eine ablehnende Haltung eingenommen.[522] Es wird kritisiert, dass der Einsatz von elektronischen Nasen nicht die Identifizierbarkeit des Schutzgegenstandes zulasse, sodass dem registerrechtlichen Bestimmtheitsgebot nicht entsprochen werde.[523] Darüber hinaus liegen den Analyseergebnissen keine objektiven, allgemeingültigen Kriterien zugrunde. Daher könne eine Vergleichbarkeit unterschiedlicher Geruchsmarken ebenfalls nicht gesichert werden.[524] Zudem sei die Tauglichkeit des gewonnenen Analyseergebnisses in Kollisionsverfahren äußerst fraglich. Das geruchhaltige Gas müsste anhand der Grafik reproduziert werden, wofür stets das richtige Sensormaterial zum Einsatz kommen müsste. Ein solcher Aufwand erscheine unverhältnismäßig.[525]

---

519 *Isenberg*, S. 55; *Sessinghaus*, WRP 2002, 650, 655.

520 *Sessinghaus*, WRP 2002, S. 650, 655.

521 *Schilling*, S. 133; so auch *Rengshausen*, wobei er darauf hinweist, dass dies abhängig sei von der jeweiligen flüchtigen Substanz. So werde Hexanol, das u.a. für den Duft frisch geschnittenen Grases verantwortlich ist, von der menschlichen Nase empfindlicher wahrgenommen, als von einer elektronischen Nase, Pentan hingegen werde von der menschlichen Nase erst in relativ hoher Konzentration erkannt, anders hingegen von einer elektronischen Nase, siehe *Rengshausen*, S. 35.

522 *Isenberg*, S. 55; *Sessinghaus*, WRP 2002, S. 650,655; a.A.: *Rengshausen*, S. 113.

523 *Sessinghaus*, WRP 2002, 650, 656.

524 *Sessinghaus*, WRP 2002, 650, 656.

525 *Schilling*, S. 135.

Der ablehnenden Haltung ist zuzustimmen. Die durch den Einsatz einer elektronischen Nase gewonnenen Diagramme stellten demnach kein adäquates Mittel für eine grafische Darstellung von Geruchsmarken i.S.v. § 8 Abs. 1 MarkenG a.F. dar. Angesichts ihrer Fähigkeit, auch Gerüche zu registrieren und darzustellen, die sich der menschlichen Geruchswahrnehmung entziehen, eignet sich das Analyseergebnis nicht, den Geruch bzw. Schutzgegenstand einer Geruchsmarke zuverlässig zu bestimmen. Anstatt nur die wesentlichen Komponenten – nämlich die, die der menschlichen Wahrnehmung unterliegen – darzustellen, enthält das Analyseergebnis zusätzliche Informationen. Aus diesem Grund gibt die grafische Darstellung nicht nur den Schutzgegenstand wieder, sondern weitere Daten, die einer zuverlässigen und eindeutigen Bestimmbarkeit des Schutzgegenstandes entgegenstehen. Einem solchem Analyseergebnis fehlt es daher an der erforderlichen Eindeutigkeit und Klarheit. Ferner ist fraglich, ob ein solches Diagramm das Erfordernis der Verständlichkeit erfüllt. Hierfür ist von entscheidender Bedeutung, auf welchen Adressatenkreis abgestellt wird. Für den Verkehr ohne fachliche Vorkenntnisse wird dies nur schwierig bis überhaupt nicht möglich sein. Nach der hier vertretenen Ansicht kann der Allgemeinheit aber zugemutet werden, sich an eine fachkundige Person zu wenden, um ein konkretes Bild der Marke zu erhalten.[526] Bei der Auswertung des Diagramms werden jedoch auch fachkundige Personen vor eine Herausforderung gestellt, da wegen ihrer unterschiedlichen Programmierung nicht ein allgemeingültiges Schema für die Geruchserkennung eingesetzt werden kann. Es fehlt gerade an einem einheitlich anerkannten Standard, sodass selbst für fachkundige Personen die Vergleichbarkeit der Messergebnisse unterschiedlicher elektronischer Nasen nur schwierig bis überhaupt nicht möglich ist. Darüber hinaus wäre auch die Reproduktion des Geruchs mit einem unverhältnismäßigen Aufwand verbunden, was ebenfalls gegen ihre Zulässigkeit spricht.[527]

Folglich waren Analyseergebnisse elektronischer Nasen daher kein adäquates Darstellungsmittel unter dem Erfordernis der grafischen Darstellbarkeit.

(f) Angabe eines Geruchscodes zur Eingabe in ein Duftwiedergabegerät

Eine weitere Möglichkeit Gerüche i.S.v. § 8 Abs. 1 MarkenG a.F. grafisch darzustellen, war die Veröffentlichung eines Geruchscodes im Register, durch dessen Eingabe in ein Geruchswiedergabegerät ein bestimmter Geruch freigesetzt wurde. Unternehmen nutzen eine derartige Technik im Rahmen ihres Duftmarketings.

---

526 Siehe Kapitel 4 E.

527 *Schilling*, S. 135.

Durch den Einsatz von Düften sollen Markenwerte vermittelt, die Raumwahrnehmung verändert und Produkteigenschaften transportiert werden.[528] Ziel ist es, die Kundenbindung zu verstärken und den Absatz der Produkte zu fördern, indem eine positive Wahrnehmungsatmosphäre für Konsumenten geschaffen wird.[529] In der Praxis kommt es daher immer öfter vor, dass Unternehmen ein individueller Duft, ein sog. „*corporate scent*", zugeordnet werden kann. So setzen z.B. REWE oder Dunkin'Donuts als Lebensmittelhändler einen bestimmten Duft in ihren Verkaufsräumen ein.[530] Selbst die Presse berichtete von dem (störenden) Duft der Modekette Abercrombie & Fitch, die in ihren Ladengeschäften einen bestimmten Duft in einer solchen Intensität freisetzten, dass dieser nach außen drang und die Anwohner bzw. die Betreiber der umliegenden Geschäfte störte.[531] Aber auch in den Gängen von Flughäfen können Düfte eingesetzt werden, so z.B. am Frankfurter Flughafen.[532]

Vorteil einer Reproduktion durch ein Geruchswiedergabegerät ist, dass der zu schützende Geruch in seiner unmittelbaren Form freigesetzt und wiedergegeben wird. Der Geruch ist somit zweifelsfrei und eindeutig bestimmbar. Die unmittelbare Wiedergabe ermöglicht auch eine Vergleichbarkeit von zwei Geruchsmarken. Voraussetzung ist jedoch, dass jede (interessierte) Person ein solches Gerät besitzt. Unabhängig von der Frage, ob dies in den Grenzen der Zumutbarkeit liegt, sind zunächst die technischen Faktoren zu erörtern, da es auf die Frage der Zumutbarkeit nicht mehr ankommt, wenn der Einsatz eines solchen Geräts bereits an den technischen Gegebenheiten scheitert. Fraglich ist, ob sich aus technischer Sicht die gegenwärtigen Geruchswiedergabegeräte überhaupt dazu geeignet hätten, als Darstellungsmittel eingesetzt zu werden. Dies wird im Ergebnis zu verneinen sein, da es den Geräten momentan (noch) an der Funktion fehlt, Gerüche ohne vorherige Programmierung zu mischen.[533] Es

528 Scentcommunication, https://scentcommunication.com/duftkommunikation/duftmarketing/, zuletzt abgerufen am 11.04.2019.

529 Vgl. *Rempel*, S. 110.

530 *Rempel*, S. 110.

531 Welt, https://www.welt.de/regionales/muenchen/article111721284/Muenchner-Oben-ohne-Geschaeft-stinkt-den-Anwohnern.html, zuletzt abgerufen am 12.04.2019; *Siegert*, Abendzeitung München, https://www.abendzeitung-muenchen.de/inhalt.parfum-wolke-stinkt-den-nachbarn-abercrombie-and-fitch-aufstand-gegen-duft.8a75a936-95d0-42e1-8a3b-51a4b25f4754.html, zuletzt abgerufen am 12.04.2019.

532 *Rempel*, S. 110.

533 Vgl. *Sieckmann*, MarkenR 2001, 236, 242, *Sieckmann* bezieht sich auf die Technologie von aerome ScentTechnology; Telefon-Interview mit Robert Müller-Grünow, Geschäftsführer von ScentCommunications und aerome, am 23.04.2018.

handelt sich nicht um „Duftmischgeräte“, sondern um reine „Duftwiedergabegeräte“. Bei Duftwiedergabegeräten befinden sich bestimmte Duftkomponenten in Duftkartuschen. Mithilfe einer Software werden die Geruchskomponenten dekodiert und in der Menge freigesetzt, die notwendig ist, um den tatsächlichen Geruch zu ergeben.[534] Ähnlich wie bei einer elektronischen Nase muss hierfür jedoch vorher festgelegt worden sein, welchen Geruch das jeweilige Wiedergabegerät versprühen soll, da das Zusammenspiel aus Entkodierung und tatsächlicher Wiedergabe nur erfolgreich ist, wenn das System auch tatsächlich auf die in der Duftkartusche hinterlegten Duftkomponenten zugreifen kann.[535] Lediglich die Intensität der Geruchswiedergabe ist steuerbar.[536] Dies hat zur Folge, dass die derzeitigen Geruchswiedergabegeräte für Einsatz im Eintragungsverfahren ungeeignet sind.

Dass eine Technologie entwickelt werden kann, die eine Reproduktion von mehr als nur einem Duft zulässt, bewies das amerikanische Unternehmen DigiScents Inc. DigiScents Inc. entwickelte Ende der 90er ein kleines Gerät, den sog. *iSmell*. Das Gerät, das aus einer Duftkartusche mit 128 Primärgerüchen und einem Duftsynthesizer bestand, konnte über einen USB-Anschluss an jeden Computer angeschlossen werden.[537] Die Primärgerüche konnten in unterschiedlicher Form freigesetzt werden, sodass sie verschiedene Gerüche erzeugen konnten.[538] Zusätzlich zum *iSmell* war eine Computer-Software erforderlich, die den Betrieb des Duftsynthesizers in Abstimmung mit einer Vielzahl von Medien steuerte. Sobald die Software auf dem mit dem *iSmell* verbunden Computer installiert war, konnte der Duftsynthesizer auf eine Datenbank mit Tausenden codierten Gerüchen zurückgreifen.[539] Aufgrund dessen konnte Nutzer die Reproduktion des gewünschten Geruchs per Mausklick starten.[540]

---

534 Telefon-Interview mit Robert Müller-Grünow, Geschäftsführer von ScentCommunications und aerome am 23.04.2018.

535 Telefon-Interview mit Robert Müller-Grünow, Geschäftsführer von ScentCommunications und aerome am 23.04.2018.

536 Telefon-Interview mit Robert Müller-Grünow, Geschäftsführer von ScentCommunications und aerome am 23.04.2018.

537 How internet odors will work, https://computer.howstuffworks.com/internet-odor1.htm, zuletzt abgerufen am 11.04.2019.

538 Wikipedia, ISmell, https://en.wikipedia.org/wiki/ISmell, zuletzt abgerufen am 11.04.2019.

539 How internet odors will work, https://computer.howstuffworks.com/internet-odor1.htm, zuletzt abgerufen am 11.04.2019.

540 How internet odors will work, https://computer.howstuffworks.com/internet-odor1.htm, zuletzt abgerufen am 11.04.2019.

Für die Geruchsreproduktion saugte der in dem Gerät verbaute Ventilator die Luft an, und verteilte sie über eines bzw. mehrere der mit 36 Duftölen befüllten Gefäße.[541] Infolge des Mausklicks als computergesteuertes Signal wurden einzelne Behältnisse in unterschiedlicher Zusammensetzung erhitzt, wodurch verschiedene Duftvariationen erzeugt wurden, die in ihrer Zusammensetzung einen bestimmten Geruch ergaben. Für das Funktionieren des *iSmell* war neben den technischen Voraussetzungen auch erforderlich, dass die vom Verkehr besuchte Webseite die Geruchsreproduktion unterstützte.[542] Die Gründer von *DigiScent Inc.* wollten mit ihrer Erfindung das Multimedia-Erlebnis revolutionieren und dem Surfen im Internet eine neue Dimension eröffnen.[543] Über die Entwicklungsstufen eines Prototypes kam der *iSmell* jedoch nie hinaus.[544] Schuld hieran war nicht etwa eine fehlerhaft funktionierende Technik, sondern das mangelnde Interesse der Öffentlichkeit an einem solchen Gerät. Im Jahr 2006 wurde der *iSmell* vom PC World Magazine zu einem der *„25 Worst Tech Products of All Time*“ ernannt.[545]

In der Gesamtschau bleibt somit festzuhalten, dass es zwar vom Stand der Technik möglich ist, ein Gerät zu entwickeln, dass in der Lage ist Gerüche nicht nur wiederzugeben, sondern auch zu mischen. Da ein solches Gerät jedoch derzeit nicht auf dem Markt vertrieben wird, konnte sein Code schon deshalb nicht als adäquates Darstellungsmittel infrage kommen. Darüber hinaus bestehen noch eine Reihe weiterer Bedenken, die gegen den Einsatz solcher Geräte sprechen. Die Bedenken betreffen insbesondere die Frage nach der Zumutbarkeit und den Umgang mit Geschäftsgeheimnissen, wie nachfolgende Ausführungen zeigen: Unterstellt, ein Wiedergabegerät, das auch Gerüche mischen kann, wäre auf dem Markt erhältlich gewesen, so hätte ein solches Gerät nicht zu teuer sein dürfen, da seine Anschaffung ansonsten nicht zumutbar gewesen wäre. Bei einer zu teuren Preisgestaltung hätte die Identifizierung des Geruchs nur unter derart erschwerten Umständen stattfinden können, dass sie faktisch einer Verhinderung der Geltendmachung entgegenstehender Rechte gleichgekommen

---

541 *Platt*, https://www.wired.com/1999/11/digiscent/, zuletzt abgerufen 11.04.2019.

542 Vgl. How internet odors will work, https://computer.howstuffworks.com/internet-odor1.htm, zuletzt abgerufen am 11.04.2019.

543 Vgl. *Platt*, https://www.wired.com/1999/11/digiscent/, zuletzt abgerufen 11.04.2019.

544 Wikipedia, ISmell, https://en.wikipedia.org/wiki/ISmell; zuletzt abgerufen am 11.04.2019.

545 *Tynan*, https://www.pcworld.com/article/125772/worst_products_ever.html?page=6, zuletzt abgerufen am 11.04.2019.

wäre.[546] Ferner hätten Unternehmen bereit sein müssen, den Code ihres „*Corporate Scent*" preiszugeben. Dieser hätte nämlich im Markenregister veröffentlicht werden müssen. Da es sich hierbei um sensible Informationen handelt, die i.d.R. nicht an die Öffentlichkeit gelangen sollen, ist zweifelhaft, ob Unternehmen einer Veröffentlichung zugestimmt hätte. Ferner hätte auch die Webseite des DPMA den Einsatz solcher Geräte unterstützen müssen, da andernfalls eine Geruchsreproduktion nicht möglich gewesen wäre.

In Anbetracht der oben aufgezeigten Schwachstellen eignete sich die Angabe des Codes zur Eingabe in ein Duftwiedergabegerät nicht als adäquate Darstellungsmethode i.S.v. § 8 Abs. 1 MarkenG a.F.

(g) Angabe der Beschaffungsadresse einer hinterlegten Geruchsprobe

Derzeit sind keine Adressen mehr bekannt, wo eine Geruchsprobe für markenrechtliche Zwecke für die Allgemeinheit hinterlegt werden kann. Bereits aus diesem praktischen Grund scheidet die Hinterlegung einer Geruchsprobe mit einer Angabe im Register hinsichtlich der Hinterlegungsstelle als adäquate Darstellungsmethode aus. Da sich der EuGH in seiner *Sieckmann*-Entscheidung mit dieser Darstellungsmethode befassen musste, soll der Vollständigkeit halber hierauf dennoch eingegangen werden. Für den Fall des Ergebnisses, es handele sich selbst unter der Voraussetzung der grafischen Darstellbarkeit um ein adäquates Darstellungsmittel, wäre die Errichtung solcher Hinterlegungsstellen eine perspektivische Möglichkeit um Geruchsmarken zukünftig in dieser Form auf adäquate Weise darzustellen.

Vorteil einer hinterlegten Geruchsprobe ist, dass der Schutzgegenstand unmittelbar sinnlich wahrgenommen werden kann. Damit wird die Identifizierung des geschützten Geruchs und – wenn notwendig – die Vergleichbarkeit mit anderen Gerüchen sichergestellt. Ferner ist dank der unmittelbaren Wiedergabe das Problem der Subjektivität der Wahrnehmung, welches v.a. im Zusammenhang mit der Beschreibung des Geruchs auftritt, nicht von Bedeutung.[547] Es muss jedoch berücksichtigt werden, dass sich im Register lediglich ein Hinweis finden kann, der auf das Vorhandensein einer Geruchsprobe und deren Hinterlegungsort hinweist. Der Geruch selbst lässt sich nicht durch die Einsichtnahme des Registers bestimmen. Es stellt sich somit die Frage, ob allein der Hinweis auf die Hinterlegung einer Geruchsprobe verbunden mit der Angabe der Hinterlegungsstelle taugliches Darstellungsmittel i.S.v. § 8 Abs. 1

546 Vgl. *Sessinghaus*, WRP 2002, S. 650, 659.

547 So auch *Sessinghaus*, WRP 2002, 650, 657; *Isenberg*, S. 56.

MarkenG war. Hieran kann bereits wegen des mit der grafischen Darstellung verfolgten Zweckes gezweifelt werden. Durch den in Rede stehenden Hinweis wird nicht sichergestellt, dass jedermann ohne Weiteres den Schutzgegenstand visuell wahrnehmen kann. Vielmehr handelt es sich um eine reine Angabe des Ortes, an dem eine sinnliche Wahrnehmung des Geruchs erfolgen kann bzw. wo die Geruchsprobe erhältlich ist.[548] Die Ortsangabe ist somit kein Surrogat, das mittelbar den Schutzgegenstand darstellt. Sie steht nicht im direkten Zusammenhang mit der Darstellung des Schutzgegensandes. Eine Identifizierbarkeit des Geruchs aus dem Register ist nicht möglich. Interessierte Personen müssten sich daher zu der Hinterlegungsstelle begeben, um vor Ort den Geruch zu überprüfen, oder sie müssten sich ein Geruchsmuster zusenden lassen.

Wie einleitend erwähnt, nahm auch der EuGH eine ablehnende Haltung bzgl. der Hinterlegung einer Geruchsprobe als grafisches Darstellungsmittel ein, wobei er seinen Standpunkt mit keinem der bereits aufgeführten Argumente begründete. Vielmehr führte der EuGH in dem *Sieckmann*-Urteil an, dass es einer Geruchsprobe an der für eine grafische Darstellung notwendigen Stabilität und Dauerhaftigkeit fehle.[549] Auf weitergehende Erläuterungen verzichtete er. Dieser Argumentation liegt die Erwägung zugrunde, dass Gerüche als flüchtige Substanz vergänglich sind und sich daher nicht dauerhaft in der ursprünglich eingetragenen Form wiedergeben lassen. Die Stabilität flüchtiger Substanzen lässt sich jedoch durch die Technik der Mikroverkapselung erhöhen.[550] Bei der Mikroverkapselung werden kleinste Feststoffpartikel, Flüssigkeitstropfen oder Gase in Kapseln eingeschlossen, um sie vor schädigenden Einflüssen zu schützen und ihren Inhalt in kontrollierten Raten unter spezifischen Bedingungen wieder freizusetzen zu können.[551] Somit können Duftstoffe über einen längeren Zeitraum konserviert werden. Darüber hinaus ist im Hinblick auf die Stabilität und Dauerhaftigkeit von Gerüchen zwischen Reinsubstanzen, die aus einer einzigen Substanz bestehen, und Gemischen zu unterscheiden. Während Gemische eine geringere Stabilität aufweisen, ändert sich der Charakter einer Reinsubstanz auch über Jahre hinweg nicht.[552] Ungeachtet dessen lässt sich die ablehnende Haltung des EuGH auch auf andere Markenformen übertragen, da sich nicht nur eine Geruchsmarke der Herausforderung der Vergänglichkeit stellen muss.

---

548 *Sessinghaus*, WRP 2002, 650, 658.

549 EuGH GRUR 2003, 145, 149 (Rz. 71) – Sieckmann.

550 *Kunz/Krückeberg/Weißbrodt*, Chemie Ingenieur Technik 2003, 1733.

551 *Kunz/Krückeberg/Weißbrodt*, Chemie Ingenieur Technik 2003, 1733.

552 *Sieckmann*, WRP 2002, 491 f.

Auch eine Schrift oder ein Bild können mit der Zeit verblassen. Ihre Fähigkeit als zulässiges grafisches Darstellungsmittel von Wort bzw. Wort-Bild-Marken wird dennoch nicht infrage gestellt.[553] Hierbei ist jedoch zu berücksichtigen, dass ein verblasstes Bild/Wort i.d.R. immer noch erkennbar ist. Verflüchtigt sich hingegen ein Duft, hat man keinerlei Anhaltspunkte mehr, die einen Rückschluss auf den Schutzgegenstand zulassen würden. Es fehlt deshalb in der Tat an der erforderlichen Dauerhaftigkeit.

Angesichts oben genannter Gründe war die Hinterlegung einer Geruchsprobe zusammen mit der Angabe der Beschaffungsadresse keine adäquate Darstellungsmethode, um einen Geruch i.S.v. § 8 Abs. 1 MarkenG a.F. grafisch darzustellen. Allein die Tatsache, dass die Benennung der Hinterlegungsstelle eine reine Ortsangabe ist, aus der in keiner Weise auf den geschützten Geruch geschlossen werden kann, spricht gegen die Zulässigkeit dieser Darstellungsmethode. Daher erübrigt sich auch die Frage, ob die Errichtung solcher Hinterlegungsstellen nach Wegfall des Erfordernisses der grafischen Darstellbarkeit eine geeignete Wiedergabemethode darstellen würde, da auch zukünftig im Register nur die Ortsangabe zu finden wäre, nicht aber der Geruch selbst.

(2) Die grafische Darstellung des Substrats durch Angabe einer chemischen Formel

Nachfolgend wird erörtert, ob als adäquate Darstellungsmethode die Angabe einer chemischen Formel in Betracht kommt. Hierbei wird nicht an die Geruchswahrnehmung angeknüpft, sondern an das Substrat, von dem der zu schützende Geruch ausgeht.

Olfaktorische Stoffe werden direkt aus der Natur gewonnene oder sind synthetisch hergestellte Verbindungen, die sich durch eine chemische Formel darstellen lassen.[554] Chemische Formeln dienen der naturwissenschaftlichen, einheitlichen Handhabung der Bezeichnung von Stoffen und deren Mischungsverhältnissen.[555] Durch eine chemische Formel werden die einzelnen Stoffe und deren Mischungsverhältnis fixiert, was die Herstellung bzw. Reproduktion des Stoffes durch einen Dritten zulässt.[556] Bei chemischen Formeln unterscheidet man insbesondere zwischen den vier Formeltypen Verhältnisformel, Summen- bzw. Bruttoformel, Konstitutionsformel und Strukturformel.[557] Sie stellen die

553 *Sieckmann*, WRP 2002, 491 f.
554 *Isenberg*, S. 36.
555 *Grabrucker*, MarkenR 2001, 95, 96.
556 *Grabrucker*, MarkenR 2001, 95, 96.
557 *Felixberger*, S. 63.

chemischen Sachverhalte je nach Informationstiefe unterschiedlich dar.[558] Im Folgenden ist zu untersuchen, ob die Angabe zumindest einer der vorgenannten Formeltypen dem Erfordernis der grafischen Darstellbarkeit i.S.v. § 8 Abs. 1 MarkenG a.F. genügte.

Bereits der Name der Verhältnisformel lässt darauf schließen, dass eine klare und eindeutige Wiedergabe des Substrats durch sie nicht möglich ist. Die Verhältnisformel gibt lediglich wieder, in welchem kleinstmöglichen Zahlenverhältnis einzelne Atom- oder Ionensorten in einer chemischen Verbindung vorliegen.[559] Für die grafische Darstellung eines Geruchs i.S.v. § 8 Abs. 1 MarkenG a.F. war sie deshalb zu ungenau. Zu demselben Ergebnis kommt man bei näherer Betrachtung der Summenformel. Die Summenformel gibt Aufschluss über die Art und tatsächliche Anzahl der Atome einer chemischen Verbindung, jedoch nicht über die Art ihrer Verknüpfung.[560] Welche Konsequenzen sich hieraus ergeben, verdeutlicht das folgende Beispiel: Gegenstand der *Sieckmann*-Entscheidung war der Geruch der chemischen Reinsubstanz Methylcinnamat. Methylcinnamat lässt sich durch die Summenformel $C_{10}H_{10}O_2$ wiedergeben. Problematisch ist jedoch, dass Methylcinnamat nicht die einzige chemische Substanz ist, die durch diese Summenformel dargestellt werden kann. Es existieren noch mindestens 11 weitere Substanzen mit dieser Summenformel, welche sich aber von Methylcinnamat unterscheiden.[561] Grund hierfür ist, dass eine Summenformel keine Angabe über die Art der räumlichen Anordnung der einzelnen Elemente zueinander enthält. Die räumliche Anordnung ist jedoch von entscheidender Bedeutung für die chemischen und physikalischen Eigenschaften einer Substanz.[562] Ohne die Angabe der räumlichen Anordnung lässt sich das den Geruch verströmende Substrat jedoch nicht eindeutig bestimmen. Als Mittel einer grafischen Darstellung i.S.v. § 8 Abs. 1 MarkenG a.F. war die Summenformel deshalb ungeeignet. Dies gilt auch für die Konstitutionsformel. Ihr lässt sich zwar entnehmen, welche Atome miteinander verknüpft sind, sie enthält aber ebenfalls keine Informationen hinsichtlich ihrer räumlichen Anordnung.[563]

Im Gegensatz zur Summen- und Konstitutionsformel ermöglicht die chemische Strukturformel eine differenziertere Darstellung des Substrats. Die

558 *Felixberger*, S. 63.
559 *Felixberger*, S. 63
560 *Isenberg*, S. 37; *Felixberger*, S. 63.
561 *Isenberg*, S. 36.
562 *Isenberg*, S. 37.
563 *Felixberger*, S. 63.

chemische Strukturformel gibt nicht nur Aufschluss über die Art und Anzahl der Atome einer chemischen Verbindung, sondern stellt auch die räumliche Anordnung der Atome und deren Verbindungen untereinander dar.[564] Auch in dem der *Sieckmann*-Entscheidung zugrunde liegenden Sachverhalt stellte der Markenanmelder den streitgegenständlichen Geruch durch die Angabe der entsprechenden Strukturformel C_6H_5-CH = CHCOOCH$_3$ dar. Der EuGH verneinte jedoch die Zulässigkeit dieser Darstellungsweise. Ohne zwischen den Formeltypen zu unterscheiden, führte er pauschal aus, dass es einer chemischen Formel an der erforderlichen Klarheit und Eindeutigkeit fehle und sie darüber hinaus auch nicht verständlich genug sei.[565] Zudem war er der Auffassung, dass sie nicht den Geruch einer Substanz wiedergebe, sondern nur die Substanz selbst.[566] Nachfolgend wird erörtert, ob eine so pauschale Betrachtung auch auf die Darstellung des Substrats durch eine Strukturformel zutrifft oder ob eine differenzierende Betrachtung geboten gewesen wäre.

Zunächst wird der auf alle chemische Formeln zutreffende Einwand untersucht, dass die Formel nur die Substanz, nicht aber ihren Geruch darstelle. Dieser Einwand des EuGH, dem auch das BPatG[567] sowie Teile der Literatur[568] folgen, geht zumindest in Bezug auf die Strukturformel ins Leere.[569] Wegen ihrer differenzierten Ausgestaltung ist es einem Dritten grundsätzlich möglich, das Substrat eindeutig zu identifizieren und herzustellen. Bei seiner Verflüchtigung entwickelt sich *automatisch* ein dazugehöriger Geruch. Folglich besteht zwischen dem dargestellten Substrat und dem Geruch eine Zwangsbeziehung, da das Substrat nach seiner Herstellung *automatisch* olfaktorisch wahrgenommen wird.[570] Wegen dieser Zwangsbeziehung sind auch keine gedanklichen Zwischenschritte erforderlich, um den Geruch zu identifizieren, wie sie z.B. erforderlich sind, wenn als Darstellungsmittel auf die Abbildung eines den Duft verströmenden Objektes zurückgegriffen wird. Aus diesem Grund ist der Einwand des EuGH, die Formel gebe nur die Substanz, nicht aber ihren Geruch wieder, zu verwerfen. Auch ein Vergleich mit der von der Rechtsprechung akzeptierten Darstellungsmethode der Notenschrift lässt keine andere Schlussfolgerung zu.

564 *Isenberg*, S. 37; *Felixberger*, S. 63.
565 EuGH GRUR 2003, 145, 149 (Rz. 69) – Sieckmann.
566 EuGH GRUR 2003, 145, 149 (Rz. 69) – Sieckmann.
567 BPatG GRUR 2000, 1044 – Riechmarke.
568 Ströbele/Hacker/Thiering/*Miosga*, § 3 Rn. 76; *Rengshausen*, S. 109.
569 So auch *Isenberg*, S. 40; *Schilling*, S. 112; *Chudziak*, MarkenR 2012, 181, 188 f.
570 Vgl. *Fröhlich*, S. 21 f.; *Isenberg*, S. 40.

Die Notenschrift gibt an, wie die entsprechenden Schallwellen erzeugt werden, welche anschließend unmittelbar vom Ohr als Töne und in ihrer Gesamtheit als Tonfolge bzw. Melodie wahrgenommen werden. Nicht anders verhält es sich bei der Darstellung eines Geruchs durch eine Strukturformel. Die Strukturformel gibt an, wie der Riechstoff hergestellt wird, der nach seiner Herstellung unmittelbar von der Nase wahrgenommen wird.[571]

Darüber hinaus macht der EuGH geltend, dass es einer chemischen Formel an der erforderlichen Klarheit und Eindeutigkeit fehle.[572] Dieser Einwand ist, wie dargestellt, zumindest bei einer Strukturformel nicht nachvollziehbar. Sie enthält alle Informationen, die für eine exakte Reproduktion des jeweiligen Stoffes und damit des von ihm ausgehenden Geruchs notwendig ist.[573] Es ist sogar wissenschaftlich erwiesen, dass die Strukturformel eine hundertprozentig exakte Reproduktion des Geruchsstoffs ermöglicht.[574] Nicht unberücksichtigt darf in diesen Zusammenhang bleiben, dass es durchaus Gerüche gibt, welche sich nicht durch eine Strukturformel darstellen lassen,[575] oder solche, deren Riechstoff abhängig ist von ihrer jeweiligen Konzentration, der Temperatur, der Menge oder dem Trägermaterial (Textilien, Kunststoff, Metall, Holz, Glas).[576] Deshalb führte auch das BPatG als Vorinstanz den in der Parfumerie verwendeten Moschusduft als Beispiel einer Substanz an, der je nach Stärke seiner Konzentration unterschiedlich riechen kann.[577] In solchen Fällen konnte ein Geruch auch nicht durch eine Strukturformel mit der notwendigen Klarheit und Eindeutigkeit i.S.v. § 8 Abs. 1 MarkenG a.F. dargestellt. Auch wenn die Strukturformel als Darstellungsmittel in solchen Fällen an ihre Grenzen gestoßen ist, war es nicht sachgerecht, die Eintragung aller Gerüche deshalb scheitern zu lassen. In vielen Fällen reichte nämlich die Darstellung durch eine Strukturformel aus, um den Anforderungen der Eindeutigkeit und Klarheit zu genügen.[578]

Zuletzt wurde vom EuGH (und vom BPatG als Vorinstanz) gegen die Zulässigkeit einer chemischen Formel ihre (vermeintliche) mangelnde Verständlichkeit

571 *Chudziak*, MarkenR 2012, 181, 189.

572 EuGH GRUR 2003, 145, 149 (Rz. 69) – Sieckmann.

573 Vgl. *Ingerl/Rohnke*, § 8 Rn. 104; *Grabrucker*, MarkenR 2001, 95, 96; *Sessinghaus*, S, 138.

574 *Chudziak*, MarkenR 2012, 181, 189.

575 *Chudziak*, MarkenR 2012, 181, 189.

576 Vgl. EuGH GRUR 2003, 145, 148 (Rz. 63) – Sieckmann; BPatG GRUR 2000, 1044, 1048 – Riechmarke.

577 BPatG GRUR 2000, 1044, 1048 – Riechmarke.

578 So auch *Hildebrandt*, MarkenR 2002, 1, 4; *Sieckmann*, MarkenR 2001, 236, 244; *Isenberg*, S. 37 f.; , S. 111.*Schilling*

ins Feld geführt.[579] Der Einwand basiert auf der Vorstellung, dass der Verkehr nicht in der Lage sei, chemischen Formeln zu verstehen. Dies führt dazu, dass Personen Geruchsmarken nicht identifizieren können, wenn sie mittelbar durch eine chemische Strukturformel dargestellt werden. In der Literatur wird hingegen vertreten, dass der Verkehr durchaus imstande ist, eine Substanz anhand ihrer chemischen Strukturformel eindeutig zu identifizieren. Derartige Kenntnisse würden bereits im Chemieunterricht der gymnasialen Oberstufe vermittelt werden.[580] Nach der hier vertretenen Auffassung ist dies eher zweifelhaft. Dennoch überzeugt nicht, dass eine Strukturformel nicht die Voraussetzung der Verständlichkeit erfülle.[581] Selbst wenn man der Überzeugung ist, dass der Verkehr nicht in der Lage sei, chemische Strukturformeln zu verstehen, ist ihm dennoch – nach der hier vertretene Auffassung – zumutbar, Fachleute zurate zu ziehen.[582] Das Erfordernis der Verständlichkeit bemisst sich allein nach dem Kenntnisstand einer Fachperson. Im Zweifelsfall kann diese anhand der Strukturformel das Substrat reproduzieren. Sie ist daher eine Art „Rezept", die es ermöglicht, die jeweiligen Substanzen zu einer Flüssigkeit bzw. einer alkoholischen Lösung zusammenzumischen, deren Verflüchtigung unmittelbar den Geruch freisetzt.[583] Dennoch wiegt ein Einwand gegen eine chemische Strukturformel als zulässiges Darstellungsmittel schwer. Für den Verkehr ist die Reproduktion der Substanz und des damit einhergehenden Geruchs nur mit einem unverhältnismäßigen Aufwand möglich.[584] Selbst ein Fachmann kann nicht aus dem Stegreif von der Strukturformel auf den entsprechenden Geruch schließen. Eine Strukturformel müsste in einem Labor durch das Zusammenmischen der einzelnen Substanzen zu einem Stoffgemisch zusammengemischt werden, dessen Verflüchtigung den geschützten Geruch preisgibt. Bereits die Vorstellung über einen solchen Prozess lässt einen zu dem Schluss kommen, dass dies kein vertretbares Mittel sein konnte, das sich mit dem von der grafischen

579 EuGH GRUR 2003, 145, 149 (Rz. 69) – Sieckmann; BPatG GRUR 2000, 1044, 1048 – Riechmarke.

580 So *Sieckmann*, MarkenR 2001, 236, 244.

581 a.A.: *Schilling*, S. 112.

582 Siehe hierzu Kapitel 4 E.

583 Fröhlich, S. 22.

584 *Schilling*, S. 112 f., siehe auch *Chudziak*, MarkenR 2012, 181, 189, wobei *Chudziak* ausschließlich von der Zumutbarkeit der Durchführung eines Vergleichs spricht. Er legt nicht dar, wie dieser Vergleich durchzuführen ist, und betont ebenfalls, dass ein solcher Vergleich nur in begrenztem Umfang zumutbar ist. Als Begrenzung biete sich als Vororientierung die Beschreibung des Geruchs an.

Darstellbarkeit verfolgten Ziel vereinbaren ließ. Der Verkehr sollte ohne großen Aufwand den Schutzgegenstand eindeutig erfassen und identifizieren können. Unabdingbar war es daher, dass die Reproduktion nicht konventioneller Marken keine für den Verkehr unverhältnismäßige Herausforderung darstellte.[585] Wird eine Geruchsmarke durch eine chemische Strukturformel dargestellt, ist dies jedoch der Fall. Vergleicht man verschiedene Darstellungsmethoden unterschiedlicher Markenformen, fällt auf, dass sich ihr Schutzgegenstand durch andere, zulässige Surrogate *kurzfristig* reproduzieren lässt. Wird beispielsweise eine Hörmarke durch eine vollständige Notenschrift dargestellt, lässt sich ihr Schutzgegenstand durch das Nachspielen der Tonfolge in Kürze wiedergeben – vorausgesetzt jemand ist imstande, Noten zu lesen und ein Instrument zu spielen. Selbst wenn der Schutzgegenstand durch eine Partitur dargestellt sein sollte, für deren Reproduktion mehrere Instrumente benötigt werden, vermittelt selbst das Nachspielen einer Tonlage einen ersten Eindruck. Die These, ein Großteil der Bevölkerung sei imstande Noten zu lesen, wird durch die stetig wachsende Zahl von Musikschüler an deutschen Musikschulen unterstützt.[586] Ferner gehört das Notenlesen zur musikalischen Grundausbildung eines jeden Kindes. Bereits in der Grundschule lernen Kinder im Musikunterricht, einfache Notenschriften zu lesen. Unabhängig davon kann dem Verkehr, falls nötig, zugemutet werden, eine Person mit solchen Fertig- und Fähigkeiten aufzusuchen. Sie können dann ohne zeitlichen Aufwand den Schutzgegenstand hörbar wiedergeben. Auch Farbmarken, die durch einen international anerkannten Farbcode dargestellt werden, können kurzfristig reproduziert werden. Der Verkehr benötigt hierfür nur die entsprechende Farbpalette. Teilweise sind diese sogar im Internet zu finden. Bei Gerüchen ist – wie dargestellt – eine solche *kurzfristige* Reproduktion nicht möglich, da hierfür ein Labor erforderlich ist.

Darüber hinaus spricht gegen die Zulässigkeit chemischen Strukturformeln, dass eine Markenrecherche kaum mehr möglich ist. Zumindest nur unter stark erschwerten Bedingungen. Der interessierte Verkehrskreis müsste stets das Geruchssubstrat reproduzieren (lassen), um eine klare und eindeutige Vorstellung des geschützten Geruchs zu erhalten. Die Einreichung einer obligatorischen Beschreibung des Geruchs mag zwar den Rechercheumfang begrenzen

585 Vgl. *Hildebrandt*, MarkenR 2002, 1, 2.

586 Verband deutscher Musikschulen, Statistik über die Anzahl der Schüler an Musikschulen in Deutschland von 2002 bis 2017, https://de.statista.com/statistik/daten/studie/2835/umfrage/entwicklung-der-anzahl-der-schueler-an-musikschulen-seit-2002/, zuletzt abgerufen am 29.03.2019.

können,[587] hilft jedoch nicht über den unverhältnismäßigen Aufwand hinweg, den der Recherchierende betreiben müsste, um den Schutzgegenstand zu identifizieren. Hierfür ist nämlich stets die Reproduktion des Geruchs anhand der chemischen Formel erforderlich.

Im Ergebnis ist somit festzuhalten, dass auch die Darstellung eines Geruchs durch eine chemische Formel keine adäquate Darstellungsmethode i.S.v. § 8 Abs. 1 MarkenG a.F. darstellte.

(3) Die Kombination mehrerer Surrogate

Obige Erläuterungen zeigen, dass mehrerer Darstellungsmethoden infrage kamen, einen Geruch in zweidimensionaler Form wiederzugeben. Dennoch vermochte es keine Darstellungsmethode, den Anforderungen i.S.v. § 8 Abs. 1 MarkenG a.F. zu genügen. Zu prüfen ist folglich, ob man zu einem anderen Ergebnis kommt, wenn man die einzelnen Darstellungsmethoden miteinander kombiniert. Der dahinterstehende Gedanke wird von der Vorstellung getragen, dass die Schwächen der einzelnen Hilfsmittel durch die Hinzuziehung eines weiteren, ebenfalls mit Schwächen behafteten Hilfsmittels kompensiert werden. Man geht davon aus, dass jedes Darstellungsmittel neben den aufgezeigten Schwächen auch eindeutige Teilinformationen enthält, die in ihrer Gesamtheit den Schutzgegenstand in einer hinreichend konkreten Form wiedergeben können.

Gegen die Kombination mehrerer Darstellungsmittel wird eingewendet, dass dies die Unsicherheit bzgl. des Schutzgegenstandes fördern würde, obwohl es solche gerade gilt zu vermeiden. Auch Generalanwalt *Colomer* folgte in seinen Schlussanträgen dieser Ansicht. Er vertrat die Meinung, dass dem Verkehr ein großzügiger Interpretationsspielraum eingeräumt werden würde, wenn ein Geruch durch die Kombination aus einer chemischen Formel, einer Riechprobe und einer Beschreibung dargestellt werden würde. Nach Ansicht *Colomers* erhöhe die Anzahl der Botschaften das Risiko verschiedener Auslegungen.[588] Der Verkehr würde folglich einer unnötigen und vermeidbaren Unsicherheit unterliegen. Diesen Ansatz griff der EuGH auf. Er stellt in der *Sieckmann*-Entscheidung ausdrücklich fest, dass die Kombination zweier oder mehrere Darstellungsformen, die einzeln nicht geeignet waren, das Erfordernis der grafischen Darstellbarkeit zu erfüllen, hieran nichts zu verändern vermochte.[589] Das

587 So auch *Chudziak*, MarkenR 2012, 181, 189, jedoch mit anderem Ergebnis. *Chudziak* spricht sich jedoch für die Zulässigkeit der Strukturformel als grafisches Darstellungsmittel von Geruchsmarken aus.

588 Schlussanträge des Generalanwalts *Colomer* in der Rs. C-273/00 (Rz. 43).

589 EuGH GRUR 2003, 145, 149 (Rz. 72) – Sieckmann.

EuG schloss sich dieser Ansicht ebenfalls an und führte in seiner Entscheidung *Odeur de fraise mûre* weitergehend dazu aus, dass mindestens ein Darstellungsmittel den Anforderungen der grafischen Darstellbarkeit genügen müsse.[590]

Diese vom EuGH und dem EuG vertretene Auffassung ist in der Literatur zu Recht auf Kritik gestoßen.[591] Insbesondere der Argumentation des Generalanwalts *Colomer*, eine Kombination aus mehreren Darstellungsmitteln würde zu einer größeren Unbestimmtheit des Schutzgegenstandes führen, ist entgegenzuhalten, dass dies nicht so sein muss, wenn die Auswahl der Darstellungsmittel sorgfältig aufeinander abgestimmt ist. Anstatt auf die einzelnen Darstellungsmethoden abzustellen, dürfe nur das Gesamtbild zählen. Deshalb dürfe auch nicht von vornherein eine Darstellungsweise bestehend aus mehreren Darstellungsmitteln als unzulässig qualifiziert werden.[592] Zuspruch fand und findet diese Ansicht in der MarkenV. Gem. § 6 a Abs. 2 S. 1 MarkenV a. F. bzw. § 6 b Abs. 2 MarkenV n.F. musste/muss der Markenanmeldung eine Beschreibung beigefügt werden, sofern die Marke erst durch sie bestimmbar wurde. Genau genommen handelt es sich auch in solchen Fällen um eine kombinierte Darstellungsmethode aus zwei unabhängigen Darstellungsmitteln, nämlich dem „eigentlichen" Darstellungsmittel und der Beschreibung.

Daher ist anhand des konkreten Einzelfalles zu entscheiden, welche Form der Wiedergabe den notwendigen Anforderungen genügt. Sofern mehrere Darstellungsmittel eine sinnvolle Kombination ergeben, durch die der Schutzgegenstand in einer klaren, eindeutigen, in sich abgeschlossen, dauerhaften, objektiven und verständlichen Weise wiedergeben wird, spricht nichts gegen ihre Zulässigkeit. Nicht jedoch, wenn die Darstellungsmittel hinsichtlich eines Merkmales entgegengesetzte bzw. unterschiedliche Informationen enthalten. In solchen Fällen bestand die Gefahr von Auslegungsunsicherheiten.[593] Stehen die Darstellungsmittel jedoch in einem sich ergänzenden Verhältnis zueinander, sind Widersprüche ausgeschlossen. Angesichts dessen kann der Auffassung der Rechtsprechung nicht gefolgt werden.

Für olfaktorische Zeichen bedeutet dies, dass zu untersuchen ist, ob eine Kombination der untersuchten Darstellungsmethoden den Anforderungen an eine grafische Darstellung i.S.v. § 8 Abs. 1 MarkenG a.F. genügte. Als

590 EuG GRUR Int. 2006, 134, 136 (Rz. 45) – Odeur de fraise mûre.

591 *Fezer*, § 3 Rn. 384, 391; *Isenberg*, S. 59 f.; *Möller*, S. 174; *Hildebrandt*, MarkenR 2002, 1, 5; *Sieckmann*, MarkenR 2001, 236, 245; *Hölk*, jurisPR-WettbR 7/2006, Anm. 2.

592 *Hölk*, jurisPR-WettbR 7/2006, Anm. 2; *Möller*, S. 173.

593 *Möller*, S. 174.

kombinierte Darstellungsmethode eignete sich am ehesten die Kombination aus der chemischen Strukturformel und der wörtlichen Beschreibung, da die chemische Strukturformel den Schutzgegenstand am eindeutigsten darstellt. Durch die Angabe der chemischen Strukturformel lassen sich nahezu alle Gerüche in ihrer konkreten Form darstellen. Die wörtliche Beschreibung bietet einen ersten Anhaltspunkt, wie sich der Verkehr den geschützten Geruch vorzustellen hat. Letztere dient insbesondere dazu, dass eine Recherche nach eingetragenen, ähnlichen Zeichen nicht uferlos, sondern eingrenzbar ist.[594] Dennoch gelingt es auch dieser Kombination nicht, jegliche Einwände gegen ihre Rechtmäßigkeit auszuräumen. Grund hierfür ist, dass auch in diesem Fall die Reproduktion des Schutzgegenstandes mit einem unverhältnismäßigen Aufwand verbunden ist. Wie dargestellt, müsste der Geruch für seine eindeutige Identifizierbarkeit stets in einem Labor hergestellt werden. Der Verkehr ist daher nicht in der Lage, den Schutzgegenstand ohne großen Aufwand anhand seiner grafischen Darstellung zu erfassen und zu identifizieren.

In der Gesamtschau ist somit festzuhalten, dass Geruchsmarken nicht durch eine Kombination mehrerer Darstellungsmittel i.S.v. § 8 Abs. 1 MarkenG a.F. grafisch dargestellt werden konnten. Der Auffassung der Rechtsprechung ist somit zu folgen, wenngleich auch mit anderer Begründung.

bb) Zusammenfassung

Für Geruchsmarken stellte das Erfordernis der grafischen Darstellbarkeit eine unüberwindbare Hürde hinsichtlich ihrer Registereintragung dar.

Wirtschaftsteilnehmer konnten Gerüche nicht registerrechtlich schützen lassen. Keine Darstellungsmethode erfüllte die vormals bestehenden rechtlichen Vorgaben, sodass eine rechtskonforme Darstellung i.S.v. 8 Abs. 1 MarkenG a.F. nicht möglich war.[595] Geschuldet war dies maßgeblich der Komplexität und Vielfältigkeit von Gerüchen. Ihr Wesen lässt sich nicht ohne Weiteres in klarer und objektiver Weise grafisch darstellen.

Das Erfordernis der grafischen Darstellbarkeit entfaltete somit für die Eintragung von Geruchsmarken eine restriktive Wirkung. Es mag auf den ersten Blick schwer nachvollziehbar sein, dass einer formal-rechtlich anerkannten Markenform die Registereintragung verwehrt wird. Jedoch dürfen die registerrechtlichen Grundsätze nicht unberücksichtigt bleiben. Zweck der Registereintragung bzw. der grafischen Darstellbarkeit war es, eine zweifelsfreie Identifizierung des

594 *Chudziak*, MarkenR 2012, S. 181, 189.
595 So auch *Langer*, S. 250.

Schutzgegenstandes zu ermöglicht und sicherzustellen. Dies musste für den Verkehr und die zuständigen Behörden ohne unverhältnismäßigen Aufwand möglich sein. Keine der in Betracht kommenden Darstellungsmethoden vermochte jedoch, dies zu gewährleisten. Es ist daher nachvollziehbar, dass Geruchsmarken unter der alten Rechtslage der registerrechtliche Schutz verwehrt wurde. Für ihre Eintragungsfähigkeit kann mithin die Einführung flexiblerer Kriterien von besonderem Interesse sein. Ob die Streichung des Erfordernisses tatsächlich zu einer Eintragungserleichterung und somit einer Besserstellung der Geruchsmarke führt, wird im sechsten Kapitel dieser Arbeit erörtert.[596]

f) Die Geschmacksmarke

Die Geschmacksmarke, auch gustatorische Marke genannt, kennzeichnet ein Produkt gustatorisch.[597] Die Identifizierung des mit ihr gekennzeichneten Produktes erfolgt daher ausschließlich durch den Geschmacksinn, sodass ihr Schutzgegenstand visuell nicht wahrnehmbar ist.[598]

Bereits wegen ihres Wesens ist die Anmeldung von Geschmacksmarken nur für eine begrenzte Anzahl an Waren möglich. Die Wahrnehmung der Marke setzt nämlich einen unmittelbaren körperlichen Kontakt der Zunge mit dem durch sie gekennzeichneten Produkt voraus.[599] Auch wenn die Vorstellung einer derartigen Produktkennzeichnung zunächst ungewohnt erscheint, kann sie für Wirtschaftsteilnehmer durchaus von Interesse sein, insbesondere für Unternehmen der Kosmetikindustrie. So könnte beispielsweise der Geschmack eines Lippenstiftes oder eines Lippenbalsams markenrechtlich geschützt werden, sofern die Eintragungsvoraussetzungen vorliegen.

aa) Anforderungen an die grafische Darstellung von Geschmacksmarken

Wegen der Verknüpfung von Geruchs- und Geschmackswahrnehmung kann in vielerlei Hinsicht auf die bereits gewonnenen Ergebnisse bzgl. Geruchsmarken zurückgegriffen werden. Aus diesem Grund kann bereits an dieser Stelle der Schluss gezogen werden, dass eine grafische Darstellung i.S.v. § 8 Abs. 1 MarkenG a.F. nicht möglich war. Gleichwohl wird auf die Darstellungsmethoden für Geschmacksmarken gesondert eingegangen, da der Geschmack trotzdem eine von dem Geruch losgelöste Sinneswahrnehmung ist; wenngleich sie eng

596 Siehe hierzu Kapitel 6 D III 5 b).

597 *Fezer*, § 3 Rn. 613.

598 *Fezer*, § 3 Rn. 613; *Hofmann*, S. 225.

599 *Sieckmann*, WRP 2002, 491, 495 f.

miteinander verbunden sind. Der Untersuchungsaufbau orientiert sich wegen ihrer engen Verknüpfung auch an dem für Geruchsmarken. Bei nachfolgenden Erwägungen wird sowohl an die geschmackliche Wahrnehmung als auch an das Substrat angeknüpft.

(1) Die grafische Darstellung der geschmacklichen Wahrnehmung

(a) Wörtliche Beschreibung der Geschmackswahrnehmung

Auf die Fragestellung, ob sich die gustatorische Wahrnehmung durch ihre verbale Beschreibung darstellen lässt, ist auf die Ausführungen zur Geruchsmarke zu verweisen.[600] Auch die Beschwerdekammer des HABM hat in einer der wenigen Entscheidungen, die zur Geschmacksmarke ergangen sind, hinsichtlich der Anforderung an ihre grafische Darstellung auf die Geruchsmarke verwiesen, wenngleich sie im Ergebnis die Frage, ob eine wörtliche Beschreibung des Geschmacks dem Erfordernis der grafischen Darstellbarkeit genügt, unbeantwortet ließ. In dem zu entscheidenden Fall konnte dies aufgrund des Vorliegens anderer Versagungsgründe dahinstehen.[601] In dem der Entscheidung zugrunde liegenden Fall begehrte der Markenanmelder die Eintragung eines Geschmacks nach *künstlichem Erdbeeraroma* für Arzneimittel. Obwohl das HABM die Frage unbeantwortet ließ, ist die ablehnende Haltung des Europäischen Markenamtes deutlich erkennbar. Das HABM äußerte sich dahin gehend, dass, wenn eine verbale Beschreibung nicht genüge, um dem Erfordernis der grafischen Darstellbarkeit von Geruchsmarken zu genügen, dies logischerweise auch für Geschmacksmarken gelten müsste.[602] Im Ergebnis ist dem beizupflichten, da der Geschmack – wie auch der Geruch – eine weitgehend subjektiv geprägte Sinneswahrnehmung ist. Dies führt dazu, dass die wörtliche Beschreibung eines Geschmackseindruckes nicht den *Sieckmann*-Kriterien entspricht. Es fehlt an der hierfür notwendigen Klarheit, Eindeutigkeit und v.a. auch Objektivität. Unerheblich für die Beantwortung der Fragestellung ist, ob das Geschmackserlebnis durch Rückgriff auf einen Objektbezug beschrieben wird oder aber nur durch Adjektive. Eine verbale Beschreibung ist *per se* mangels Erfüllung der oben genannten *Sieckmann*-Kriterien nicht dazu geeignet, die

600 Siehe hierzu Kapitel 4 F II 4 e) aa) (1) (a).

601 HABM, Urt. v. 04.08.2003, Az.: R-120/2002-2 (Rz. 13) – The taste of artificial strawberry flavor. Die Eintragung scheiterte an dem vorahnenden Freihaltebedürfnis und der fehlenden Unterscheidungskraft.

602 HABM, Urt. v. 04.08.2003, Az.: R-120/2002-2 (Rz. 12) – The taste of artificial strawberry flavor.

gustatorische Wahrnehmung darzustellen. Aus diesem Grund eignete sie sich nicht, Geschmacksmarken i.S.v. § 8 Abs. 1 MarkenG a.F. grafisch darzustellen.

(b) *Beschreibung eines Geschmacks durch Geschmacksräder und Klassifikationssysteme*

Geschmackseindrücke können ferner durch ein Geschmacksrad oder ein anderes Klassifikationssystem grafisch dargestellt werden. Geschmacksräder gehören wegen ihrer Eigenschaften ebenfalls zu den Klassifikationssystemen. Der EuGH stellte in seiner Entscheidung *Libertel* ausdrücklich klar, dass für die Darstellung von Farben auf die Farbcodes von international anerkannten Farbklassifikationssystemen zurückgegriffen werden kann.[603] Aus diesem Grund besteht zunächst einmal grundsätzlich die Möglichkeit, auch für die Darstellung von Geschmackswahrnehmungen diese Form der Wiedergabe zu nutzen. Ein international oder national anerkanntes Klassifikationssystem für Geschmackseindrücke existiert jedoch nicht. Wegen der Vielzahl an Geschmackseindrücken und insbesondere ihrer subjektiven Wahrnehmung ist zu bezweifeln, dass ihre Klassifizierung innerhalb eines einheitlichen Systems überhaupt realisierbar ist. Da Geschmacksräder in der Praxis dennoch häufig Verwendung finden, um eine Geschmackswahrnehmung zu charakterisieren, wird nachfolgend auf sie und ihre Funktionsweise eingegangen. Es stellt sich die Frage, ob sie die Eigenschaften besitzen, als internationales Klassifikationssystem anerkannt zu werden oder ob dies bereits wegen ihrer Funktionsweise nicht in Betracht kommt.

Durch die Angaben im Geschmacksrad soll der Betrachter auf einen Blick den Geschmack eines Produktes erkennen können. Der Nutzer arbeitet sich hierbei von der übergeordneten inneren Klassifizierung nach außen, um im Anschluss den Geschmack klassifizieren zu können. Er schmeckt etwas und ordnet es anschließend den vorgegebenen Begriffen zu. Im Register könnte ein Geschmacksrad abgebildet werden, in dem der zu verfolgende Pfad bereits kenntlich gemacht wurde, um den geschützten Geschmack darzustellen. Allein die Funktionsweise lässt jedoch erkennen, dass sie nicht als adäquates Darstellungsmittel in Betracht kommen konnte. Sie stellt nicht sicher, dass der Verkehr den geschützten Geschmack eindeutig erkennen und identifizieren kann. Darüber hinaus ist problematisch, dass ein Geschmacksrad nicht universell einsetzbar ist. Sein Anwendungsbereich beschränkt sich auf bestimmte Nahrungs- und

603 EuGH GRUR 2003, 604, 606 (Rz. 32 ff.) – Libertel.

Genussmittel wie Schokolade[604], Kaffee[605], Wein[606] oder Whisky[607]. Es ist zudem ausgeschlossen, dass sich alle Geschmackswahrnehmungen in dieser Form darstellen lassen. Ihr Anwendungsbereich ist daher stark begrenzt und deckt nur einen Bruchteil von Geschmacksrichtungen ab. Ferner existiert auch kein einheitlicher und allgemein anerkannter Standard für ihren Aufbau. Die Klassifizierungen innerhalb der Räder können somit je nach Anbieter variieren.

Zentrales Argument gegen den Einsatz solcher Geschmacksräder ist jedoch, dass auch sie ausschließlich an die subjektive Sinneswahrnehmung anknüpfen. Sie verbalisieren den (vermeintlich) empfundenen Geschmack. Im Ergebnis handelt es sich daher wieder um den Versuch, Geschmackswahrnehmungen verbal zu beschreiben. Diese Darstellungsform genügte – wie darstellt – jedoch nicht den Anforderungen an eine grafische Darstellung i.S.v. § 8 Abs. 1 MarkenG a.F.

(c) Abbildung eines Lebensmittels/Getränks

Wie bei Geruchsmarken kam auch bei Geschmacksmarken die Abbildung des Lebensmittels als grafisches Darstellungsmittel in Betracht, bei dessen Verzehr der zu schützende Geschmack freigesetzt wird. Im Ergebnis erfüllte jedoch auch diese Darstellungsmethode nicht die Voraussetzungen des § 8 Abs. 1 MarkenG a.F., da sie sich jeder Klarheit, Eindeutigkeit und Objektivität entzog. Die Ausführungen zur Geruchsmarke gelten hier entsprechend.[608]

(d) Angabe eines Kochrezepts

Für die grafische Darstellung von Geschmackseindrücken kommt ebenfalls die Angabe eines entsprechenden Kochrezepts in Betracht. Im Ergebnis ist jedoch festzuhalten, dass sich die Angabe eines Kochrezeptes mangels klarer, eindeutiger und objektiver Zeichenwiedergabe nicht eignete, Geschmacksmarken i.S.v. § 8 Abs. 1 MarkenG a.F. grafisch darzustellen. Wie auch bei Geruchsmarken

---

604 Aromarad des Schweizer Schokoladenherstellers Felchlin: http://www.nobile-cioccolato.ch/fileadmin/pdf/Dokumente/Eine_Anleitung_zum_Schoggi_Genuss.pdf, zuletzt abgerufen am 11.04.2019.

605 Geschmacksrad der SCAA: https://sca.coffee/research/coffee-tasters-flavor-wheel/, zuletzt abgerufen am 11.04.2019.

606 Wein-Aromarad des deutschen Weininstituts für Weiß- und Rotwein: https://www.deutscheweine.de/wissen/wein-probieren/weinaromen/, zuletzt abgerufen am 11.04.2019.

607 Geschmacksrad für Whisky des Whisky Club Luebben: http://www.whisky-club-luebben.de/aromarad.pdf, zuletzt abgerufen am 11.04.2019.

608 Siehe hierzu Kapitel 4 F II 4 e) aa) (1) (c).

ist das Resultat und somit der Geschmack trotz der Angabe eines detaillierten Kochrezepts von zu vielen Unklarheiten und unbeeinflussbaren Faktoren abhängig, die einer rechtssicheren Zeichenwiedergabe entgegenstehen.[609]

(e) Angabe der Beschaffungsadresse einer hinterlegten Geschmacksprobe

An dieser Stelle kann gleichfalls auf die Ausführungen zur Geruchsmarke verwiesen werden, da sich diese Darstellungsmethode aus denselben Gründen nicht eignete, einen Geschmack i.S.v. 8 Abs. 1 MarkenG a.F. grafisch darzustellen.[610] Zudem stellte sich das Problem, dass die hinterlegte Geschmacksprobe nicht unerschöpflich ist, ähnlich der Verflüchtigung eines Geruchsstoffes. Es fehlte bereits deshalb an der erforderlichen Dauerhaftigkeit des Darstellungsmittels.

(2) Die grafische Darstellung des Substrats durch Angabe einer chemischen Formel

Auch in diesem Fall kann auf die Ausführungen zur Geruchsmarke Bezug genommen werden.[611] Die Angabe einer chemischen Formel kam daher ebenfalls nicht als adäquates Darstellungsmittel i.S.v. § 8 Abs. 1 MarkenG a.F. in Betracht. Zudem ist zu berücksichtigen, dass die Reproduktion von Geschmacksstoffen, wenn sie sich überhaupt ermitteln lassen, nur unter enormem Aufwand möglich ist.[612]

(3) Die Kombination mehrerer Surrogate

Ferner ließ sich ein Geschmack auch nicht durch die Kombination mehrerer Darstellungsmethoden entsprechend den *Sieckmann*-Kriterien grafisch darstellen. Als kombiniertes Darstellungsmittel kam die Angabe der chemischen Strukturformel und der wörtlichen Beschreibung in Betracht, wie auch schon bei der Geruchsmarke.[613] Der unverhältnismäßige Reproduktionsaufwand führte auch in diesem Fall zur Versagung ihrer Anerkennung als adäquates Darstellungsmittel i.S.v. § 8 Abs. 1 MarkenG a.F.

---

609 Siehe hierzu Kapitel 4 F II 4 e) aa) (1) (d).

610 Siehe hierzu Kapitel 4 F II 4 e) aa) (1) (e).

611 Siehe hierzu Kapitel 4 F II 4 e) aa) (2).

612 Vgl. *Sessinghaus*, S. 65 mit anderem Ergebnis. Nach *Sessinghaus* ist diese Darstellungsform zulässig, sofern eine prozentuale Komponentenangabe i.V.m. dem Verfahren zur Herstellung des jeweiligen Geschmacks angegeben wird.

613 Siehe Kapitel 4 F II 4 e) bb).

bb) Zusammenfassung

Wie auch für Geruchsmarken stellte das Erfordernis der grafischen Darstellbarkeit eine unüberwindbare Hürde hinsichtlich der Registereintragung von Geschmacksmarken dar.

Wirtschaftsteilnehmern war es somit nicht möglich, einen Geschmack registerrechtlich schützen zu lassen. Angesichts der stark begrenzten Einsatzmöglichkeit von Geschmacksmarken stellt sich jedoch gleichzeitig die Frage, ob diese Markenform für Wirtschaftsteilnehmer überhaupt von Interesse ist. In Deutschland wurde, soweit ersichtlich, noch kein Versuch untergenommen einen Geschmack markenrechtlich schützen zu lassen und auch auf europäischer Ebene ist man hinsichtlich der Anmeldung von Geschmacksmarken zurückhaltend. Auch wenn dies den gegenwärtigen Stand widerspiegelt, ist es dennoch begrüßenswert, dass Geschmacksmarken grundsätzlich dem markenrechtlichen Schutz zugänglich sind, vor allem, da nicht ausgeschlossen werden kann, dass sie zu einem bestimmten Zeitpunkt alle Voraussetzungen für ihre Eintragung erfüllen. Ob dies bereits mit Wegfall des Erfordernisses der grafischen Darstellbarkeit eingetreten ist, wird im sechsten Kapitel dieser Arbeit erörtert.[614]

Festzuhalten bleibt, dass infolge der Komplexität und der Vielfalt an Geschmacksrichtungen eine hinreichend bestimmte Zeichendarstellung unter der Voraussetzung der grafischen Darstellbarkeit nicht möglich war, die eine eindeutige Identifizierbarkeit des Schutzgegenstandes sicherstellte. Das Erfordernis der grafischen Darstellbarkeit entfaltete somit im Hinblick auf Geschmacksmarken eine restriktive Wirkung.

g) Die Tastmarke

Tastmarken (haptische Marken) sind Marken, die ausschließlich durch Erfühlen wahrgenommen werden. Ihr Schutzgegenstand ist daher visuell nicht wahrnehmbar, sondern wird nur durch den menschlichen Tastsinn, d.h. durch Überstreichen, Drücken, Umfassen oder durch das Nachfahren von Konturen erfasst.[615] In der Praxis wird bei Waren auf haptische Merkmale häufig aus Gründen der Ergonomie oder der Arbeitssicherheit zurückgegriffen,[616] so z.B. in Form einer Gummibeschichtung an Werkzeugen oder Schreibgeräten, um

---

614 Siehe Kapitel 6 D III 5 c).

615 *Sieckmann*, WRP 2002, 491, 496; DPMA, Richtlinien zur Prüfung von Markenanmeldungen und Registerführung, Stand 01.08.2018, S. 21.

616 *Sieckmann*, WRP 2002, 491, 496.

bei Betrieb nicht abzurutschen.[617] Ferner dienen haptische Elemente der Kennzeichnung von Waren für Menschen mit Sehbehinderung.[618]

Lange Zeit war ihre Schutzfähigkeit in Deutschland umstritten.[619] Im Jahr 2006 stellte der BGH in seiner Grundsatzentscheidung *Tastmarke* klar, dass auch ein über den Tastsinn wahrnehmbares Zeichen Marke sein kann, sofern es die hierfür notwenigen Voraussetzungen erfüllt.[620] Welche Anforderungen an die grafische Darstellbarkeit i.S.v. § 8 Abs. 1 MarkenG a.F. zu stellen waren, wird nachfolgend erörtert.

aa) Anforderungen an die grafische Darstellung von Tastmarken

Als visuell nicht wahrnehmbares Zeichen kam für die grafische Darstellung von Tastmarken nur eine mittelbare Wiedergabe in Betracht. Der ausschließlich über den Tastsinn wahrnehmbare Schutzgegenstand musste visuell sichtbar gemacht werden. Hierfür kamen zwei Anknüpfungspunkte in Betracht: entweder die grafische Darstellung des Tasteindrucks oder die Darstellung des Wahrnehmungsobjekts, dessen Berührung die Sinnesempfindung ausgelöst.

(1) Tastmarke – Grundsatzentscheidung des BGH zur grafischen Darstellbarkeit von Tastmarken

Der BGH stellte in seiner Grundsatzentscheidung ausdrücklich fest, dass dem Erfordernis der grafischen Darstellbarkeit entsprochen wird, wenn ein Gegenstand, der einen bestimmten Wahrnehmungsvorgang auslöst, objektiv hinreichend genau und bestimmt dargestellt wird.[621] Damit beendete er eine andauernde Rechtsunsicherheit hinsichtlich der Frage, ob Tastmarken eintragungsfähig waren oder ob ihnen mangels grafischer Darstellungsmöglichkeiten der registerrechtliche Schutz zu versagen war.[622] Er ließ jedoch offen, wie eine rechtskonforme Darstellung zu erfolgen hatte. In der Entscheidung *Tastmarke*

---

617 *Sieckmann*, WRP 2002, 491, 496.

618 *Sieckmann*, WRP 2002, 491, 496.

619 Siehe u.a. BPatG GRUR 2005, 750 – Tastmarke; das BPatG hielt Tastmarken für nicht schutzfähig. Die Entscheidung wurde durch die BGH-Entscheidung *Tastmarke* aufgehoben, GRUR 2008, 348 – Tastmarke.

620 So BGH GRUR 2007, 148, 150 (Rz. 12) – Tastmarke, die Vorinstanz (BPatG, GRUR 2005, 770 – Tastmarke) verneinte die Eintragungsfähigkeit mangels grafischer Darstellbarkeit.

621 BGH GRUR 2007, 148 – Tastmarke.

622 So noch BPatG GRUR 2005, 770 – Tastmarke, aufgehoben durch BGH GRUR 2007, 148 – Tastmarke.

begehrte die Markenanmelderin die Eintragung einer Tastmarke für einen Teil der Verkleidung eines Kraftfahrzeugsitzes. Sie fügte ihrer Anmeldung nebst Beschreibung drei Abbildungen aus unterschiedlichen Perspektiven bei, die das Wahrnehmungsobjekt zeigten.[623]

Ferner stellte der BGH klar, dass auch eine Kombination aus Beschreibung und bildlicher Darstellung die Anforderungen an eine grafische Darstellung erfüllen kann. Erforderlich war, dass das weitere Darstellungsmittel zusätzliche Informationen enthielt, die notwendig waren, damit sie in ihrer Gesamtheit der Voraussetzung der grafischen Darstellbarkeit genügten.[624] Anders als der EuGH in seiner *Sieckmann*-Entscheidung erkannte der BGH ausdrücklich die Kombination mehrerer Darstellungsmittel als adäquate Darstellungsmethode an und vertrat damit die auch in dieser Arbeit bevorzugte Auffassung. Da der BGH jedoch offenließ, welche Darstellungsmethode im Konkreten die Anforderungen i.S.v. § 8 Abs. 1 MarkenG a.F. erfüllte, ist dies nachfolgend zu erörtern.

(2) Darstellung des Wahrnehmungsobjektes

Der BGH stellte in seiner Entscheidung *Tastmarke* ausdrücklich klar, dass die hinreichend bestimmte Darstellung des Gegenstandes, von dem die Sinneswahrnehmung ausgeht, ausreichte, um dem Erfordernis der grafischen Darstellbarkeit i.S.v. § 8 Abs. 1 MarkenG a.F. zu genügen. Nachfolgend ist daher zu erörtern, welche Darstellungsmethoden sich hierfür eigneten.

(a) Die Darstellung der Oberflächenstrukturen von körperlichen Gegenständen

Die Oberflächenstruktur von körperlichen Gegenständen ist neben der Produktform maßgeblich für die haptische Sinneswahrnehmung. Durch den unmittelbaren Kontakt der Finger bzw. der Fingerkuppen oder auch der Lippen mit der Oberflächenstruktur eines Gegenstandes nimmt der Fühlende diese wahr. Der gewonnene Tasteindruck ist Schutzgegenstand der Tastmarke. Es ist jedoch äußerst zweifelhaft, ob die Oberflächenstruktur des Gegenstandes so bildlich bzw. fotografisch dargestellt werden kann, dass der Betrachter auf den konkreten haptischen Eindruck schließen kann.[625] Nicht von der Hand zu weisen ist, dass

---

623 Siehe BGH GRUR 2007, 148 f. – Tastmarke

624 Siehe BGH GRUR 2007, 148, 150 (Rz. 17) – Tastmarke.

625 Vgl. *Ingerl/Rohnke* 2. Aufl., § 8 Rn. 108; in der 3. Aufl. weisen *Ingerl/Rohnke* darauf hin, dass die Darstellung der Oberflächenbeschaffenheit häufig nicht hinreichend eindeutig genug ist, um den Anforderungen der grafischen Darstellbarkeit zu genügen, siehe

durch eine (Spezial-)Fotografie die Oberflächenstruktur um ein Vielfaches vergrößert dargestellt werden kann. Bei Frontalfotografien besteht jedoch stets das Risiko, dass die Abbildung nur einen unzureichenderen Eindruck von Tiefe und Struktur vermittelt. Für die fotografische Darstellung besonders feiner Strukturen muss daher mit einer sehr starken Vergrößerung gearbeitet werden, um die Besonderheiten der jeweiligen Struktur bildlich sichtbar zu machen. Von der Literatur wird zudem die Angabe eines Vergrößerungsfaktors gefordert, um die Größenverhältnisse der Struktur richtig einordnen zu können.[626] Eine derartige Fotografie der (vergrößerten) Oberflächenstruktur versetzt den Verkehr jedoch nicht in die Lage, das bei Berührung tatsächlich empfundene Gefühl nachzuempfinden.[627] Die Vorstellung alleine, wie die Gefühlsempfindung zu sein hat, wenn man die dargestellte Oberflächenstruktur tatsächlich berühren würde, reicht nicht aus, um dem vormals bestehenden Erfordernis der grafischen Darstellbarkeit i.S.v. § 8 Abs. 1 MarkenG a.F. zu genügen. Dieses subjektive Vorstellungsbild entzieht sich jeglicher Objektivität. Hieran mag auch eine ergänzende Beschreibung nichts ändern. Darüber hinaus ist auch der Aufwand, der für die eindeutige Identifizierung des Schutzgegenstandes betrieben werden müsste, unverhältnismäßig bis nicht realisierbar. Die dargestellte Oberflächenstruktur müsste stets originalgetreu reproduziert werden. Ein solches Vorhaben gestaltet sich jedoch in vielerlei Hinsicht als problematisch. Zunächst müsste das Register Informationen enthalten, aus welchem Material die Oberflächenstruktur ist sowie eine „Anleitung" zur Rekonstruktion. Ohne diese Informationen ist der Nachbau einer detailgetreuen Rekonstruktion bereits in der Theorie undenkbar, da es gerade für die haptische Wahrnehmung auf alle Feinheiten ankommt. Betrachtet man dieses Vorhaben von der praktischen Seite aus, wird schnell klar, dass ein solches Vorgehen dem Verkehr nicht zugemutet werden kann.

Diese Einschätzung steht auch im Einklang mit der Rechtsprechung des HABM. In der Entscheidung *Embossed pattern on a smooth bottle surface* vertrat auch die Zweite Beschwerdekammer des HABM die Ansicht, dass ein Bild der vergrößerten Oberflächenstruktur den Verkehr nicht in die Lage versetzt, den Schutzgegenstand, also die haptische Wahrnehmung, mit Sicherheit zu identifizieren.[628] Nach Auffassung des HABM fehlte es einer solchen Darstellung an

---

Ingerl/Rohnke, § 8 Rn. 106; *Chudziak*, MarkenR 2012, 181, 190; kritisch hierzu: *Möller*, S. 178; *Sieckmann*, WRP 2002, 491, 496.

626 *Möller*, S. 178; *Sieckmann*, WRP 2002, 491, 496.

627 *Guth*, MittdPatA 2003, 97, 99.

628 HABM, 27.5.2015 – R 2588/2014-2, S. 8 f. (Rz. 21) – Embossed pattern on a smooth bottle surface (Tactile Mark).

der geforderten Klarheit und Verständlichkeit.[629] In dem Verfahren beabsichtigte die Markenanmelderin die Eintragung der haptischen Wahrnehmung, die zu spüren war, wenn mit den Fingern über ein bestimmtes Prägemuster auf einer ansonsten glatten Oberfläche gefahren würde. Dieses sollte sich auf einer Flasche befinden. Der Anmeldung war eine vergrößerte Darstellung der Flaschenform beigefügt, die in erster Linie das Prägemuster zeigte sowie die nachfolgende Beschreibung:

> *„Die Marke besteht aus dem taktilen Gefühl, das durch das aufgedruckte Prägemuster auf der ansonsten glatten Flaschenoberfläche wahrgenommen wird“.*[630]

Aus bereits geschilderten Erwägungen eignete sich auch diese Kombination aus Abbildung des Wahrnehmungsobjektes nebst Beschreibung nicht, den Schutzgegenstand in der erforderlichen Klarheit, Eindeutigkeit und insbesondere der erforderlichen Objektivität wiederzugeben. Es überzeugt jedoch nicht, dass das HABM auf die Verständlichkeit abstellte, da die streitgegenständliche Darstellungsmethode für den Verkehr verständlich ist. Aus ihr geht unzweifelhaft hervor, dass die haptische Wahrnehmung Schutzgegenstand sein soll, die der Fühlende wahrnimmt, wenn er das dargestellte Prägemuster berührt.

Im Ergebnis ist dennoch festzuhalten, dass aus oben genannten Gründen die Darstellung der Oberflächenstruktur von körperlichen Gegenständen keine adäquate Darstellungsmethode i.S.v. § 8 Abs. 1 MarkenG a.F. war.

(b) Die Darstellung von Schriftzügen & Logos

Neben körperlichen Gegenständen können auch Schriftzüge und Logos, die sich von ihrer planen Umgebung abheben durch Berührung mit den Fingerkuppen haptisch wahrgenommen werden. Deshalb können sie ebenfalls ein tauglicher, die Sinneswahrnehmung auslösender Gegenstand sein.

Die wohl bekannteste Schriftart, die sich von der planen Umgebung abhebt und durch Berührung gelesen wird, ist die Brailleschrift als eine Form von Blindenschrift. Die einzige in Deutschland eingetragene Tastmarke ist eine solche. Der Kräuterlikörhersteller *Underberg* ließ 2004 den Namen „Underberg“ in Brailleschrift schützen.[631] Als grafische Darstellung reichte der Kräuterlikörhersteller

629 HABM, 27.5.2015 – R 2588/2014-2, S. 9 (Rz. 22) – Embossed pattern on a smooth bottle surface (Tactile Mark).

630 HABM, 27.5.2015 – R 2588/2014-2, S. 4 (Rz. 3) – Embossed pattern on a smooth bottle surface (Tactile Mark).

631 Registernummer DE 30259811.

eine zweidimensionale Abbildung des Brailleschriftzuges ein.[632] Die erfolgreiche Eintragung lässt darauf schließen, dass sich Blindenschriftmarken unter Geltung des § 8 Abs. 1 MarkenG a.F. grafisch darstellen ließen. Bei genauer Betrachtung des Registerauszugs fällt jedoch auf, dass die Marke als Bildmarke angemeldet und eingetragen wurde. Es ist daher fraglich, ob das DPMA bei der Prüfung des Vorliegens der Eintragungsvoraussetzungen den richtigen Maßstab – nämlich den für Tastmarken – angewandt hat. Unabhängig davon stellt sich die grundlegende Frage, ob die Eintragung von Blindenschrift als Tastmarke überhaupt erforderlich für den Erhalt eines Ausschließlichkeitsrechts ist oder ob nicht hierfür die Eintragung der Marke als klassische Wortmarke genügt. Dieser grundlegenden Frage ist zunächst nachzugehen. Um sie beantworten zu können, ist maßgeblich der Zweck von Blindenschrift bzw. der *Brailleschrift* zu berücksichtigen.

Die *Brailleschrift* ist eine international anerkannte Schriftart für Blinde.[633] Die einzelnen Erhebungen werden durch Berührung in Buchstaben bzw. Wörter umgewandelt, sodass die Erhebungen eine Art Code sind. Er ermöglicht es Menschen mit Sehbehinderung, das auf dieser Weise dargestellte Wort in klarer, eindeutiger, in sich abgeschlossener, objektiver und dauerhafter Weise zu entziffern bzw. zu lesen. Dem Grunde nach ist deshalb davon auszugehen, dass die Darstellungsmethode die *Sieckmann*-Kriterien erfüllt. Allenfalls fraglich ist, ob die Darstellungsmethode dem Erfordernis der Verständlichkeit genügt, da nur eine begrenzte Anzahl an Menschen imstande ist, Blindenschrift zu lesen und so den Schutzgegenstand zu identifizieren. Nach der hier vertretenen Auffassung genügt es, wenn eine fachkundige Person imstande ist, die Marke korrekt zu erfassen, da nur so der registerrechtliche Bestimmtheitsgrundsatz gewahrt werden kann.[634] Das Verständlichkeitserfordernis ist hier somit auch erfüllt. Um eine potenzielle Markenrecherche zu erleichtern, sollte ferner das geschützte Wort bzw. die geschützte Wortfolge in lateinischer Schrift wiedergeben werden.

Wie einleitend erwähnt, ist jedoch fraglich, ob überhaupt eine Notwendigkeit besteht, Schriftzüge, Firmenlogos o.a. in *Brailleschrift* als Tastmarke schützen zu lassen oder ob nicht die Eintragung als traditionelle Wortmarke für den Erhalt eines Ausschließlichkeitsrechts an dem jeweiligen Zeichen genügt. Nach der hier vertretenen Auffassung ist Letzteres der Fall, da die Blindenschrift ein System

---

632 Vgl. Registerauszug der Marke mit der Registernummer DE 30259811.

633 *Aldridge*, Deutscher Blinden- und Sehbehindertenverband e.V., https://www.dbsv.org/braille-international.html, zuletzt abgerufen am 29.03.2019.

634 Siehe hierzu Kapitel 4 E.

ist, das Blinden das Lesen ermöglicht. Sie dient ausschließlich der Übersetzung von Buchstaben, Zeichen und Wörtern in eine bestimmte Form. Sie ermöglicht es Menschen mit einer Sehbeeinträchtigung, an dem täglich stattfindenden Informationsaustausch teilzunehmen, der regelmäßig in Form von Zeichen und Schrift erfolgt. Allein schon wegen ihrer Funktion ist die Anmeldung einer Tastmarke, deren Schutzgegenstand Wörter oder Buchstaben in *Brailleschrift* sind, nicht erforderlich. Für den Erwerb eines Ausschließlichkeitsrechts an einem Zeichen reicht die Eintragung in Form einer traditionellen (Wort-)Marke aus.

(c) Die verbale Beschreibung des Wahrnehmungsobjektes

Als weitere Darstellungsmethode ist kurz auf die Beschreibung des Wahrnehmungsobjektes einzugehen. Bei dieser Methode werden die maßgeblichen Eigenschaften des Wahrnehmungsobjektes beschrieben. Der BGH wies in der Entscheidung *Tastmarke* darauf hin, dass in solchen Fällen von einer objektiv hinreichend bestimmten Beschreibung auszugehen ist, wenn Angaben hinsichtlich der Größenverhältnisse, der Vertiefungen und Erhebungen des Gegenstandes sowie ihrer Anordnung zueinander gemacht werden.[635] Nach der hier vertretenen Auffassung ist dies nicht der Fall. Auch eine solche Beschreibung bemüht gleich in mehreren Hinsichten die subjektive Vorstellung des Betrachters. Zum einen, wie die Oberfläche zu sein hat, und zum anderen, welcher Tasteindruck durch ihre Berührung ausgelöst und wahrgenommen wird. Die Identifizierung des Schutzgegenstands ist deshalb maßgeblich von der subjektiven Vorstellungskraft bestimmt. Somit lagen die Voraussetzungen des § 8 Abs. 1 MarkenG a.F. nicht vor.

(d) Angabe der Beschaffungsadresse eines hinterlegten Musters

Wie bei Geruchs- und Geschmacksmarken kommt auch bei Tastmarken die Angabe einer Beschaffungsadresse als weitere Darstellungsmethode in Betracht, bei der das hinterlegte Muster der Oberflächenstruktur bezogen werden kann. Auch hier kann auf die Ausführungen zur Geruchsmarke verwiesen werden.[636] Die Angabe der Beschaffungsadresse eines hinterlegten Musters eignete sich daher nicht, um einen Tasteindruck i.S.v. § 8 Abs. 1 MarkenG a.F. grafisch darzustellen.

---

635 BGH GRUR 2007, 148, 150 (Rz. 14) – Tastmarke.

636 Siehe Kapitel 4 F II 4 e) aa) (1) (g).

(3) Darstellung des Sinneseindrucks

Neben der Darstellung des die Sinneswahrnehmung auslösenden Wahrnehmungsobjektes lässt sich auch der Tasteindruck als solches grafisch darstellen. In Betracht kommt jedoch allenfalls eine grafische Darstellung durch Beschreibung des Sinneseindruckes. Der BGH hat in der Sache *Tastmarke* mangels Erheblichkeit offen gelassen, ob eine Beschreibung des Tasteindrucks eine adäquate Darstellungsmethode i.S.v. § 8 Abs. 1 MarkenG a.F. war. [637] Daher ist dies nachfolgend zu untersuchen.

Im Rahmen dessen ist zunächst zu berücksichtigen, dass der wahrgenommene Tasteindruck von persönlichen Faktoren der jeweils fühlenden Person abhängig ist. Selbst „Durchschnittsmenschen“ können gleiche Berührungen unterschiedlich empfinden, da die haptische Wahrnehmung ausschließlich auf subjektiven Faktoren beruht. Zu den äußeren subjektiven Faktoren gehören z.B. die Tastsensibilität oder die Wahl der Körperstelle, an der Sinneswahrnehmung erfolgt.[638] Zu den inneren Faktoren zählen die Vorbildung, die aktuelle Stimmung des Fühlenden, aber auch die mentale Verarbeitung des Tasteindrucks.[639] Angesichts dieser individuellen Eigenschaften besteht die Gefahr, dass die gewonnenen Sinneseindrücke unterschiedlich aufgenommen, verarbeitet und dementsprechend auch anschließend auf unterschiedlichste Weise verbalisiert werden.[640] Erschwerend kommt die Vielzahl an Adjektiven hinzu, die sich zur Beschreibung einer Sinneswahrnehmung eignen. Adjektive wie „weich“, „samtig“, „kalt“, „rau“, „glatt“, „nass“, „trocken“, „klebrig“, „vibrierend“ oder „schleimig“ sind nur eine kleine Auswahl von Adjektiven, mit denen ein gewonnener Tasteindruck beschrieben werden kann.[641] Ferner ist zu berücksichtigen, dass sich nicht jeder Tasteindruck durch eine wörtliche Beschreibung ausdrücken lässt.[642] Im Ergebnis ist daher festzuhalten, dass ein Tasteindruck nicht objektiv beschrieben werden kann. Mangels Objektivität genügte diese Darstellungsmethode also nicht dem Erfordernis der grafischen Darstellbarkeit, da stets an dem subjektiven Empfinden des Wahrnehmenden auf Basis seiner individuellen

637 BGH GRUR 2007, 148, 150 (Rz. 16) – Tastmarke.

638 Vgl. auch *Möller*, S. 167.

639 Vgl. auch *Möller*, S. 167.

640 *Bahner*, S. 97; *Eisenführ*, MittdPat 2006, 412, 418; *Lewalter/Schrader*, GRUR 2005, 476, 479; *Möller*, S. 167.

641 Ströbele/Hacker/Thiering/*Miosga*, § 3 Rn. 82.

642 *Fezer*, § 3 Rn. 485; *Guth*, MittdPat 2003, 97, 99; *Chudziak*, MarkenR 2012, 181, 190.

Erfahrung mit haptischen Eindrücken angeknüpft wird.[643] So wird auch in weiten Teilen der Literatur die Ansicht vertreten, dass die Beschreibung des Tasteindrucks keine adäquate Darstellungsmethode darstellte.[644]

Auch das BPatG lehnte in zwei Entscheidungen die wörtliche Beschreibung als zulässige Darstellungsmethode unter der Voraussetzung der grafischen Darstellbarkeit ab. In der Entscheidung *Tastmarke* führte das BPatG aus, dass eine verbale Beschreibung des durch das Objekt ausgelösten haptischen Eindrucks nicht mehr als eine individualisierte Momentaufnahme sei, die für Dritte weder objektivierbar noch reproduzierbar sei.[645] An dieser Rechtsauffassung hielt das BPatG auch in einer zweiten Entscheidung fest. Der Markenanmelder begehrte die Eintragung einer Tastmarke für Getränke und beschrieb den Tasteindruck als *„Das raue Gefühl von feinem Sandpapier"* um dem Erfordernis der grafischen Darstellbarkeit zu genügen. Das BPatG verneinte das Vorliegen der Voraussetzung der grafischen Darstellbarkeit mangels Objektivität der Darstellungsmethode und begründete seine Entscheidung damit, dass die Angabe „rau" stets auf einem subjektiven Empfinden beruhe, welches immer von der individuellen Erfahrung des Fühlenden abhängig sei.[646] Darüber hinaus sei der Begriff *„feines Sandpapier"* angesichts der Vielzahl an Körnungsgraden zu unbestimmt.[647]

Dem ist sich anzuschließen. Eine wörtliche Beschreibung des Tasteindrucks genügte daher nicht dem Erfordernis der grafischen Darstellbarkeit i.S.v. § 8 Abs. 1 MarkenG a.F.

---

643 BPatG GRUR 2008, 348, 349 – Tastmarke; so auch schon *Guth*, MittdPat 2003, S. 97, 99.

644 *Fezer*, § 3 Rn. 486; *Guth*, MittdPat 2003, 97, 99; *Eisenführ*, MittdPat 2006, 413, 418; *Hofmann*, S. 228.

645 BPatG GRUR 2005, 770 – Tastmarke. Die Entscheidung wurde durch die Tastmarken-Entscheidung des BGH aufgehoben, siehe BGH GRUR 2007, 148 – Tastmarke. Mangels Erheblichkeit hinsichtlich der Frage, ob auch die Beschreibung des Tasteindrucks eine adäquate Darstellungsmethode sein kann, ließ der BGH die Frage unbeantwortet.

646 BPatG GRUR 2008, 348, 349 – Tastmarke

647 BPatG GRUR 2008, 348, 349 – Tastmarke. Der Anmelder reichte zudem im Erinnerungsverfahren die Beschreibung ‚Das raue Gefühl von feinem Sand- oder Schleifpapier' mit einem Körnungsgrad P 100 nach der Norm DIN ISO 6344-2 ‚Schleifmittel auf Unterlagen – Korngrößenanalyse, Teil 2: Bestimmung der Korngrößenverteilung der Makrokörnungen P 12 bis P 220' ein, sodass das BPatG zu überprüfen hatte, ob das Zeichen aufgrund der Bezugnahme auf den den Wahrnehmungsvorgang auslösenden Gegenstand die Anforderungen an die grafische Darstellbarkeit erfüllt, ließ die Frage jedoch offen, da dem Zeichen zumindest die Unterscheidungskraft gem. § 8 Abs. 2 Nr. 1 MarkenG abzusprechen sei.

bb) Zusammenfassung

Wie auch für Geruchs- oder Geschmacksmarken stellte das Erfordernis der grafischen Darstellbarkeit eine unüberwindbare Hürde für die Eintragung von Tastmarken dar.

Zwar ist in Deutschland die Bezeichnung „Underberg“ in *Brailleschrift* markenrechtlich geschützt, jedoch wurde die Marke nicht als Tastmarke, sondern als Bildmarke eingetragen. Es ist daher fraglich, ob das DPMA seiner Prüfung hinsichtlich des Vorliegens der Eintragungsvoraussetzungen den richtigen Maßstab (nämlich den für Tastmarken) zugrunde gelegt hatte. Darüber hinaus ist nach der hier vertretenen Auffassung die Eintragung von Marken in *Brailleschrift* wegen ihrer Übersetzungsfunktion in eine Form, die es Blinde ermöglicht, am schriftlichen Informationsaustausch teilnehmen zu können, nicht erforderlich. Für den Erwerb eines Ausschließlichkeitsrechts an einem Zeichen reicht die Eintragung in Form einer traditionellen (Wort-)Marke aus.

Die Eintragung „klassischer“ Tastmarken scheiterte hingegen regelmäßig an dem Erfordernis der grafischen Darstellbarkeit, sodass diese für die Eintragung von Tastmarken eine restriktive Wirkung entfaltete.[648] Im Sinne der vormals bestehenden rechtlichen Vorgaben ließ sich weder das Wahrnehmungsobjekt, von dem die Sinneswahrnehmung ausgeht, hinreichend bestimmt genug darstellen, noch der Tasteindruck selbst. Wirtschaftsteilnehmern war es somit nicht möglich, haptische Wahrnehmungen registerrechtlich schützen zu lassen. Für Tastmarken kann daher die Erweiterung der Darstellungsmöglichkeiten von besonderem Interesse sein. Ob die Streichung des Erfordernisses tatsächlich zu einer Eintragungserleichterung und somit einer Besserstellung der Tastmarken führte, wird im sechsten Kapitel dieser Arbeit erörtert.[649]

G. Zusammenfassung – Das Erfordernis grafische Darstellbarkeit

Das Erfordernis der grafischen Darstellbarkeit war eine Eintragungsvoraussetzung, die ihren Ursprung in einer Zeit hatte, in der das Markenregister noch als eine zweidimensionale Zeichenrolle geführt wurde und dem Markenschutz

---

648 a. A.: *Hölk*, FS Ullmann, S. 248, wobei *Hölk* lediglich die mittelbare grafische Darstellbarkeit von Tastmarken bejaht, die sich auf sichtbare Merkmale von Gegenständen beziehen. Demnach reiche eine deutliche und genaue Abbildung dieses Merkmals ggfs. ergänzt durch eine Beschreibung aus.

649 Siehe hierzu Kapitel 6 D III 5 d).

ausschließlich Wortmarken, Bildmarken oder eine Kombination hieraus zugänglich waren. Eine Erweiterung der potenziell schutzfähigen Zeichen fand mit der Einführung eines offenen Markenbegriffs statt. Fortan war jede denkbare Zeichenform eintragungsfähig – vorausgesetzt, alle hierfür erforderlichen Voraussetzungen lagen vor. Mit der Einführung eines offenen Markenbegriffs kam der Gesetzgeber dem Interesse der Wirtschaftsteilnehmer nach, nicht nur Zeichen markenrechtlich schützen zu lassen, die sich ihrem Wesen nach zweidimensional wiedergeben ließen. Dennoch musste gewährleistet sein, dass auch bei der Darstellung dieser sog. nicht traditionellen Markenformen der registerrechtliche Bestimmtheitsgrundsatz gewahrt wurde und ihre Darstellung die eindeutige Identifizierbarkeit sicherstellte. In diesem Zusammenhang spielte die *Sieckmann*-Entscheidung des EuGH eine zentrale Rolle. Der EuGH stellte klar, dass selbst visuell nicht wahrnehmbare Zeichen grafisch darstellbar und somit eintragungsfähig waren, sofern sie sich insbesondere mit Hilfe von Figuren, Linien oder Schriftzeichen so darstellen ließen, dass sie eindeutig identifiziert werden konnten. Mit der von ihm gewählten „insbesondere"-Formulierung überließ es der EuGH dem Markenanmelder, welches Darstellungsmittel er als eine adäquate mittelbare grafische Darstellung erachtete. Er konkretisierte jedoch, dass eine Darstellungsmethode das Erfordernis der grafischen Darstellung nur erfüllte, sofern sich der Schutzgegenstand anhand des Darstellungsmittels klar, eindeutig, in sich abgeschlossen, leicht zugänglich, verständlich, dauerhaft und objektiv darstellen ließe. Seither musste sich die grafische Darstellung an diesen als *Sieckmann*-Kriterien bekannt gewordenen Vorgaben messen lassen.

Wie die obigen Ausführungen zeigen, stellten die *Sieckmann*-Kriterien insbesondere für visuell nicht wahrnehmbare Zeichen eine unüberwindbare Hürde dar, da sie sich nicht i.S.v. § 8 Abs. 1 MarkenG a.F. grafisch darstellen ließen. Dies galt lediglich für Hörmarken nicht. Zu berücksichtigen ist jedoch, dass auch ihr Schutzbereich auf Tonfolgen und Melodien beschränkt war, da nur eine vollständige Notenschrift dem Erfordernis genügte. Geräusche hingegen ließen sich unter der Voraussetzung der grafischen Darstellbarkeit – nach der hier vertretenen Auffassung – zu Unrecht, nicht grafisch darstellen, da mit der am 15.10.2003 in Kraft getretenen Fünften Verordnung zur Änderung der Markenverordnung die Möglichkeit entfiel, ein Sonagramm als adäquates Darstellungsmittel einzureichen.[650]

650 Fünfte Verordnung zur Änderung der Markenverordnung vom 01.09.2003, BGBl. I S. 1701.

Im Ergebnis ist daher festzuhalten, dass das Erfordernis der grafischen Darstellbarkeit für einige Markenformen, insbesondere solche, die visuell nicht wahrnehmbar waren, eine restriktive Wirkung entfaltete, da keine denkbare (mittelbare) Darstellungsmethode dem strengen Anforderungskatalog der *Sieckmann*-Kriterien genügte. Hiervon ausgehend kann nunmehr untersucht werden, ob die Einführung flexibler Kriterien und damit einhergehend der Verzicht auf eine grafische Darstellung konkret zu einer Besserstellung bzw. Eintragungserleichterung einzelner Markenformen führte.

Kapitel 5 Die Anforderungen an die Zeichendarstellung in den USA – Eine rechtsvergleichende Betrachtung

Bevor untersucht wird, ob der Verzicht auf das Erfordernis der grafischen Darstellbarkeit zu einer Besserstellung bzw. Eintragungserleichterung einzelner Markenformen geführt hat, ist zunächst eine rechtsvergleichende Betrachtung mit den Anforderungen an die Zeichendarstellung in den USA vorzunehmen. Die USA sind für ihre liberale Eintragungspraxis bekannt, sodass die Frage zu klären ist, ob die dort anerkannten Darstellungsmethoden als adäquate Wiedergabeform auch für den europäischen bzw. deutschen Raum in Betracht kommen können.

A. Überblick über das angloamerikanische Markenrechtssystem

I. Die Rechtsquellen

Zum besseren Verständnis des US-Markenrechts ist zu Beginn ein kurzer Überblick über seinen Aufbau hilfreich. Das amerikanische Markenrecht beruht maßgeblich auf drei Säulen. Zwei der Säulen sind kodifiziertes Recht, während die dritte Säule das *Common Law* repräsentiert.

Im angloamerikanischen Rechtskreis werden Marken und ihre Inhaber sowohl auf Bundesebene als auch auf Ebene der einzelnen Bundesstaaten durch Gesetze geschützt. Die USA gehören damit zu den sog. Mehrrechtsstaaten.[651] Maßgebliches Gesetzeswerk auf Bundesebene ist der sog. Federal Trademark Act of 1946, auch bekannt als *Lanham Act*.[652] Der *Lanham Act* ist in *Chapter 22* des *Title 15* des United States Code (USC) in *Sections 1051–1127* kodifiziert. Als bedeutendste kodifizierte Rechtsquelle des US-Markenrechts ermöglicht der *Lanham Act* eine bundesweite Registrierung und Durchsetzung von Marken.[653]

651 *Sowade*, S. 9.

652 Benannt nach dem Abgeordneten Frederick Garland „Fritz" *Lanham*, der die Reformbemühungen des Abgeordneten Albert *Vestal* aus dem Jahr 1924 aufgriff und zur Vollendung brachte.

653 *Mielke*, S. 26.

Er kommt daher dem deutschen MarkenG vergleichsweise am nächsten, wobei sein sachlicher Anwendungsbereich hinter dem des deutschen Markenrechts zurücksteht.[654] Der im Vergleich zum deutschen Regelwerk verkürzte sachliche Anwendungsbereich ist v.a. auf den markenrechtlichen Schutz in den 50 einzelnen Bundesstaaten zurückzuführen. Markeninhabern werden durch die bundesstaatlichen Rechte eigene materielle Rechte für das jeweilige Gebiet verliehen.[655] Eine solche Koexistenz von nationalen und bundesstaatlichen markenrechtlichen Regelungen ist in Deutschland wegen der verfassungsrechtlich kodifizierten Gesetzgebungskompetenzen des Bundes und der Länder undenkbar. Gem. Art. 73 Nr. 9 GG liegt die ausschließliche Gesetzgebungskompetenz für die Bereiche „*Gewerblicher Rechtsschutz, Urheberrecht und Verlagsrecht*" beim Bund. Das Markenrecht zählt damit in Deutschland zu den gesamtstaatlichen Grundbelangen und -aufgaben, die nur einer einheitlichen Regelung zugänglich sind.[656] Sie unterliegen der Sperrwirkung von Art. 73 Nr. 9 GG. Kommt es im amerikanischen Recht zu Kollisionsfällen zwischen Bundes- und einzelstaatlichem Recht, gehen die bundesstaatlichen Regelungen vor.[657] Einzelstaatliche Regelungen dürfen zu keinem Zeitpunkt die Einhaltung von Bundesgesetzen gefährden bzw. ihre Zweckverfolgung unterlaufen.[658] Das dargestellte Verhältnis der kodifizierten Rechtsquellen zueinander ist eine Besonderheit des Mehrrechtsstaates, wie die USA einer sind.

Neben den kodifizierten Rechtsquellen ist im angloamerikanischen Rechtssystem das *Common Law* als weitere bedeutsame Rechtsquelle zu nennen. Im Unterschied zum deutschen Recht nimmt das *Common Law* einen tragenden Stellenwert ein, wodurch ebenfalls der sachliche Anwendungsbereich des *Lanham Acts* geschwächt wird. Kennzeichnend für das Rechtssystem des *Common Law* ist, dass es nicht auf kodifizierten Gesetzen, sondern auf richterlichen Urteilen der Vergangenheit beruht.[659] Für die Rechtsfindung im *Common Law* sind die von den rechtsprechenden Organen getroffenen Entscheidungen, die hierfür entwickelten Grundsätze und Auslegungsvorgaben maßgeblich.[660] Für das US-amerikanische Markenrecht bedeutet dies, dass Marken nicht nur durch das

---

654 *Sowade*, S. 9.

655 *Mielke*, S. 26.

656 *Stern*, Bd. 2, S. 601, *Sowade*, S. 32;

657 *Sowade*, S. 17 unter Verweis auf *Tribe*, § 6 – 23 S. 376.

658 *Sowade*, S. 17 unter Verweis auf *Tribe*, § 6 – 23, S. 379.

659 *Wielke*, S. 27.

660 *Butler*, S. 2 Rn. 5; *Sowade*, S. 9.

kodifizierte Markenrecht des Bundes bzw. der Einzelstaaten geschützt sein können, sondern auch durch *Common Law*. Der kraft *Common Law* gewährte Schutz ist sehr weitreichend, da diejenige Person Rechte an einem Zeichen erwirbt, die es als erste im geschäftlichen Verkehr in den USA benutzt.[661] Markenrechte werden kraft *Common Law* daher durch die tatsächliche Benutzung begründet und sind unabhängig von der Eintragung des Zeichens in das Einzelstaaten- oder Bundesstaatenregister. Kollisionsfälle von *Common Law* und Gesetzesrecht sind in der Praxis kaum vorstellbar, da das Gesetzesrecht auf Grundlage des *Common Laws* errichtet wurde.[662]

II. Die US-Marke

Das US-amerikanischen Recht unterscheidet zwischen *Trademarks*, die der Kennzeichnung und Unterscheidung von Waren dienen, und *Service Marks* zur Kennzeichnung und Unterscheidung von Dienstleistungen.[663]

Nach der Legaldefinition in § 45 *Lanham Act* (15 USC § 1127) erfasst der Begriff „*Trademark*" jedes Wort, jeden Namen, jedes Symbol, jedes Mittel oder jede Kombination der vorgenannten Elemente, die im geschäftlichen Verkehr verwendet werden oder in ihrer Verwendungsabsicht die Eintragung in das *Principal Register* beantragt wurde, um Waren eines Wirtschaftsteilnehmers von denen anderer zu unterscheiden.[664] Im selben Paragrafen ist auch eine eigenständige Definition für *Service Marks* enthalten. Sie ist bis auf ihren Bezug zu Dienstleistungen statt zu Waren wortgleich. Wie aus den Definitionen hervorgeht, liegt auch dem US-amerikanischen Recht ein weiter Markenbegriff

661 *Butler*, S. 40 Rn. 132; *Wielke*, S. 46.

662 *Sowade*, S. 22.

663 Der Vollständigkeit halber ist darauf hinzuweisen, dass das amerikanische Recht noch zwei weitere Markenarten kennt: die sog. *Collective Mark*, die der deutschen Kollektivmarke nach §§ 97 ff. MarkenG entspricht, sowie die *Certification Mark*, die den Verbraucher darauf hinweisen, dass bestimmte Waren und/oder Dienstleistungen oder deren Nutzer bestimmte Standards erfüllen, ohne auf eine Mitgliedschaft beschränkt zu sein. Diese Arbeit beschäftigt sich jedoch ausschließlich mit den *Trademarks* und *Service Marks* als „herkömmliche" Markenarten.

664 "The term 'trademark' includes any word, name, symbol, or device, or any combination thereof (1) used by a person, or (2) which a person has a bona fide intention to use in commerce and applies to register on the principal register established by this chapter, to identify and distinguish his or her goods, including a unique product, from those manufactured or sold by others and to indicate the source of the goods, even if that source is unknown."

zugrunde, sodass neben den traditionellen Markenformen auch nicht traditionelle Markenformen vom US-amerikanischen Markenbegriff erfasst sind. Die Öffnung für nicht traditionelle Markenformen folgt insbesondere aus der Verwendung des offenen Begriffs „Mittel" *(device)*. Damit entspricht das Spektrum der schutzfähigen Zeichen in den USA im Wesentlichen dem der in Europa bzw. Deutschland schutzfähigen Zeichen.[665] Auch in den USA ist somit vom Grunde her jede denkbare Zeichenform schutzfähig, sofern die Voraussetzungen für ihre Eintragung erfüllt sind.

Da die Regelungen für die Eintragung von *Trademarks* und ihre materielle Wirkung gem. § 3 *Lanham Act* (15 USC § 1053) entsprechend auch für *Service Marks* gelten, wird nachfolgend einheitlich von der „Marke" gesprochen, sollte keine Differenzierung erforderlich sein.

III. Eintragung einer Marke auf Bundesebene

Die Differenzierung zwischen einem bundesweiten und einem bundesstaatlichen Markenrecht führt dazu, dass zwischen der Eintragung in ein einzelstaatliches Register und der in das bundesweite Register zu unterscheiden ist. Hinsichtlich der Frage, in welches Register eine Marke eingetragen werden sollte, ist zu berücksichtigen, dass die Eintragung in dem bundesweiten Register gegenüber der Eintragung in ein einzelstaatliches Register bestimmte Vorteile mit sich bringt. Deshalb ist die Eintragung in das bundesweite Register zu empfehlen. Zu den nicht abschließenden Vorteilen einer bundesstaatlichen Registereintragung gehört z.B., dass eine Eintragung in ein einzelstaatliches Register einer bundesweiten Eintragung zu weichen hat.[666] Damit einhergehend erwirbt der Markenanmelder durch eine bundesweite Eintragung ein landesweites Prioritätsrecht ab dem Datum der Anmeldung sowie einen Widerlegungsbeweis für die alleinige Inhaberschaft und Klageansprüche bzgl. Verletzungen des Zeichens.[667] Ein weiterer Vorteil ist, dass ausschließlich im Bundesregister eingetragene Marken bei den amerikanischen Zollbehörden registriert werden können.[668] Hiermit kann die unerlaubte Einfuhr rechtsverletzender Waren unterbunden werden.

Angesichts der Vorteile, die eine Markeneintragung in das Bundesregister mit sich bringt, beziehen sich die nachfolgenden Ausführungen ausschließlich auf die Eintragung von Marken auf Bundesebene.

---

665 *Sowade*, S. 95.
666 *McCarthy*, Bd. 2, § 22.02 [1] S. 6; *Sowade*, S. 18
667 *Butler*, S. 4 Rn. 11.
668 *Butler*, S. 4 Rn. 11.

1. *Anwendbare Rechtsvorschriften*

Maßgebliches Regelwerk für die Eintragung von Marken auf Bundesebene ist der *Lanham Act*, der in *Chapter* 22 de *Titel* 15 des USC in *Section* 1051–1127 kodifiziert ist. Ergänzende rechtliche Vorgaben, die v.a. den Anmeldevorgang und die Eintragung betreffen, finden sich in den folgenden kurz dargestellten Regelwerken:

In *Title 37* des *Code of Federal Regulations* (CFR) „*Patents, Trademarks, Copyrights*" sind ebenfalls Vorschriften kodifiziert, die das Anmelde- und Eintragungsverfahren auf Bundesebene regeln. Die Regelungen stimmen mit denen des *Lanham Acts* überein. Der CFR fasst die wichtigsten Verwaltungsverordnungen zusammen, die von den Bundesbehörden erlassen worden sind.[669] Insgesamt ist der CFR in 50 *Titles* unterteilt, wobei jeder *Title* Regelungen für einen bestimmten Verwaltungsbereich enthält. Für Markenangelegenheiten ist das amerikanische Markenamt, das *United States Patent and Trademark Office* (USPTO), die zuständige Bundesbehörde. Wegen seines Regelungsgehalts stellt der CFR neben dem USC eine der bedeutendsten Rechtsquellen für das Bundesrecht der Vereinigten Staaten von Amerika dar.

Ein weiteres bedeutsames Regelwerk ist das *Trademark Manual of Examining Procedure* (TMEP). Bei dem TMEP handelt es sich um Prüfungsrichtlinien, die das USPTO erlässt und veröffentlicht. Daher entfalten sie keine rechtsverbindliche Wirkung. Dennoch sind sie für die Eintragungspraxis von besonderer Bedeutung, da sie Erläuterungen zum Anmelde- und Prüfungsverfahren enthalten. So sind im TMEP alle bedeutsamen Regelungen des CFR ausführlich kommentiert. Bei Einhaltung der Vorgaben der TMEP wird die Eintragung des Zeichens vorgenommen.

2. *Das Eintragungsverfahren*

Das US-amerikanische Eintragungsverfahren unterteilt sich – wie in Deutschland – in verschiedene Abschnitte. Nach Einreichung der für die Anmeldung erforderlichen Unterlagen werden diese von einem Prüfungsanwalt (*examining attorney*) des USPTO geprüft. Je nach Antrag kommt eine Eintragung in das *Principal Register* oder in das *Supplemental Register* in Betracht. Auf die verschiedenen Markenregister auf Bundesebene wird im nachfolgenden Abschnitt genauer eingegangen.[670] Gelangt der jeweilige Prüfungsanwalt des USPTO bei

---

669 Vgl. govinfo, https://www.govinfo.gov/app/collection/cfr/, zuletzt abgerufen am 11.04.2019.

670 Siehe hierzu Kapitel 5 A IV.

einer Anmeldung für die Eintragung in das *Principal Register* zu der Auffassung, dass das angemeldete Zeichen den für die Eintragung in das *Principal Register* notwendigen Voraussetzungen erfüllt, wird das Zeichen in der *Official Gazette of the Patent and Trademark Office* veröffentlicht.[671] Von einer Veröffentlichung ist abzusehen, wenn bestimmte Umstände gegen die Registereintragung sprechen. Ähnlich wie in Deutschland liegen die Voraussetzungen zur Veröffentlichung nicht vor, wenn der Schutzgegenstand z.B. rein beschreibender Natur ist und somit keine Unterscheidungskraft besitzt, wenn er gegen die öffentliche Ordnung und die guten Sitten verstößt, aus einer Flagge oder dem Wappen eines Staates besteht oder irreführend hinsichtlich der Art und Beschaffenheit der Ware oder ihrer geografischen Herkunft ist.[672] Wird das Zeichen in der *Official Gazette of the Patent and Trademark Office* veröffentlicht, beginnt mit Veröffentlichung die Widerspruchsfrist (*published for opposition*).[673] Wird kein Widerspruch erhoben, erfolgt ihre Eintragung in das *Principal Register*. Bei Eintragung in das *Supplemental Register* wird das Zeichen nicht in der *Official Gazette of the Patent and Trademark Office* veröffentlicht. Dies führt dazu, dass auch keine Widerspruchsfrist in Gang gesetzt wird.[674] Die Marke wird sofort in das *Supplemental Register* eingetragen. Markenanmelder erhalten somit schneller und unkomplizierter ein Ausschließlichkeitsrecht an Zeichen, die im *Supplemental Register* eingetragen werden. Es ist jedoch zu berücksichtigen, dass diese Form der Eintragung auch weniger Rechte mit sich bringt. Hierauf wird an späterer Stelle näher eingegangen.[675]

3. *Formelle Eintragungsvoraussetzungen*

Auf Bundesebene kann eine Registereintragung auf verschiedene gesetzliche Grundlagen (*filing basis*) gestützt werden. Zwei der wichtigsten Grundlagen sind die tatsächliche Benutzung (*actual use*) und die Absicht einer späteren Benutzung (*intent to use*). Letztere wurde erst im Zuge einer Reform des *Lanham Acts* auf Vorschlag der *Trademark Review Commission*, einer Kommission der *United States Trademark Association*, im Jahr 1988 eingeführt.[676] Ebenso kann die Anmeldung auf einen ausländischen Antrag oder eine ausländische Eintragung

671 *Butler*, S. 59 Rn. 151.
672 *Butler*, S. 59 Rn. 151.
673 *Butler*, S. 59 Rn. 151.
674 *Butler*, S. 59 Rn. 151.
675 Siehe hierzu Kapitel 5 A IV 2.
676 *Sowade*, S. 13.

(*foreign application* bzw. *foreign registration*) sowie die Ausweitung einer internationalen Eintragung gestützt werden. Diese Anmeldungen spielen in der Praxis jedoch nur eine untergeordnete Rolle. Neben der Angabe der vom Einzelfall abhängigen Grundlage, auf die die Markenanmeldung gestützt wird, gibt es eine Reihe weiterer Angaben, die für jede vollständige Anmeldung unabdingbar sind. Die Voraussetzungen für einen vollständigen Antrag auf Anmeldung sind in 37 CFR § 2.32 niedergelegt. Hierzu zählen u.a. Angaben wie Name und Anschrift des Antragstellers, eine Aufzählung der einzelnen Waren und/oder Dienstleistungen, für die das Zeichen Schutz beansprucht, und die internationale Waren- und Dienstleistungsklassifikation, soweit sie bekannt ist. Darüber hinaus muss die Anmeldung einen Nachweis über die Zahlung der Anmeldegebühr enthalten, nebst einer Erklärung i.S.v. 37 CFR § 2.33, aus der hervorgeht, dass der Anmelder Inhaber des Zeichens ist und er dieses im geschäftlichen Verkehr verwenden möchte. Ferner wird eine Zeichnung (*drawing*) des einzutragenden Zeichens gefordert, die den in 37 CFR §§ 2.51 und 2.52 niedergelegten Anforderungen entspricht. Eine Zeichnung ist nur dann entbehrlich, wenn das Zeichen visuell nicht wahrnehmbar ist und deshalb unter den Anwendungsbereich von 37 CFR § 2.52 (e) fällt. Damit ist die Zeichnung das US-amerikanische Pendant zur grafischen Darstellbarkeit bzw. nunmehr der klaren und eindeutigen Zeichenwiedergabe. Diese Parallele sowie die Fälle, in denen von dem Einreichen einer Zeichnung abgesehen wird, werden im weiteren Verlauf dieses Kapitels thematisiert.[677]

IV. Die verschiedenen Markenregister auf Bundesebene

Wie bereits in einem vorigen Abschnitt kurz angesprochen, existieren in den USA auf Bundesebene zwei Markenregister, das *Principal Register* und das *Supplemental Register*. Beide Register werden vom USPTO geführt und stehen in einem Über- und Unterordnungsverhältnis zueinander. Ihre rechtlichen Grundlagen sind im *Lanham Act* niedergelegt, vgl. 15 USC Subchapter I, §§ 1051 ff. *Lanham Act* und 15 USC Subchapter II, §§ 1091 ff. *Lanham Act*. Dem deutschen Recht hingegen ist ein solches zweistufiges Registersystem fremd.

Wie sich bereits aus den Registernamen ableiten lässt, ist das *Principal Register* das bundesgesetzliche Hauptregister, das mit dem deutschen Markenregister vergleichbar ist.[678] Das *Supplemental Register* ist ein Ergänzungsregister, welches

---

677 Siehe hierzu Kapitel 5 C.

678 So auch *Mielke*, S. 31.

durch ein Gesetz vom 19. März 1920 eingeführt wurde.[679] In letztgenanntes Register werden Zeichen eingetragen, die grundsätzlich die Funktionen einer Marke erfüllen, aber denen nicht die erforderliche Unterscheidungskraft innewohnt.[680] Hierbei geht es v.a. um beschreibende Angaben oder Eigennamen.[681] Die Eintragung in das *Supplemental Register* bietet Markeninhabern die Möglichkeit, ihre Zeichen auf Grundlage einer US-Eintragung im Ausland eintragen zu lassen, auch wenn das Zeichen nicht die Anforderungen des *Principal Registers* erfüllt.[682] Das *Supplemental Register* eröffnet somit amerikanischen Markeninhabern den Zugang zu ausländischen Markenregistern. Zu berücksichtigen ist jedoch, dass das Zeichen die ausländischen Voraussetzungen für eine Registereintragung erfüllen muss. Umgekehrt erhalten ausländische Markeninhaber die Möglichkeit, ihre Marke in das *Supplemental Register* eintragen zu lassen, wenn die Voraussetzungen für eine Eintragung in das *Principal Registers* nicht vorliegen. Die Eintragung in das *Supplemental Register* hat somit durchaus seine Berechtigung. Dennoch sollten Markeninhaber die Eintragung in das *Principal Register* anstreben, da die dortige Eintragung einen umfassenderen Schutz bietet als die Eintragung in das *Supplemental Register.*

1. Die Eintragung in das Principal Register

Das *Principal Register* findet seine gesetzliche Grundlage in Unterabschnitt I des *Lanham Acts* (15 USC §§ 1051 ff.). Wie bereits dargestellt, werden in das *Principal Register* alle Marken eingetragen, die unterscheidungskräftig sind (*acquired distinctiveness*).

Markeninhaber von im *Principal Register* eingetragener Marken können sich uneingeschränkt auf die Rechte berufen, die ihnen durch den *Lanham Act* verliehen werden. Damit reicht ihr Schutzumfang am weitesten. Nicht überraschend ist es daher, dass auch in der Praxis zunächst eine Eintragung in das *Principal Register* angestrebt wird, es sei denn, bereits zum Zeitpunkt der Anmeldung ist ersichtlich, dass das Zeichen den hierfür erforderlichen Anforderungen nicht genügt.[683] Zu den Rechten, die eine Eintragung in das *Principal Register* mit sich

679 Ein Gesetz zur Umsetzung einzelner Bestimmungen des Übereinkommens zum Schutz von Marken und Handelsnamen, das in der Stadt Buenos Aires, in der Argentinischen Republik am 20.08.1910 und für andere Zwecke erstellt und unterzeichnet wurde, vgl. 15 USC § 1091(a).

680 *Sowade*, S. 38; *Mielke*, S. 35.

681 *Sowade*, S. 38; *Mielke*, S. 25.

682 *Butler*, S. 55. Rn. 143.

683 *Sowade*, S. 39.

bringt, gehören sowohl Rechte formeller als auch prozessualer Natur. So wird u.a. vorausgesetzt, dass mit der Eintragung die Öffentlichkeit über die Rechte des Markeninhabers an dem Zeichen unterrichtet wurde.[684] Dies verhindert, dass der Verkehr an verwechslungsfähigen Zeichen markenrechtliche Ansprüche rechtskräftig geltend machen kann. Weitere Rechtsvermutungen werden hinsichtlich der Inhaberschaft und dem durch die Eintragung verliehenen Ausschließlichkeitsrecht angestellt, vgl. § 15 USC § 1072 und 1115 (a). Außerdem kann der Markeninhaber vor jedem Bundesgericht (*Federal Court*) Rechte aus der Marke geltend machen.[685] Um die Einfuhr rechtsverletzender ausländischer Waren zu verhindern, kann er zudem die Registrierung der Marke bei der US-amerikanischen Zoll- und Grenzschutzbehörde (*United States Customs and Border Protection*) beantragen.[686]

2. Die Eintragung in das Supplemental Register

Bei fehlender Unterscheidungskraft einer Marke ist ihre Eintragung in das *Supplemental Register* sinnvoll. Markeninhaber von ins *Supplemental Register* eingetragenen Marken können ebenfalls Rechte aus ihren Schutzrechten geltend machen, wenn auch in einem begrenzten Umfang.[687] Darüber hinaus schließt eine Eintragung in das *Supplemental Register* auch nicht eine spätere Eintragung in das *Principal Register* aus. Sollten die Voraussetzungen für eine Eintragung in das *Principle Register* zu einem späteren Zeitpunkt erfüllt sein, steht es dem Markeninhaber frei, einen Antrag auf Anmeldung in das *Principal Register* zu stellen. Dies setzt den entsprechenden Eintragungsprozess mit Veröffentlichung des Zeichens in der *Official Gazette of the Patent and Trademark Office* und den Beginn des Widerspruchsverfahrens in Gang, vgl. 15 USC § 1095, TMEP § 1609.09.

---

684 USPTO, https://www.uspto.gov/trademarks-application-process/filing-online/definitions-responding-uspto-office-action#supplemental, zuletzt abgerufen am 29.03.2019.

685 USPTO, https://www.uspto.gov/trademarks-application-process/filing-online/definitions-responding-uspto-office-action#supplemental, zuletzt abgerufen am 29.03.2019.

686 USPTO, https://www.uspto.gov/trademarks-application-process/filing-online/definitions-responding-uspto-office-action#supplemental, zuletzt abgerufen am 29.03.2019.

687 USPTO, https://www.uspto.gov/trademarks-application-process/filing-online/definitions-responding-uspto-office-action#supplemental, zuletzt abgerufen am 29.03.2019.

Zu den nennenswerten Rechten, auf die sich neben den im *Principal Register* eingetragenen Marken auch solche aus dem *Supplemental Register* berufen können, zählen insbesondere die folgenden: Die Eintragung berechtigt gem. § 15 USC § 1111 zur Benutzung des ®-Symbols für „*registered Trademark*“ sowie der Abkürzung „Reg. U.S. Pat. &TM Off.“[688]. Ferner kann der Markeninhaber einer *Supplemental Register*-Marke gem. 15 USC § 1052 (d) wegen vorliegender Verwechslungsgefahr gegen Drittmarken vorgehen, und er kann gem. 15 USC § 1121 bei Verletzungsverfahren vor einem Bundesgericht einen Prozess führen.[689] Zudem kann der Markeninhaber ebenfalls die *Supplemental Register* Marke als Grundlage für eine Markeneintragung im Ausland nutzen.[690]

Wie dargestellt, sind die Rechte, die dem Markeninhaber durch Eintragung in das *Supplemental Register* gewährt werden, nicht so umfangreich wie die Rechte, die ihm an der Marke mit Eintragung in das *Principal Register* verliehen werden. Die Eintragung in das *Supplemental Register* sollte deshalb nicht als ernsthafte Alternative zur Eintragung in das *Principal Register* angesehen werden. Sie sollte erwogen werden, wenn das Zeichen keine Unterscheidungskraft besitzt.

B. Die Darstellung der Marke im Eintragungsverfahren auf Bundesebene

Wie bereits kurz bei den formellen Eintragungsvoraussetzungen erwähnt, ist die Einreichung einer Zeichnung obligatorischer Bestandteil der Markenanmeldung. In 37 CFR § 2.51 ist festgelegt, dass die Zeichnung die Marke exakt wiedergeben muss.[691] Die Regelung ist somit das US-amerikanische Pendant zur grafischen Darstellbarkeit bzw. nunmehr der klaren und eindeutigen Zeichenwiedergabe. Ergänzend hat der US-amerikanische Gesetzgeber eine Regelung geschaffen, nach der in bestimmten Fällen das Einreichen einer Zeichnung entbehrlich ist. Dies betrifft die visuell nicht wahrnehmbaren Zeichen. So heißt es

---

688 USPTO, https://www.uspto.gov/trademarks-application-process/filing-online/definitions-responding-uspto-office-action#supplemental, zuletzt abgerufen am 29.03.2019.

689 USPTO, https://www.uspto.gov/trademarks-application-process/filing-online/definitions-responding-uspto-office-action#supplemental, zuletzt abgerufen am 29.03.2019.

690 USPTO, https://www.uspto.gov/trademarks-application-process/filing-online/definitions-responding-uspto-office-action#supplemental, zuletzt abgerufen am 29.03.2019.

691 “The drawing of the mark must be a substantially exact representation of the mark.”

in § 37 CFR § 2.52 (e) bzw. TMEP § 807.09, dass für die Wiedergabe von visuell nicht wahrnehmbaren Zeichen das Einreichen einer detaillierten Beschreibung für ihre Zeichendarstellung genügt. Der Gesetzgeber verzichtet somit ganz bewusst auf die Wiedergabe in Form einer Zeichnung.[692] Es scheint, als ob der amerikanische Gesetzgeber bereits vor Jahren das Problem erkannt hat, das bei dem Versuch der zweidimensionalen Darstellung von visuell nicht wahrnehmbaren Zeichen auftritt. Anstatt ihre Wiedergabe an eine mittelbare grafische Darstellung durch Hilfsmittel zu knüpfen, verzichtet er gänzlich auf diese Form der Darstellung und lässt eine detaillierte Beschreibung genügen. Wie sich das auf die Zeichendarstellung in der Praxis auswirkt, wird im weiteren Verlauf der Arbeit anhand der jeweiligen Markenformen erörtert.[693] Zunächst ist auf das Erfordernis der Zeichnung einzugehen, insbesondere welcher Zweck mit ihr erfüllt wird und welche praktischen Auswirkungen das Erfordernis mit sich bringt.

I. Visuell wahrnehmbare Marken

1. Zweck der Zeichnung

Der Hauptzweck einer Zeichnung ist gem. TMEP § 807.09 die „Offenbarung der Natur der Marke, für die die Eintragung beantragt wurde".[694] Der Verkehr soll durch die Zeichnung die Marke eindeutig identifizieren können. Hierfür werden die Zeichnungen im online geführten Markenregister veröffentlicht. Vor Veröffentlichung im Markenregister wird die Zeichnung in das automatisierte Aktensystem der USPTO übernommen.[695] Dies ermöglicht, dass der Verkehr sich mithilfe des elektronischen Recherchesystems für Marken, des sog. „*Trademark electronic search system*" (TESS), und der Datenbank „*Trademark Status and Document Retrieval*" über alle im Register veröffentlichten und eingetragenen Marken informieren kann. Hauptzweck der Zeichnung ist somit in den USA die Unterrichtung der Öffentlichkeit. Dies entspricht auch dem deutschen Verständnis.[696] Neben der Unterrichtung der Öffentlichkeit werden mit der Zeichnung v.a. auch administrative Zwecke verfolgt, die in TMEP § 807.09 normiert sind.

---

692 "An applicant is not required to submit a drawing if the mark consists only of a sound, a scent, or other completely non-visual matter. For these types of marks, the applicant must submit a detailed description of the mark."

693 Siehe hierzu Kapitel 5 C II 6, 7, 8, 9.

694 "Provide notice of the nature of the mark sought to be registered."

695 *Butler*, S. 101 Rn. 256

696 Siehe hierzu Kapitel 3 B III 1.

So wird z.B. die Zeichnung in der Eintragungsurkunde als bildliche Darstellung der Marke abgebildet. Zum anderen wird sie vorab in der *Trademark Official Gazette of the Patent and Trademark Office* veröffentlicht, sollte eine Eintragung in das *Principal Register* verfolgt werden. Darüber hinaus wird der Zeichnung auch eine wesentliche Bedeutung zuteil, wenn es um die Bestimmung der Eintragungsfähigkeit der Marke geht. Ob ein Zeichen den Anforderungen genügt, bestimmt sich maßgeblich nach der eingereichten Zeichnung.[697]

In der Gesamtschau entspricht das amerikanische Erfordernis der Zeichnung weitestgehend ihrem deutschen Äquivalent. Die eingereichte Zeichnung dient dazu, die Marke in einer klaren und eindeutigen Weise wiederzugeben, um eine zweifelsfreie Identifizierung des Schutzgegenstandes zu ermöglichen. Dies ist sowohl für das Informationsinteresse der Allgemeinheit als auch für das administrative Verfahren von großer Relevanz.

2. *Zeichnungsarten*

In den USA wird zwischen zwei Zeichnungsarten unterschieden: Zeichnungen mit Standard-Schriftzeichen (*standard character (type) drawing*) i.S.v. 37 CFR § 2.52 (a) und Zeichnungen mit Sonderformen (*special form drawing*) i.S.v. 37 CFR § 2.52 (b). Dem deutschen Recht ist eine solche Differenzierung fremd. Die Unterschiede der beiden Rechtsordnungen lassen sich mit den verschiedenen Anknüpfungspunkten erklären. In Deutschland kam es vor Gesetzesänderung bei der Wiedergabe ausschließlich auf die grafische Darstellbarkeit an, also knüpfte diese Voraussetzung an eine Eigenschaft an. Die Zeichendarstellung musste *grafisch* sein, ganz gleich, ob unmittelbar oder mittelbar. Auch die nunmehr geforderte klare und eindeutige Zeichendarstellung knüpft an eine Eigenschaft an. In den USA hingegen wird auf die Zeichnung als solche abgestellt und nicht auf eine ihrer innewohnenden Eigenschaften. Dies ermöglicht es dem US-amerikanischen Gesetzgeber, zwischen den Zeichnungsarten zu unterschieden. Gleichwohl hat diese unterschiedliche Handhabung keine praktischen Auswirkungen. In den USA kommt eine Zeichnung mit Standard-Schriftzeichen nur für sehr simpel gestaltete Marken in Betracht, die ausschließlich aus Wörtern, Buchstaben, Zahlen oder Kombinationen ohne jegliche Gestaltungselemente bestehen. Daher ist sie nur von Relevanz, wenn der Markenanmelder Schutz für keine bestimmte Schriftart, -größe, oder -farbe begehrt. Die Marke ist ausschließlich in Schwarz auf weißem Hintergrund darzustellen. Angesichts

---

697 *Butler*, S. 101 Rn. 256.

der einfachen Gestaltungsmittel lassen sich in dieser Form nur Wortmarken darstellen. Es darf jedoch nicht verkannt werden, dass trotz bzw. gerade wegen ihrer Simplizität dem Markeninhaber einer solchen Marke der am weitreichendste Schutzumfang eingeräumt wird, da sich dieser nicht auf die konkrete grafische Gestaltung beschränkt. In Deutschland sind Wortmarken *per se* grafisch darstellbar bzw. können ohne Probleme präzise, klar und eindeutig dargestellt werden. Beansprucht der US-amerikanische Markenanmelder für seine Marke weitere Gestaltungselemente wie etwa eine oder mehrere Farben, oder möchte er, dass das aus Wörtern, Zahlen oder einer Kombination dieser Elemente bestehende Zeichen in einem bestimmten Schriftstil oder in einer bestimmten Schriftgröße eingetragen wird, kann diesem Begehren nur entsprochen werden, wenn er seiner Anmeldung eine Zeichnung mit Sonderformen beifügt. Grundsätzlich ist auch in diesem Fall die Marke in Schwarz auf weißem Hintergrund darzustellen, es sein denn, die Marke enthält Farben. Auf diese Weise lassen sich alle anderen visuell wahrnehmbaren Zeichen darstellen, die nicht ausschließlich klassische Wortmarken sind.

II. Visuell nicht wahrnehmbare Zeichen

In Deutschland müssen sich visuell nicht wahrnehmbare Zeichen an den gleichen Voraussetzungen messen lassen wie die visuell wahrnehmbaren Zeichen. Bis zur Umsetzung der MarkenRL-2015 unterlagen daher z.B. auch Hörmarken oder Geruchsmarken dem Erfordernis der grafischen Darstellbarkeit. In dieser Hinsicht weist das amerikanische Markenrecht einen deutlichen Unterschied zum deutschen Recht auf. In 37 CFR § 2.52 (e) ist ausdrücklich geregelt, dass Markenanmelder bei der Anmeldung visuell nicht wahrnehmbarer Zeichen von der Verpflichtung entbunden sind, eine Zeichnung einzureichen. Ausreichend ist eine detaillierte Beschreibung der Marke.[698] Die Regelung, dass eine visuell nicht wahrnehmbare Marke nicht durch Zeichnung dargestellt werden muss, sondern ihre Beschreibung genügt, ist zudem in TMEP § 807.09 niedergelegt. TMEP § 807.09 konkretisiert darüber hinaus die Anforderungen an die Zeichenwiedergabe für einzelne Markenformen und berücksichtigt dabei regelmäßig das Wesen und die Eigenschaften der jeweiligen Markenform.

698 "An applicant is not required to submit a drawing if the mark consists only of a sound, a scent, or other completely non-visual matter. For these types of marks, the applicant must submit a detailed description of the mark."

C. Die Darstellung verschiedener Markenformen

Nachdem im vorangehenden Abschnitt abstrakt die Anforderungen an die Wiedergabe einer Marke aufgezeigt wurden, ist nunmehr zu erörtern, was dies konkret für die Wiedergabe der einzelnen Markenformen bedeutet. Erneut bietet sich eine Differenzierung zwischen traditionellen und nicht traditionellen Markenformen an. Im Fokus der Untersuchung stehen die visuell nicht wahrnehmbaren Zeichen, da ihre gesetzlich zulässige Darstellungsweise erheblich von der deutschen abweicht.

I. Traditionelle Markenformen

Die Wiedergabe traditioneller Markenformen stellt den US-amerikanischen Markenanmelder vor keine besonderen Herausforderungen. Sowohl Wortmarken als auch Wort-Bild-Marken oder reine Bildmarken können durch eine Zeichnung präzise wiedergegeben werden. Es ist lediglich zu beachten, dass für die Anmeldung auf die richtige Zeichnungsart zurückgegriffen wird – bei reinen Wortmarken auf Zeichnungen mit Standard-Schriftzeichen und bei Marken aus einer Kombination von Wort- und Bildelementen oder reinen Bildmarken auf Zeichnungen mit Sonderformen. Abgesehen von dieser Unterscheidung sind die Anforderungen an die Darstellung mit denen in Deutschland vergleichbar.

II. Nicht traditionelle Markenformen

Hinsichtlich der Darstellung nicht traditioneller Markenformen weicht das US-amerikanische Recht erheblich vom deutschen Recht ab, da es für die Darstellung visuell nicht wahrnehmbarer Marken ausschließlich ihre Beschreibung fordert. Damit müssen sie nicht durch eine Zeichnung dargestellt werden. Es ist deshalb zu erörtern, wie sich dieser Unterschied auf die US-amerikanische Eintragungspraxis auswirkt. Zunächst soll jedoch rechtsvergleichend auf die Darstellung nicht-traditioneller Markenformen eingegangen werden, die zwar visuell wahrnehmbar sind, aber nicht der Kategorie der traditionellen Markenformen angehören. Der Aufbau der nachfolgenden Erörterung orientiert sich weitestgehend an der Erwähnung der einzelnen Markenformen in 37 CFR § 2.52.[699]

---

699 Weitestgehend weil die Positionsmarke und die Hologrammmarke nicht ausdrücklich in 37 CFR § 2.52 genannt werden.

1. *Die Farbmarke („Color mark")*

Wie auch in Deutschland ist in den USA anerkannt, dass Farben als Marke schutzfähig sind. Lange Zeit jedoch wurde ihnen ihr markenrechtlicher Schutz aberkannt. Begründet wurde die ablehnende Haltung mit drei Theorien, denen jeweils ein anderer Grundgedanke zugrunde lag. Die Theorie der Farberschöpfung (*Color depletion theory*) verfolgte den Ansatz, dass es nur eine begrenzte Anzahl von Farben gäbe, deren Vorrat zu erschöpfen drohe, wenn man zuließe, dass sie durch die Registrierung zugunsten eines Unternehmens monopolisiert werden würden.[700] Neue Produzenten am Markt würden hierdurch erhebliche Wettbewerbsnachteile erleiden, weshalb ein Farbmarkenschutz als ungünstig angesehen wurde.[701] Der Theorie der Schattierungsverwechslung (*Shade confusion theory*) liegt hingegen der Gedanken zugrunde, dass einzelne Farbnuancen nur schwer erkennbar seien. Dies bewirke eine Irreführung des Verkehrs, weshalb Farben nicht als Herkunftshinweis verstanden werden können.[702] Nach einer weiteren, nicht näher bezeichneten Theorie werden Farben hinreichend durch den Aufmachungsschutz geschützt. Dies mache einen markenrechtlichen Schutz überflüssig.[703] Die ablehnende Haltung hinsichtlich des Farbmarkenschutzes wurde erstmals durch den *Court of Appeals for the Federal Circuit* im Jahre 1985 aufgegeben. Das Gericht entschied in der Sache *Owens-Corning Fiberglas Corp.*, dass die Farbe Pink für Fiberglasisolierungsmaterial eintragungsfähig war. Das Gericht vertrat damit die Ansicht, dass Farben auch Marken sein können.[704] Trotz der ergangenen Entscheidung blieb dennoch die Frage weiterhin heftig umstritten. In der Folgezeit ergingen mehrere Gerichtsentscheidungen, die den Markenschutz einer einzelnen Farbe aufgrund der oben dargestellten Theorien ablehnten. So lehnte zwei Jahre nach der *Owens-Corning Fiberglas Corp.* Entscheidung der *9th Circuit* in der Sache *First Brands Corp. v. Fred Meyer, Inc.* die Schutzfähigkeit der Farbe Gelb unter Heranziehung ebendieser *Owens-Corning*-Entscheidung ab und hielt an dem alten Grundsatz fest, nach dem Farben nur in Kombination mit einer unterscheidungskräftigen Form als

---

700 Diese Problematik wurde auch in Deutschland erkannt und diskutiert, siehe *Ströbele*, GRUR 1999, 1041, 1049.

701 *Sowade*, S. 161.

702 *Sowade*, S. 161.

703 Siehe *Butler*, S. 16 Rn. 46, der darauf hinweist, dass diese Theorie vom Supreme Court verworfen wurde.

704 In re Owens-Corning Fiberglas Corp., 774 F.2d 1116 (Fed. Cir. 1985); deutsche Fassung: GRUR Int. 1987, 116 – Rosa.

Marke wahrgenommen werden würden.[705] Nach Ansicht des *9th Circuit* besitze die *Owens-Corning*-Entscheidung keine Allgemeingültigkeit, sondern stelle nur einen eng begrenzten Ausnahmefall dar.[706] Bestätigt wurde die Auffassung des *9th Circuit* durch eine Entscheidung des *7th Circuit* im Jahr 1990. In der Sache wurde ebenfalls einer einzelnen Farbe die Eintragungsfähigkeit abgesprochen.[707] Anders bewertete der *8th Circuit* die rechtliche Situation weitere drei Jahre später. Unter Aufgabe der Farberschöpfungstheorie vertrat der *8th Circuit* 1993 die Rechtsauffassung des *Court of Appeals for the Federal Circuit* aus dem Jahre 1985. Der *8th Circuit* erkannte damit die Markenfähigkeit von Farben an. Dies führte dazu, dass die Farbe Blau für Klebebänder markenrechtlich geschützt wurde.[708]

Zu einer endgültigen Klärung kam es im Jahr 1995 durch eine Grundsatzentscheidung des *US Supreme Court.* In der Sache *Qulaitex Co. u. Jacobson Products Co.* befanden die Richter einstimmig, dass eine Farbe als Marke eingetragen werden kann, sofern ihr (1.) keinerlei Funktion zukomme und sie (2.) im Markt „*Secondary Meaning*" erworben habe.[709] Der Nachweis von „*Secondary Meaning*" dient dazu, dass eigentlich nicht eintragungsfähige Zeichen doch noch kraft Eintragung den Markenstatus erlangen können.[710] Dies ist bei Farben besonders wichtig, da Farben in den USA – und anders als in Deutschland – grundsätzlich nur als beschreibende Angabe angesehen werden, vgl. TMEP § 1202.05 (a). Im Jahr 2000 bestätigte auch der *Supreme Court* in der Sache *Wal-Mart Inc. v Samara Bros.* ihren beschreibenden Charakter, indem er klarstellte, dass Farbmarken niemals von Natur aus unterscheidungskräftig sein können. Daher ist der Nachweis von *Secondary Meaning* für die Schutzfähigkeit von Farben unverzichtbar. Mit Anerkennung des Farbmarkenschutzes gab der *US Supreme Court* als höchstes Gericht der USA die oben dargestellten Theorien

---

705 First Brands Corp. v. Fred Meyer, Inc., 809 F.2d 1378 (9th Cir. 1987).

706 First Brands Corp. v. Fred Meyer, Inc., 809 F.2d 1378 (9th Cir. 1987).

707 The Nutrasweet Company v. the Stadt Corp. and Cumberland Packing Corp., 917 F.2d 1024 (7th Cir. 1990).

708 Master Distributors, Inc. v. Pako Corp., 986 F.2d219 (8th Cir. 1993).

709 Qualitex Co. v. Jacobson Products Co., Inc., 514 U.S. 159 (1995), deutsche Fassung: GRUR Int. 1996, 961 – grün-goldene Farbe.

710 Die Beweislast liegt beim Markenanmelder, der nachweisen muss, dass nach Auffassung des Verkehrs die hauptsächliche Bedeutung des Zeichens, bzw. hier der Farbe, darin liegt, die Herkunft des Produkts zu identifizieren, anstatt das Produkt selbst, vgl. Wall-Mart Stores Inc. v. Samara Bros. Inc., 529 U.S. 205, 210–11 (2000); Inwood Labs., 456 U.S. at 851 n.11. Als Nachweisführung kann der Markeninhaber auf eine intensive Benutzung oder umfangreiche Werbemaßnahmen hinweisen.

endgültig auf. Seither müssen Farbmarken die beiden vom *Supreme Court* aufgestellten Voraussetzungen erfüllen. Die Funktionalitätsdoktrin (*Functionality Doctrine*) hat eine darüber hinausgehende allgemeingültige Bedeutung für den US-amerikanischen Markenschutz erlangt. Sie findet nicht nur auf Farbmarken Anwendung, sondern auch auf alle anderen Markenformen. Seit 1998 ist sie als absolutes Schutzhindernis in §§ 2 (e) (5) *Lanham Act*; 15 USC 1052 (e) (5) kodifiziert, weshalb auch eine Überwindung durch Verkehrsgeltung nicht in Betracht kommt.[711] Insbesondere für die nicht traditionellen Markenformen kann sie ein Eintragungshindernis darstellen, da sie verhindert, dass bestimmte Produkteigenschaften zugunsten eines Unternehmens als Marke monopolisiert werden,[712] so z.B. solche, die für die Produktverwendung unerlässlich sind oder die Kosten bzw. die Qualität des Produkts beeinflussen.[713] Im Ergebnis ist dies jedoch sachgerecht. Speziell bei Farbmarken ist daher zu prüfen, ob die Farbe eine solche nicht monopolisierbare Eigenschaft erfüllt. Sollte dies nicht der Fall sein, kann sie als Herkunftshinweis wahrgenommen werden, sodass ihre Registereintragung hieran nicht scheitert.

a) *Anforderungen an die Darstellung von Farbmarken*

Als visuell wahrnehmbare Zeichen müssen Farbmarken im Anmeldeverfahren zur Registereintragung durch eine Abbildung/Zeichnung (*Drawing*) dargestellt werden. In TMEP § 1202.05 (d) ist ausdrücklich geregelt, dass das Erfordernis der Zeichnung auch für Farbmarken gilt. Fehlt eine Zeichnung, wird die Eintragung verweigert. Zusätzlich zur bildlichen Darstellung der Farbe ist die Einreichung einer Beschreibung obligatorisch. Aus der Beschreibung muss hervorgehen, dass (1.) dass die Farbe ein Merkmal der Marke ist, (2.) die generische Beschreibung der Farbe und (3.) eine Klarstellung, wo die Farbe erscheint und wie sie verwendet wird, vgl. TMEP § 1202.05 (d).

Ein abstrakter Farbmarkenschutz, wie ihn das deutsche Recht kennt, gibt es in den USA nicht. Begehrt der Markenanmelder Farbmarkenschutz für Waren,

---

711 *Sowade*, S. 144; darüber hinaus wurde die Funktionalitätsdoktrin 1999 als Beweislastregel im Klageverfahren wegen Verletzung eines nicht registrierten Trade Dress in § 43(a)(3) *Lanham Act*; 15 USC 1127(a)(3) eingefügt.

712 Wex, legal dictionary and encyclopedia sponsored and hosted by LII by Cornell Law School, https://www.law.cornell.edu/wex/functionality_doctrine_%28trademark%29, zuletzt abgerufen am 11.04.2019.

713 Wex, legal dictionary and encyclopedia sponsored and hosted by LII by Cornell Law School, https://www.law.cornell.edu/wex/functionality_doctrine_%28trademark%29, zuletzt abgerufen am 11.04.2019.

muss die Zeichnung das Objekt zeigen, auf dem die Farbe eingesetzt wird, sowie die genaue Platzierung der Farbe auf dem Objekt. Hierfür ist das Produkt bzw. die Produktverpackung in kurz-gestrichelten Linien darzustellen und die entsprechenden Stellen sind in Farbe einzufärben. So wird dem Verkehr veranschaulicht, wo sich die geschützte Farbe auf dem Produkt befindet und klargestellt, dass die Form des Produktes bzw. der Produktverpackung nicht Teil der Marke ist, vgl. TMEP § 1202.05 (d) (i). Die Darstellung durch gestrichelte Linien gilt für alle Markenformen und ist in 37 CRF § 2.52 (b) (4) und TMEP § 1207.01(c) (iv) kodifiziert. Fehlt eine Strichzeichnung, geht das USPTO davon aus, dass der Markenanmelder Schutz für eine zusammengesetzte Marke begehrt. Eine solch zusammengesetzte Marke besteht gem. TMEP § 1202.05 (d) (i) aus der Produktform oder der Produktverpackungsform in einer bestimmten Farbe und nicht ausschließlich aus der Farbe selbst. Soll die Farbe nicht nur auf einer Ware, sondern auf mehreren unterschiedlichen Waren verwendet werden, ist anhand von Abgrenzungskriterien zu differenzieren, ob die Einreichung einer Anmeldung für eine exakte Zeichendarstellung ausreicht. Die Kriterien sind: (1.) die Form der Waren, (2.) die Funktion der Waren und (3.) die konkrete Verwendung der Farbe auf den Produkten. Soll z.B. die Farbe Lila für Kühl- und Gefrierschränke eingetragen werden, genügt gem. TMEP § 1202.05(d) die Abbildung eines lila Kühlschrankes in gestrichelter Linie, da sich die Waren in ihrer Form und Funktion kaum voneinander unterscheiden. Andernfalls sind separate Anmeldungen erforderlich.

Eine weitere Problematik des Farbmarkenschutzes zeigt sich, wenn die Farbe für Dienstleistungen als *Service Mark* eingetragen werden soll. Der US-amerikanischen Paketzusteller *United Parcel Services, Inc.* (UPS) kann hier als Beispiel für einen Inhaber einer solchen Farbmarke genannt werden. UPS hat einen braunen Farbton für seine Dienstleistungen markenrechtlich schützen lassen. Sowohl die Lieferfahrzeuge als auch die Uniformen von UPS sind in diesem Farbton gehalten. Die Schwierigkeit besteht darin, dass eine zweidimensionale Darstellung mit Produktbezug wegen des immateriellen Charakters einer Dienstleistung zunächst unmöglich erscheint. Insbesondere können Farben in Verbindung mit einer Dienstleitung in denkbar vielen Variationen eingesetzt werden, sodass eine bildliche Konkretisierung des Farbeinsatzes äußerst schwierig ist. Ferner ist zu beachten, dass TMEP § 1202.05 (d) (ii) eine Regelung enthält, nach der die Darstellung einer farbigen *Service Mark* nicht nur die abstrakte Farbe zeigen darf, sondern – wie auch *Trademarks* – stets in Zusammenhang mit ihrer konkreten Verwendungsform darzustellen sind. Daher kommt es auch bei der Darstellung farbiger *Service Marks* ausschließlich auf die konkrete Verwendungsform der Farbe an. Wird die Farbe in einer Umgebung verwendet, die einen in sich abgeschlossenen kommerziellen Eindruck hinterlässt, aber auf verschiedene Weise –wie z. B. in einer Verkaufsstelle –, ist eine Strichzeichnung der Umgebung einzureichen. Aus dieser muss erkennbar sein, wie die Farbe im Konkreten eingesetzt wird. Zusätzlich ist eine detaillierte Beschreibung erforderlich. Inhaltlich muss aus ihr hervorgehen, um welchen Farbton es sich handelt und an welchen Stellen die Farbe verwendet wird, vgl. TMEP § 1202.05(d)(ii). Wird die Farbe hingegen nicht in einer abgrenzbaren Umgebung, sondern auf mehreren Gegenständen eingesetzt, die der Verkehr nicht gleichzeitig wahrnehmen kann, erfolgt die Zeichenwiedergabe gem. TMEP § 1202.05 (d)(ii) durch ein in der jeweiligen Farbe durchgefärbtes Quadrat mit gestrichelter Umrandung. Außerdem ist eine detaillierte Beschreibung der Farbmarke einzureichen, die die Farbe identifiziert und ihren Platz beschreibt. Dieser Fall ist z.B. anzunehmen, wenn die Farbe auf Uniformen und Shuttle-Bussen und/oder Ladenwänden zum Einsatz kommt.

Keine Vorgaben macht die TMEP, wie mehrfarbige *Service Marks* darzustellen sind. In TMEP § 1202.05 (d)(ii) findet sich ausdrücklich der Hinweis, dass es sich bei den oben erörterten Darstellungsformen um solche für Einfarbenmarken (*single color marks*) handelt. Es ist deshalb davon auszugehen, dass mehrfarbige *Services Marks* in den USA nicht eintragungsfähig sind.

b) Rechtsvergleich mit den Anforderungen an die Darstellung deutscher Farbmarken

Sowohl der amerikanische als auch der deutsche Gesetzgeber verfolgen mit den Anforderungen an die Darstellung von Farbmarken – wenngleich auch auf unterschiedliche Weise – das Ziel, die Monopolisierung von Farben zugunsten eines Wirtschaftsteilnehmers zu unterbinden.

In Deutschland sind abstrakte Farbmarken sowohl als Einzelfarbmarken als auch als Farbzusammenstellungen unabhängig von ihrer konkreten Positionierung/Verbindung auf/mit den Waren und/oder Dienstleistungen registerrechtlich schutzfähig. Um den Anforderungen zu genügen, musste unter der Voraussetzung der grafischen Darstellbarkeit jede Farbmarke (Einzelfarbmarke oder Farbkombinationsmarke) durch eine bildliche Darstellung und ihren entsprechenden Farbcode eines international anerkannten Klassifikationssystems dargestellt werden. Für abstrakte Farbzusammenstellungen war zudem die Angabe ihrer *systematischen Anordnung* verpflichtend, um einer unerlaubten Erweiterung des Schutzgegenstandes entgegenzuwirken.

Ein abstrakter Farbmarkenschutz wie ihn das deutsche Recht kennt, ist dem US-amerikanischen Rechtssystem fremd. Vielmehr muss der Verkehr anhand der eingereichten Zeichnung erkennen können, auf welche Art und Weise die Farbe eingesetzt wird. Dies hat zur Folge, dass bei der Anmeldung zunächst zu differenzieren ist, ob die Farbe als *Service Mark* für Dienstleistungen oder als *Trademark* für Waren eingetragen werden soll. Davon abhängig differieren die Anforderungen an die Zeichnung. Von entscheidender Bedeutung ist daher, auf welche Weise der Verkehr mit der Farbmarke in Berührung kommt. Eine solche Differenzierung ist dem deutschen Farbmarkenschutz wiederum unbekannt. Befindet sich die Farbe auf einem Produkt bzw. einer Produktverpackung, muss die Zeichnung das Produkt/die Produktverpackung wiedergeben, wobei die Flächen einzufärben sind, die die Farbe zeigen. Der Verkehr wird hierdurch in die Lage versetzt, sofort erkennen zu können, auf welchen Teil des Produktes/der Produktverpackung sich der Farbmarkenschutz erstreckt. Der deutsche Rechtsanwender wird bei einer so dargestellten Marke zunächst an eine Positionsmarke denken, nicht jedoch an eine Farbmarke. Hier zeigt sich ein weiterer bedeutsamer Unterschied der beiden Rechtssysteme. Die Amerikaner kennen, anders als die Deutschen, keinen abstrakten Farbmarkenschutz. Der Farbmarkenschutz erstreckt sich im Zusammenhang mit Waren allenfalls auf solche Produktgruppen, die in ihrem Zweck und ihrer Funktion übereinstimmen. Zudem darf die Farbe nicht auf anderer Stelle zum Einsatz kommen. Dies führt dazu, dass zwar auch amerikanische Markenanmelder Farbmarken schützen lassen können, jedoch muss deren Einsatzort eindeutig aus der Zeichnung erkennbar sein, zumindest solange die Farbmarke als *Trade Mark* für Waren eingetragen werden soll. Ungeachtet des vorher Gesagten, lassen sich im US-amerikanischen Markenregister dennoch Eintragungen für Farbmarken finden, deren Wiedergabe sich auf die Darstellung durchgefärbter Quadrate mit einer gestrichelten Umrandung beschränkt. Auch wenn es sich dem ersten Anschein nach um das amerikanische Pendant zur deutschen (abstrakten) Farbmarke handelt, ist dieser Eindruck zurückzuweisen. Auf diesem Wege werden farbige *Service Marks* dargestellt, wenn sich die Farbe auf mehreren unterschiedlichen Gegenständen wiederfindet, die für die Ausübung der geschützten Dienstleistung notwendig sind und vom Verkehr nicht gleichzeitig wahrgenommen werden können. Angesichts des Wortlauts von TMEP § 1202.05(d)(ii) ist jedoch davon auszugehen, dass solche *Service Marks* nur aus einer Farbe bestehen dürfen, da ausdrücklich von „*single color*" die Rede ist. Wird hingegen eine farbige *Service Mark* in einer begrenzten Umgebung verwendet, die nur einen kommerziellen Eindruck hinterlässt (z.B. in einer Verkaufsstelle), ähnelt die Zeichnung der einer US-amerikanischen Farbmarke für Waren. In letztgenanntem Fall ist die Umgebung als Strichzeichnung darzustellen und die Stelle/n, an der/denen sich die Farbe befindet, ist/sind einzufärben. Darüber hinaus ist für jede Farbmarke, unabhängig davon, ob sie Schutz für Waren oder Dienstleistungen beanspruchen, das Einreichen einer Beschreibung nach Maßgaben von TMEP § 1202.05 (d) obligatorisch.

In der Gesamtschau ist festzuhalten, dass wegen der in den USA fehlenden Möglichkeit, abstrakte Farbmarken registerrechtlich schützen zu lassen, die amerikanische Eintragungspraxis deutlich von der deutschen abweicht. Ferner haben US-amerikanischen Markenanmelder nicht die Möglichkeit, mehrfarbige *Service Marks* außerhalb einer geschlossenen Umgebung registerrechtlich schützen zu lassen. Auch dies muss als eindeutige Beschränkung des markenrechtlichen Schutzes gewertet werden. Daher ist die amerikanische Eintragungspraxis zumindest bezüglich Farbmarken deutlich restriktiver als die deutsche. Im Ergebnis ist die deutsche Eintragungspraxis zu bevorzugen.

2. Die dreidimensionale Marke („Three-dimensional mark")

In den USA können dreidimensionale Gestaltungen als Marke in das Register eingetragen werden. Wie in Deutschland handelt es sich bei solchen Marken regelmäßig um die Warenform selbst oder ihre Warenverpackung.

Abzugrenzen ist die dreidimensionale Marke von dem sog. *trade dress*. Während unter den Begriff *trade dress* früher nur Produktverpackungen fielen[714], versteht man heutzutage unter einem *trade dress* auch die Produktform sowie bestimmte Produkteigenschaften.[715]Ein *trade dress* erfasst alles, was das Gesamtbild eines Produkts prägt wie z.B. die Größe, Form, Farbkombination, Textur, Grafiken oder sogar bestimmte Verkaufstechniken.[716] Bereits die Definition lässt den Unterschied zu einer Marke erkennen. Marken sind einzelne Zeichen, welche die mit ihr gekennzeichneten Waren und/oder Dienstleistungen von denjenigen anderer Unternehmen unterscheiden und somit die Herkunft kennzeichnen. Bei einem *trade dress* hingegen ist die Gesamtgestaltung des Produktes kennzeichnendes Merkmal.[717] Wegen ihrer Verankerung im *Lanham Act* gelten für den Schutz von *trade dresses* markenrechtliche Maßstäbe, sodass teilweise sogar davon ausgegangen wird, dass die Unterscheidung zwischen *trade dress* und Marke nur noch rein begrifflicher Natur ist.[718] In Deutschland kann die umfassende plastische Produktgestaltung nicht als Marke geschützt

714 *v. Bassewitz*, GRUR Int. 2004, 390.
715 *McCarthy*, Bd. 1, § 8.01[2], S. 5.
716 *McCarthy*, Bd. 1, § 8.01[2], S. 5.
717 *McCarthy*, Bd. 1, § 8.01[1] S. 2.
718 *v. Bassewitz*, GRUR Int. 2004, 390 f.

werden. Neben der dreidimensionalen Marke, die ausschließlich die Form einer bestimmten Ware schützt, ist allenfalls der Schutz als Design denkbar. Als Design kann gem. § 1 Nr. 1 DesignG die Erscheinungsform eines Erzeugnisses bzw. Teile davon geschützt werden. Dennoch ist auch das deutsche Design nicht mit einem amerikanischen *trade dress* vergleichbar, da sie unterschiedliche Schutzrichtungen erfüllen. Während durch eine Marke, respektive durch ein *trade dress* ein Produkt/eine Dienstleistung gekennzeichnet wird, um es/sie von denjenigen anderer Unternehmen zu unterscheiden (Herkunftsfunktion), wird mit dem Designschutz ausschließlich die Erscheinungsform geschützt, sofern die Voraussetzung der Neuheit und Eigenart erfüllt sind. Eine Herkunftsfunktion erfüllt das deutsche Design nicht. Vielmehr entspricht das deutsche Design dem amerikanischen *Design Patent*, welches ebenfalls die Voraussetzung der Neuheit erfüllen muss und nicht ausschließlich dekorativen Zwecken dienen darf.[719]

a) *Anforderungen an die Darstellung von dreidimensionalen Marken*

Bis Ende der 80er-Jahre mussten dreidimensionale Marken durch mehrere Abbildungen dargestellt werden, welche die verschiedenen Perspektiven des geschützten Gegenstandes zeigten.[720] Im Zuge einer Änderung der Vorschrift 37 CFR § 2.52 fiel zum 11. September 1989 diese Voraussetzung weg.[721] Seither regelt 37 CFR § 2.52 (b) (2), dass dreidimensionale Marken ausschließlich durch *eine* Zeichnung darzustellen sind, der sich ihr dreidimensionaler Charakter entnehmen lässt. Die Beweggründe für die Änderung sind nicht nachvollziehbar, wenngleich sie auf eine Entscheidung des *Trademark Trial and Appeal Board* (TTAB) zurückzuführen sind.[722] Wie bereits im Abschnitt zur deutschen dreidimensionalen Marke erläutert, besteht bei der Wiedergabe durch nur eine Zeichnung die Gefahr, dass sich die Marke wegen ihrer realen Ausdehnung in die dritte Dimension nicht verlustfrei wiedergeben lässt.[723] Dieses Risiko ist somit seit 1989 stets Teil der Darstellung von dreidimensionalen Marken in den USA.

Der Markenanmelder kann jedoch gem. TMEP § 807.10 einen Antrag nach 37 CFR § 2.146 auf Nichtanwendung der Regelung stellen, sollte er der Ansicht

---

719 *Jasper*, S. 39.

720 *Sowade*, S. 156, unter Verweis auf die Urteile In re Minnesota Mining & Mfg. Co., 335 F.2d 836 (CCPA 1964) und In re Ovations Instruments, Inc., 201 U.S.P.Q. 116 ff., 123 (TTAB 1978).

721 *Sowade*, S. 156.

722 In re Schaefer Marine, Inc., 223 USPQ 170, 171 n.1 (TTAB 1984).

723 Siehe hierzu Kapitel 4 F II 1 a).

sein, nur eine Zeichnung könne nicht vollumfänglich den dreidimensionalen Charakter der Marke darstellen. Der Antrag mit Begründung ist an den Direktor des USPTO (*Petition to the Director*) zu richten. Bei erfolgreichem Antrag darf der Anmelder seiner Anmeldung mehrere Zeichnungen beifügen.[724] Aus oben genannten Gründen ist jedoch nur schwer nachvollziehbar, weshalb der amerikanische Gesetzgeber im Falle der dreidimensionalen Marke von einem solchen Regel-Ausnahme-Prinzip Gebrauch macht und nicht an den alten Vorgaben festhielt. Neben der Zeichnung ist zudem gem. TMEP § 807.10 das Einreichen einer Beschreibung obligatorisch, der sich insbesondere entnehmen lässt, dass es sich bei dem Zeichen um eine dreidimensionale Marke handelt.

b) Rechtsvergleich mit den Anforderungen an die Darstellung deutscher dreidimensionaler Marken

Anders als in Deutschland ist in den USA seit Ende der 80er-Jahre die Darstellung dreidimensionaler Marken auf das Einreichen einer Zeichnung nebst Beschreibung beschränkt. Zumindest handelt es sich hierbei um den Regelfall. Dennoch muss der Darstellung der dreidimensionale Charakter der Marke entnommen werden können. Befürchtet der Markenanmelder, dass dies nicht durch ausschließlich eine Abbildung möglich ist, kann er beim Direktor des USPTO einen Antrag auf Befreiung von dieser Regelung stellen. Wird dieser positiv beschieden, steht es ihm frei, den Schutzgegenstand durch mehrere Abbildungen darstellen.

Zweifelhaft ist, ob ein solches Regel-Ausnahme-Prinzip den Bedürfnissen des Markenanmelders gerecht wird. Kommt der Anmelder zu dem Entschluss, eine Abbildung reiche für die Darstellung der dreidimensionalen Marke nicht aus, muss zunächst ein weiteres Verfahren betrieben werden, womit eine Befreiung von der allgemeingültigen Regelung angestrebt wird. Neben einer weiteren Gebühr[725] kostet dies vor allem Zeit, in der das eigentliche Eintragungsverfahren ruht.

---

724 So zum Beispiel bei der Marke mit der Serial Number 86477833 und der Registration Number 4879778. Der Antrag ist abrufbar unter: http://tsdr.uspto.gov/documentviewer?caseId=sn86477833&docId=PDR20150622152511#docIndex=12&page=1, zuletzt abgerufen am 30.03.2019.

725 Vgl. 37 CFR § 2.146(c) i.V.m. 37 CFR § 2.6 (15); TMEP § 1705.02. Die Gebühr beträgt $ 200,00 für einen Antrag in Papierform, in elektronischer Form reduziert sich die Gebühr um $ 100,00.

Im deutschen Recht war und ist in § 9 Abs. 2 MarkenV a.F./n.F. kodifiziert, dass die Darstellung von dreidimensionalen Marken durch bis zu sechs Ansichten erfolgen kann. Damit entspricht das deutsche Recht eher den Bedürfnissen eines Markenanmelders. Bereits zum Zeitpunkt der Anmeldung steht es ihm frei, bis zu einer Maximalanzahl von sechs Ansichten so viele wie erforderlich und gleichzeitig so wenig wie nötig einzureichen, um den Schutzgegenstand mit der geforderten Klarheit und Eindeutigkeit darzustellen. Ein zusätzliches Zeit- und Kostenrisiko, wie es nach amerikanischem Recht besteht, wird hierdurch vermieden. Auch die Vorgabe einer Maximalanzahl von sechs Abbildungen erscheint sachgerecht, da nicht mehr Abbildungen notwendig sind, um den Schutzgegenstand mit hinreichender Bestimmtheit aus verschieden Perspektiven darzustellen. Diese Form der Zeichendarstellung ist dem amerikanischen Recht keine Unbekannte. Bis Ende der 80er-Jahre durfte der Anmelder, ohne von dem Regel-Ausnahme-Prinzip Gebrauch machen zu müssen, mehrere Abbildungen einreichen, die die dreidimensionale Marke aus verschiedenen Perspektiven zeigten. Weshalb der amerikanische Gesetzgeber davon Abstand genommen hat, ist nicht nachvollziehbar. Die Rechtsänderung bedeutet einen Mehraufwand, sowohl aufseiten des Anmelders (Antragstellung auf Befreiung, Zeitverlust in dem eigentlichen Eintragungsverfahren sowie die Zahlung einer zusätzlichen Gebühr) als auch aufseiten der Behörde (Prüfung und Bescheidung des Antrages), sofern sich der dreidimensionale Charakter der Marke nicht durch eine einzige Zeichnung darstellen lässt. Zu bevorzugen ist daher der deutsche Ansatz.

3. Die Positionsmarke („Positional mark“)

Auch in den USA ist die Positionsmarke eine anerkannte Markenform. Zu berücksichtigen ist jedoch, dass – ähnlich wie in Deutschland – nicht die Position allein schutzfähig ist, sondern nur ein bestimmtes Zeichen in einer bestimmten Platzierung.[726]

Rechtlich anerkannt ist die Schutzfähigkeit von Positionsmarken seit 1960. In einem von dem *Court of Customs and Patent Appeal* (CCPA) zu entscheidenden Verfahren begehrte der Markenanmelder Registereintragung für ein in einer bestimmten Position angebrachtes Bekleidungslabel.[727] Bereits damals war gängige Rechtspraxis, dass die Position als solches keine herkunftshinweisende

726 Ex parte Kotzin, 111 USPQ 161 (Com'r Pats. 1956); *McCarthy*, Bd. 1, § 7.15 S. 62; *Sowade*, S. 157.

727 Application of Kotzin, 276 F.2d 411 (CCAP 1960).

Funktion erfüllen kann. Das CCAP stellte jedoch fest, dass dies nicht auch bedeute, dass ein Label bzw. Etikett in einer bestimmten Position unter keinen Umständen als Herkunftshinweis eingesetzt werden könne.[728] Vielmehr konkretisierte das CCPA, dass ein in seiner Form und Position festgelegtes Bekleidungslabel markenfähig sei, sofern *Secondary Meaning* nachgewiesen werden kann.[729] Dies bedeutet, dass es darauf ankommt, ob der Verkehr das konkrete Etikett in seiner bestimmten Position als Herkunftshinweis wahrnehmen wird.[730] In dem zu entscheidenden Fall fehlte es an einem solchen Nachweis, weshalb die Registereintragung versagt wurde. Dennoch trug der vom CCPA aufgestellte Grundsatz maßgeblich zur Anerkennung von Positionsmarken bei. Zehn Jahre später adaptierte ihn das TTAB und erkannte in seiner Entscheidung *LeviStrauss & Co.* die Markenfähigkeit eines kleinen rechteckigen Labels an, das von außen am linken Rand der rechten rückwärtigen Hosentasche befestigt wurde.[731] In einem späteren Verfahren wurde zudem festgestellt, dass ein solches Zeichen weder funktional, noch ein dekoratives Element sei, sondern als Herkunftshinweis wahrgenommen werde.[732] Unerheblich sei ferner, dass ein weiteres Markenzeichen auf dem Label angebracht war.[733]

Als Positionsmarken kommen jedoch nicht nur Labels bzw. Etiketten in einer bestimmten Platzierung in Betracht, sondern auch Produktgestaltungselemente, so z.B. die in einer bestimmten Bogenform geschwungene Ziernaht auf den rückwärtigen Hosentaschen der von *LeviStrauss & Co.* produzierten Hosen[734] oder auch der rote Kreis, der sich in der linken Hälfte von IBM-Laptop-Tastaturen wiederfindet und eine Maussteuerungsfunktion besitzt.[735]

---

728 Application of Kotzin, 276 F.2d 411 (CCAP 1960); *McCarthy*, Bd. 1, § 7.15 S. 62; *Sowade*, S. 157.

729 Application of Kotzin, 276 F.2d 411 (CCAP 1960); *McCarthy*, Bd. 1, § 7.15 S. 62; *Sowade*, S. 157.

730 *Sowade*, S. 157.

731 *McCarthy*, § 7.15 S. 63 unter Verweis auf In re LeviStrauss & Co., 165 USPQ 348 (TTAB 1970); *Sowade*, S. 158.

732 *McCarthy*, § 7.15 S. 63, unter Verweis auf LeviStrauss & Co., v. Blue Bell, Inc., 2000 USPQ 434 (C.D. Cal 1978) bestätigt durch 632 F.2d 817 (9th Cir. 1980) 200 USPQ 434 (C.D. Cal. 1978), bestätigt durch 632 F2d., 208 USPQ 713 (9th Cir. 1980).

733 *McCarthy*, § 7.15 S.62 f.; *Sowade*, S. 158; das CCPA hatte zuvor die Ansicht vertreten, dass der visuelle Eindruck des Labels und seiner Position durch eine bekannte Wortmarke verdrängt werden könnte, sodass Label und Position nicht mehr als Herkunftshinweis erkannt werden würden, Application of Kotzin, 276 F.2d 411 (CCPA 1960).

734 *McCarthy*, § 7.15 64 f.

735 Registration Number 2363544.

a) *Anforderungen an die Darstellung von Positionsmarken*

Für Darstellung von Positionsmarken gelten keinerlei Besonderheiten. Sie findet weder in 37 CFR § 2.52 noch in dem TMEP ausdrücklich Erwähnung, sodass die allgemeinen Regeln für ihre Wiedergabe zur Anwendung kommen. Wie im deutschen Recht muss sich der Zeichnung das Basiszeichen sowie dessen gleichbleibende Position auf der Ware als Trägergegenstand entnehmen lassen. Hierfür wird der Träger der Marke – die Ware selbst – in einer gestrichelten Linie wiedergegeben, um zu verdeutlichen, dass dieser nicht Teil der Marke ist, vgl. 37 CRF § 2.52 (b) (4) und TMEP § 1207.01(c) (iv). Die gestrichelte Darstellung des Trägerobjekts ermöglicht dem Verkehr jedoch, die Größenverhältnisse der Marke sowie ihre Position besser bestimmen zu können – zwei für die präzise Erfassung der Positionsmarke notwendige Voraussetzungen. Ferner muss der Markenanmelder gem. 37 CFR § 2.52 (b) (5) die Marke beschreiben. In der Beschreibung ist u.a. der Zweck der gestrichelten Linie zu erläutert, vgl. 37 CFR § 2.52 (b)(4).

b) *Rechtsvergleich mit den Anforderungen an die Darstellung deutscher Positionsmarken*

Die Anforderungen an die Darstellung von Positionsmarken waren unter der Voraussetzung der grafischen Darstellbarkeit in beiden Ländern deckungsgleich. Hinsichtlich der Eintragung von Positionsmarken für Dienstleistungen stehen der amerikanische und deutsche Verkehr vor derselben Problematik, nämlich, dass sich Dienstleistungen als immaterielle Güter mangels Körperlichkeit nicht unmittelbar darstellen lassen. Bei Dienstleistungen fehlt es daher an einem Trägergegenstand. Wie in Deutschland können Positionsmarken daher auch in den USA nur für Gegenstände eingetragen werden, die in engem Zusammenhang mit der Ausübung der Dienstleistung stehen wie z.B. Arbeitskleidung oder Arbeitsmittel. Eine solche Beschränkung des Anwendungsbereichs von Positionsmarken ist jedoch ihrer Natur geschuldet und daher hinzunehmen.

Im Ländervergleich ist daher keine Eintragungserleichterung zugunsten eines der beiden Länder anzunehmen.

4. *Die Bewegungs- und Multimediamarke („Motion mark")*

Der US-amerikanische Gesetzgeber macht keine Unterscheidung zwischen Bewegungs- und Multimediamarken. Eine der ältesten eingetragenen Registermarken besteht daher aus bewegten Bildern und Ton. Es handelt sich um die audiovisuelle Darstellung einer sich drehenden Münze auf einem festen

Untergrund. 1957 wurde sie als *Motion Mark* in das *Principal Register* eingetragen.[736] Angesichts der fehlenden Differenzierung zwischen beiden Markenformen wird nachfolgend einheitlich von *Motion Marks* gesprochen, obwohl streng dem Wortlaut nach hierunter nur Bewegungsmarken zu verstehen sind.

Seit der Ende der 50er-Jahre erfolgten Registereintragung wurde nur eine überschaubare Anzahl weiterer *Motion Marks* eingetragen.[737] Zu den bekannteren und jüngeren Eintragungen gehört die Bewegungsmarke der *Columbia Pictures Industries Inc.*[738] Auf diese Bewegungsmarke wird im weiteren Verlauf der Arbeit noch vertieft eingegangen.

a) Anforderungen an die Darstellung von Bewegungs- und Multimediamarken

Die Anforderungen an die Darstellung von *Motion Marks* sind in 37 CFR § 2.52 (b) (3) sowie wortgleich in TMEP § 807.11 geregelt. Für die Darstellung von *Motion Marks* gibt der amerikanische Gesetzgeber zwei Darstellungsweisen vor. Sie variieren in der Anzahl der einzureichenden Bilder. *Motion Marks* werden entweder durch eine einzige bildliche Darstellung wiedergegeben, auf der naturgemäß nur ein bestimmter Moment der Bewegungsabfolge zu erkennen ist, oder durch bis zu fünf verschiedene Standbilder, die unterschiedliche Bewegungssequenzen zeigen. Es ist auf diejenige Darstellungsweise zurückzugreifen, die den „kommerziellen Eindruck" (*commercial impression*) der Marke am besten vermittelt. Nach US-amerikanischem Verständnis ist der kommerzielle Eindruck einer Marke die Bedeutung oder Idee, die mit der Marke vermittelt werden soll, bzw. die mentale Reaktion, die beim Verkehr durch die Marke hervorgerufen wird.[739] In beiden Fällen ist das Einreichen einer Beschreibung gem. 37 CFR § 2.52 (b)(3), TMEP § 807.11 verpflichtend.

In der Praxis wird von beiden Darstellungsformen Gebrauch gemacht. Ein kurzer Blick ins Register hilft deshalb nicht dabei zu erkennen, welche Darstellungsweise den kommerziellen Eindruck am besten vermittelt. Nach deutschem

---

736 *Sowade*, S. 187 unter Hinweis auf die Marke mit der Serial Number 71691883 und der Registration Number 0641872. Der markenrechtliche Schutz wurde nicht verlängert und ist am 08.03.1988 abgelaufen.

737 *Keri/Burkinshaw/Langworth*, INTA Bulletin June 1, 2011, Vol. 66 No. 10; *Sowade*, S. 187.

738 Serial Number 74606398 und Registration Number 1975999.

739 *Mark/Jacoby*, Marquette Intellectual Property Law Review, Volume 10, Issue 3, 2006, S. 433, 434.

Verständnis wäre letztere Darstellungsmethode zu bevorzugen. Wird die geschützte Bewegungsabfolge ausschließlich durch eine Fotografie/ein Bild dargestellt, kann der Betrachter sie nur mithilfe seiner subjektiven Vorstellungskraft erfassen. Bei Betrachtung der Fotografie/des Bildes sowie der Beschreibung fügt sich vor seinem inneren Auge das angenommene Bild der Marke zusammen. Ein Blick auf die Eintragung der Motion Mark der *Columbia Pictures Industries Inc.* veranschaulicht das zuvor Gesagte.[740] Die *Motion Mark* wird in animierter Form zu Beginn von *Columbia Pictures Industries Inc.* produzierten Filmen gezeigt. In ihrer Beschreibung heißt es:

> *„Die Marke besteht aus dem bewegten Bild eines Lichtblitzes, von dem Lichtstrahlen vor einem Hintergrund aus Himmel und Wolken abgegeben werden. Die Szene schwenkt dann nach unten zu einer Fackel, die von einer Dame auf einem Sockel gehalten wird. Das Wort „COLUMBIA" erscheint oberhalb der Fackel. Anschließend erscheint ein kreisförmiger Regenbogen am Himmel, der die Dame umgibt."*[741]

Auf der eingereichten und im Register veröffentlichen Abbildung ist eine weibliche Statue zu sehen, die in ihrer rechten Hand eine Fackel hält. Sie erinnert an die amerikanische Freiheitsstatue. Oberhalb ihres Kopfes befindet sich ein gleißender Lichtkegel. Um sie herum sind einzelne Lichtstrahlen erkennbar. Die Fackel wird durch das in Großbuchstaben geschriebene Wort „COLUMBIA" und den gleißenden Lichtkegel verdeckt. Ein Hintergrund aus Wolken ist erkennbar. Rückschlüsse auf die geschützte Bewegungsabfolge sind durch diese Darstellung nicht möglich. Dies ist wenig überraschend, da ein Bild naturgemäß nur eine einzelne Momentaufnahme darstellt. Der Bewegungsablauf erschließt sich dem Betrachter daher erst durch Hinzuziehung der Beschreibung. Durch die Kombination aus Bild und Beschreibung kann er sich den Schutzgegenstand vorstellen, jedoch nicht zweifelsfrei identifizieren. Der Betrachter kann deshalb nicht alle Feinheiten der eigentlichen Bewegungsmarke erfassen. Dies lässt die Problematik der Einbeziehung einer subjektiven Komponente bei Bestimmung des Schutzgegenstandes erkennen, in der erörtert wird, dass Subjektivität aus Gründen der Rechtssicherheit kein Raum gegeben werden kann. In animierter Form fällt auf, dass der gleißende Lichtkegel seinen Ursprung in der entzündeten Fackel hatte.

---

740 Serial Number 74606398 und Registration Number 1975999.

741 "The mark consists of a moving image of a flash of light from which rays of light are emitted against a background of sky and clouds. The scene then pans downward to a torch being held by a lady on a pedestal. The word 'COLUMBIA' appears across the top running through the torch and then a circular rainbow appears in the sky encircling the lady."

Darüber hinaus ist auch das plastische Aussehen der weiblichen Statue detailgetreu erkennbar. Solche Einzelheiten sind der grafischen Darstellung nicht zu entnehmen. Auch der Beschreibung fehlen hierzu konkrete Informationen. Dies führt dazu, dass der Schutzgegenstand und die subjektive Vorstellung des Betrachters vom Schutzgegenstand nicht zwangsläufig deckungsgleich sind. Es stellt sich die Frage, ob es solchen Zeichendarstellungen überhaupt gelingt, einen „kommerziellen Eindruck" zu vermitteln, da sie die Marke nur in ihren Grundzügen zeigen. Nach deutschem Verständnis ist dies zu verneinen, da sie zu viel Unwägbarkeiten aufweisen. Eine rechtssichere Zeichenwiedergabe kann diese Darstellungsweise folglich nicht garantieren. Daher sollte stets der zweiten Darstellungsweise der Vorzug gegeben werden. Wird eine Bewegungsmarke durch mehrere Bilder dargestellt, verringert sich das Risiko der Diskrepanz zwischen Schutzgegenstand und Vorstellungsbild des Betrachters. Der Vorstellungskraft des Betrachters wird weniger Raum gelassen, da die Bilder unterschiedliche Zeitpunkte der Bewegungsabfolge zeigen. Durch die ergänzende Beschreibung wird der Interpretationsspielraum weiter begrenzt, sodass er auf ein Minimum reduziert wird.

b) Rechtsvergleich mit den Anforderungen an die Darstellung deutscher Bewegungsmarke

Die obigen Ausführungen zeigen, dass der amerikanischen Gesetzgeber weniger strenge Anforderungen an die Darstellung von Bewegungsmarken/*Motion Marks* stellt, als der deutsche. Dies folgt zunächst aus der fehlenden Differenzierung zwischen Bewegungsmarken und Multimediamarken, obwohl an Letztere andere Anforderungen hinsichtlich ihrer Darstellung zu stellen sind, da sie ein zusätzliches akustisches Element enthalten. Die zweite Darstellungsmethode, den Schutzgegenstand in bis zu fünf einzelnen Standbildern darzustellen, entspricht hingegen weitestgehend der deutschen Regelung. Lediglich die zulässige Maximalanzahl an Standbildern weicht voneinander ab. Während in Deutschland gem. § 12 Abs. 1 S. 1, Abs. 2 MarkenV a.F. i.V.m. § 9 Abs. 2 MarkenV a. F. bzw. § 12 Abs. 1, 2 MarkenV n.F. i.V.m. § 9 Abs. 2 MarkenV n.F. die Bewegungsabfolge in bis zu sechs Abbildungen visualisiert werden darf, ist bereits bei fünf Standbildern die amerikanische Obergrenze erreicht. Im Ergebnis ändert dies jedoch nichts an der rechtlichen Wertung. In beiden Fällen lassen sich kurze Bewegungsabfolgen auf rechtssichere Weise darstellen. Anders fällt die rechtliche Bewertung aus, wenn auf diese Art und Weise eine Multimediamarke dargestellt wird. Die lediglich bildliche Darstellung gibt den Schutzgegenstand nicht auf eine rechtssichere Weise wieder. Allein die Erwähnung in der Beschreibung, dass die Marke aus einem audiovisuellen Schutzgegenstand besteht, reicht hierfür nicht aus. Sie lässt keine klaren Rückschlüsse auf den Audioteil der Marke zu, sodass ihre eindeutige Identifizierbarkeit nicht sichergestellt ist. Hieran ändert sich auch nichts, wenn der akustische Teil durch eine Beschreibung näher konkretisiert wird. Hier ist eine deutliche Abweichung vom deutschen Recht erkennbar.

Eine weitere Divergenz ist festzustellen, wenn dem Vergleich die in den USA ebenfalls zulässige Darstellungsform bestehend aus einer einzigen bildlichen Darstellung zugrunde gelegt wird. Naturgemäß ist auf dieser nur ein bestimmter Moment der Bewegungsabfolge erkennbar. Bewegungsmarken lassen sich nach deutschem Verständnis nicht auf diese Art und Weise darstellen, da ihre Bewegungsänderungen nicht erkennbar sind. Es fehlt an einer klaren, eindeutigen und objektiven Darstellung des Schutzgegenstandes, sodass sie die *Sieckmann*-Kriterien nicht erfüllt. Eine Momentaufnahme eignet sich daher nicht dazu, eine konkrete Bewegungsabfolge rechtssicher wiederzugeben. Vielmehr wird hierdurch Raum für Interpretationen geschaffen. Auch die obligatorische Beschreibung ändert an dieser Einschätzung nichts. Die Beschreibung dient zwar der weiteren Konkretisierung des Schutzgegenstandes, jedoch nicht ohne die Vorstellungskraft des jeweiligen Betrachters in einem unzulässigen Umfang zu beanspruchen. In diesem Fall dient die Beschreibung nämlich nicht der Klarstellung, sondern der Erfassung des Schutzgegenstandes. Dies gelingt jedoch nicht, ohne dass sich der Betrachter vorstellt, wie der Schutzgegenstand zu sein hat. Die subjektive Komponente erhält daher zu viel Raum. Dass dies ein Risiko für eine klare, eindeutige und objektive Darstellung birgt, wurde bereits am Beispiel der Bewegungsmarke von *Columbia Pictures Industries, Inc.* erörtert. Aus diesem Grund hat beispielsweise auch der EuGH ausdrücklich für Hör- und für Geruchsmarken entschieden, dass die alleinige Beschreibung ungenügend ist, um den Schutzgegenstand grafisch darzustellen.[742]

In der Gesamtschau legt der amerikanische Gesetzgeber daher einen weniger strengen Maßstab hinsichtlich der Anforderungen an die Darstellung von Bewegungsmarken bzw. Multimediamarken an als der deutsche. In den USA kann der Schutzgegenstand durch eine einzige Fotografie oder Zeichnung, die lediglich eine Momentaufnahme zeigt, nebst Beschreibung rechtskonform dargestellt werden. Darüber hinaus unterliegen Multimediamarken denselben Anforderungen hinsichtlich ihrer Darstellung wie Bewegungsmarken, obwohl

742 EuGH, GRUR 2004, 54, 57 (Rz. 59) – Shield Mark/Kist; EuGH GRUR 2003, 145, 149 (Rz. 70) – Sieckmann.

sie ein zusätzliches, akustisches Element enthalten. Nach amerikanischem Recht genügt es, wenn ihr audiovisueller Charakter aus der Beschreibung hervorgeht.[743] Für die amerikanischen Wirtschaftsteilnehmer bedeutet dies daher eine Erleichterung bei der Anmeldung von Bewegungsmarken/Multimediamarken. In Deutschland wären diese Darstellungsmethoden undenkbar, da sie im Widerspruch zu den *Sieckmann*-Kriterien stehen. Daher ist die amerikanische Eintragungspraxis zumindest bezüglich der rechtskonformen Darstellung von Bewegungs- und Multimediamarken deutlich großzügiger.

5. *Die Hologrammmarke („Hologram mark")*

Wie in Deutschland können in den USA auch Hologramme als Marke eingetragen werden, sofern hierfür die Voraussetzungen vorliegen. Viele eingetragene Hologramme finden sich jedoch nicht in den US-amerikanischen Markenregistern.[744] Dies mag den strengen Anforderungen hinsichtlich ihrer Eintragung geschuldet sein. So wird auch in TMEP § 1202.14 ausdrücklich auf die Schwierigkeiten hinsichtlich ihrer Eintragung hingewiesen. Das TTAB stellte in einer Entscheidung im Jahr 2001 klar, dass Hologramme vom Verkehr in erster Linie nicht als Herkunftshinweis wahrgenommen werden.[745] In solchen Fällen erfüllen sie nicht die Funktion einer Marke. Das TTAB verwehrte die Eintragung eines Hologramms, das auf Sammelkarten in verschiedenen Formen, Größen und Positionen verwendet wurde.[746] Das streitgegenständliche Hologramm sollte z.B. im Design eines Baseballfeldes oder einer Rennflagge auf den Spielkarten abgedruckt werden. Nach Ansicht des TTAB werden Hologramme *in dieser Form* vom Verkehr primär als Sicherheitsmerkmal gegen unzulässige Kopien oder rechtswidrigen Fälschungen wahrgenommen, nicht aber als Herkunftshinweis für die mit ihr versehene/n Ware/n.[747] Es ist bereits fraglich, ob eine solch pauschale Versagung des Markenschutzes für Sicherheitsmerkmale erfolgen kann oder ob dies nicht vom konkreten Einzelfall abhängig ist. Richtig ist, dass wenn ein Hologramm nicht als Herkunftshinweis wahrgenommen wird,

---

743 Siehe hierzu Registerauszug der Marke mit der Serial Number 7169883 und der Registration Number 0641872 – "The mark comprises the audio and visual representation of a coin spinning on a hard surface, used in TV advertising."

744 So z.B.: Serial Number 85342651 und Registration Number 4189051; Serial Number 76633306 und Registration Number 3407662.

745 In re The Upper Deck Co., 59 USPQ2d 1688, 1692-93 (TTAB 2001) S. 15 f.

746 In re The Upper Deck Co., 59 USPQ2d 1688, 1692-93 (TTAB 2001) S. 3.

747 In re The Upper Deck Co., 59 USPQ2d 1688, 1692-93 (TTAB 2001) S. 15 f.

sein markenrechtlicher Schutz zu versagen ist. Es ist jedoch zu berücksichtigen, dass auch Sicherheitshologramme die Herkunft der mit ihnen gekennzeichneten Waren bestimmen können. Die Markenfähigkeit kann ihnen daher nicht *per se* abgesprochen werden. Maßgeblich ist, ob das Hologramm grundsätzlich (und vorrangig) eine herkunftshinweisende Funktion erfüllt oder nicht. Bei genauer Betrachtung der Entscheidung des TTAB wird man erkennen können, dass auch das TTAB auf die konkrete Art der Verwendung abgestellt hat *(„in dieser Form")*. Das TTAB kam zu dem Entschluss, dass das streitgegenständliche Hologramm in der konkreten Art der Verwendung primär den Zweck eines Sicherungsmerkmales erfüllte, nicht aber als Herkunftshinweis verstanden wird.[748] Sobald Hologrammen aber eine herkunftshinweisende Funktion zuteilwird, fällt die rechtliche Bewertung anders aus. Bestätigt wird dies durch die amerikanische Eintragungspraxis. So ist auch der international agierende Anbieter von Finanzdienstleistungen *American Express* Inhaber einer Hologrammmarke, die auf einer American-Express-Kreditkarte in gleichbleibender Größe und an gleicher Stelle verwendet wird.[749] Unzweifelhaft handelt es sich hierbei ebenfalls um ein Sicherheitsmerkmal. Dennoch steht hier die herkunftshinweisende Funktion im Vordergrund.

a) Anforderungen an die Darstellung von Hologrammmarken

Neben der oben dargestellten Problematik wies das TTAB in seiner Entscheidung *In re Upper Deck Co.* auf eine weitere Schwierigkeit von Hologrammen hin, die zur Eintragungsversagung führen kann. Nach Ansicht des TTAB handle es sich bei einem Hologramm nicht ausschließlich um *„eine Einheit (device)"*, sondern um *mehrere*, sodass die Eintragung wegen der Anmeldung mehrerer Marken zu versagen sei.[750] Nach amerikanischem Recht darf gem. 15 USC §§ 1051 (*Section 1 of Lanham Act*), 1127 (*Section 45 of Lanham Act*) mit einer Markenanmeldung nur die Eintragung einer Marke verfolgt werden. Ergibt sich aus der Anmeldung, dass der Markenanmelder Schutz für mehrere Marken begehrt, ist der Schutz zu versagen. Zur Begründung führte das TTAB aus, dass *„ein Hologramm"* nicht dasselbe sei wie *„eine Farbe"*, *„ein Ton"* oder *„ein Duft"*, die sich rechtskonform darstellen lassen.[751] Letztgenannte könne man konkretisieren, sodass nur *eine Einheit* Gegenstand der Anmeldung sei. Die Konkretisierung

748 In re The Upper Deck Co., 59 USPQ2d 1688, 1692-93 (TTAB 2001), S. 15 f.
749 Serial Number 78470087 und Registration Number 3045251.
750 In re The Upper Deck Co., 59 USPQ2d 1688, 1692-93 (TTAB 2001), S. 9.
751 In re The Upper Deck Co., 59 USPQ2d 1688, 1692-93 (TTAB 2001), S. 9.

könne z.B. durch die Angabe einer bestimmten Farbe oder eines Farbtons (eine grün-goldene Farbe im *Qualitex*-Fall[752]), eines bestimmten Klanges (der Klang einer Schiffsglockenuhr in *In re General Electric Broadcasting Co. Inc.*[753]) oder eines besonderen Dufts (ein blumiger Duft, der an den Duft von Pflaumenblüten erinnert in *In re Clarke*[754]) erfolgen.[755] Bei Hologrammen sei eine Konkretisierung wegen ihrer holografischen Eigenschaften nicht möglich.

Diese Auffassung überzeugt jedoch nicht. Richtig ist, dass die holografische Veränderung charakteristisch für die Hologrammmarke ist. Dass sich der Schutzgegenstand eines Zeichens verändert, führt jedoch nicht automatisch dazu, dass mit der Anmeldung mehrere Eintragungen verfolgt werden. Auch der Schutzgegenstand von Bewegungsmarken besteht nicht aus einer starren Komponente, sondern aus einer Bewegungsabfolge. Auch dies ist eine Veränderung, die ohne Zweifel als *eine Einheit* verstanden wird. Eine pauschale Schutzversagung für Hologramme ist daher nicht sachgerecht. Maßgeblich ist allein, ob sich der Schutzgegenstand konkretisieren lässt. Bereits als Marken eingetragene Hologramme bestätigen, dass eine Konkretisierung von holografischen Veränderungen möglich ist. Entscheidend ist daher stets die konkrete Ausgestaltung des Hologramms als solches. Wenn ein Hologramm durch seine Darstellung hinreichend konkret definiert wird, sodass eine eindeutige Identifizierbarkeit sichergestellt ist, spricht nach US-amerikanischem Recht nichts gegen seine Eintragung.

Da Hologramme weder in 37 CFR § 2.52 noch in dem TMEP ausdrücklich Erwähnung finden, gelten für ihre rechtskonforme Darstellung keinerlei Besonderheiten. Somit sind die allgemeinen Regeln für ihre Zeichendarstellung anzuwenden. Als visuell wahrnehmbares Zeichen erfolgt ihre Darstellung durch eine Zeichnung i.S.v. 37 CFR § 2.52(b), TMEP § 807.09 sowie eine Beschreibung, gem. 37 CFR § 2.52(b)(5), TMEP § 808. Es eignet sich daher eine Fotografie bzw. eine Zeichnung des Hologramms. Empfehlenswert ist die Darstellung des Hologramms durch zumindest eine weitere Zeichnung, um die holografische Veränderung darzustellen. Um zu verdeutlichen, dass ausschließlich das Hologramm Schutz beansprucht, kann das Trägerobjekt gem. § 37 CFR § 2.52 (b)

---

752 Qualitex Co. v. Jacobson Products Co., Inc., 514 U.S. 159 (1995), deutsche Fassung: GRUR Int. 1996, 961 – grün-goldene Farbe.

753 In re General Electric Broadcasting Co. Inc, 199 USPQ 560 (TTAB 1978).

754 In re Clarke, 17 USPQ2d 1238 (TTAB 1990).

755 In re The Upper Deck Co., 59 USPQ2d 1688, 1692-93 (TTAB 2001), S. 7 f.

(4), TMEP § 807.08 in gestrichelten Linien ebenfalls dargestellt werden.[756] Eine zwingende Vorgabe ist dies bei der Darstellung von Hologrammmarken jedoch nicht. Anders, die gem. 37 CFR 2.52(b)(5) obligatorische Beschreibung des Schutzgegenstandes.

b) *Rechtsvergleich mit den Anforderungen an die Darstellung deutscher Hologrammmarken*

In den USA gehören Hologrammmarken wie in Deutschland zu den Exoten unter den Markenformen. Es ist nicht auszuschließen, dass der missverständliche Text im TMEP für das geringe Interesse an Hologrammmarken mitverantwortlich ist. Schließlich wird in der ersten Zeile von TMEP § 1202.14 davon gesprochen, dass Hologramme die Funktion einer Marke nicht erfüllen können. Erst bei genauerer Betrachtung der gesamten Regelung fällt auf, dass in dem TMEP ausschließlich von Hologrammen die Rede ist, die wegen ihrer *konkreten Art der Verwendung* vom Verkehr nicht als Herkunftshinweis wahrgenommen werden. Darüber hinaus wird in TMEP § 1202.14 unter Verweis auf die *In re Upper Deck* Entscheidung fälschlicherweise davon gesprochen, dass mit einer Hologrammmarkenanmeldung eine unzulässige Markenanmeldung verfolgt wird, wenn der Schutzgegenstand durch mehrere Ansichten dargestellt wird, da dann mit einer Markenanmeldung die Eintragung mehrere Marken verfolgt wird. Das TTAB stellte in vorgenannter Entscheidung jedoch nur fest, dass eine Hologrammmarke nicht eintragungsfähig ist, wenn keine Konkretisierung erfolgt (v.a. keine konkretisierende Darstellung der holografischen Veränderung). Nur eine fehlende Konkretisierung führt somit dazu, dass mit der Markenanmeldung nicht mehr nur die Anmeldung einer Marke, sondern mehrerer begehrt wird. Lässt sich die holografische Veränderung jedoch durch mehrere Abbildungen darstellen, kann nicht davon gesprochen werden, dass in einer Anmeldung die Eintragung mehrerer Marken verfolgt wird.

Ungeachtet des geringen Interesses an Hologrammmarken sind die Anforderungen an ihre Darstellung in den USA geringer als in Deutschland. Dies folgt bereits aus der fehlenden Differenzierung zwischen der Art des Hologramms. Während in Deutschland zwischen Flächenhologrammen und Hologrammen, die die holografische Veränderung eines Objekts zeigen, unterschieden wird, nimmt der amerikanische Gesetzgeber keine solche Unterscheidung vor.

756 So z.B. bei der Hologrammmarke von American Express, die die Umrisse einer Kreditkarte zeigt, auf der sich das geschützte Hologramm befindet, Serial Number 78470087 und Registration Number 3045251.

Pauschal lässt er eine bildliche Darstellung nebst Beschreibung genügen, unabhängig von der Art des Hologramms. Insbesondere bei (abstrakten) Flächenhologrammen führt dies dazu, dass die Vorstellungskraft des Betrachters eine wichtige Rolle bei der Identifikation des Schutzgegenstandes einnimmt, da sich nicht alle holografischen Effekte mit der erforderlichen Sicherheit bildlich darstellen lassen.[757] Im Ergebnis ist somit von einer Eintragungserleichterung zugunsten des amerikanischen Rechtsanwenders auszugehen.

6. *Die Hörmarke („Sound mark")*

Bereits 1950 wurde in den USA die erste Hörmarke markenrechtlich geschützt. Ein *Werbejingle* aus drei Akkorden zur Kennzeichnung von Rundfunkdienstleistungen für die *National Broadcast Company* (*NBC*). Im Vergleich zu Deutschland blicken amerikanische Hörmarken somit auf eine über 40 Jahre längere Tradition zurück. Deutsche Hörmarken sind erst seit Inkrafttreten des MarkenG und somit seit 1994 schutzfähig.

a) Anforderungen an die Darstellung von Hörmarken

Da die Hörmarke visuell nicht wahrnehmbar ist, sind Markenanmelder von der Verpflichtung entbunden, sie in Form einer Zeichnung darzustellen. Stattdessen genügt das Einreichen einer detaillierten Beschreibung i.S.v. 37 CFR § 2.52 (e). Die Tatsache, dass eine detaillierte Beschreibung den Anforderungen einer rechtskonformen Zeichenwiedergabe genügt, eröffnet dem amerikanischen Markenanmelder einen großzügigen Gestaltungsspielraum. Schutzgegenstand von akustischen Zeichen können somit Tonfolgen und Geräusche, aber auch gesprochene Wörter sein. Für den Anmelder bestehen in dieser Hinsicht keinerlei beschränkende Vorgaben.

Fraglich ist jedoch, was unter einer *„detaillierten Beschreibung"* zu verstehen ist. Rechtliche Vorgaben werden nicht gemacht. Im Markenregister lassen sich unterschiedliche Arten von Beschreibungen finden: kurze und prägnante sowie mittellange bis hin zu sehr ausführlichen. Beispielhaft sind die nachfolgenden Beschreibungen zu nennen:

> *„Die Marke ist das Geräusch eines brüllenden Löwen"*[758],

---

757 Siehe hierzu die Ausführungen zur deutschen Hologrammmarke, Kapitel 4 F II 4 d) aa).

758 "The mark comprises a lion roaring", Serial Number 73553567 und Register Number 1395550.

„Die Marke besteht aus den gesprochenen Worten „You've got Mail"[759]
„Die Hörmarke besteht aus einer Reihe von fünf Noten in C-Dur. Es sind vier miteinander verbundenen Sechzehntelnoten, bestehend aus der Notenfolge CCC und E, gefolgt von einer Viertelnote in C"[760].

Als weiteres Beispiel einer sehr ausführlichen Beschreibung ist die wörtliche Beschreibung des berühmten Tarzan-Schreies zu erwähnen. Einleitend wird darauf hingewiesen, dass die Hörmarke der *„berühmte Tarzan-Schrei"* ist. Unmittelbar im Anschluss wird das geschützte Geräusch wie folgt beschrieben:

„Die Marke ist ein Schrei, der aus einer Reihe von etwa zehn Klängen besteht, die sich wie folgt zwischen der Brust- und der Falsettstimme [Kopfstimme] abwechseln: 1) ein halblanger Klang im Brustregister, 2) ein kurzer, höherer Ton in einem Intervall aus einer Oktave höher und einer Quinte aus dem vorangehenden Ton, 3) ein kurzer tieferer Ton in einer großen Terz des vorhergehenden Tons, 4) ein kurzer höherer Ton in einer großen Terz des vorhergehenden Tons, 5) ein langer Ton in einer Oktave tiefer und einer Terz des vorhergehenden Tons, 6) ein kurzer Ton eine Oktave höher des vorhergehenden Tons, 7) ein kurzer höherer Ton in einer großen Terz des vorhergehenden Tons, 8) ein kurzer tieferer Ton in einer großen Terz des vorhergehenden Tons, 9) ein kurzer höherer Ton in einer großen Terz des vorhergehenden Tons, 10) ein langer tieferer Ton eine Oktave und einer Quinte tiefer als der vorhergehende Ton."[761]

Bereits aus den Beispielbeschreibungen folgt, dass keine hohen Anforderungen an die einschränkende Vorgabe der Detailliertheit gestellt werden. Die gesetzliche Vorgabe wird vom USPTO nicht restriktiv verstanden.

---

759 "The mark consists of the spoken words 'You've got Mail'", Serial Number: 75528557 Register Number 2821863.

760 "The sound mark consists of a series of five musical notes written on the Treble clef in the key of C major, comprising a sequence of four joined semiquavers which are the musical three notes CCC and E, followed by a C quarter note.", Serial Number: 75889012, Deutsche Telekom AG.

761 "The mark consists of the sound of the famous Tarzan yell. The mark is a yell consisting of a series of approximately ten sounds, alternating between the chest and falsetto registers of the voice, as follow – 1) a semi-long sound in the chest register, 2) a short sound up an interval of one octave plus a fifth from the preceding sound, 3) a short sound down a Major 3rd from the preceding sound, 4) a short sound up a Major 3rd from the preceding sound, 5) a long sound down one octave plus a Major 3rd from the preceding sound, 6) a short sound up one octave from the preceding sound, 7) a short sound up a Major 3rd from the preceding sound, 8) a short sound down a Major 3rd from the preceding sound, 9) a short sound up a Major 3rd from the preceding sound, 10) a long sound down an octave plus a fifth from the preceding sound.", Serial Number 75326989 und Register Number 2210506.

Neben der detaillierten Beschreibung muss der Markenanmelder seiner Anmeldung gem. TMEP § 904.03 (f) ein Muster beifügen. Hierfür ist gem. TMEP § 807.09 eine Audiodatei vom Schutzgegenstand einzureichen. Zweck der elektronischen Wiedergabe ist es, die Beschreibung zu ergänzen und zu verdeutlichen, vgl. TMEP § 807.09. Hieraus darf jedoch nicht fälschlicherweise der Schluss gezogen werden, dass die Audiodatei ein Teil der obligatorischen Zeichendarstellung ist. Dies würde die in 37 CFR § 2.52 (e) kodifizierte Sonderreglung für visuell nicht wahrnehmbare Zeichen, nach der ihre detaillierte Beschreibung als Darstellungsmittel genügt, für Hörmarken *ad absurdum* führen. Vielmehr entspricht die Vorschrift § 11 Abs. 3 MarkenV a.F., der als Ausnahmetatbestand von § 13 MarkenV a.F. für Hörmarken auch unter der Voraussetzung der grafischen Darstellbarkeit ebenfalls eine klangliche Wiedergabe forderte. Im Ergebnis ist daher zur Bestimmung des Schutzbereiches der Marke ausschließlich auf die im Register niedergelegte Beschreibung abzustellen. Dies ist auch sachgerecht, da der Verkehr mangels Veröffentlichung im Register keine Möglichkeit hat, die elektronische Datei anzuhören. Bereits aus diesem Grund kann nur die veröffentlichte Beschreibung für die Bestimmung des Schutzgegenstandes maßgeblich sein.

b) *Rechtsvergleich mit den Anforderungen an die Darstellung deutscher Hörmarken*

Legt man den Fokus beim Ländervergleich auf die Art und Weise, wie ein akustisches Zeichen darzustellen ist, um registerrechtlich Schutz beanspruchen zu können, ist offensichtlich, dass diesbezüglich große Divergenz besteht. Während in den USA jede akustische Zeichenform als Marke eingetragen werden kann, sofern ihr Schutzgegenstand durch eine detaillierte Beschreibung dargestellt wird, stellte der deutsche Gesetzgeber unter der Voraussetzung der grafischen Darstellbarkeit strengere Anforderungen an die Zeichenwiedergabe. Bestätigt wird dies allein durch die Tatsache, dass Geräusche in Deutschland mangels adäquater Darstellungsmethode vom registerrechtlichen Zeichenschutz ausgeschlossen waren. Der in den USA vorherrschende weniger strenge Ansatz ist Ausfluss der kodifizierten Sonderregelungen für visuell nicht wahrnehmbare Zeichen, wonach für ihre Darstellung das Einreichen einer detaillierten Beschreibung genügt, 37 CFR § 2.52 (e). Die Anforderung *„detaillierte Beschreibung"* wird bei Hörmarken jedoch ebenfalls nicht allzu streng gesehen, wie obige Beispiele gezeigt haben.

Nach deutschem Verständnis reichen Beschreibungen wie *„Die Marke ist das Geräusch eines brüllenden Löwen"* oder *„Die Marke besteht aus den gesprochenen*

Worten „You've got Mail" nicht aus, um den Schutzgegenstand mit der in § 8 Abs. 1 MarkenG a.F. geforderten Klarheit, Eindeutigkeit und Objektivität darzustellen. Beispielhaft ist auf letztgenannte Beschreibung hinzuweisen. Ihr lässt sich nicht entnehmen, wer die gesprochenen Worte *„You've got Mail"* spricht - ein Mann, eine Frau oder vielleicht sogar ein Kind. Ohne eine solche Angabe lässt sich der Schutzgegenstand jedoch nicht mit hinreichender Bestimmtheit identifizieren. Es wird genügend Raum für Interpretationen gelassen. Gleiches gilt für die Beschreibung *„Das Gebrüll eines Löwen"*, da auch Löwengebrüll unterschiedlich sein kann. Andererseits kann selbst eine vermeintlich detaillierte Beschreibung dem Verkehr Schwierigkeiten bereiten, den Schutzgegenstand eindeutig zu identifizieren. Exemplarisch ist auf die Beschreibung des legendären Tarzan-Schreies hinzuweisen. Hätte der Markenanmelder auf die einleitenden Worte verzichtet, dass es sich bei dem akustischen Zeichen um *„den berühmten Tarzan-Schrei"* handelt, ist mit großer Wahrscheinlichkeit davon auszugehen, dass eine eindeutige Identifizierbarkeit nicht möglich gewesen wäre. Dies gilt insbesondere, weil der Markenanmelder versucht, ein Geräusch mithilfe von Tönen darzustellen, obwohl sich Geräusche gerade nicht in einer solchen Form darstellen lassen. Der in den USA gepflegte Umgang mit Beschreibungen von Hörmarken bestätigt die dort vorherrschende liberale Eintragungspraxis. In Deutschland war unter der Voraussetzung der grafischen Darstellbarkeit diese Form der Zeichenwiedergabe von Hörmarken wegen oben genannter Gründe undenkbar. Bestätigt hat dies auch der EuGH in seiner Entscheidung *Shield Mark/Kist*, in der er ausdrücklich klarstellte, dass eine Beschreibung nicht dem Erfordernis der grafischen Darstellbarkeit genügte.[762] Solche niedrigen Vorgaben, wie sie der amerikanische Gesetzgeber macht, wären in Deutschland nicht mit dem registerrechtlichen Bestimmtheitsgrundsatz vereinbar. Eine Beschreibung – egal in welcher Form – eignet sich nicht dazu, den Schutzgegenstand mit der erforderlichen Bestimmtheit darzustellen.[763] Hieran kann auch die nach US-amerikanischem Recht geforderte Voraussetzung der *„Detailliertheit"* nichts ändern. Nach deutschem Verständnis erfordert die Voraussetzung der *„Detailliertheit"*, dass etwas zweifelsfrei dargestellt oder beschrieben wird. Wie erörtert, ist dies bei den angeführten Beschreibungen nicht der Fall, da sich der Schutzgegenstand mit ihrer Hilfe nicht eindeutig identifizieren lässt.

Im Ländervergleich bedeutet das eine eindeutige Erleichterung hinsichtlich der Eintragung von US-amerikanischen Hörmarken. Begrüßenswert an

---

762 EuGH GRUR 2004, 54, 58 – Shield Mark/Kist.

763 Siehe hierzu Kapitel 4 F II 3 a) bb) (3).

dem US-amerikanischen Ansatz ist vor allem, dass sich der Schutz von akustischen Zeichen nicht nur auf Töne oder Tonfolgen beschränkt, sondern dass auch z.B. Geräusche registerrechtlich geschützt werden können. Dies war unter dem Erfordernis der grafischen Darstellbarkeit nicht möglich.[764] Insofern wird im weiteren Verlauf der Arbeit zu untersuchen sein, ob durch den Wegfall des Erfordernisses der grafischen Darstellbarkeit nunmehr auch für den deutschen Rechtsanwender die Möglichkeit besteht, neben Tönen und Tonfolgen auch Geräusche oder Tierlaute als akustisches Zeichen eintragen zu lassen.

7. Die Geruchsmarke („Scent mark")

Gerüche können in den USA als Marke geschützt werden. Entsprechend der Funktionalitätsdoktrin ist in TMEP § 1202.13 geregelt, dass ein Geruch nur dann Marke sein kann, sofern er keine andere praktische Funktion erfüllt, als durch ihn gekennzeichnete Waren und/oder Dienstleistung zu unterscheiden. Angesichts ihrer Zweckbestimmung können daher z.B. Parfums nicht als Geruchsmarke eingetragen werden.

Die Markenfähigkeit von Gerüchen ist in den USA seit 1990 anerkannt. In diesem Jahr hatte das TTAB in der Entscheidung *In re Clarke* zu bestimmen, ob sich Gerüche zur Identifizierung und Unterscheidung von Waren eignen.[765] Die Markenanmelderin wollte Pflaumenblütenduft („*floral fragrance reminiscent of plumeria blossom*") als Marke für die Waren „Nähgarn und Stickerei" eintragen lassen. Nachdem zunächst die Eintragung der Geruchsmarke versagt wurde, bejahte das TTAB die Markenfähigkeit von Gerüchen und stellte klar, dass sich der Geruch im vorliegenden Fall zur Identifizierung von Waren eigne, da ihm keinerlei Funktion zuteilwerde.[766] Auch ein Blick in die US-amerikanischen Markenregister zeigt, dass Geruchsmarken – anders als in Deutschland – nicht nur in der Theorie existieren. Im Register findet sich eine überschaubare Anzahl an eingetragenen Geruchsmarken. Addiert man die Anzahl aller eingetragenen Geruchsmarken im *Supplemental* und im *Principal Register*, kommt man auf 11 aktive Marken, wobei nur drei im *Principal Register* sind.[767] Die jüngste Geruchsmarke wurde am 11. Mai 2018 in das *Principal Register* eingetragen. Der Duft der weltweit bekannten *Play-Doh*-Spielknete für Kinder von *Hasbro*

---

764 Nach der hier vertretenen Auffassung zu Unrecht, siehe hierzu Kapitel 4 F II 3 a) bb) (2).

765 In re Clarke, 17 USPQ2d 1238, 1239-40 (TTAB 1990).

766 In re Clarke, 17 USPQ2d 1238, 1239-40 (TTAB 1990).

767 Stand vom 19.07.2018.

ist seither für Spielwaren (*toy modeling compounds*) als Geruchsmarke markenrechtlich geschützt.[768]

a) Anforderungen an die Darstellung von Geruchsmarken

Als visuell nicht wahrnehmbares Zeichen gilt auch für Geruchsmarken 37 CFR § 2.52 (e), wonach anstatt einer Zeichnung für ihre Zeichendarstellung eine detaillierte Beschreibung genügt.

Wie bereits bei Hörmarken ausgeführt, verlangt der amerikanische Gesetzgeber eine „*detaillierte Beschreibung*" des Schutzgegenstandes. Was unter einer „*detaillierten Beschreibung*" einer Geruchsmarke zu verstehen ist, ließ der Gesetzgeber offen. In der Praxis wird zur Beschreibung des Geruchs regelmäßig auf die Umschreibung des olfaktorischen Eindrucks zurückgegriffen, so z.B. auch bei der jüngsten Geruchsmarke, in der der Geruch der Spielknete als

> *„ein süßer, leicht moschusartiger Vanilleduft mit leichter Kirschnote, kombiniert mit dem Geruch eines gesalzenen Weizenteigs"*

beschrieben wird.[769] Auffällig ist, dass die Beschreibung Elemente mit und ohne Objektbezug aufweist („*moschusartiger Vanilleduft*" und „*Kirschnote kombiniert mit dem Geruch eines gesalzenen Weizenteigs*"). Bei den beiden anderen im *Principal Register* eingetragenen Geruchsmarken erfolgt die Beschreibung ausschließlich durch einen Objektbezug, indem es heißt, die Marke bestehe „*aus dem Duft von Kaugummi*"[770] oder „*aus dem Duft von Kirschen*"[771]. Erneut zeigen diese Beispiele, dass auch für Geruchsmarken die Anforderungen an eine „*detaillierte Beschreibung*" nicht zu streng gesehen werden. Wie bereits bei Hörmarken erwähnt, versteht das USPTO das Erfordernis nicht restriktiv.

Darüber hinaus muss gem. TMEP § 904.03 (m) ein Duftmuster bzw. eine Duftprobe eingereicht werden. Der Prüfer der Markenanmeldung soll in die Lage versetzt werden, den Geruch tatsächlich wahrzunehmen. Dies soll ihm

---

768 Serial Number 87335817 und Registration Number 5467089.

769 "The mark is a scent of a sweet, slightly musky, vanilla fragrance, with slight overtones of cherry, combined with the smell of a salted, wheat-based dough", Serial Number 87335817 und Registration Number 5467089.

770 "The mark consists of the scent of bubble gum", Serial Number 86265443 und Registration Number 4754435. Die Marke ist eingetragen für „Schuhe, Sandalen, Flip Flops und Accessoires."

771 "The mark consists of a cherry scent", Serial Number 7472099 und Registration Number 2463044. Die Marke ist eingetragen für „synthetische Schmierstoffe für Hochleistungsrenn- und Freizeitfahrzeuge."

die Einschätzung ermöglichen, ob sich der Geruch tatsächlich zur Identifizierung der Schutz beanspruchenden Waren/Dienstleistung eignet oder ob ihm i.S.d. Funktionalitätsdoktrin die Schutzfähigkeit zu versagen ist. Ein *„Scratch and Sniff"*-Aufkleber wird gem. TMEP § 904.03 (m) vom USPTO als adäquates Muster anerkannt. Bei einem *„Scratch and Sniff"*-Aufkleber ist ein Feld mit einem mikroverkapselten Duftstoff versehen, der durch Reiben freigesetzt wird.[772] Wie bei Hörmarken ist für die Identifizierung der Marke ausschließlich die im Register veröffentlichte Beschreibung maßgeblich. Andernfalls würde auch hier 37 CFR § 2.52 (e) als kodifizierte Sonderreglungen für visuell nicht wahrnehmbare Zeichen *ad absurdum* geführt werden. Bei visuell nicht wahrnehmbaren Zeichen genügt für ihre Darstellung ausweislich des eindeutigen Wortlauts dieser Vorschrift die „detaillierte" Beschreibung.

b) Rechtsvergleich mit den Anforderungen an die Darstellung deutscher Geruchsmarken

Die Anforderungen an die Darstellung von Geruchsmarken weichen im Ländervergleich erheblich voneinander ab. Unter dem Erfordernis der grafischen Darstellbarkeit galt in Deutschland ein weitaus strengerer Maßstab. Dies zeigt auch ein rechtsvergleichender Blick in die Markenregister. Anders als in den USA existieren Geruchsmarken in Deutschland nur in der Theorie. Eintragungsversuche scheiterten in der Vergangenheit stets an dem Erfordernis der grafischen Darstellbarkeit, das nur dann als erfüllt galt, sofern die grafische Darstellung den *Sieckmann*-Kriterien entsprach. Die Darstellung musste klar, eindeutig, in sich abgeschlossen, leicht zugänglich, verständlich, dauerhaft und objektiv sein.[773] Für Geruchsmarken war diese Hürde zu hoch. In den USA hingegen lassen sich Geruchsmarken allein durch ihre Beschreibung darstellen. Hierfür spielt es keine Rolle, ob die Beschreibung mit oder ohne Objektbezug erfolgt. Wie auch bei Hörmarken wird dem amerikanischen Verkehr durch die Akzeptanz von Beschreibungen wie *„der Duft von Kirschen"* oder *„der Duft nach Kaugummi"* ein großzügiger Interpretationsspielraum eingeräumt. Ein solcher war und ist mit dem deutschen Recht nicht vereinbar, da die subjektive Vorstellung, wie der Duft zu sein hat, maßgeblich für seine Identifizierung ist. Wie bereits eingehend ausgeführt, ist dies mit den *Sieckmann*-Kriterien nicht vereinbar. An dieser Einschätzung ändert auch das nach US-amerikanischem Recht geforderte Kriterium der *„Detailliertheit"* der Beschreibung nichts. Wie oben aufgeführte

772 *Rempel*, S. 110.

773 EuGH GRUR 2003, 145, 148 (Rz. 55) – Sieckmann.

Beispiele zeigen, werden auch an diese Voraussetzung keine strengen Anforderungen gestellt. Nach deutschem Verständnis ist von einer detaillierten Beschreibung auszugehen, wenn der Schutzgegenstand der Marke möglichst präzise mit Wörtern beschrieben wird. Bei Beschreibungen wie *„Der Duft von Kaugummi"* erscheint dies äußerst zweifelhaft. In Supermärkten, Tankstellen oder an einem Kiosk ist regelmäßig eine große Auswahl unterschiedlicher Kaugummis erhältlich, die verschiedene Aromen und somit unterschiedliche Duftstoffe enthalten. Die pauschale Beschreibung *„der Duft von Kaugummi"* ist nach deutschem Verständnis somit nicht klar und eindeutig genug. Dasselbe gilt für die Beschreibung *„der Duft von Kirschen".* Je nach Reifegrad oder Sorte der Frucht kann der Duft variieren. Auch wenn nicht von der Hand zu weisen ist, dass durch den Objektbezug beim Verkehr eine bestimmte Vorstellung von dem Geruch erzeugt wird, stellt die Beschreibung dennoch nicht sicher, dass die Vorstellung mit dem geschützten Geruch auch tatsächlich übereinstimmt. Aber auch detailliertere Beschreibungen wie *„ein süßer, leicht moschusartiger Vanilleduft mit leichter Kirschnote, kombiniert mit dem Geruch eines gesalzenen Weizenteigs"*[774] kommen ohne subjektive Komponente nicht aus. Dem amerikanischen Markenanmelder wird zudem ein großzügiger Gestaltungsspielraum hinsichtlich der Wortwahl seiner Beschreibung eingeräumt. In Deutschland war unter der Voraussetzung der grafischen Darstellbarkeit diese Darstellungsform undenkbar. Der EuGH hat in seiner *Sieckmann*-Entscheidung für Geruchsmarken unmissverständlich klargestellt, dass eine Beschreibung die Voraussetzungen der Klarheit und Eindeutigkeit nicht erfüllt.[775] Die Darstellung von Geruchsmarken unterliegt daher in den USA deutlich weniger strengen Voraussetzungen.

Ob eine großzügigere Handhabung auch in Deutschland nach Wegfall des Erfordernisses der grafischen Darstellbarkeit denkbar ist, wird im weiteren Verlauf der Arbeit thematisiert. Es ist bereits an dieser Stelle darauf hinzuweisen, dass eine Beschreibung auch zukünftig nicht ausreichen wird, da der EuGH die Beschreibung als Darstellungsform als nicht klar und eindeutig genug würdigte.[776] Ein anderes Ergebnis könnte allenfalls dann anzunehmen sein, wenn eine andere Form der Zeichendarstellung infrage kommt.

---

774 "The mark is a scent of a sweet, slightly musky, vanilla fragrance, with slight overtones of cherry, combined with the smell of a salted, wheat-based dough", Serial Number 5467089 und Registration Number 5467089.

775 EUGH GRUR 2003, 145, 149 (Rz. 70) – Sieckmann.

776 EuGH GRUR 2003, 145, 149 (Rz. 70) – Sieckmann.

8. *Die Geschmacksmarke („Flavor mark")*

Infolge des in § 45 *Lanham Act*, 15 USC § 1127 niedergelegten offenen Markenbegriffs kann auch ein Geschmack die Funktionen einer Marke erfüllen, sofern die hierfür notwendigen Voraussetzungen erfüllt sind. TMEP § 1202.03 weist ausdrücklich darauf hin, dass der Verkehr einen Geschmack von Natur aus nicht als Unterscheidungsmittel, sondern als eine Eigenschaft der Ware wahrnimmt. Dies mag auch der Grund sein, weshalb bis heute noch keine Geschmacksmarke in eines der beiden US-amerikanischen Markenregister eingetragen wurde. Auch in der Vergangenheit mussten sich die Ämter und Gerichte primär mit der Frage beschäftigen, ob der zu schützende Geschmack als Herkunftshinweis verstanden wird, oder ob er im Sinne der Funktionalitätsdoktrin in erster Linie als eine Funktion der jeweiligen Waren wahrgenommen wird. So beschäftigte sich das TTAB in der in der Entscheidung *In re N.V. Organon* mit der Frage, ob der Orangengeschmack eines Medikaments als Geschmacksmarke eintragungsfähig war.[777] Das TTAB versagte den markenrechtlichen Schutz und führte aus, dass der Orangengeschmack allein die Funktion erfülle, den unangenehmen Geschmack des Medikaments, einem Antidepressivum, zu überdecken.[778] Auch in der acht Jahre jüngeren Entscheidung *In re Pohl Boskamp GmbH & Co.* verfolgte das TTAB diese Argumentationslinie. Die streitgegenständliche Geschmacksmarke sollte ebenfalls für „*Arzneimittel*" eingetragen werden. Gegenstand der Entscheidung war ein Pumpspray, dessen Wirkstoff zur akuten Behandlung einer *Angina pectoris*[779] unter die Zunge gesprüht wird und so bei Brustschmerzen eine Linderung eintreten soll. Bei dem Pumpvorgang wurde neben dem Arzneimittelwirkstoff auch Pfefferminzöl freigesetzt. Obwohl der Markenanmelder argumentierte, dass das – in diesem Fall – Pfefferminzöl nicht dazu eingesetzt werde, um einen unangenehmen Geschmack zu überdecken, da das Arzneimittel mit dem Wirkstoff Nitroglycerin geschmacksneutral sei, versagte das TTAB wegen der Funktionalität des Öls die Eintragung. Nach Ansicht des TTAB und unter Verweis auf ein Patent reduziere Pfefferminzöl die Nebenwirkungen von Nitroglycerin, indem es die Aufnahmerate von Nitroglycerin in den Blutkreislauf erhöhe. Daher werde durch Pfefferminzöl eine effektivere Behandlung ermöglicht, weshalb Pfefferminz funktional und infolgedessen

777 In re N.V. Organon, 79 USPQ2d. 1639 (TTAB 2005), S. 18 f., 30 f.
778 In re N.V. Organon, 79 USPQ2d. 1639 (TTAB 2005), S. 18 f., 30 f.
779 Eine Form von Brustschmerzen, die durch eine vorübergehende Durchblutungsstörung des Herzens auftritt.

nicht markenrechtlich schutzfähig sei.[780] Trotz der beiden Negativentscheidungen ist es nicht ausgeschlossen, dass die Eintragung eines Geschmacks nicht an der Funktionalitätsdoktrin scheitert. Für diesen Fall regelt TMEP § 1202.13 ausdrücklich, welche Anforderungen an die Darstellung der Geschmacksmarke zu stellen sind.

a) Anforderungen an die Darstellung von Geschmacksmarken

Wie alle visuell nicht wahrnehmbaren Zeichen fallen Geschmacksmarken in den Anwendungsbereich von 37 CFR § 2.52(e). Für ihre Darstellung ist deshalb keine Zeichnung erforderlich. Es genügt ihre *„detaillierte Beschreibung“*. Wie bei der Darstellung von Geruchsmarken wird bei der Beschreibung von Geschmacksmarken regelmäßig von einem Objektbezug Gebrauch gemacht. Auch in den oben erwähnten Entscheidungen des TTAB, *In re N.V. Organon* und *In re Pohl Boskamp GmbH & Co.*, griffen die Markenanmelder für die Beschreibung des Geschmacks auf einen Objektbezug zurück. Sie beschrieben die streitgegenständlichen Geschmacksrichtungen als

> *„der unverwechselbare Geschmack von Pfefferminz“*[781] *bzw.*
> *„die Markenanmeldung ist für einen Orangengeschmack“*[782].

Wie dargestellt, scheiterten ihre Eintragungen an der Funktionalitätsdoktrin, nicht aber an der Darstellung des Schutzgegenstandes. Es ist deshalb davon auszugehen, dass auch für Geschmacksmarken die Anforderungen an ihre *„detaillierte Beschreibung“* nicht allzu hoch sind. Darüber hinaus muss auch der Anmeldung einer Geschmacksmarke gem. TMEP § 904.03 (m) ein Geschmacksmuster beigefügt werden. Es stellt sich jedoch die Frage, in welcher Form dies zu erfolgen hat, da – anders als bei Geruchsmarken – ein Geschmack nicht einfach durch einen *„Scratch and Sniff“*-Aufkleber wiedergegeben werden kann. Die Beantwortung dieser Frage spielt jedoch für eine gesetzeskonforme Zeichendarstellung keine Rolle. Wie bereits bei der Hörmarke und der Geschmacksmarke erörtert, ist für die Identifizierung der Marke ausschließlich die im Register veröffentlichte Beschreibung maßgeblich. Andernfalls würde auch hier 37 CFR

780 In re Pohl Boskamp GmbH & Co., 106 USPQ2d. 1042 (TTAB 2013), S. 12 ff.

781 "The distinctive flavor of peppermint" für Arzneimittel, In re Pohl Boskamp GmbH & Co., 106 USPQ2d. 1042 (TTAB 2013).

782 "This trademark application is for an orange flavor" für medizinische Produkte, In re N.V. Organon, 79 USPQ2d. 1639 (TTAB 2005).

§ 2.52 (e) als kodifizierte Sonderreglungen für visuell nicht wahrnehmbare Zeichen *ad absurdum* geführt werden.

b) *Rechtsvergleich mit den Anforderungen an die Darstellung deutscher Geschmacksmarken*

In beiden Ländern ist bis zum heutigen Tag kein Geschmack als Marke eingetragen worden. Wie obige Ausführungen zeigen, sind dennoch die Anforderungen an die Darstellung von Geschmacksmarken in den USA deutlich weniger streng als in Deutschland.

Zurückzuführen ist dies erneut auf die in 37 CFR § 2.52 (e) kodifizierte Sonderregelung, nach der für die Darstellung von visuell nicht wahrnehmbaren Zeichen ihre Beschreibung genügt. Eine Beschreibung des Schutzgegenstandes erfüllt nach deutschem Verständnis nicht die *Sieckmann*-Kriterien, da sie weder klar, eindeutig noch objektiv ist. Wie bei den anderen Markenformen ist die subjektive Vorstellung für die Erfassung des Schutzgegenstandes von entscheidender Bedeutung, wenn die Geschmacksmarke beschrieben wird. Erneut ändert auch das Erfordernis der „Detailliertheit" nichts an dieser Einschätzung. Angesichts der oben dargestellten Beispiele ist davon auszugehen, dass die Anforderungen an die Voraussetzungen auch hier nicht besonders hoch sind. Im Übrigen ist an dieser Stelle insbesondere auf die Ausführungen zur Geruchsmarke zu verweisen, da beide Markenformen eng miteinander verbunden sind und sie hier entsprechend anzuwenden sind.[783]

In der Gesamtschau ist daher auch im Hinblick auf Geschmacksmarken festzuhalten, dass die Anforderungen an ihre Zeichendarstellung in den USA weniger streng sind als in Deutschland. Ob sich dies mit Wegfall des Erfordernisses der grafischen Darstellbarkeit geändert hat, wird im weiteren Verlauf der Arbeit thematisiert. Wie bereits im Abschnitt zur Geruchsmarke kurz angesprochen, wird jedoch eine Beschreibung auch zukünftig nicht ausreichen, um eine Marke i.S.v. § 8 Abs. 1 MarkenG n.F. darzustellen, da weiterhin eine klare und eindeutige Bestimmbarkeit gefordert wird und der EuGH bereits entschieden hat, dass eine Beschreibung nicht klar und eindeutig ist.[784] Ein anderes Ergebnis könnte auch hier allenfalls dann anzunehmen sein, wenn eine andere Form der Zeichendarstellung in Betracht käme.

---

783 Siehe hierzu Kapitel 5 C II 7.
784 EuGH GRUR 2003, 145, 149 (Rz. 70) – Sieckmann.

9. *Die Tastmarke („Tactile mark“)*

Ein Gefühl, das bei einer bestimmten Berührung ausgelöst wird, ist auch in den USA markenrechtlich schutzfähig. Dennoch haben Tastmarken im Vergleich zu den anderen Markenformen eher eine untergeordnete Bedeutung.

Von den klassischen Tastmarken sind solche Marken zu unterscheiden, die nur in einem engen Zusammenhang mit Berührungen stehen, nicht jedoch Schutz für das Tastgefühl beanspruchen. Um den Unterschied zu verdeutlichen, wird auf eine Marke des Modeunternehmens *Louis Vuitton Malletier S.A.* verwiesen. Im Jahr 1996 meldete *Louis Vuitton Malletier S.A.* eine spezielle Oberflächenstruktur für Produkte wie Handtaschen, Reisetaschen, Koffer oder Schlüsselanhänger als eine der ersten Tastmarken an, die bei Berührung eine bestimmte Empfindung auslöste. In der Beschreibung heißt es *„unverwechselbares, künstlich strukturiertes Muster, das ein Merkmal der Oberfläche ist“*.[785] Eindeutig ist hier nicht das Tasterlebnis als solches geschützt, sondern die das Gefühl auslösende Materialtextur. Darüber hinaus ist auch in den USA erkennbar, dass Unternehmen dazu übergegangen sind, die (besondere) Oberflächenstruktur ihrer Konsumgüter oder Produktverpackungen markenrechtlich schützen zu lassen. Oftmals handelt es sich hierbei jedoch um ein sog. *trade dress*[786] und nicht um eine Tastmarke. Beispielhaft ist auf die Eintragung eines Duftspenders in Form eines Basketballes hinzuweisen, dessen Oberflächenstruktur als *„kieselsteinartig“* beschrieben wird, was wiederum ein *„gummiartiges ‚Soft-Touch‘-Gefühl verursache“*.[787] Bei genauer Betrachtung der Beschreibung fällt jedoch auf, dass der Schutzgegenstand nicht nur die haptische Erscheinung erfasst, sondern auch die Produktform (Basketball mit flachem Boden) sowie die Produktfarbe (orangene Farbe mit schwarzen durchgehenden Linien) des Duftspenders.[788] In solchen

785 “Distinctive man-made textured pattern”, Serial Number 75096435 und Registration Number 2263903.

786 Siehe zum *trade dress*: Kapitel 5 C II 2.

787 Siehe Serial Number 78874036 und Registration Number 3348363: “pebble grained texture”, “contains a rubberized ‘soft-touch feel’”

788 Für den Duftspender in Form eines Basketballes (Serial Number 78874036 und Registration Number 3348363) lautet die vollständige Beschreibung: „Die Farbe(n) Orange und Schwarz wird (werden) als Merkmal der Marke beansprucht. Die Marke besteht aus einem kugelförmigen Duftspender, der einem Basketball ähnelt, der 1.) eine durchgehend verlaufende Linie enthält, 2.) einen abgeflachten Boden hat, damit der Duftspender stehen kann, 3.) aus einer kieselsteinartigen Struktur besteht und 4.) was zu einem gummiartigen ‚Soft-Touch‘-Gefühl führt. Die Farbe Orange erscheint als

Fällen handelt es sich nicht um eine *trade mark*, sondern um ein registriertes *trade dress*.

a) Anforderungen an die Darstellung von Tastmarken

Auch die amerikanische Tastmarke muss als visuell nicht wahrnehmbares Zeichen nicht durch eine Zeichnung dargestellt werden. Ausreichend ist ihre detaillierte Beschreibung i.S.v. 37 CFR § 2.52 (e) – eine Ansicht, die die INTA nicht zu teilen scheint. Auf ihrer Website findet sich ein Beitrag, der sich mit den Anmeldevoraussetzungen verschiedener Markenformen in den USA beschäftigt.[789] Dort heißt es, dass auch Tastmarken grafisch dargestellt werden müssen. Dies ist insoweit eine nicht nachvollziehbare Ansicht, da der amerikanische Gesetzgeber für visuell nicht wahrnehmbare Zeichen eine Regelung geschaffen hat, nach der unmissverständlich von dem Erfordernis einer Zeichnung abgesehen wird. Zwar wird die Tastmarke nicht explizit in 37 CFR § 2.52 (e) genannt, es handelt sich bei den ausdrücklich erwähnten Markenformen aber nur um eine nicht abgeschlossene, exemplarische Auflistung. Dies folgt aus dem Wortlaut der Regelung. Demnach ist ein Markenanmelder nicht verpflichtet eine Zeichnung einzureichen, *„wenn die Marke nur aus einem Ton, einem Duft oder einer anderen vollständig nicht-visuellen Eigenschaft besteht"*.[790] Es steht außer Frage, dass es sich bei der haptischen Wahrnehmung um einen Sinneseindruck handelt, der sich visuell nicht erfassen lässt. Die Auffassung der INTA ist daher abzulehnen.

Für die Darstellung von Tastmarken reicht daher – wie bei allen visuell nicht wahrnehmbaren Zeichen – eine *„detaillierte Beschreibung"* aus. Ihre Darstellung erfolgt i.d.R. durch die Beschreibung des das Tastgefühl auslösenden Wahrnehmungsobjekts, wie z.B. *„Die Marke besteht aus einer samtweichen*

Grundfarbe der vorgeschlagenen Marke. Die Farbe Schwarz erscheint in der durchgehend verlaufenden Linie."
"The color(s) orange and black is/are claimed as a feature of the mark. The mark consists of a spherical personal fragrance dispenser that resembles a basketball, which: 1) contains lined marking that run throughout; 2) contains a flattened bottom for balancing purposes; 3) contains a 'pebble-grain' texture; and 4) contains a rubberized 'soft-touch' feel. The color orange appears as the base-color of the proposed mark. The color black appears in the lined marking that runs across the proposed mark."

789 INTA, Filing a trade mark application in the United States, http://www.inta.org/trademarkbasics/factsheets/pages/filinginusfactsheet.aspx, zuletzt abgerufen am 30.03.2019.

790 "An applicant is not required to submit a drawing if the mark consists only of a sound, a scent, or other completely non-visual matter".

Oberflächenstruktur".[791] Das Beispiel bestätigt, dass der US-amerikanische Gesetzgeber auch im Zusammenhang mit Tastmarken keine strengen Vorgaben hinsichtlich des Erfordernisses der Detailliertheit macht. Es ist deshalb davon auszugehen, dass die Schutzrechtsversagung mangels adäquater Zeichendarstellung eher eine Seltenheit ist oder sogar überhaupt nicht vorkommt. Anders als bei der rechtskonformen Darstellung von Geruchs- oder Geschmacksmarken ist für Tastmarken kein Muster einzureichen, bei dessen Berührung die Tastempfindung ausgelöst wird. Dies folgt aus dem unmissverständlichen Wortlaut von TMEP § 904.03 (m), der sich ausschließlich mit Mustern für Geruchs- und Geschmacksmarken befasst. Eine entsprechende Vorschrift für Tastmarken existiert nicht.

Darüber hinaus sind – wie in Deutschland – auch in den USA Schriftzüge in Brailleschrift markenrechtlich geschützt.[792] Die Problematik hinsichtlich ihrer Eintragung als Tastmarke wurde bereits ausführlich im Abschnitt zur deutschen Tastmarke untersucht.[793] Die Ausführungen gelten entsprechend für die amerikanischen Tastmarken.

b) Rechtsvergleich mit den Anforderungen an die Darstellung deutscher Tastmarken

Wie bei allen visuell nicht wahrnehmbaren Zeichen gelten in den USA weniger strenge Anforderungen an die Darstellung der Tastmarke. Erneut ist dies auf die dem deutschen Recht unbekannte und speziell für solche Marken geschaffene Vorschrift 37 CFR § 2.52 (e) zurückzuführen. Hiernach wird für die Darstellung visuell nicht wahrnehmbarer Zeichen eine „*detaillierte Beschreibung*" als adäquate Darstellungsmethode anerkannt. Nach deutschem Verständnis stellt sich die Problematik, dass eine solche Beschreibung mangels Klarheit, Eindeutigkeit und Objektivität nicht den rechtlichen Vorgaben i.S.v. § 8 Abs. 1 MarkenG entsprach. Dies folgt insbesondere aus der Tatsache, dass der subjektiven Vorstellungskraft für die Identifizierung des Schutzgegenstandes zu viel Raum gelassen wird. An dieser Stelle kann auf die Ausführungen zu den anderen

---

791 "The velvet textured covering on the surface of a bottle of wine", Serial Number 76634174 und Registration Number 3155702. Die Marke ist seit 2013 nicht mehr aktiv.

792 Siehe Serial Number 75029482 und Registration Number 2058394; Serial Number 77457593 und Registration Number 3512464; Serial Number 77344759 und Registration Number 3495229; Serial Number 77637885 und Registration Number 3741784.

793 Siehe hierzu Kapitel 4 F II 4 g) aa) (2) (b).

visuell nicht wahrnehmbaren Zeichen verwiesen werden, da diese entsprechend auch für eine solche Darstellung von Tastmarken gelten.

Im Ergebnis ist auch hier festzuhalten, dass die Anforderungen an die Zeichendarstellung von Tastmarken in den USA weniger streng sind als in Deutschland. Ob sich dies mit Wegfall des Erfordernisses der grafischen Darstellbarkeit geändert hat, wird im weiteren Verlauf der Arbeit thematisiert. Wie bereits bei den anderen Markenformen erwähnt, wird jedoch auch zukünftig eine Beschreibung nicht ausreichen, um die haptische Wahrnehmung i.S.v. § 8 Abs. 1 MarkenG n.F. darzustellen, da weiterhin eine klare und eindeutige Bestimmbarkeit der Marke gefordert wird.

D. Konsequenzen für die Praxis

Obige Ausführungen haben gezeigt, dass in den USA weniger strenge Anforderungen an die Zeichendarstellung gestellt werden als in Deutschland. Dies ist insbesondere auf den US-amerikanischen Umgang mit visuell nicht wahrnehmbaren Marken im Eintragungsverfahren zurückzuführen. In § 37 CFR § 2.52 (e) ist ausdrücklich geregelt, dass solche Marke nicht durch eine Zeichnung dargestellt werden müssen, sondern ihre *„detaillierte Beschreibung"* genügt. In diesem Zusammenhang ist zudem zu berücksichtigen, dass auch die Voraussetzung der *„Detailliertheit"* nicht restriktiv verstanden wird, wie die dargestellten Praxisbeispiele gezeigt haben. Nachfolgend ist zu erörtern, wie sich diese liberale Haltung auf die Praxis auswirkt und welche Konsequenzen sie mit sich bringt.

I. Viele Markeneintragungen infolge der Zulässigkeit der Wiedergabe durch Beschreibung?

Grundsätzlich ist davon auszugehen, dass die Eintragung einer US-Marke i.d.R. nicht an der formellen Voraussetzung der Zeichenwiedergabe scheitern wird, da es gem. § 37 CFR § 2.52 (e) genügt, den Schutzgegenstand zu beschreiben, sofern er sich nicht durch eine Zeichnung darstellen lässt. Dies führt dazu, dass Markenanmelder in der Praxis eine größere Auswahl hinsichtlich der tatsächlich schutzfähigen Markenformen haben, da sich selbst visuell nicht wahrnehmbare Zeichenformen durch eine Beschreibung wiedergeben lassen. Logische Konsequenz könnte daher sein, dass dank der niedrigen Anforderungen an die Zeichenwiedergabe eine große Anzahl solcher Marken markenrechtlich geschützt sind. Dies ist jedoch nicht der Fall. Insbesondere „exotischere" Marken wie Geruchs- oder Geschmacksmarken sind eher eine Seltenheit. Während aktuell keine Geschmacksmarke registerrechtlichen Schutz genießt, findet sich eine überschaubare Anzahl von 11 aktiven Geruchsmarken im Register, wobei nur drei davon im *Principal Register* eingetragen sind.[794] Sucht man nach Gründen für eine solch zurückhaltende Nachfrage, dürfen die außerhalb des Markenrechts stehenden Umstände nicht unberücksichtigt bleiben. So spielen häufig unternehmensbezogene Erwägungen eine Rolle. Zum Beispiel eignet sich nicht jedes Produkt für eine geruchs- oder geschmacksbezogene Kennzeichnung. Das Interesse an diesen Markenformen ist im Vergleich zu visuell wahrnehmbaren Marken daher *per se* eher als gering einzustufen. Eine Ausnahme hiervon stellt lediglich die Hörmarke dar. Wie in Deutschland ist auch in den USA das Interesse an dem markenrechtlichen Schutz akustischer Zeichen groß. Derzeit sind insgesamt 177 aktive Hörmarken im *Principal* und *Supplement Register* eingetragen. Entsprechend den Vorgaben in § 37 CFR § 2.52 (e) wird für die Darstellung ihres Schutzgegenstandes regelmäßig auf die Beschreibung zurückgegriffen.

Bereits die oben dargestellten Beispiele haben gezeigt, dass trotz der weniger strengen Anforderungen an die Zeichendarstellung das Interesse an dem Schutz visuell nicht wahrnehmbarer Marken in den USA überschaubar ist. Es kann folglich nicht davon gesprochen werden, dass dank der niedrigen Anforderungen an die Zeichenwiedergabe eine große Anzahl solcher Marken markenrechtlich geschützt sind. Sollten der Verkehr und insbesondere die Wirtschaftsteilnehmer jedoch daran interessiert sein, eine visuell nicht wahrnehmbare Marke markenrechtlich schützen zu lassen, wird ihnen das Erfordernis der Markendarstellung dank der Sonderregelung des 37 CFR § 2.52 (e) keine großen Schwierigkeiten bereiten. Eine Schutzrechtsversagung wegen Nichtvorliegens dieser Voraussetzung ist daher eher unwahrscheinlich.

II. Die Recherchierbarkeit von visuell nicht wahrnehmbaren Marken

Markenrecherchen sind unerlässliche Handlungen, die sowohl vor der Zeichenanmeldung als auch nach ihrer Eintragung von Markeninhabern regelmäßig durchgeführt werden sollten, um Rechtsverletzungen durch eine Markenanmeldung ausschließen zu können. Ausführlich wird auf die Funktion einer Recherche im sechsten Kapitel dieser Arbeit eingegangen, worauf an dieser Stelle verwiesen wird.[795] Die dort getroffenen allgemeinen Feststellungen zum Sinn und Zweck einer Recherche gelten auch für das amerikanische Recht.

---

794 Stand vom 19.07.2018, alle anderen sind im *Supplemental Register* eingetragen.
795 Siehe hierzu: Kapitel 6 E 3.

In den USA wird die Markenrecherche mithilfe des elektronischen Recherchesystems *„Trademark electronic search system"* (TESS) durchgeführt. Vor dem Hintergrund, dass für die Darstellung visuell nicht wahrnehmbarer Marken gem. 37 CFR § 2.52 (e) auf eine detaillierte Beschreibung zurückgegriffen wird, stellt sich die Frage, ob die Durchführung einer Recherche nach ebendiesen Marken mit der gebotenen Sorgfalt durchgeführt werden kann oder problematisch ist. Hierbei spielt eine große Rolle, dass Beschreibungen rein subjektiv geprägt sind, sodass das Risiko besteht, dass eine andere Person denselben Schutzgegenstand mit anderen Worten beschreiben würde. Hinzu kommt, dass der amerikanische Gesetzgeber keine konkreten Vorgaben macht, wie eine solche Markenbeschreibung aufzubauen ist. Es besteht somit die Gefahr, dass der Recherchierende eine relevante Eintragung übersieht, weil sie nicht in der Trefferliste enthalten ist. Nachfolgendes Beispiel soll das vorher Gesagte verdeutlichen:

Die Beschreibung visuell nicht wahrnehmbarer Marken wird oftmals mit folgenden Formulierungen eingeleitet, die beispielhaft anhand der Geruchsmarke dargestellt werden:

„The mark consists of a scent [...]",
„The scent mark consists of [...]",
„The mark is a scent [...]".

Um eine möglichst vollständige Trefferliste zu erhalten, muss der Recherchierende nach allen drei Formulierung suchen. Bereits an dieser Stelle ist zu erwähnen, dass das US-amerikanische Recherchesystem keine Recherche nach einer bestimmten nicht visuell-wahrnehmbaren Markenform zulässt. Grundsätzlich können Recherchierende zwar ihre Suche mithilfe des sog. *„Mark Drawing Codes"* auf eine bestimmte Markenform eingrenzen. Bei visuell nicht wahrnehmbaren Zeichen funktioniert dies jedoch nicht, da sie gem. TMEP 807.18 alle denselben *Mark Drawing Code* haben, nämlich *„[6]"*. Dies führt dazu, dass z.B. nicht nur Geruchsmarken in der Trefferliste erscheinen würden, sondern auch Hörmarken. Um gezielt nach einer bestimmten visuell nicht wahrnehmbaren Markenform suchen zu können, ist daher die Suche nach o.g. Formulierungen unerlässlich. Dies ist unproblematisch über die TESS-Suche *„Word and/or Design Mark Search (Free Form)"* möglich. Gibt der Recherchierende in dieser Suche die entsprechenden Formulierungen und den entsprechenden *„US Trademark Field Code"*, der für Beschreibungen *„[DE]"* lautet ein, werden alle relevanten Treffer in einer Trefferliste angezeigt. Bei der Suche ist darauf zu achten, dass die Suchschlagwörter in Anführungsstriche zu setzen sind. Andernfalls nimmt das System für jedes Wort eine isolierte Suche vor, sodass nicht nur relevante Treffer in der Ergebnisliste erscheinen. Es darf jedoch nicht außer Acht gelassen werden, dass ein so gewonnenes Rechercheergebnis alle Marken einer bestimmten Markenform enthält, unabhängig vom konkreten Schutzgegenstand. Bei einer überschaubaren Anzahl an Treffern mag dem Recherchierenden noch zugemutet werden können, jeden Treffer durchzugehen und abzugleichen, ob eine Verwechslungsgefahr mit dem jeweiligen Zeichen besteht. Schwierigkeiten bereitet eine solche Recherche jedoch dann, wenn die Trefferliste eine unüberschaubare Anzahl an Ergebnissen enthält. Dies ist beispielsweise mit 177 Treffern[796] bei Hörmarken anzunehmen. In einem solchen Fall ist es am sinnvollsten unter Zuhilfenahme von prägnanten Suchschlagwörtern zu suchen, um auch eine größere Anzahl an Treffern vernünftig auswerten zu können. Gibt der Recherchierende z.B. als Suchschlagwort „Tarzan“ und den *US Trademark Field Code „[DE]“* ein, erscheint eine überschaubare Anzahl an Treffern. Da die Recherche dann bereits zu Beginn auf die relevanten Treffer beschränkt wurde, kann ihm zugemutet werden, die Treffer zu sichten.

Letzten Endes birgt eine solche Recherche dennoch zwei elementare Probleme. Zum einen besteht die Gefahr, dass die Trefferliste, selbst bei Einhalten der oben genannten Hinweise, nicht alle relevanten Ergebnisse anzeigt. Dies ist darauf zurückzuführen, dass eine Beschreibung rein subjektiv geprägt ist, sodass das Risiko besteht, dass eine andere Person denselben Schutzgegenstand mit anderen Worten beschreiben würde. Zum anderen bereitet auch die Auswertung der Trefferliste Schwierigkeiten. Da die Marke ausschließlich beschrieben wird, muss der Recherchierende seine Vorstellungskraft bemühen, um auf den Schutzgegenstand schließen zu können. Somit kann er nur erahnen, was Schutzgegenstand sein soll. Hierdurch wird ihm ein großzügiger Interpretationsspielraum eingeräumt. Nach deutschem Verständnis steht dies im Widerspruch mit einer rechtssicheren Zeichendarstellung. An dieser Stelle kann auf die Ausführungen zur Hörmarke, Geruchsmarke, Geschmacksmarke und Tastmarke in diesem Kapitel verwiesen werden, da in diesen Abschnitten unter Berücksichtigung der jeweiligen Markenform ausführlich auf diese Problematik eingegangen wurde.[797]

Im Ergebnis ist somit festzuhalten, dass der alleinige Einsatz von Beschreibungen – zumindest nach deutschem Verständnis – keine rechtssichere Recherche zulässt. Selbst wenn man davon ausgeht, dass die Trefferliste alle relevanten Treffer enthält und dem Recherchierenden zugemutet werden kann, alle Treffer auszuwerten, überwiegt bei der Bewertung die subjektive Komponente. Ob dieser der Ansicht ist, dass eine Verwechslungsgefahr zwischen den Zeichen vorliegt,

---

796 Stand 6.10.2019.

797 Siehe hierzu Kapitel 5 C II 6, 7, 8, 9.

hängt maßgeblich von seiner Vorstellung ab, wie die eingetragene Marke tatsächlich klingt, riecht, schmeckt oder sich anfühlt.

E. Zusammenfassung

Die Ausführungen in diesem Kapitel haben gezeigt, dass in den USA hinsichtlich der Anforderungen an die Zeichendarstellung ein weniger strenges Regime verfolgt wird als in Deutschland. Zurückzuführen ist dies insbesondere auf die vom US-amerikanischen Gesetzgeber geschaffene Sonderreglung für visuell nicht wahrnehmbare Zeichen, 37 CFR § 2.52 (e), in der ausdrücklich als Darstellungsmethode ihre *„detaillierte Beschreibung"* anerkannt ist. Hinzu kommt, dass die Voraussetzung der *„Detailliertheit"* ebenfalls nicht restriktiv verstanden wird, wie die dargestellten Praxisbeispiele gezeigt haben. Für eine solche Darstellung mag sprechen, dass dank dieser Ausnahmeregelung die Schutzmöglichkeiten visuell nicht wahrnehmbarer Zeichen nicht hinter denen von visuell wahrnehmbaren Zeichen zurückstehen. Bis auf Hörmarken, die sich auch durch eine Notenschrift darstellen lassen, kommt bei allen übrigen visuell nicht wahrnehmbaren Zeichen nur ihre Beschreibung in Betracht. Erkennt man daher ihre Beschreibung nicht als adäquates Darstellungsmittel an, besteht die Gefahr, dass ihre Schutzmöglichkeiten im Vergleich zu denen der visuell wahrnehmbaren Zeichen stark verringert werden. Mit der Akzeptanz einer Beschreibung als adäquates Darstellungsmittel kann der Verkehr in den USA daher ohne größere Schwierigkeiten jede denkbare Zeichenform in rechtskonformer Weise darstellen. Dies gilt insbesondere, da die Anforderungen an eine *„detaillierte Beschreibung"* nicht sehr hoch sind und i.d.R. jede Beschreibung akzeptiert wird. Eine Eintragung scheitert allenfalls aus anderen Gründen, z.B. an der Funktionalitätsdoktrin. Die Zeichendarstellung hingegen – wie aufgezeigt – stellt keine besondere Herausforderung dar.

Von besonderem Interesse ist somit, ob eine Adaption der amerikanischen Vorgaben hinsichtlich der Darstellung visuell nicht wahrnehmbarer Zeichen für den deutschen Raum in Betracht kommt. Unter der Voraussetzung der grafischen Darstellbarkeit waren visuell nicht wahrnehmbare Zeichen i.d.R. nicht schutzfähig. Einzige Ausnahme hiervon bildeten Tonfolgen oder Melodien. Sie ließen sich im Einklang mit den rechtlichen Vorgaben durch eine vollständige Notenschrift grafisch darstellen und waren somit als Hörmarke schutzfähig.

Obwohl sich nach US-amerikanischem Recht jede denkbare Zeichenform i.S.d. rechtlichen Vorgaben darstellen lässt, ist eine Adaption der amerikanischen Rechtspraxis für den deutschen Raum undenkbar. Dass sich in den USA jede denkbare Zeichenform darstellen lässt, ist auf 37 CFR § 2.52 (e) zurückzuführen, eine vom US-amerikanischen Gesetzgeber geschaffene Sonderreglung für visuell nicht wahrnehmbare Zeichen. Anstatt einer Zeichnung genügt für ihre Darstellung ihre *„detaillierte Beschreibung"*. Nach deutschem Recht entspricht diese Darstellungsmethode jedoch nicht den *Sieckmann*-Kriterien. Wie die Ausführungen im vierten Kapitel gezeigt haben, ist eine Beschreibung weder klar, noch eindeutig oder objektiv genug, um eine eindeutige Identifizierbarkeit des Schutzgegenstandes sicherzustellen. Die USA kennen hingegen solche konkretisierenden Vorgaben wie die *Sieckmann*-Kriterien nicht. Ihr Korrektiv ist das Erfordernis der „Detailliertheit". Die Praxisbeispiele haben jedoch eindrücklich bewiesen, dass auch dieses Korrektiv nicht restriktiv verstanden wird. Es erscheint vielmehr so, als ob dessen Existenz keinen Unterschied macht, da jede noch so ungenaue Beschreibung als detailliert genug akzeptiert wird, so z.B. auch die Beschreibung *„Der Duft von Kaugummi"*. Dies mag zwar die Eintragung von visuell nicht wahrnehmbaren Zeichen erleichtern, führt jedoch gleichzeitig zu einer größeren Rechtsunsicherheit, da eine eindeutige Identifizierbarkeit des Schutzgegenstandes nicht sichergestellt wird. Vielmehr führt die Akzeptanz von Beschreibungen dazu, dass hinsichtlich der Identifikation des Schutzgegenstandes signifikant auf die subjektive Vorstellung des Wahrnehmenden und seine individuellen Erfahrungen abgestellt wird.

In der Gesamtschau ist somit festzuhalten, dass die US-amerikanische Darstellungsweise, insbesondere hinsichtlich visuell nicht wahrnehmbarer Zeichen, keine adäquate Darstellungsmethode nach deutschem Verständnis ist. Auch der Verzicht auf eine grafische Darstellung ändert an dieser Einschätzung nichts, da die Zeichendarstellung auch zukünftig eine klare und eindeutige Bestimmbarkeit des Schutzgegenstandes sicherstellen muss. Dies gelingt nur, wenn der Interpretationsspielraum auf ein Minimum reduziert ist. Eine Beschreibung des Schutzgegenstandes eignet sich hierfür jedoch nicht.

Kapitel 6 Der Verzicht auf das Erfordernis der grafischen Darstellbarkeit

Wie im vierten Kapitel dieser Arbeit dargestellt, war das Erfordernis der grafischen Darstellbarkeit häufig der Grund, weshalb insbesondere visuell nicht wahrnehmbaren Zeichen der Weg ins Register verwehrt wurde. Sie stellte somit eine hohe Hürde für die Zeichendarstellung dar. Wegen des eindeutigen Wortlautes von § 8 Abs. 1 MarkenG a.F. kamen andere Darstellungsmittel jedoch nicht in Betracht. Ein Zustand, der bereits 2011 in einer Studie des Max-Planck-Instituts für Immaterialgüter- und Wettbewerbsrecht[798] (MPI) mit dem Titel „*Die Gesamtfunktion des europäischen Markensystems*" kritisiert wurde.[799] Das MPI erachtete bereits damals mehr Flexibilität in Bezug auf die Wahl der Darstellungsmittel als wünschenswert.[800] Gleichzeitig stellte es klar, dass dennoch auch weiterhin eine genaue Identifizierung der Marke durch das Darstellungsmittel möglich sein müsse, um das verfolgte Ziel der Rechtssicherheit gewährleisten zu können.[801] Als Beispiel führte das MPI die Hörmarke an. Das MPI vertrat bereits damals die Ansicht, dass ihre Darstellung durch eine Tondatei der grafischen vorzuziehen sei, da Tonaufnahmen eine rechtssichere und exakte Reproduktion ermöglichen.[802] Das MPI sprach deshalb bereits damals die Empfehlung aus, das strenge Erfordernis der grafischen Darstellbarkeit bei Registermarken zu streichen und durch ein weniger restriktives Äquivalent zu ersetzen.[803] Gleichzeitig forderte das MPI das Festhalten an den *Sieckmann*-Kriterien. Nach Auffassung des MPI genüge statt einer wörtlichen Beibehaltung die Beibehaltung der

---

798 Im Jahr 2014 erfolgte die Umbenennung in Max-Planck-Institut für Innovation und Wettbewerb.

799 MPI München, Study on the Overall Functioning of the European Trade Mark System, Chapter 2, S. 67, 68, Rn. 2.13 ff.

800 MPI München, Study on the Overall Functioning of the European Trade Mark System, Chapter 2, S. 67, Rn. 2.13.

801 MPI München, Study on the Overall Functioning of the European Trade Mark System, Chapter 2, S. 67, Rn. 2.13.

802 MPI München, Study on the Overall Functioning of the European Trade Mark System, Chapter 2, S. 67, 2.13.

803 MPI München, Study on the Overall Functioning of the European Trade Mark System, Chapter 2, S. 67, 68, Rn. 2.14 f.

dahinterstehenden Grundsätze.[804] Diese sollten in allgemeiner Form im Gesetz zum Ausdruck gebracht werden.[805]

Grund für die vom MPI durchgeführte und veröffentlichte Studie war eine im Jahr 2009 von der Europäischen Kommission gestartete umfassende Bewertung der Gesamtfunktionsweise des europäischen Markensystems.[806] Sie hatte zum Ziel, das europäische Markenrecht zu modernisieren.[807] Nachdem die Kommission bis Ende 2011 Vorschläge zur Überarbeitung der GMV und der MarkenRL sammelte, veröffentlichte sie im März 2013 einen Vorschlag für eine Richtlinie zur Angleichung der Rechtsvorschriften der Mitgliedstaaten über die Marken sowie einen Vorschlag zur Änderung der GemeinschaftsmarkenVO.[808] Es war der Beginn der zweiten großen Markenrechtsnovelle. In diesem Rahmen setzte sich die Europäische Kommission insbesondere mit der Modernisierung und Neufassung bestehender Vorschriften auseinander. Hierzu gehörte auch die Regelung, nach der Registermarken für ihre Anmeldung grafisch dargestellt werden mussten. Die Europäische Kommission stufte diese Voraussetzung als überholt ein.[809] In ihrer Begründung übernahm die Europäische Kommission die Rechtsansicht des MPI. In der Literatur wird daher davon gesprochen, dass die im Jahr 2011 vom MPI veröffentlichte Studie für diesen Reformpunkt als Grundlage diente.[810] Nach Ansicht der Europäischen Kommission führte das Erfordernis der grafischen Darstellbarkeit insbesondere bei nicht konventionellen Markenformen zu einer erheblichen Rechtsunsicherheit, da sich solche Markenformen durch andere Darstellungsmethoden besser darstellen lassen.

---

804 MPI München, Study on the Overall Functioning of the European Trade Mark System, Chapter 2, S. 67, Rn. 2.13.

805 MPI München, Study on the Overall Functioning of the European Trade Mark System, Chapter 2, S. 67, Rn. 2.13.

806 Mitteilung der Europäischen Kommission vom 24.05.2011, KOM (2011) 287 endg., S. 11 f.

807 Mitteilung der Europäische Kommission vom 24.05.2011, KOM (2011) 287 endg., S. 11 f.

808 Vorschlag für eine Richtlinie des europäischen Parlaments und des Rates zur Angleichung der Rechtsvorschriften der Mitgliedstaaten über die Marken, KOM (2013)162 endg.; Vorschlag für eine Verordnung des europäischen Parlaments und des Rates zur Änderung der Verordnung (EG) Nr. 207/2009 des Rates über die Gemeinschaftsmarke, KOM (2013)161 endg.

809 Vorschlag für eine Richtlinie des europäischen Parlaments und des Rates zur Angleichung der Rechtsvorschriften der Mitgliedstaaten über die Marken, KOM (2013)162 endg., S. 6.

810 *Dauskard*, S. 23.

Auch die Europäische Kommission machte in diesem Zusammenhang zur Voraussetzung, dass das Darstellungsmittel eine präzise Wiedergabe der Marke sicherstellte.[811] Beispielhaft verwies wie schon das MPI auch die Europäische Kommission auf die Darstellung von Hörmarken. Sie nannte die Klangdatei als zu bevorzugendes Darstellungsmittel sogar beim Namen. Weiter führte sie aus, dass sich der Schutzgegenstand einer Hörmarke durch eine Klangdatei weitaus präziser bestimmen lasse als durch ihre grafische Darstellung.[812] In dem Vorschlag der Europäischen Kommission wurde das Erfordernis der grafischen Darstellbarkeit daher durch die Voraussetzung einer klaren und eindeutigen Bestimmbarkeit ersetzt.[813]

Im Frühjahr 2015 haben die europäischen Institutionen Parlament, Rat und Kommission im sog. Trialog nach zwei Jahren Gesprächen eine vorläufige Einigung hinsichtlich der Reform im europäischen Markenrecht erzielt.[814] Zwei Monate später, im Juni 2015, wurde der finale Kompromissvorschlag für eine Richtlinie zur Angleichung der Rechtsvorschriften der Mitgliedstaaten über die Marken (Neufassung) vom Rat der Europäischen Union veröffentlicht,[815] deren Verabschiedung am 16. Dezember 2015 erfolgte.[816] Die Verabschiedung der MarkenRL-2015 setzte die Frist für ihre Umsetzung in nationale Regelungen in Gang. Wie die meisten Richtlinienbestimmungen musste auch diejenige, nach der zukünftig auf eine grafische Darstellung verzichtet wird, 36 Monate nach

811 Vorschlag für eine Richtlinie des europäischen Parlaments und des Rates zur Angleichung der Rechtsvorschriften der Mitgliedstaaten über die Marken, KOM (2013)162 endg., S. 6.

812 Vorschlag für eine Richtlinie des europäischen Parlaments und des Rates zur Angleichung der Rechtsvorschriften der Mitgliedstaaten über die Marken, KOM (2013)162 endg., S. 6.

813 Vorschlag für eine Richtlinie des europäischen Parlaments und des Rates zur Angleichung der Rechtsvorschriften der Mitgliedstaaten über die Marken, KOM (2013)162 endg., S. 11 f.

814 EU-Kommission, Pressemitteilung v. 21.04.2015, EuzW 2015, 332.

815 Dokument des Rates der Europäischen Union zur Überarbeitung des europäischen Markenrechts, Vorschlag für eine Verordnung zur Änderung der GemeinschaftsmarkenVO und Vorschlag für eine Richtlinie zur Angleichung der Rechtsvorschriften der Mitgliedstaaten über die Marken vom 19.06.2015, 9957/15 ADD1.

816 MarkenRL-2015, Abl. EU 2015, L. 336 vom 23.12.2015 S. 1 ff.

Inkrafttreten der Richtlinie in nationales Recht umgesetzt werden.[817] Die Frist endete somit am 14. Januar 2019.

Für die Umsetzung der neuen europäischen Vorgaben in nationales Recht veröffentlichte das Bundesministerium der Justiz im Februar 2017 einen Referentenentwurf für ein Gesetz zur Umsetzung der MarkenRL-2015. Hierbei handelte es sich um den Entwurf des sog. Markenrechtsmodernisierungsgesetzes (MaMoG).[818] Die Bundesregierung brachte den Gesetzesentwurf am 20. Juni 2018 in den Bundestag ein, was das Gesetzgebungsverfahren in Gang setzte.[819] Nach einer am 10. Oktober 2018 ergangenen Beschlussempfehlung und dem Bericht des Ausschusses für Recht und Verbraucherschutz, der nur wenige (und für diese Arbeit irrelevante) Änderungen enthielt,[820] wurde das MaMoG nach einer Stellungnahme des Bundesrates am 08. Juni 2018 sowie nach drei Beratungen im Bundestag am 11. Dezember beschlossen und am 14. Dezember verkündet.[821] Als Gesetz zur Umsetzung der MarkenRL-2015 trat das MaMoG am 14. Januar 2019 in Kraft. Seither müssen Markenformen sich für ihre Registereintragung nicht mehr zwingend durch eine grafische Darstellung wiedergeben lassen. Ausreichend ist gem. § 8 Abs. 1 MaMoG bzw. § 8 Abs. 1 MarkenG, dass die zuständigen Behörden und der Verkehr den Schutzgegenstand durch die Darstellung klar und eindeutig bestimmen können.

Im weiteren Verlauf der Arbeit wird untersucht, ob die Einführung der flexibleren Kriterien und somit die Erweiterung der Darstellungsmethoden zu einer Eintragungserleichterung und Besserstellung einiger Markenformen geführt hat. Hierbei stehen insbesondere die visuell nicht wahrnehmbaren Marken im Mittelpunkt. Darüber hinaus wird erörtert, welche Konsequenzen der Verzicht auf eine grafische Darstellung für die Praxis mit sich bringt.

---

817 Eine Ausnahme von dieser Regelung stellen die in Art. 45 der MarkenRL-2015 genannten Richtlinienbestimmungen dar. Ihre Umsetzung muss sieben Jahre nach Inkrafttreten der RL, also bis zum 14.01.2023 erfolgen.

818 Referentenentwurf, veröffentlicht am 11.01.2017 auf der Webseite des Bundesministeriums der Justiz, https://www.bmjv.de/SharedDocs/Gesetzgebungsverfahren/DE/MaMoG.html, zuletzt abgerufen am 02.01.2019.

819 Gesetzesentwurf der Bundesregierung vom 20.06.2018, Drucksache 19/2898.

820 Beschlussempfehlung und Bericht des Ausschusses für Recht und Verbraucherschutz (6. Ausschuss) vom 10.10.2018, Drucksache 19/4879.

821 Bundesgesetzblatt Jahrgang 2018 Teil 1 Nr. 45 vom 14.12.2018, S. 2357 ff.

A. Hintergründe

Sucht man nach einer Erklärung, weshalb sich der europäische Gesetzgeber dazu entschlossen hat, das Erfordernis der grafischen Darstellbarkeit von Registermarken zu streichen, ist die Anpassung an den Stand der Technik zu nennen.

Wie bereits dargestellt, geht die Zeichenwiedergabe auf eine Zeit zurück, in der es noch keinerlei Technologien gab.[822] Um den Nachweis einer Marke führen zu können, war es somit unumgänglich das zu schützende Zeichen in zweidimensionaler Form darzustellen. Dies erfolgte in einer in Papierform geführten Zeichenrolle. Das Markenrecht entwickelte sich jedoch stetig weiter. Zunächst wurde ein offener Markenbegriff etabliert, wonach jede denkbare Zeichenform vom Grunde her die Funktion einer Marke erfüllen konnte. Später wurde mit Anerkennung einer mittelbaren grafischen Darstellung dem Markenanmelder eine Möglichkeit eröffnet, insbesondere visuell nicht wahrnehmbare Zeichen grafisch darzustellen. Als dann auch noch das Markenregister in elektronischer Form geführt wurde, bestand keine Notwendigkeit mehr, sich dem technischen Fortschritt zu verweigern. Im Zuge der Fortentwicklung setzte sich der europäische Gesetzgeber mit der Anpassung an das digitale Zeitalter als eines seiner erklärten Ziele der Markenrechtsreform 2015 auseinander. Aus Erwägungsgrund 6) der MarkenRL-2015 geht eindeutig hervor, dass das Markenrecht im Zuge der Modernisierung an das Zeitalter des Internets angepasst werden müsse. Konsequenterweise musste daher auch das Erfordernis nach einer grafischen Zeichendarstellung dem Zeitalter der Digitalisierung weichen. Dies führte zur Anerkennung von Zeichendarstellungen mithilfe der modernen Technologie. Beschränkt wird die zulässige Auswahl allgemein zugänglicher Technologien durch die Notwendigkeit einer rechtssicheren Zeichendarstellung, vgl. Erwägungsgrund 13) der MarkenRL-2015.

Im Nachfolgenden wird untersucht, welche Folgen die Gesetzesänderung für die Darstellung verschiedener Markenformen hat. Im Fokus steht hierbei das deutsche Recht.

B. Der neue § 8 Abs. 1 MarkenG

Am 14. Januar 2019 trat in Deutschland in weiten Teilen[823] das MaMoG in Kraft. Es setzte die MarkenRL-2015 in nationales Recht um und passte entsprechend

---

822 Siehe hierzu Kapitel 3 A und Kapitel 4 B.

823 Art. 1 Nr. 1 a) Nr. 8 MaMoG trat am Tag nach der Verkündung in Kraft, Art. 1 Nr. 1 b) cc), Nr. 33 MaMoG tritt am 1.5.2020 in Kraft; siehe Art. 5 MaMoG.

das MarkenG in weiten Teilen an. Durch das MaMoG erfuhr das MarkenG seine bis dato umfangreichste Umgestaltung.[824] Die für diese Arbeit relevante Änderung ist in Art. 1 e) Nr. 4 MaMoG normiert, da diese Vorschrift den Inhalt des neuen § 8 Abs. 1 MarkenG wiedergibt. In § 8 Abs. 1 MarkenG n.F. heißt es:

> *„Von der Eintragung sind als Marke schutzfähige Zeichen im Sinne des § 3 ausgeschlossen, die nicht geeignet sind, in dem Register so dargestellt zu werden, dass die zuständigen Behörden und das Publikum den Gegenstand des Schutzes klar und eindeutig bestimmen können."*

Wie auch die alte Fassung des § 8 Abs. 1 MarkenG, besteht seine Neufassung aus einer Negativformulierung mit dem Inhalt, wann Zeichen von einer Eintragung ausgeschlossen sind: nämlich dann, wenn eine klare und eindeutige Bestimmbarkeit des Schutzgegenstandes durch die Darstellung nicht gewährleistet wird. Anstatt grafisch darstellbar muss der Schutzgegenstand einer Marke nunmehr klar und eindeutig bestimmbar sein. Damit weicht das von der Rechtsprechung restriktiv ausgelegte Kriterium der grafischen Darstellbarkeit flexibleren Kriterien. Hiermit soll insbesondere die Darstellung nicht traditioneller Markenformen begünstigt und gleichzeitig den technischen Möglichkeiten Rechnung getragen werden.[825]

C. Die *Sieckmann*-Kriterien nach Wegfall des Erfordernisses der grafischen Darstellbarkeit

Aus Erwägungsgrund Nr. 13) der MarkenRL-2015 geht unmissverständlich hervor, dass die *Sieckmann*-Kriterien auch zukünftig Bestand haben sollen. Zwar werden die Kriterien in der Richtlinie nicht als solche bezeichnet, in Erwägungsgrund Nr. 13) heißt es aber:

> *„Um die mit den Markeneintragungsverfahren verfolgten Ziele, nämlich Rechtssicherheit und ordnungsgemäße Verwaltung, zu erreichen, muss das Zeichen in eindeutiger, präziser, in sich abgeschlossener, leicht zugänglicher, verständlicher, dauerhafter und objektiver Weise darstellbar sein. Ein Zeichen sollte daher in jeder geeigneten Form unter Verwendung allgemein zugänglicher Technologie dargestellt werden dürfen und damit nicht notwendigerweise mit grafischen Mitteln, solange die Darstellung mit Mitteln erfolgt, die ausreichende Garantien bieten."*

824 *Hacker*, GRUR 2019, 113.
825 Ströbele/Hacker/Thiering/*Miosga*, § 3 Rn. 27.

Somit entsprechen die in Erwägungsgrund Nr. 13) der MarkenRL-2015 erwähnten Zeicheneigenschaften „eindeutig, präzise, in sich abgeschlossen, leicht zugänglich, verständlich, dauerhaft und objektiv" denen, die der EuGH einst als Anforderungskatalog aufstellte, bei deren Vorliegen eine Zeichendarstellung dem strengen Erfordernis der grafischen Darstellbarkeit genügte. Einziger Unterschied zu den in Erwägungsgrund Nr. 13) der MarkenRL-2015 genannten ist, dass der EuGH nicht das Adjektiv „*präzise*" verwendete – wie es in der MarkenRL-2015 bzw. der UMDV der Fall ist –, sondern das Adjektiv „*klar*". Angesichts ihrer Eigenschaft als Synonyme besteht nach der hier vertretenen Auffassung jedoch kein anderer Sinngehalt.

Untersucht man nunmehr die Konsequenzen des Verzichts auf das Erfordernis der grafischen Darstellbarkeit, ist zunächst zu erörtern, ob die Neufassung des Art. 8 Abs. 1 MarkenG überhaupt ein Festhalten an den *Sieckmann*-Kriterien erforderlich macht. Hierbei ist zu berücksichtigen, dass sie früher als Konkretisierung des vormals bestehenden Erfordernisses der grafischen Darstellbarkeit verstanden wurden. Darüber hinaus ist zu klären, in welchem Verhältnis die *Sieckmann*-Kriterien zu den beiden im Wortlaut von § 8 Abs. 1 MarkenG n.F. normierten Voraussetzungen der klaren und eindeutigen Bestimmbarkeit stehen. Wie erwähnt, ist jedoch zunächst auf die Daseinsberechtigung der *Sieckmann*-Kriterien einzugehen.

I. Daseinsberechtigung der *Sieckmann*-Kriterien auch nach Wegfall des Erfordernisses der grafischen Darstellbarkeit?

Im Gegensatz zum europäischen Recht haben die *Sieckmann*-Kriterien weder in der Neufassung des MarkenG noch in der MarkenV eine besondere Erwähnung gefunden. Wegen der unmissverständlichen europäischen Vorgaben ist dennoch klar, dass an den *Sieckmann*-Kriterien auch im deutschen Recht festgehalten werden soll. Fraglich ist jedoch, ob dies nach Wegfall des Erfordernisses der grafischen Darstellbarkeit überhaupt erforderlich ist. Außer Frage steht, dass auch zukünftig eine hinreichend bestimmte Zeichendarstellung unabdingbar ist, um dem erforderlichen Maß an Rechtssicherheit zu genügen und eine eindeutige Identifizierbarkeit der Marke sicherzustellen. Dem liegt der Gedanke zugrunde, dass die Zeichendarstellung im Wesentlichen (mit-)bestimmt, was das Ausschließlichkeitsrecht, das dem Markeninhaber durch Eintragung des Zeichens verliehen wird, erfasst. Die Darstellung muss daher die zweifelsfreie Identifizierung des Schutzgegenstandes gewährleisten können. Dies ist auch für eine rechtssichere Registerführung erforderlich. Zweck der Darstellung ist es somit, die Marke mit einer höchstmöglichen Bestimmtheit zum Zeitpunkt der Anmeldung und anschließend im Register wiederzugeben, damit sich die Behörden und der Verkehr ein konkretes Bild vom Schutzgegenstand und -umfang machen können.

Grundsätzlich helfen allgemeingültige Kriterien dabei, bestimmen zu können, wann eine Zeichendarstellung diesem Anspruch genügt. Aus diesem Grund schuf der EuGH auch die *Sieckmann*-Kriterien. Sie legten fest, wann eine Darstellung dem Erfordernis der grafischen Darstellbarkeit genügte und somit die Marke hinreichend bestimmt genug wiedergegeben wurde.[826]

An dem Bedürfnis einer rechtssicheren Zeichendarstellung hat sich auch im Laufe der Zeit nichts geändert. Auch wenn die Darstellung nunmehr nicht mehr grafisch erfolgen muss, helfen die *Sieckmann*-Kriterien dabei, zu bestimmen, wann eine Zeichendarstellung den rechtlichen Vorgaben genügt. Dank ihrer allgemeinen Formulierung kann auf sie auch im Zusammenhang mit anderen Darstellungsmethoden (und nicht nur der grafischen) zurückgegriffen werden. Daher haben sie auch nach Verzicht auf eine grafische Darstellung ihre Berechtigung. Hierfür spricht vor allem auch, dass zwei der ursprünglich als *Sieckmann*-Kriterien ausgestalteten Voraussetzungen nunmehr ausdrücklich in § 8 Abs. 1 MarkenG n.F. erwähnt sind und definieren, wann eine Darstellung den rechtlichen Vorgaben genügt. Es ist von den Kriterien der „*Klarheit*“ und „*Eindeutigkeit*“ die Rede.

Da die *Sieckmann*-Kriterien dabei helfen festzulegen, wann eine Marke zweifelsfrei identifizierbar ist, haben sie auch nach Wegfall des Erfordernisses der grafischen Darstellbarkeit ihre Berechtigung. Anders mag die Bewertung nur hinsichtlich des Kriteriums der *leichten Zugänglichkeit* ausfallen, da das Kriterium „lediglich“ einen unkomplizierten Zugang zu dem Zeichen sicherstellt und somit außerhalb der Marke liegt.[827] Ein Festhalten an dieser Voraussetzung ist deshalb für eine hinreichend bestimmte Zeichendarstellung nicht erforderlich. In der Gesamtschau ist dennoch festzuhalten, dass insbesondere im Hinblick auf die neuen Markenformen das Festhalten an anerkannten Kriterien förderlich ist, um größere Unsicherheiten bei der Bestimmung der Marke zu vermeiden und das Risiko verschiedener Auslegungen zu unterbinden.

---

826 Vgl. EUGH GRUR 2003, 145, 148 (Rz. 46 ff.) – Sieckmann.

827 Siehe hierzu Kapitel 4 D I 2 b) ee).

II. Das Verhältnis der *Sieckmann*-Kriterien zu dem neuen Erfordernis einer klaren und eindeutigen Zeichenwiedergabe i.S.v. § 8 Abs. 1 MarkenG

In der *Sieckmann*-Entscheidung stellte der EuGH klar, dass das Erfordernis der grafischen Darstellbarkeit nur dann erfüllt ist, wenn die Darstellungsmethode eine klare, eindeutige, in sich abgeschlossene, leicht zugängliche, verständliche und objektive Zeichenwiedergabe sicherstellte.[828] Infolge des Wegfalles des Erfordernisses der grafischen Darstellbarkeit können die *Sieckmann*-Kriterien nicht mehr als eine derartige Konkretisierung verstanden werden. Sie sind nunmehr als selbstständige Einzelkriterien anzuerkennen. Zu klären ist jedoch, wie die Einzelkriterien im Verhältnis zueinander stehen, insbesondere, da die beiden Kriterien „Klarheit" und „Eindeutigkeit" nunmehr im Wortlaut des § 8 Abs. 1 MarkenG ausdrücklich erwähnt werden.

Denkbar ist, dass alle Einzelkriterien trotz der ausdrücklichen Erwähnung in § 8 Abs. 1 MarkenG n.F. als Kriterien gleichwertig sind. Die ausdrückliche Erwähnung der „Klarheit" und „Eindeutigkeit" in § 8 Abs. 1 MarkenG n.F. erweckt jedoch schnell den Eindruck, dass diese Kriterien den übrigen übergeordnet sind. Andernfalls hätte der Gesetzgeber auch unproblematisch alle *Sieckmann*-Kriterien in den Wortlaut von § 8 Abs. 1 MarkenG aufnehmen können. So hat es beispielsweise auch der europäische Gesetzgeber in Art. 3 Abs. 1 UMDV gehandhabt. Ein solches Vorgehen ist jedoch nicht unbedingt erforderlich. Wie bereits im vierten Kapitel aufgezeigt, stehen die meisten Kriterien in einem konkretisierenden und sich bedingenden Verhältnis zueinander.[829] Ausgenommen hiervon sind nur die Kriterien der „leichten Zugänglichkeit", der „Dauerhaftigkeit" und der „Verständlichkeit". Dies führt dazu, dass bei einer Zeichendarstellung, die die Anforderung der Eindeutigkeit erfüllt, auch gleichzeitig eine klare, in sich abgeschlossene und objektive Darstellung garantiert ist und umgekehrt. Es kann deshalb hinsichtlich dieser Kriterien nicht von einem Über-/Unterordnungsverhältnis gesprochen werden. Gleiches gilt für die Voraussetzungen der „Dauerhaftigkeit" und der „Verständlichkeit", auch wenn sie nicht zu den übrigen Kriterien in einem ergänzenden Verhältnis stehen. In diesem Zusammenhang ist jedoch der Zweck zu berücksichtigen, der mit einer Zeichendarstellung verfolgt wird. Die Zeichendarstellung dient insbesondere dazu, die eindeutige Identifizierung des Zeichens sicherzustellen. Dafür ist es unerlässlich,

828 EuGH GRUR 2003, 145 ff. – Sieckmann.

829 Siehe hierzu Kapitel 4 D I 2 b) ee).

dass Marken durch Darstellungsmittel wiedergegeben werden, denen eine nachhaltige Wirkung zuteilwird. Dies stellt die Voraussetzung der „Dauerhaftigkeit" sicher. Darüber hinaus kann die Identifizierbarkeit des Schutzgegenstandes auch nur sichergestellt werden, wenn das Zeichen auch verständlich ist, wobei es nach der hier vertretenen Ansicht genügt, wenn die Zeichenwiedergabe für eine fachkundige Person verständlich ist, nicht notwendigerweise für die Allgemeinheit.[830] Das Erfordernis der „Verständlichkeit" ist somit ebenfalls von nicht weniger Bedeutung. Aus diesen Gründen sind die beiden letztgenannten Voraussetzungen ebenso wichtig, wie die zuerst erwähnten, auch wenn sie nicht explizit im Wortlaut von § 8 Abs. 1 MarkenG genannt werden. Ihre Aufnahme wäre jedoch aus Gründen der Klarstellung hilfreich gewesen.

Die Bewertung fällt lediglich hinsichtlich der Voraussetzung der „leichten Zugänglichkeit" anders aus. Wie nunmehr mehrfach erwähnt, stellt die „leichte Zugänglichkeit" zwar einen unkomplizierten Zugang zur Marke sicher, steht aber nicht im unmittelbaren Zusammenhang mit der Zeichendarstellung als solches. Angesichts dessen hätte auf sie im Zusammenhang mit einer rechtssicheren Zeichendarstellung verzichtet werden können, wenngleich ein leichter Zugang zu den eingetragenen Marken wichtig ist. Wegen des fehlenden unmittelbaren Bezugs wird ihr daher im Vergleich zu den übrigen Kriterien nur eine geringere Bedeutung zuteil.

Aus diesen Erwägungen folgt, dass sich an dem Verhältnis der einzelnen Kriterien zueinander auch nach Verzicht auf das Erfordernis der grafische Darstellbarkeit nichts geändert hat.

D. Die Zeichendarstellung im Sinne des neuen § 8 Abs. 1 MarkenG

Im nachfolgenden Abschnitt ist zu untersuchen, wie sich die Gesetzesänderung auf die Darstellung unterschiedlicher Markenformen auswirkt. Auch hier empfiehlt sich die Differenzierung zwischen traditionellen und nicht traditionellen Markenformen. Der Fokus liegt auch hier auf der Darstellung von nicht traditionellen Markenformen, insbesondere der visuell nicht wahrnehmbaren Zeichen. Zunächst wird jedoch auf die Neufassung des § 6 a MarkenV eingegangen. Seit Umsetzung der jüngsten Markenrechtsreform sind in § 6 a MarkenV allgemeine Regelungen zur Markendarstellung normiert. Eine solche Vorschrift war dem deutschen Recht zuvor nicht bekannt.

830 Siehe hierzu Kapitel 4 E.

I. Der neue § 6 a MarkenV

Die Markendarstellung ist neuer Regelungsinhalt des § 6 a MarkenV n.F. Die Regelungen zur Markenbeschreibung, die vor Umsetzung der MarkenRL-2015 Inhalt von § 6 a MarkenV waren, finden sich nunmehr in dem neu geschaffenen § 6 b MarkenV n.F.

§ 6 a Abs. 1 S. 1 MarkenV n.F. legt fest, dass Marken einer Darstellung bedürfen. Weiter heißt es in S. 2, dass die Darstellung in Papierform oder auf einem Datenträger eingereicht werden darf. Dem Markenanmelder wird somit ein Wahlrecht hinsichtlich der Darstellungsmethode eingeräumt, sofern die Darstellung den Voraussetzungen des § 8 Abs. 1 MarkenG n.F. genügt. Die Einräumung eines solchen Wahlrechts ist begrüßenswert, da nunmehr nicht mehr *per se* eine grafische Darstellung gefordert wird, sondern sich die Wahl nach dem Wesen der Marke richtet. Vor diesem Hintergrund ist zu berücksichtigen, dass sich bestimmte Markenformen auch weiterhin am besten grafisch darstellen lassen. Dies ist insbesondere bei den traditionellen Markenformen wie Wort- oder Bildmarken oder ihrer Kombination der Fall. Die Beibehaltung einer grafischen Darstellung als adäquate Darstellungsmethode steht auch im Einklang mit den europarechtlichen Vorgaben. In Nr. 13) der MarkenRL-2015 heißt es:

> *„Ein Zeichen sollte daher in jeder geeigneten Form unter Verwendung allgemein zugänglicher Technologie dargestellt werden dürfen und damit nicht notwendigerweise mit grafischen Mitteln, solange die Darstellung mit Mitteln erfolgt, die ausreichende Garantien bieten.“*

Die Formulierung „*nicht mehr notwendigerweise*“ bestätigt, dass den Markenanmeldern auch weiterhin die Möglichkeit erhalten bleibt, ihre Marken grafisch darzustellen. Darüber hinaus können Markenanmelder deutscher Marken seit Anfang 2019 auch auf elektronische Datenträger als Darstellungsmittel zurückgreifen, vorausgesetzt, der Datenträger kann vom DPMA ausgelesen werden. Ansonsten gilt die Darstellung gem. § 6 a Abs. 1 S. 4 MarkenV als nicht eingereicht. Welche Datenträgertypen und Formatierungen für eine zulässige und auslesbare Darstellung infrage kommen, ist auf der Website des DPMA abrufbar.[831] Von Interesse ist außerdem, dass Abs. 2 festlegt, dass die Darstellung sonstiger Markenformen zukünftig auch durch Text erfolgen kann, wenn sich der Schutzgegenstand nicht anderweitig darstellen lässt. Auf diese Regelung wird

831 Siehe DPMA, https://www.dpma.de/dpma/veroeffentlichungen/bekanntgaben/bekanntgabe_14012019/index.html, zuletzt abgerufen am 31.03.2019.

vertieft in dem Abschnitt zur rechtskonformen Darstellung sonstiger Markenformen nach neuem Recht eingegangen.[832]

Zunächst ist festzuhalten, dass die Einführung einer allgemeinen Vorschrift, die sich mit der Markendarstellung befasst, infolge der Erweiterung der adäquaten Darstellungsmethoden nur konsequent ist. Sie stellt im Allgemeinen klar, wie eine Zeichendarstellung nunmehr erfolgen kann; nämlich auf Papier, als Datei oder in Textform. Konkretisierende Vorgaben, die das Wesen der jeweiligen Marke berücksichtigen, finden sich sodann in der entsprechenden Regelung der MarkenV.

II. Die Darstellung traditioneller Markenformen

Auf traditionelle Markenformen wie Wortmarken, Bildmarken oder kombinierte Wort-Bild-Marken hat die Gesetzesänderung keine Auswirkung. Ihre rechtssicherste Zeichendarstellung erfolgt weiterhin durch eine grafische Abbildung ihres zweidimensionalen Schutzgegenstandes.

Wie bereits erörtert, hat die Ersetzung des Erfordernisses der grafischen Darstellbarkeit durch flexiblere Kriterien nicht zur Folge, dass Zeichen zukünftig *per se* nicht mehr grafisch dargestellt werden dürfen. Es wurde lediglich die Beschränkung hierauf aufgehoben. Sofern sich der Schutzgegenstand i.S.d. § 8 Abs. 1 MarkenG n.F. klar und eindeutig durch eine grafische Darstellung bestimmen lässt, erfüllt sie das neue Erfordernis. Wegen ihrer zweidimensionalen Erscheinungsform und visuellen Wahrnehmbarkeit bleibt die grafische Darstellung traditioneller Markenformen ihre zu bevorzugende Darstellungsmethode. Im Übrigen entspricht dies auch den Regelungen der neuen MarkenV. Gem. § 7 S. 1 MarkenV n.F. sind Wortmarken in den üblichen Schriftzeichen (Buchstaben, Zahlen oder sonstigen Zeichen) und somit grafisch darzustellen. Für reine Bildmarken bzw. Wort-Bild-Marken findet sich im Wortlaut des § 8 Abs. 1 S. 1 MarkenV n.F. ausdrücklich wieder, dass der Anmeldung eine grafische Darstellung des Schutzgegenstandes beizufügen ist.

III. Die Darstellung nicht traditioneller Markenformen

Im Folgenden ist zu untersuchen, wie sich die Neuregelung des § 8 Abs. 1 MarkenG auf die Darstellung nicht traditioneller Markenformen auswirkt. Dadurch, dass der Schutzgegenstand ungeachtet des gewählten Mittels, klar und eindeutig bestimmbar sein muss, ist ihre Darstellung nicht auf eine grafische beschränkt.

---

832 Siehe hierzu Kapitel 6 D III 5 a).

Für ihre Wiedergabe kann deshalb die moderne Technologie eine willkommene Alternative zur grafischen Darstellung bieten. Dies gilt insbesondere für die visuell nicht wahrnehmbaren Marken. Ihre Wiedergabe unter dem Erfordernis der grafischen Darstellbarkeit veranlasste stets einen Rückgriff auf Surrogate. In dieser Form ließ sich ihr Schutzgegenstand – wenn auch nicht aller visuell nicht wahrnehmbarer Zeichen – zumindest mittelbar darstellen. Ob durch die Zulässigkeit moderner Technologien tatsächlich eine Eintragungserleichterung und Besserstellung solcher Markenformen eingetreten ist, wird im Nachfolgenden erörtert. Die Reihenfolge der untersuchten Markenformen orientiert sich an ihrer Erwähnung in der neuen MarkenV.

1. Die dreidimensionale Marke

Markenanmeldern dreidimensionaler Marken steht es zukünftig frei, den Schutzgegenstand grafisch und somit durch bis zu sechs Einzelbilder wiederzugeben oder für die Darstellung auf elektronische Technologien zurückgreifen. Durch die Änderung von § 9 MarkenV können deutsche dreidimensionale Marken nunmehr in Standarddateiformaten wie JPEG, OBJ, XTL und X3D dargestellt werden.[833] Die drei letztgenannten Dateiformate ermöglichen eine elektronische dreidimensionale Darstellung verschiedenster Gegenstände und Objekte. Die entsprechende Datei wird in das Register eingebunden, sodass der Betrachter durch Anklicken die Datei öffnen und den Schutzgegenstand identifizieren kann. Bedenken, dass die Behörden oder der Verkehr den so dargestellten Schutzgegenstand nicht i.S.v. § 8 Abs. 1 MarkenG n.F. bestimmen können, bestehen nicht, insbesondere, da ihnen durch Anklicken ein unmittelbar plastischer Eindruck vermittelt wird. Ferner erfüllen diese Darstellungsmethoden auch die (übrigen) *Sieckmann*-Kriterien. Trotz der Vorteile, die diese neu gewonnenen Darstellungsmethoden mit sich bringen, zeigt ein Blick in das Register, dass der Verkehr mit einer Zeichendarstellung in dieser Form noch zurückhaltend ist. Selbst nach Erweiterung der Darstellungsmethoden vertraut der Verkehr weiterhin auf eine grafische Darstellung. Nach einer Anmeldung oder Eintragung, in der der dreidimensionale Schutzgegenstand in einem der oben genannten Dateiformate dargestellt wird, sucht man bis heute vergebens.[834] Es drängt sich daher die Frage auf, ob eine Erweiterung der Darstellungsmöglichkeiten

833 Vgl. EUIPO, grafische Wiedergabe, https://euipo.europa.eu/ohimportal/de/elimination-of-graphical-representation-requirement, zuletzt abgerufen am 27.01.2019.

834 Stand Februar 2019.

für dreidimensionale Marken überhaupt erforderlich war. Wie bereits vorher erörtert, war ihre grafische Darstellung durch das Einreichen einer bzw. mehrerer (fotografischer) Ansichten des Schutzgegenstandes bedenkenlos möglich.[835] Sofern aus den eingereichten Materialien hervorging, inwieweit Schutz in Bezug auf die *„dritte Dimension“* begehrt wird, wurde die Marke hinreichend bestimmt wiedergegeben. Dies hat sich nicht geändert. Daher kann im Ergebnis nicht von einer Eintragungserleichterung bzw. Besserstellung gesprochen werden. Dennoch sind insbesondere auf langfristige Sicht flexiblere Kriterien hinsichtlich der Darstellung von dreidimensionalen Marken sachgerecht, da so eine Wahlmöglichkeit besteht. Nunmehr ist es dem Rechtsanwender anheimgestellt, ob er von der traditionellen Wiedergabeform in Form einer grafischen Darstellung Gebrauch macht oder sich für die Wiedergabe durch neue Technologien entscheidet. Darüber hinaus ist noch nicht absehbar, ob angesichts der Schnelllebigkeit der Zeit zukünftig doch vermehrt auf die Darstellung durch elektronische Darstellungsmittel zurückgegriffen wird.

2. *Die Farbmarke*

Der Wegfall der grafischen Darstellbarkeit hat auf die Darstellung von Farbmarken keine Auswirkungen. Abstrakte Einfarbenmarken werden auch zukünftig durch ein Farbmuster und ihre Bezeichnung als Farbcode eines international anerkannten Farbklassifikationssystems dargestellt. Bei abstrakten Farbzusammenstellungen ist zudem ihre *systematische Anordnung* anzugeben. Kodifiziert ist diese Darstellungsmethode in § 10 a MarkenV n.F. Die neue Rechtslage stimmt somit mit der alten überein. Es kann daher auf die Ausführungen zur Farbmarke unter der Voraussetzung der grafischen Darstellbarkeit verwiesen werden.[836]

Im Ergebnis ist festzuhalten, dass angesichts der unveränderten Rechtslage nicht davon gesprochen werden kann, dass Farbmarken durch die Neufassung von § 8 Abs. 1 MarkenG eine Eintragungserleichterung bzw. Besserstellung erfahren haben.

3. *Die Klangmarke*

Positive Auswirkungen hat die Gesetzesänderung auf die Darstellung von Klangmarken. Zur Erinnerung ist kurz drauf hinzuweisen, dass Hörmarken seit der

835 Siehe hierzu Kapitel 4 F II 1 a).
836 Siehe hierzu Kapitel 4 F II 2 a) bb).

letzten Reform als Klangmarken bezeichnet werden, vgl. § 3 Abs. 1 MarkenG, § 11 MarkenV. Folglich wird nachfolgend von Klangmarken gesprochen.[837]

Wegen des Verzichts auf eine grafische Darstellung sind Geräusche in Deutschland wieder markenrechtlich eintragungsfähig. Vorher war das jahrelang nicht möglich, da mit Inkrafttreten der fünften Verordnung zur Änderung der Markenverordnung[838] am 15. Oktober 2003 Markenanmeldern die Möglichkeit genommen wurde, Geräusche mithilfe eines Sonagramms grafisch darzustellen.[839] Nach der in dieser Arbeit vertretenen Auffassung ist dies eine Fehleinschätzung, da ein *vollständiges* Sonagramm die Voraussetzungen der grafischen Darstellbarkeit erfüllte. Sie wäre somit die einzig adäquate Darstellungsmethode für Geräusche gewesen.[840] Aus dem Wortlaut des § 11 Abs. 2 MarkenV n.F. folgt jedoch, dass der deutsche Gesetzgeber auch zukünftig an seiner Einschätzung festhält und ein Sonagramm nicht als grafisches Darstellungsmittel akzeptiert. In Abs. 2 heißt es, dass eine grafische Darstellung in einer üblichen Notenschrift erfolgen muss, sollte sich der Markenanmelder für eine grafische Darstellung entscheiden.[841] Das Sonagramm wird nicht erwähnt. Es ist deshalb davon auszugehen, dass einer Klangmarke auch zukünftig die Eintragung versagt wird, wenn ihr Schutzgegenstand durch ein Sonagramm dargestellt wird, obwohl das nach der hier vertretenen Auffassung von dem Wortlaut der MarkenRL-2015 erfasst wäre.

Art. 3 b) MarkenRL-2015 fordert, dass Klänge in einer Weise dargestellt werden, die gewährleistet, dass die zuständigen Behörden und das Publikum den Schutzgegenstand klar und eindeutig bestimmen können. Diese Anforderungen werden mit einer *vollständigen* Sonagrammdarstellung erfüllt, wie bereits an anderer Stelle dieser Arbeit ausführlich erörtert wurde.[842] Angesichts der anhaltenden fehlenden Akzeptanz von Sonagrammdarstellungen ist insoweit die neue MarkenV strenger als die europäische Richtlinie. Dies erfordert eine richtlinienkonforme Auslegung des § 11 Abs. 2 MarkenV. Andernfalls ist die

---

837 Zur Kritik an der Umbenennung, siehe hierzu Kapitel 4 F II 3.

838 BGBI. I S. 1701

839 Vgl. Mitteilung Nr. 08/03 des Präsidenten des DPMA, BIMPZ 2003, 320 – Die Mitteilung Nr. 08/03 hebt die Mitteilung Nr. 16/94 des Präsidenten des DPMA auf, nach der die grafische Darstellung von Hörmarken, die wegen ihrer Art nicht durch eine übliche Notenschrift dargestellt werden konnten, das Sonagramm als Darstellungsmethode zulässig war.

840 Siehe hierzu Kapitel 4 F II 3 a) bb) (2) (b).

841 So auch *Hacker*, GRUR 2019, 113, 114.

842 Siehe hierzu Kapitel 4 F II 3 a bb) (2) (b).

deutsche Vorschrift richtlinienwidrig. Wegen der erweiterten Darstellungsmöglichkeiten hat diese Problematik jedoch keine spürbaren Auswirkungen mehr, da Markenanmelder nunmehr das zu schützende Geräusch in Form einer Hördatei darstellen können.

Seit dem 14. Januar 2019 lassen sich Klangmarken gem. § 11 Abs. 1 MarkenV n.F. als MP3-Datei darstellen. Vorteil dieser Darstellungsmethode ist, dass mit Abspielen der MP3-Datei der Schutzgegenstand unmittelbar wiedergegeben wird. Ohne Interpretationsaufwand kann der Zuhörer den Schutzgegenstand identifizieren. Es spielt keine Rolle mehr, ob es sich bei dem Schutzgegenstand um einen einzelnen Ton, eine Tonfolge, eine Melodie oder um ein natürliches oder synthetisches Geräusch handelt. Darüber hinaus sind sich jetzt auch gesprochene Wortfolgen wie Werbeslogans eintragungsfähig.[843] Wegen der unmittelbaren Wiedergabe besteht kein Zweifel daran, dass die zuständigen Behörden und der Verkehr den jeweiligen Schutzgegenstand i.S.v. § 8 Abs. 1 MarkenG n.F. klar und eindeutig bestimmen können. Eine solche Darstellung erfüllt ferner auch die (übrigen) *Sieckmann*-Kriterien. Ein weiterer positiver Aspekt der elektronischen Darstellungsmethode ist, dass sich die umstrittene Frage erübrigt, für wen die Zeichendarstellung verständlich sein muss – den Fachmann oder die Allgemeinheit. Bei einer unmittelbaren Wiedergabe steht außer Frage, dass sie selbst für die Allgemeinheit verständlich ist. Es bedarf deshalb keinerlei weitergehender Fähigkeiten als die des Hörvermögens, um den Schutzgegenstand wahrnehmen und eindeutig identifizieren zu können.

Fraglich ist jedoch, wie lang eine Audiodatei sein darf, damit der aufgenommene Inhalt vom Verkehr noch als Herkunftshinweis wahrgenommen wird.[844] Diese Problematik stellt sich insbesondere bei der Darstellung von Tonfolgen und Melodien, da diese naturgemäß länger sind bzw. sein können als Geräusche. Grundsätzlich gilt, dass Audiodateien nicht endlos lang sein dürfen, sofern sie markenrechtlich geschützt werden sollen. Andernfalls besteht die Gefahr, dass der Verkehr sie nicht (mehr) als Herkunftshinweis wahrnimmt, sondern als schlichte Werbemaßnahme. Dennoch macht das DPMA diesbezüglich keine Vorgaben. Es legt lediglich die Dateigröße fest. Der eingereichte Datenträger darf nicht mehr als 2 MB umfassen.[845] Empfehlenswert wäre dennoch eine

843 So z.B. DE 302019216921; siehe hierzu auch Kapitel 6 E 1.

844 *Fritz* forderte bereits für akustische Warenzeichen eine Maximalzeitdauer von 20 Sekunden, damit das akustische Zeichen für den angesprochenen Verkehr als Herkunftshinweis erkennbar ist, *Fritz*, S. 210.

845 DPMA, Bekanntgabe vom 14. 01.2019,

zusätzliche, zeitliche Begrenzung, da die maximale Dateigröße nicht notwendigerweise auch die zeitliche Länge der Audiodatei begrenzt. So lassen sich in schlechterer Qualität längere Tonfolgen bzw. Melodien speichern als in besserer. Es bleibt daher abzuwarten, wie sich dies entwickelt.

In der Gesamtschau ist festzuhalten, dass die Darstellung des Schutzgegenstands mittels Audiodatei gegenüber der Darstellung durch Notenschrift die vorzugswürdigere ist. Unabhängig davon, dass sich hierdurch Geräusche problemlos wiedergeben lassen, gilt dies auch für Tonfolgen und Melodien. Vorteil der unmittelbaren Wiedergabe in Form einer Audiodatei ist, dass sie keinerlei Raum für Interpretationen bzgl. des Schutzgegenstandes lässt. Schutzgegenstand ist das, was bei Abspielen der Audiodatei zu hören ist. Nicht mehr und nicht weniger. Im Gegensatz hierzu lässt eine Notenschrift, die u.a. keine Angabe der Instrumentation enthält, Raum für Interpretationen, da die Instrumentation entscheidenden Einfluss auf das Klangbild hat. Es ist nicht von der Hand zu weisen, dass es für die akustische Erscheinung einen Unterschied macht, ob eine Tonfolge bzw. Melodie von einem Orchester gespielt wird oder von einem einzelnen Instrument. Daher fehlt einer Darstellung ohne eine solche Angabe die erforderliche Klarheit und Eindeutigkeit. Dennoch fordert das DPMA auch weiterhin für eine grafische Darstellung nur eine *„übliche Notenschrift"* und konkretisiert, dass eine solche vorliegt, wenn es sich um ein in Takte gegliedertes Notensystem handelt, das einen Notenschlüssel, Noten- und Pausenzeichen sowie ggfs. Vorzeichen enthält.[846] Damit nimmt das DPMA Bezug auf die ausdrücklich vom EuGH in seiner *Shield Mark/Kist* genannten Voraussetzungen an ein Notensystem.[847] Das DPMA verkennt jedoch, dass es sich hierbei nur um eine nicht abschließende Aufzählung handelt. Dies impliziert die vom EuGH gewählte Verwendung des Wortes *„insbesondere"*.[848] Eine solche vom EuGH vorgenommene Öffnung ist auch sachgerecht, da – wie dargestellt – allein die vom DPMA geforderten Angaben nicht ausreichen, damit der Verkehr den Schutzgegenstand i.S.v. § 8 Abs. 1 MarkenG n.F. klar und eindeutig bestimmen kann. An dieser Stelle ist auf den Abschnitt zur Hörmarke unter der Voraussetzung der grafischen Darstellbarkeit zu verweisen, in dem die Anforderungen an ein

---

https://www.dpma.de/dpma/veroeffentlichungen/bekanntgaben/bekanntgabe_14012019/index.html, zuletzt abgerufen am 31.03.2019.

846 Siehe hierzu DPMA, Klangmarke, https://www.dpma.de/docs/marken/mf_klangmarke.pdf, zuletzt abgerufen am 31.03. 2019.

847 EuGH GRUR 2004, 54, 57 (Rz. 62) – Shield Mark/Kist.

848 EuGH GRUR 2004, 54, 58 (Rz. 64) – Shield Mark/Kist.

Notensystem ausführlich untersucht werden.[849] Die dort getroffenen Ansichten gelten auch nach neuem Recht entsprechend fort.

Im Ergebnis haben die Erweiterung der Darstellungsmethoden und der damit einhergehende Verzicht auf eine grafische Darstellung positive Auswirkungen auf die Eintragungsfähigkeit von Klangmarken. Sie lassen sich nunmehr unmittelbar wiedergeben und auch Geräusche sind nicht mehr vom registerrechtlichen Markenschutz ausgeschlossen. Zweifellos kann daher im Zusammenhang mit Klangmarken von einer Eintragungserleichterung bzw. Besserstellung infolge der Gesetzesänderung gesprochen werden.

4. Die Markenformen nach § 12 MarkenV

a) Rechtliche Rahmenbedingungen

aa) Der neuen § 12 MarkenV

Im Rahmen der Umsetzung der MarkenRL-2015 in nationales Recht führte der deutsche Gesetzgeber einen neuen § 12 MarkenV ein. Bestimmte Markenformen wurden aus dem Anwendungsbereich der „sonstigen Markenformen" herausgenommen. Ihnen wurde mit dem neuen § 12 MarkenV ein eigener Paragraf gewidmet. Dies betrifft die Positionsmarke, die Bewegungsmarke und die Hologrammmarke.[850] Zudem fällt in seinen Anwendungsbereich die mit der Reform neu eingeführte Multimediamarke. Die „sonstigen Markenformen" sind seither in dem neu eingeführten § 12 a MarkenV geregelt. Da einige der ehemals als „sonstige Markenformen" zu qualifizierenden Zeichen vor die Klammer gezogen wurden, hat sich ihr Anwendungsbereich auf eine überschaubare Größe reduziert. Mit der Neuregelung passte der deutsche Gesetzgeber sie Struktur der MarkenV an die UMDV an.

bb) Die rechtskonforme Darstellung der Markenformen i.S.v. § 12 MarkenV

In § 12 Abs. 1 Abs. 1 MarkenV ist ausdrücklich geregelt, dass die Zeichenwiedergabe für alle in § 12 Abs. 1 MarkenV genannten Marken den Erfordernissen des § 8 Abs. 1 MarkenG genügen muss. Ihr Schutzgegenstand ist so darzustellen, dass er klar und eindeutig bestimmbar ist. Auf welche Art und Weise die Darstellung zu erfolgen hat, ist in Abs. 2 geregelt. Er verweist auf eine entsprechende Anwendung von §§ 8 bis 11 MarkenV. Wegen des Verweises auf die für Bild-,

---

849 Siehe hierzu Kapitel 4 F II 3 a) bb) (1).

850 Sowie die Mustermarke, der in dieser Arbeit nicht weiter Beachtung geschenkt wurde.

dreidimensionale, Farb- und Klangmarken relevanten Vorschriften können alle Markenformen, die vom Regelungsgehalt des § 12 MarkenV erfasst sind, zukünftig sowohl in grafischer als auch in elektronischer Form dargestellt werden.

Darüber hinaus könnte für eine adäquate Zeichendarstellung das Einreichen einer Beschreibung des Schutzgegenstandes erforderlich sein. § 6 b MarkenV n.F. regelt nunmehr die Markenbeschreibung. Vor der Reform war die Markenbeschreibung in § 6 a MarkenV a.F. geregelt. Gem. § 6 b Abs. 2 S. 1 MarkenV n.F. ist eine Markenbeschreibung erforderlich, wenn sich der Schutzgegenstand erst durch diese bestimmen lässt. Weiter wird in S. 2 klargestellt, dass dies insbesondere für Markenformen nach § 12 MarkenV und für sonstige Markenformen nach § 12 a gilt. Die „*Insbesondere*"-Formulierung lässt den Schluss zu, dass der Gesetzgeber das Erfordernis einer Beschreibung in Zusammenhang mit den Markenformen i.S.v. § 12 MarkenV und § 12 a MarkenV nicht als obligatorische Voraussetzung ausgestaltet hat. Der Gesetzgeber wollte beim Verkehr ein Bewusstsein dahin gehend schaffen, dass bei den Markenformen vorgenannter Vorschriften ein erhöhtes Risiko besteht, dass sich ihr Schutzgegenstand ohne eine Markenbeschreibung nicht klar und eindeutig i.S.v. § 8 Abs. 1 MarkenG n.F. bestimmen lässt. Ob dies der Fall ist, ist vom Wesen der Markenform abhängig.

Nachfolgend wird untersucht, wie sich der Verzicht auf das Erfordernis der grafischen Darstellbarkeit auf die Darstellung der Markenformen auswirkt, die nunmehr vom Regelungsgehalt des neu geschaffenen § 12 MarkenV erfasst sind. Hierfür wird jede Markenform gesondert betrachtet.

b) Die Positionsmarke

Positionsmarken können sowohl grafisch als auch auf elektronische Weise dargestellt werden. Dies folgt aus dem Verweis in § 12 MarkenV n.F. auf §§ 8–11 MarkenV n.F. Ihre Darstellung kann durch JPEG-, OBJ-, XTL- und X3D-Dateien erfolgen.[851] Mit ihrer Hilfe kann der Trägergegenstand elektronisch dargestellt werden. Anschließend wird das Zeichen in entsprechender Größe und Ausrichtung auf den Trägergegenstand aufgebracht. Eine solche elektronische Darstellung enthält alle Informationen, die für eine eindeutige Identifizierung des zweigliedrigen Schutzgegenstandes von Positionsmarken erforderlich sind. Als weiterer positiver Aspekt ist zu nennen, dass sie als plastische Darstellung ausgestaltet sein kann. Der Verkehr kann sodann einen sehr realistischen Eindruck der Marke erhalten. Wie bei dreidimensionalen Marken ist der Verkehr

851 So auch DPMA, Positionsmarke, https://www.dpma.de/docs/marken/mf_positionsmarke.pdf, zuletzt abgerufen am 31.03.2019.

hinsichtlich dieser Darstellungsmethode für Positionsmarken (noch) zurückhaltend. Auch hier stellt sich daher die Frage, ob eine Erweiterung der Darstellungsmöglichkeiten überhaupt erforderlich war. An dieser Stelle kann auf die Ausführungen zur dreidimensionalen Marke nach neuem Recht verwiesen werden.[852] Auf langfristige Sicht sind flexiblere Kriterien hinsichtlich der Darstellung von Positionsmarken sachgerecht. Bereits die Tatsache, dass Markenanmeldern eine Wahlmöglichkeit hinsichtlich der Darstellungsmittel eingeräumt wird, ist begrüßenswert.

Darüber hinaus hält das DPMA auch weiterhin an der Erforderlichkeit einer Beschreibung i.S.v. § 6 b Abs. 2 MarkenV fest, da sich andernfalls nicht der *zweigliedrige Schutzgegenstand* umfassend darstellen lasse.[853] Hier kann auf die Ausführungen zu der Erforderlichkeit einer Beschreibung von Positionsmarken unter Voraussetzung der grafischen Darstellbarkeit verwiesen werden, da sie auch hier entsprechend zutreffen.[854] Der Verkehr wird auch ohne Beschreibung in die Lage versetzt, den Schutzgegenstand eindeutig zu identifizieren, da die elektronische Darstellung alle hierfür erforderlichen Informationen enthält. Bedenken, dass sie weder eine klare noch eindeutige Bestimmung des Schutzgegenstandes i.S.v. § 8 Abs. 1 MarkenG n.F. zulässt, bestehen nicht. Darüber hinaus entspricht sich auch den (übrigen) *Sieckmann*-Kriterien. Hinsichtlich der weiterhin bestehenden Problematik, die sich stellt, wenn Positionsmarken für Dienstleistungen eingetragen werden sollen, ist auf die Ausführungen zur Positionsmarke unter der Voraussetzung der grafischen Darstellbarkeit zu verweisen, da die Zulässigkeit elektronischer Darstellungsmittel an dieser Einschätzung nichts ändert.[855]

Im Ergebnis ist festzuhalten, dass – ähnlich wie bei dreidimensionalen Marken – die Erweiterung der Darstellungsmöglichkeiten nicht unmittelbar zu einer Eintragungserleichterung bzw. Besserstellung von Positionsmarken geführt hat. Sie lassen sich – wie schon geschildert – problemlos grafisch darstellen. Wegen der neu gewonnenen Wahlmöglichkeit hinsichtlich der Darstellungsoptionen ist die Erweiterung jedoch auch in diesem Fall begrüßenswert. Nunmehr steht es auch hier dem Markenanmelder frei, ob er von der traditionellen, grafischen

---

852 Siehe Kapitel 6 D III 1.

853 DPMA, Positionsmarke, https://www.dpma.de/docs/marken/mf_positionsmarke.pdf, zuletzt abgerufen am 31.03.2019.

854 Siehe hierzu Kapitel 4 F II 4 b) aa).

855 Siehe hierzu Kapitel 4 F II 4 b) bb).

Zeichendarstellung Gebrauch machen möchte, oder auf elektronische Darstellungsmittel zurückgreift.

c) Die Bewegungsmarke

Der Verzicht auf das Erfordernis der grafischen Darstellbarkeit führte dazu, dass sich Bewegungsmarken nunmehr sowohl grafisch als auch in elektronischer Form i.S.v. § 8 Abs. 1 MarkenG n.F. darstellen lassen. Für die Darstellung von Bewegungsmarken ist diese Erweiterung von besonderer Bedeutung. Wie der Name verrät, schützt die Bewegungsmarke natürliche und artifizielle Bewegungsabläufe.[856] Mit Einführung der flexibleren Kriterien muss die geschützte Bewegungsabfolge nicht mehr zwangsläufig in bis zu sechs Einzelbildern grafisch dargestellt werden. Unter der Voraussetzung der grafischen Darstellbarkeit zeigte erst ihre daumenkinoartige Aneinanderreihung den Schutzgegenstand. Die Bewegungsabfolge kann nunmehr auch gem. §§ 12 Abs. 2 MarkenV i.V.m. § 8–11 MarkenV durch ein Video dargestellt werden. Es ist als MP4-Datei einzureichen.[857] Vorteil dieser Darstellungsmethode ist, dass sich der Schutzgegenstand unmittelbar dem Video entnehmen lässt. Wie bei allen unmittelbaren Darstellungsmethoden wird dem Interpretationsspielraum somit kein Raum gelassen und die eindeutige Identifizierbarkeit des Schutzgegenstandes sichergestellt. Die entsprechende Datei wird in das Markenregister eingebunden, sodass der Verkehr diese lediglich öffnen muss, um ohne weitere Assoziation den Schutzgegenstand wahrnehmen und identifizieren zu können. Im Vergleich zur grafischen Darstellung ist sie deshalb auch die zu bevorzugende Darstellungsmethode.

Es stellt sich jedoch die Frage, ob es nunmehr möglich ist, längere Bewegungsabfolgen schützen zu lassen, als es bisher möglich war. Unter der Voraussetzung der grafischen Darstellbarkeit waren nach der hier vertretenen Ansicht nur kurze Bewegungsabläufe schutzfähig, da ansonsten eine eindeutige und klare Zeichenwiedergabe nicht mehr gewährleistet werden konnte. Bei längeren Bewegungsabläufen wäre es wegen der Maximalanzahl von sechs Bildern nicht möglich gewesen, alle für die Erfassung des Schutzgegenstandes relevanten Einzelbewegungen grafisch wiederzugeben. Der Betrachter hätte somit seine

856 DPMA, Richtlinie für die Prüfung von Markenanmeldungen und für die Registerführung v. 01.08.2018 in der Fassung vom 01.05.2019, S. 22, https://www.dpma.de/docs/formulare/marken/w7735.pdf, zuletzt abgerufen am 05.10.2019.

857 DPMA, Bewegungsmarke, https://www.dpma.de/docs/marken/mf_bewegungsmarke.pdf, zuletzt abgerufen am 31.03.2019.

Vorstellungskraft bemühen müssen, um anhand der Einzelsequenzen auf die geschützte Bewegungsabfolge schließen zu können. Dies widerspricht einer klaren und eindeutigen Zeichendarstellung.[858] Eine unmittelbare Zeichenwiedergabe durch ein Video schließt hingegen von vornherein aus, dass der Betrachter für die Erfassung des Schutzgegenstandes seine Vorstellungskraft bemühen muss. Alles, was der Betrachter sieht, ist Teil der Bewegungsmarke. Nicht mehr und nicht weniger. Dieser Vorteil darf jedoch nicht dazu führen, dass scheinbar nicht enden wollende Bewegungsabläufe als Marke eingetragen werden. Ansonsten wird ihr Zweck, als Herkunftsfunktion der mit ihr gekennzeichneten Waren und/oder Dienstleistungen zu dienen, untergraben. Um dem entgegenzuwirken, hat das DPMA die Maximalgröße der MP4-Datei auf 20 MB beschränkt.[859] Auch hier ist jedoch die Einführung einer zusätzlichen zeitlichen Begrenzung hinsichtlich der Länge von Bewegungsabfolgen wünschenswert, da die maximale Dateiengröße nicht zwangsläufig auch die zeitliche Länge eines Videos beschränkt. Wie bei Audiodateien wird auch bei Videodateien für das Speichern von längeren Videos in schlechterer Qualität dieselbe Datenmenge benötigt, wie für das Speichern von kürzeren Videos in besserer Qualität. Um sicherzustellen, dass der Verkehr eine Bewegungsabfolge (noch) als Marke wahrnimmt, sollten keine Bewegungsabfolgen, die länger als 10 Sekunden sind, ihren Weg ins Register finden. Da jedoch weder der deutsche noch der europäische Gesetzgeber hierzu Vorgaben machen, wird abzuwarten sein, wie sich dies entwickelt.

Fraglich ist ferner, ob der Anmeldung einer Bewegungsmarke eine Beschreibung i.S.v. § 6 b Abs. 2 i.V.m. § 12 MarkenV n.F. beizufügen ist. Reicht der Markenanmelder für die Darstellung der Bewegungsmarke eine Videodatei ein, kann der Schutzgegenstand allein durch das Abspielen der Videodatei klar und eindeutig erfasst werden. Wegen der unmittelbaren Darstellung des Schutzgegenstandes ist eine Beschreibung nicht erforderlich. Anders fällt die Bewertung aus, wenn der Markenanmelder die Bewegungsmarke durch das Einreichen mehrerer Standbilder visualisiert. In diesem Fall unterstützt die Markenbeschreibung die Erfassung des Schutzgegenstandes, da – bis zu einem zulässigen Grad – die Vorstellungskraft des Betrachters beansprucht wird. Deshalb weist auch das DPMA darauf hin, dass auch nach neuem Recht eine Markenbeschreibung erforderlich

858 Siehe hierzu Kapitel 4 F II 4 c) bb).

859 DPMA, Bekanntgabe vom 14. 02.2019, https://www.dpma.de/dpma/veroeffentlichungen/bekanntgaben/bekanntgabe_14012019/index.html, zuletzt abgerufen am 26.01.2019.

ist, in der Standbilder erläutert werden, sofern der Schutzgegenstand grafisch dargestellt wird.[860]

In der Gesamtschau ist festzuhalten, dass der Verzicht auf das (zwingende) Erfordernis der grafische Darstellbarkeit und die Erweiterung der Darstellungsmethoden positive Auswirkungen auf die Darstellung von Bewegungsmarken haben. Wird die geschützte Bewegungsabfolge durch ein Video dargestellt, kann sie unmittelbar wahrgenommen werden, sodass sie eindeutig identifiziert werden kann. Der Vorstellungskraft des Betrachters wird für die Erfassung des Schutzgegenstandes kein Raum gelassen. Die Einführung flexiblerer Kriterien hat jedoch nicht dazu geführt, dass zukünftig längere Bewegungsabfolgen schutzfähig sind. Es wäre aber auch mit dem Sinn und Zweck einer Marke nicht zu vereinbaren, sodass dies hinzunehmen ist.

Angesichts der Möglichkeit Bewegungsabfolgen nunmehr unmittelbar darzustellen führte der Verzicht auf das (zwingende) Erfordernis der grafische Darstellbarkeit zu einer Eintragungserleichterung bzw. Besserstellung von Bewegungsmarken.

d) Die Hologrammmarke

Das Erfordernis der grafischen Darstellbarkeit stellte Anmelder von Hologrammmarken vor eine Herausforderung, da sich nicht jeder Hologrammeffekt vollumfänglich i.S.d. § 8 Abs. 1 MarkenG a.F. grafisch darstellen ließ. So konnten abstrakte, flächige Hologramme wie „schillernde Oberflächen" von Produktverpackungen nicht im Einklang mit den rechtlichen Vorgaben grafisch darstellt werden.[861] Die Einführung flexiblerer Kriterien führte dazu, dass neben einer grafischen Darstellung nunmehr auch eine Videodarstellung in Betracht kommt. Ein solches Video ist als MP4-Datei einzureichen, welches anschließend in das Markenregister eingebunden wird. Mit Abspielen des Videos erfolgt eine filmartige Wiedergabe des Schutzgegenstands. Vorteil ist, dass der Schutzgegenstand unmittelbar dargestellt wird. Wie bei jeder unmittelbaren Zeichendarstellung wird eine eindeutige Identifizierbarkeit des Schutzgegenstandes sichergestellt, ohne dass Raum für Interpretationen bleibt. Darüber hinaus bestehen auch keine Bedenken, dass ein Video des Hologramms nicht die *Sieckmann*-Kriterien erfüllt, da es alle Informationen enthält, um den Schutzgegenstand in

---

860 Vgl. auch DPMA, Bewegungsmarke, https://www.dpma.de/docs/marken/mf_bewegungsmarke.pdf, zuletzt abgerufen am 26.01.2019.

861 Siehe hierzu Kapitel 4 F II 4 d) aa).

verständlicher, dauerhafter und objektiver Weise wiederzugeben. Entscheidend ist, dass das Video zeigt, wie sich das Hologramm durch unterschiedliche Bewegungen und unterschiedliche Neigungswinkel verändert. Dabei darf das Video nicht nur die Veränderung im Hologramm selbst zeigen, sondern muss insbesondere auch die Bewegung und den Neigungswinkel erkennen lassen, da beide Parameter für die holografische Veränderung von entscheidender Bedeutung sind. Werden diese wenigen Punkte beachtet, lässt sich jedes Hologramm – ganz gleich, ob objektbezogenes Hologramm mit Tiefenanmutung oder abstraktes, flächiges Hologramm – i.S.v. § 8 Abs. 1 MarkenG n.F. darstellen, da ein Video bereits kleinste Veränderungen preisgibt.

Auch hier ist fraglich, ob zusätzlich eine Beschreibung i.S.v. § 6 b Abs. 2 i.V.m. § 12 MarkenV n.F. erforderlich ist. Das DPMA weist darauf hin, dass das Einreichen einer Beschreibung wegen der Mehrschichtigkeit des holografischen Schutzgegenstandes *erforderlich sein kann.*[862] Wann dies der Fall ist, lässt das DPMA jedoch offen. Deshalb muss dies anhand des jeweiligen Einzelfalles entschieden werden. Es ist jedoch davon auszugehen, dass das Einreichen einer Beschreibung obligatorisch ist, wenn der Schutzgegenstand grafisch dargestellt wird. Im Gegensatz zur Darstellung durch eine Videodatei erfolgt die Darstellung des Schutzgegenstandes nur mittelbar, da die holografische Veränderung – wenn überhaupt – nur den eingereichten Bildern zu entnehmen ist. In diesem Fall ist eine Beschreibung erforderlich, da sich der holografische Effekt nicht den Bildern entnehmen lässt. Der Beschreibung müssen daher die holografischen Veränderungen zu entnehmen sein. Zu berücksichtigen ist jedoch, dass die grafische Darstellung nicht für alle Hologramme in Betracht kommt. Wie bereits im Abschnitt zur Hologrammmarke unter der Voraussetzung der grafischen Darstellbarkeit erörtert, ist bei abstrakten, flächigen Hologrammen ihre grafische Darstellung nicht zweckmäßig.[863] Bei der Darstellung der holografischen Veränderung durch ein Video ist eine Beschreibung hingegen nicht erforderlich. Dank der unmittelbaren Zeichendarstellung wird der Schutzgegenstand bereits durch das Video hinreichend präzise wiedergegeben.

Im Ergebnis ist festzuhalten, dass der Verzicht auf das (zwingende) Erfordernis der grafische Darstellbarkeit und damit einhergehend die Zulässigkeit von Videodateien als Darstellungsmittel positive Auswirkungen auf die Eintragungsfähigkeit von Hologrammmarken hat. Durch eine Videodatei lassen sich

---

862 DPMA, Hologrammmarke, https://www.dpma.de/docs/marken/mf_hologrammmarke.pdf, zuletzt abgerufen am 30.01.2019.

863 Siehe hierzu Kapitel 4 F II 4 d) aa).

nunmehr auch abstrakte, flächige Hologramme im Einklang mit Art. 8 Abs. 1 MarkenG n.F. darstellen. Vorher war ihr registerrechtlicher Schutz mangels einer klaren und eindeutigen Zeichendarstellung nicht möglich. Dank der unmittelbaren Zeichendarstellung haben sie eine Eintragungserleichterung bzw. Besserstellung erfahren.

e) Die Multimediamarke

Die Multimediamarke ist eine neue Markenform, die auf die letzte Markenrechtsreform zurückgeht. Ihr Schutzgegenstand besteht aus der Kombination von (bewegten) Bild- und/oder dreidimensionalen Elementen und akustischen Elementen.[864] Das Zusammenspiel von visuellen und akustischen Elementen ist somit maßgeblich für ihre Erscheinungsform. Ihr Schutzgegenstand lässt sich daher ausschließlich durch eine audiovisuelle Datei im MP4-Format darstellen. Aus nachfolgenden Gründen kommt ihre grafische Darstellung nicht in Betracht.

Einzeln betrachtet, lassen sich sowohl der akustische Bestandteil – sofern er nicht aus einem Geräusch besteht – als auch die Bewegungsabfolge im Sinne der rechtlichen Vorgaben grafisch darstellen, das akustische Element durch eine vollständige Notenschrift und die (kurze) Bewegungsabfolge in bis zu sechs Einzelbildern. Probleme treten erst bei ihrer Zusammenführung auf. Beiden grafischen Darstellungen ist nicht zu entnehmen, wann sich der akustische Moment und die visuelle Darstellung überschneiden. Dies führt dazu, dass sich der Schutzgegenstand nicht mit der erforderlichen Klarheit und Eindeutigkeit grafisch darstellen lässt. Hiervon ist selbst dann auszugehen, wenn sekundengenau angegeben wird, wann sich welche Elemente überschneiden. Dem Verkehr ist es nicht möglich, beide Darstellungen ohne einen unverhältnismäßig hohen Aufwand übereinanderzulegen. Jedoch erhält man nur so den eigentlichen, kombinierten Schutzgegenstand. Aus diesen Gründen ist die Geburtsstunde der Multimediamarke auf den Verzicht auf das Erfordernis der grafischen Darstellbarkeit zurückzuführen. Zustimmend akzeptiert auch das DPMA nur eine MP4-Datei, welche anschließend in das Markenregister eingebunden wird.[865] Erneut ist ihr Vorteil, dass sich der Schutzgegenstand durch die audiovisuelle Darstellung unmittelbar wahrnehmen lässt und so kein Raum für Interpretationen

864 DPMA, Multimediamarke, https://www.dpma.de/docs/marken/mf_multimedia-marke.pdf, zuletzt abgerufen am 07.02.2019.

865 DPMA, Multimediamarke, https://www.dpma.de/docs/marken/mf_multimedia-marke.pdf, zuletzt abgerufen am 07.02.2019.

besteht. Wegen der unmittelbaren Darstellung bestehen weder Bedenken, dass sich der Schutzgegenstand weder klar noch eindeutig bestimmen lässt, noch dass eine solche Wiedergabe nicht im Einklang mit den *Sieckmann*-Kriterien steht. Mit Abspielen der audiovisuellen Datei kann der Verkehr ohne Mühe den jeweiligen Schutzgegenstand identifizieren.

Wie bei Bewegungsmarken ist jedoch fraglich, wie lang Multimediamarken sein dürfen, um als Marke und nicht als reiner Werbefilm wahrgenommen zu werden. Bei langen Sequenzen ist die Gefahr dahin gehend deutlich höher. Dennoch finden sich in der europäischen Praxis angemeldete und eingetragene Multimediamarken von zwei bis 26 Sekunden.[866] Eine gesetzliche Vorgabe hinsichtlich ihrer Länge existiert nicht. Lediglich die Maximalgröße der MP4-Datei ist – wie bei Bewegungsmarken – auf 20 MB beschränkt. Eine solche Beschränkung reicht jedoch nicht aus, um zu verhindern, dass unverhältnismäßig lange audiovisuelle Sequenzen als Marke angemeldet und eingetragen werden. Wie dargestellt, lassen sich in schlechterer Qualität längere Aufnahmen speichern und umgekehrt. Nach der hier vertretenen Ansicht sollte deshalb eine zusätzliche zeitliche Begrenzung eingeführt werden, um sicherzustellen, dass das Zeichen auch tatsächlich als Herkunftshinweis wahrgenommen wird. Bei 26 Sekunden langen Multimediamarken ist dies äußerst fraglich. Da jedoch weder der europäische noch der deutsche Gesetzgeber hierzu Vorgaben machen, bleibt abzuwarten, wie die zukünftige Entwicklung sein wird. Eine Beschreibung i.S.v. § 6 b Abs. 2 i.V.m. § 12 MarkenV n.F. ist nicht erforderlich, da sich ihr Schutzgegenstand durch die unmittelbare Darstellung mit hinreichender Bestimmtheit identifizieren lässt.

Im Ergebnis ist festzuhalten, dass erst der Wegfall des Erfordernisses der grafischen Darstellbarkeit dazu geführt hat, dass die neue Markenform „Multimediamarke" geschaffen werden konnte. Bereits aus diesem Grund ist die Zulässigkeit elektronischer Darstellungsmittel als positive Entwicklung zu werten.

---

866 Diese Angaben beziehen sich auf Unionsmarken, da in Deutschland noch keine Multimediamarke angemeldet wurde. So z.B. die Multimediamarken UM 0178893449 (2 Sekunden lang) oder UM 017282203 (26 Sekunden lang), bei beiden Marken wird die Anmeldung derzeit geprüft (Stand 01.04.2019). Bei den eingetragenen Multimediamarken ist UM 017931160 (24 Sekunden lang) zu nennen und UM 01796507 (3 Sekunden lang).

5. *Die Markenformen nach § 12 a MarkenV*

a) *Die rechtskonforme Darstellung der sonstigen Markenformen i.S.v. § 12 a MarkenV*

§ 12 a MarkenV n.F. enthält rechtliche Vorgaben für die „sonstigen Markenformen". Nachdem der Gesetzgeber einigen Marken, die ehemals zu der Kategorie der „sonstigen Marken" gehörten, einen eigenen Paragrafen gewidmet hat, ist ihre Anzahl überschaubar. Zu den „sonstigen Marken" gehören nur noch die Geruchsmarke, die Geschmacksmarke und die Tastmarke. Der Aufbau von § 12 a MarkenV n.F. ist identisch mit dem von § 12 MarkenV n.F. In Abs. 1 wird klargestellt, dass ihre Zeichenwiedergabe den Erfordernissen des § 8 Abs. 1 MarkenG n.F. genügen muss. Der Schutzgegenstand muss daher durch seine Darstellung für die Behörden und den Verkehr klar und eindeutig bestimmbar sein. Auf welche Art und Weise die Darstellung zu erfolgen hat, ist in Abs. 2 geregelt. Er verweist auf eine entsprechende Anwendung von §§ 8 bis 11 MarkenV. Wegen des Verweises auf die für Bild-, dreidimensionale, Farb- und Klangmarke relevanten Vorschriften, können alle Markenformen, die vom Regelungsgehalt des § 12 a MarkenV n.F. erfasst sind, zukünftig sowohl in grafischer als auch in elektronischer Form dargestellt werden. Ggfs. ist die Darstellung gem. § 6 b Abs. 2 MarkenV n.F. um eine Beschreibung zu ergänzen.

Darüber hinaus enthält § 12 a Abs. 1 MarkenV n.F. mit S. 2 eine Klarstellung. Demnach können „sonstige Marken" zukünftig auch nur in Textform dargestellt werden. Die Voraussetzungen hierfür sind, dass (1.) eine andere Darstellungsmethode nicht möglich ist und (2.) die Beschreibung den Schutzgegenstand i.S.v. § 8 Abs. 1 MarkenG n.F. klar und eindeutig bestimmbar macht, vgl. § 12 a Abs. 1 S. 2 i.V.m. § 6 a Abs. 2 S. 1 MarkenV n.F. Eine Darstellung in Textform erinnert an die amerikanische Darstellungsweise für visuell nicht wahrnehmbare Zeichen. Wie schon gezeigt, sind in den USA Markenanmelder von visuell nicht wahrnehmbaren Zeichen gem. 37 CFR § 2.52 (e) davon befreit, eine Zeichnung des Schutzgegenstandes einzureichen. Es genügt die wörtliche Beschreibung des Schutzgegenstandes. Obwohl der deutsche Gesetzgeber eine solche Regelung aufgenommen hat, ist fraglich, wann eine Beschreibung den Anforderungen des § 8 Abs. 1 MarkenG n.F. genügt. Wie die Ausführungen zur Markendarstellung unter der Voraussetzung der grafischen Darstellbarkeit gezeigt haben, ist eine Beschreibung regelmäßig nicht klar, eindeutig und objektiv genug. Hierauf hat auch die Gesetzesänderung keine Auswirkungen.

Nachfolgend wird untersucht, wie sich der Verzicht auf das Erfordernis der grafischen Darstellbarkeit auf die Wiedergabe der sonstigen Markenformen auswirkt. Hierfür wird jede Markenform gesondert betrachtet.

b) Die Geruchsmarke

Es ist zwar anerkannt, dass Gerüche grundsätzlich Marken sein können, doch konnten sie unter der Voraussetzung der grafischen Darstellbarkeit mangels einer adäquaten Darstellungsmethode nicht als Registermarke in das Markenregister eingetragen werden.[867] Mit Wegfall des Erfordernisses der grafischen Darstellbarkeit und Einführung flexiblerer Kriterien stellt sich nunmehr die Frage, ob die Eintragung von Gerüchen nach neuem Recht möglich ist. Voraussetzung hierfür ist, dass der Geruch durch seine Darstellung für die Behörden und den Verkehr i.S.v. § 8 Abs. 1 MarkenG n.F. klar und eindeutig bestimmbar ist. Mit der Einführung flexiblerer Kriterien kommt als adäquate Darstellungsmethode neben der grafischen auch eine elektronische Darstellung in Betracht. Auf die meisten Markenformen hat das positive Auswirkungen. Klänge oder Bewegungsabfolgen lassen sich z.B. nunmehr durch das Abspielen einer Audio- bzw. Videodatei unmittelbar wiedergeben, sodass ihr Schutzgegenstand unproblematisch identifiziert werden kann. In Bezug auf Geruchsmarken fällt die Bewertung – zumindest nach derzeitigem Stand der Technik – anders aus. Gerüche lassen sich nicht durch das Abspielen von Audio- oder Videodateien wiedergeben. Dies ist ihrer Natur geschuldet. Auch eine andere Form der elektronischen Darstellung kommt nach derzeitigem Forschungsstand nicht in Betracht. Die Erweiterung adäquater Darstellungsmethoden ist für die Darstellung von Geruchsmarken deshalb für den Moment ohne Bedeutung.

Wie in dem Abschnitt zur Geruchsmarke unter der Voraussetzung der grafischen Darstellbarkeit erörtert, kommt auch keine grafische Darstellung ihres Schutzgegenstandes in Betracht. Die dort getroffenen Aussagen gelten auch unter dem neuen § 8 Abs. 1 MarkenG entsprechend fort, sodass an dieser Stelle auf sie verwiesen wird.[868] Im Rahmen dessen wurde auch die Beschreibung des Schutzgegenstandes als adäquate Darstellungsmethode untersucht. Wie die Untersuchung gezeigt hat, ist eine Beschreibung jedoch weder klar noch eindeutig genug, um den Schutzgegenstand entsprechend den rechtlichen Vorgaben darzustellen. Bestätigt hat dies der EuGH in seiner *Sieckmann*-Entscheidung.[869] Darüber hinaus fehlt es ihr regelmäßig an der erforderlichen Objektivität. Dies führt dazu, dass auch nicht die Voraussetzungen von § 12 a Abs. 1 S. 2 i.V.m. § 6 a Abs. 2 S. 1 MarkenV erfüllt sind, wonach „sonstige Marken" durch eine Beschreibung dargestellt werden können.

867 Siehe hierzu Kapitel 4 F II 4 e) aa).
868 Siehe hierzu Kapitel 4 F II 4 e) aa).
869 EuGH GRUR 2003, 145, 149 – Sieckmann.

Im Ergebnis ist deshalb festzuhalten, dass die Rechtsänderungen für Geruchsmarken keine spürbaren Veränderungen mit sich brachten. Auch nach Wegfall des Erfordernisses der grafischen Darstellbarkeit gibt es nach derzeitigem Stand der Technik keine adäquate Methode, die ihre klare und eindeutige Zeichendarstellung gewährleistet. Trotzdem ist die Abkehr von dem Erfordernis der grafischen Darstellbarkeit begrüßenswert, da ansonsten mangels ihrer grafischen Darstellung keine Chance bestanden hätte, Geruchsmarken jemals registerrechtlich schützen zu lassen. Selbst, wenn es nach derzeitigem Stand der Technik (noch) nicht möglich ist, ihren Schutzgegenstand in rechtskonformer Weise darzustellen, bedeutet dies nicht, dass dieser Fall niemals eintreten wird. Bereits jetzt wird in der Forschung daran gearbeitet, einen Geruch mithilfe modernerer Technologien zu reproduzieren.[870] Es bleibt daher abzuwarten, wie die Entwicklung voranschreitet.

c) Die Geschmacksmarke

Die obigen Ausführungen zur Geruchsmarke gelten auch für die Darstellung von Geschmacksmarken. Der Verzicht auf das (zwingende) Erfordernis der grafische Darstellbarkeit und die Einführung flexiblerer Kriterien haben nicht dazu geführt, dass sich ein Geschmack so darstellen lässt, dass er für die Behörden klar und eindeutig bestimmbar ist. Er lässt sich weder grafisch noch elektronisch i.S.v. § 8 Abs. 1 MarkenG n.F. wiedergeben, da nach derzeitigem Stand der Technik seine elektronische Darstellung nicht möglich ist. Auch hier liegt dies an seiner Natur. Hinsichtlich seiner grafischen Darstellbarkeit ist auf den Abschnitt zu verweisen, in welchem die Geschmacksmarke unter der Voraussetzung der grafischen Darstellbarkeit erörtert wurde.[871] Die dort getroffenen Aussagen gelten auch unter dem neuen § 8 Abs. 1 MarkenG n.F. entsprechend fort. Im Rahmen dessen wurde auch für Geschmacksmarken untersucht, ob ihre Beschreibung adäquate Darstellungsmethode sein kann. Dies ist mangels Klarheit, Eindeutigkeit und Objektivität der Beschreibung auch hier zu verneinen. Aus diesem Grund sind auch nicht die Voraussetzungen von § 12 a Abs. 1 S. 2 i.V.m. § 6 a Abs. 2 S. 1 MarkenV n.F. erfüllt, nach der sich „sonstige Marken" in Textform darstellen lassen.

Im Ergebnis ist deshalb festzuhalten, dass die Rechtsrevision auch für Geschmacksmarken keine spürbaren Veränderungen mit sich brachten. Es ist nach derzeitigem Stand der Technik weiterhin nicht möglich, Geschmacksmarken

870 Siehe hierzu Kapitel 4 F II 4 e) aa) (1) (e).
871 Siehe hierzu Kapitel 4 F II 4 f) aa).

i.S.v. § 8 Abs. 1 MarkenG n.F. darzustellen. Außerdem erscheint für Geschmacksmarken die Entwicklung einer Technologie, mit deren Hilfe ein Geschmack reproduziert und gleichzeitig in das Register eingebunden werden kann, noch fragwürdiger, als es bei Geruchsmarken der Fall ist. Erste Ansätze in diese Richtung aus der Praxis sind nicht bekannt. Daher ist auch nicht damit zu rechnen, dass sich Geschmacksmarken in mittelfristiger Zukunft i.S.v. § 8 Abs. 1 MarkenG n.F. grafisch darstellen lassen. Dennoch ist nicht von der Hand zu weisen, dass erst die Einführung der flexibleren Kriterien eine solchen Denkansatz erlaubt, sodass der Verzicht auf das (zwingende) Erfordernis der grafische Darstellbarkeit auch hier begrüßenswert ist. Andernfalls würde mangels ihrer grafischen Darstellung nicht einmal eine theoretische Möglichkeit bestehen, Geschmacksmarken registerrechtlich zu schützen.

d) Die Tastmarke

Die obigen Ausführungen zur Geruchs- und Geschmacksmarke gelten auch für die Darstellung von Tastmarken. Sie lassen sich weder grafisch noch elektronisch i.S.v. § 8 Abs. 1 MarkenG n.F. darstellen. Dies gilt zumindest für alle Tastmarken, die nicht aus Brailleschrift bestehen. Ihre grafische Darstellung ist möglich. Nach der hier vertretenen Auffassung ist die Eintragung eines Zeichens in Blindenschrift jedoch nicht erforderlich, da ihre Eintragung als klassische (Wort-)Marke für die Erlangung eines Ausschließlichkeitsrechts an einem Zeichen genügt.[872] Darstellungen der übrigen Tastmarken fehlt es hingegen regelmäßig an der erforderlichen Klarheit und Eindeutigkeit. Es gibt weder eine grafische Darstellungsmethode, noch ist – nach derzeitigem Stand der Technik – eine elektronische bekannt, die den geschützten Tasteindruck so darstellt, dass er klar und eindeutig genug wiedergegeben wird. Nach derzeitigem Stand der Technik käme allenfalls die elektronische dreidimensionale (vergrößerte) Darstellung der Oberflächenstruktur des den Tasteindruck auslösenden Gegenstandes in Betracht. Eine solche Darstellung genügt jedoch nicht den gesetzlichen Anforderungen, da sich der Tasteindruck hierdurch nicht klar und eindeutig bestimmen lässt.[873] Vergleichbar ist diese Darstellungsmethode mit der fotografischen Abbildung der Oberflächenstruktur des den Tasteindruck auslösenden Gegenstandes. Auf die Ausführungen zur fotografischen Abbildung der Oberflächenstruktur ist hier

---

872 Siehe hierzu Kapitel 4 F II 4 g) aa) (2) (b).

873 *Miosga* lässt offen, ob diese dreidimensionalen Modelle der Oberfläche imstande sind, den sensorischen Eindruck in der erforderlichen Klarheit zu vermitteln, *Miosga* in: Ströbele/Hacker/Thiering/*Miosga*, § 3 Rn. 82.

zu verweisen, da sie auch für die elektronische dreidimensionale Darstellung gelten.[874] Weder die fotografische noch die elektronische (vergrößerte) Darstellung der Oberflächenstruktur versetzt den Verkehr in die Lage, das empfundene Gefühl bei Berührung tatsächlich nachzuempfinden. Die subjektive Vorstellung, wie die Gefühlsempfindung zu sein hat, wenn man die dargestellte Oberflächenstruktur tatsächlich berühren würde, entzieht sich jeglicher Objektivität und genügt somit nicht den rechtlichen Vorgaben. Darüber hinaus ist auch auf die übrigen Ausführungen zur Tastmarke unter der Voraussetzung der grafischen Darstellbarkeit zu verweisen.[875] Die dort getroffenen Aussagen gelten auch unter dem neuen § 8 Abs. 1 MarkenG n.F. entsprechend fort. Dies hat zur Folge, dass auch nach neuem Recht keine grafische Darstellungsmethode den rechtlichen Vorgaben genügt. Im Rahmen dessen wurde auch untersucht, ob die Beschreibung des Tasteindrucks eine adäquate Darstellungsmethode ist. Wie bei den übrigen „sonstigen Marken" ist dies mangels Klarheit, Eindeutigkeit und Objektivität der Beschreibung zu verneinen. Somit liegen auch hier nicht die Voraussetzungen von § 12 a Abs. 1 S. 2 i.V.m. § 6 a Abs. 2 S. 1 MarkenV n.F. vor, nach der „sonstige Marken" durch eine Beschreibung dargestellt werden können.

Wie bereits erwähnt, kann ein Tasteindruck derzeit nicht durch digitale Hilfsmittel so dargestellt werden, dass die rechtlichen Vorgaben gewahrt werden. In der Forschung wird jedoch daran gearbeitet, virtuell erlebte Tasteindrücke mittels eines sog. Haptik-Handschuhs auch tatsächlich zu spürbar zu machen.[876] Sobald der Träger des Handschuhes einen virtuellen Gegenstand „berührt", leitet dieser über Sensoren die Signale weiter, sodass der Träger des Handschuhs glaubt, den Gegenstand tatsächlich zu berühren. Hierfür wird zunächst die tatsächliche Bewegung der Finger bzw. Rotation der Hände in die virtuelle Welt übertragen.[877] Haptik-Handschuhe werden vorrangig für die *Gaming Industrie*

---

874 Siehe hierzu Kapitel 4 F II 4 g) aa) (2) (a).

875 Siehe Kapitel 4 F II 4 g) aa).

876 So z.B. der Haptik-Handschuh „DextrES" von Forschern der ETH Zürich, siehe *Hinchet/Vechev/Shea/Hilliges*, DextrES, https://ait.ethz.ch/projects/2018/dextres/downloads/dextrES.pdf, zuletzt abgerufen am 31.03.2019; der „MaetsroVR" des Virtual-Reality Startups Contact CL, siehe *Bastian*, https://vrodo.de/mit-diesem-handschuh-wird-die-virtual-reality-fuehlbar, zuletzt abgerufen am 31.03.2019 oder der „Gloveone" des Startups Neurodigital Technologies, siehe *Bastian*, https://vrodo.de/haptik-handschuhe-machen-virtuelle-kunstwerke-fuehlbar/, zuletzt abgerufen am 31.03.2019.

877 Hinchet/Vechev/Shea/Hilliges, DextrES, S. 3, https://ait.ethz.ch/projects/2018/dextres/downloads/dextrES.pdf, zuletzt abgerufen am 31.03.2019.

oder für medizinische Schulungszwecke (wie z.B. von Chirurgen) entwickelt.[878] Für die rechtskonforme Darstellung von Tastmarken ist ihr Einsatz eher fragwürdig. Bereits aus technischer Sicht ist äußerst zweifelhaft, ob eine virtuelle haptische Wahrnehmung ohne vorherige Programmierung überhaupt möglich ist. Dies gilt insbesondere, wenn die Anzahl der unterschiedlichen Objekte unbestimmt ist. Darüber hinaus ist fraglich, wie eindeutige und präzise die Wahrnehmung durch einen Haptik-Handschuh ist. Gerade bei der Bestimmung eines Schutzgegenstandes kommt es auf sämtliche Feinheiten an. Nach derzeitigem Technikstand kann man die Form des virtuellen Gegenstandes erkennen, nicht jedoch besondere Feinheiten wie z.B. eine bestimmte Oberflächenstruktur. Darüber hinaus sind solche Handschuhe derzeit (noch) nicht frei verkäuflich. Selbst wenn sich dies ändert, ist ungewiss, ob der Erwerb eines Haptik-Handschuhs in den Grenzen des Zumutbaren liegt oder, ob wegen der in ihm verarbeiteten Technik der Kaufpreis zu hoch ist.

Im Ergebnis ist festzuhalten, dass sich Tastmarken – zumindest nach derzeitigem Stand der Technik – nicht i.S.v. § 8 Abs. 1 MarkenG n.F. darstellen lassen (mit Ausnahme von Tastmarken in Brailleschrift). Dennoch ist auch hier die Abkehr von dem Erfordernis der grafischen Darstellbarkeit begrüßenswert. Ansonsten hätte mangels ihrer grafischen Darstellbarkeit keine Chance bestanden, Tastmarken jemals registerrechtlich schützen zu lassen. Es bleibt daher abzuwarten, wie die technische Entwicklung voranschreitet.

6. *Zusammenfassung*

Mit dem Verzicht auf das Erfordernis der grafischen Darstellbarkeit entfielen die Einschränkungen, die diese Darstellungsweise insbesondere für visuell nicht wahrnehmbare Zeichen bereithielt. Ihre Ersetzung durch flexiblere Kriterien erlaubt nunmehr eine Wiedergabe in jeder geeigneten Form, sofern die gewählten Mittel ausreichend Garantien bieten, die eine klare und eindeutige Bestimmung des Schutzgegenstandes gewährleisten.[879] Diese Flexibilität stellt sicher, dass Zeichen auch weiterhin grafisch dargestellt werden können. Der Rückgriff auf eine grafische Darstellung des Schutzgegenstandes ist jedoch nicht mehr zwingend vorgeschrieben. Eine Marke kann nunmehr auch in elektronischer Form dargestellt werden. Die Erweiterung auf technische Darstellungsmittel war angesichts der elektronischen Registerführung und des technischen

878 *Orizet*, https://www.netzwoche.ch/news/2018-10-16/eth-handschuh-macht-virtuelle-objekte-greifbar; zuletzt abgerufen am 07.12.2018.

879 Vgl. Erwägungsgrund 13 der MarkenRL-2015.

Fortschritts nur eine Frage der Zeit. Ein Festhalten an dem Erfordernis der grafischen Darstellbarkeit wäre zudem auch mit dem registerrechtlichen Bestimmtheitsgrundsatz nur schwer vereinbar gewesen. Grund hierfür ist, dass im Zuge der technischen Weiterentwicklung Darstellungsmethoden geschaffen wurden, die es ermöglichen, insbesondere visuell nicht wahrnehmbare Marken in einer wesentlich klareren und eindeutigeren Form darzustellen als grafisch. Grund hierfür ist, dass ihre Darstellung durch elektronische Hilfsmittel unmittelbar erfolgen kann und somit jeglicher Raum für Interpretationen oder Zweifel bzgl. des Schutzgegenstandes ausgeschlossen wird. Eine unmittelbare Darstellung gibt den Schutzgegenstand stets klar, eindeutig, in sich abgeschlossen, verständlich und objektiv wieder.

Insbesondere auf die Darstellung von Klang- und Bewegungsmarken hat die Einführung von flexibleren Kriterien positive Auswirkungen. Ihr Schutzgegenstand kann nunmehr unmittelbar durch Audio- oder Videodateien erfasst werden. Die Anerkennung von Audiodateien als adäquatem Darstellungsmittel führt zudem dazu, dass auch Geräusche wieder als Klangmarken eingetragen werden können. Den Wirtschaftsteilnehmern wurde diese Möglichkeit mit Inkrafttreten der fünften Verordnung zur Änderung der Markenverordnung vom 01.09.2003 – nach der hier vertretenen Ansicht zu Unrecht – genommen. Die Verordnung führte dazu, dass Sonagrammdarstellungen nicht mehr akzeptiert wurden. Nicht unerwähnt darf im Zusammenhang mit den positiven Auswirkungen des Wegfalls der grafischen Darstellbarkeit die Multimediamarke bleiben. Mit ihrer Einführung wurde das Markenportfolio erweitert und knüpft an die technische Weiterentwicklung der vergangenen Jahre an. Ihre Darstellung erfolgt ebenfalls unmittelbar durch eine audiovisuelle Datei.

Im Hinblick auf die Zulässigkeit von Videodateien wäre allenfalls die Einführung einer zeitlichen Begrenzung hinsichtlich ihrer Länge wünschenswert gewesen. Eine solche würde sicherstellen, dass nicht allzu lange Audio- oder Videosequenzen markenrechtlich geschützt werden. Damit würde das Risiko verringert werden, dass der Verkehr so dargestellte Marken primär als Werbe- oder Imagefilm und somit nicht (mehr) als Marke wahrnimmt.

Keine Auswirkungen hat die Gesetzesänderung hingegen auf die Darstellung von Geruchs-, Geschmacks- und Tastmarken. Ihre Eintragung wird auch in naher Zukunft an den Voraussetzungen des § 8 Abs. 1 MarkenG n.F. scheitern. Auch nach Einführung flexiblerer Kriterien und insbesondere der Anerkennung elektronischer Darstellungsmethoden lässt sich ihr Schutzgegenstand auf diese Weise nicht so darstellen, dass er klar und eindeutig bestimmbar ist. Gleichwohl ist auch hier die Abkehr von einer ausschließlich grafischen Darstellung begrüßenswert. Bereits jetzt zeichnet sich ab, dass in der Forschung daran gearbeitet wird, diese Sinneswahrnehmungen mithilfe von moderner Technologie zu reproduzieren. Auch wenn nach derzeitigem Forschungsstand noch keine Methode eine adäquate Darstellung i.S.v. § 8 Abs. 1 MarkenG n.F. zulässt, bedeutet dies nicht, dass dieser Zeitpunkt nie kommen wird. Mit der Neuregelung wurde zumindest der Grundstein dafür gelegt, dass auch diese Markenformen zur Eintragung gelangen können.

E. Konsequenzen für die Praxis

Untersucht man die Auswirkungen des Wegfalls des Erfordernisses der grafischen Darstellbarkeit in Bezug auf die Darstellung der einzelnen Markenformen, ist die Gesetzesänderung im Ergebnis positiv. Weiterhin ungeklärt ist, was für Konsequenzen die veränderten Bedingungen auf die Praxis haben. Im Mittelpunkt der nachfolgenden Untersuchung stehen somit die praxisbezogenen Auswirkungen.

I. Mehr Markenanmeldung dank der Einführung flexiblerer Kriterien?

Die wohl nächstliegende Frage, die sich im Zusammenhang mit dem Wegfall der grafischen Darstellbarkeit stellt, ist, ob damit die Zahl der Markenanmeldung spürbar angestiegen ist. Bei der Erörterung dieser Fragestellung ist ein besonderes Augenmerk auf die visuell nicht wahrnehmbaren Markenformen zu legen, die sich zuvor nur mittelbar grafisch darstellen ließen. Zu berücksichtigen ist jedoch, dass sich von den visuell nicht wahrnehmbaren Markenformen nach dem derzeitigen Forschungsstand ausschließlich Klangmarken unmittelbar durch eine Hördatei wiedergeben lassen. Für Geruchs-, Geschmacks- oder Tastmarken ist die Einführung flexiblerer Kriterien und damit einhergehend die Anerkennung elektronischer Darstellungsmittel zurzeit noch ohne Bedeutung, da es aktuell an adäquaten Darstellungsmethoden für ihre Wiedergabe mangelt.[880] Darüber hinaus stellt sich die in der Überschrift aufgeworfene Frage auch für Bewegungs-, Hologramm- und Positionsmarken, da ihr Schutzgegenstand, wie dargestellt, nunmehr ebenfalls in elektronischer Form wiedergegeben werden kann. Nicht zuletzt ist zu erörtern, ob auch die Multimediamarke als neue Markenform bereits ihren Weg ins Markenregister gefunden hat.

---

880 Siehe hierzu Kapitel 6 D III 5 b), c) und d).

Der für die Untersuchung relevante Zeitraum liegt zwischen dem 14. Januar 2019[881] und dem 21. September 2019[882]. Berücksichtigt werden ausschließlich deutsche Marken.

Im Zusammenhang mit Klangmarken ist nicht von der Hand zu weisen, dass die Einführung flexiblerer Kriterien positive Auswirkung auf ihre Darstellung hat. Durch das Einreichen einer Hördatei lässt sich ihr Schutzgegenstand nunmehr unmittelbar darstellen, sodass er ohne Interpretationsaufwand identifiziert werden kann. Darüber hinaus ist auch die Darstellung von Geräuschen unproblematisch durch das Einreichen einer MP3-Datei möglich. Dennoch wurden seit Inkrafttreten des neuen MarkenG nur zehn deutsche Hörmarken angemeldet bzw. eingetragen,[883] davon wurde bei drei der zehn Klangmarken der Schutzgegenstand durch eine Notenschrift und somit grafisch dargestellt.[884] Dennoch wurde in dem betrachteten Zeitraum nach Inkrafttreten der neuen Bedingungen auch von der neuen Regelung Gebrauch gemacht. Neben der elektronischen Darstellung von Tonfolgen haben nunmehr auch die ersten Geräusche und gesprochene Werbeslogans als Klangmarke ihren Weg ins Register gefunden. So hat das deutsche Unternehmen für Sekt, Wein und Spirituosen *Henkell & Co. Sektkellerei KG* ein natürliches Geräusch bzw. eine natürliche Geräuschfolge als Klangmarke für Waren der Klassen 32 und 33 schützen lassen.[885] Es handelt sich hierbei um das „plob“-Geräusch, das beim Öffnen einer Sektflasche zu hören ist, gefolgt von dem Geräusch, das zu hören ist, wenn Sekt in Sektgläser eingeschenkt wird sowie dem Geräusch, das ertönt, wenn mit zwei Gläsern angestoßen wird. Ein synthetisches Geräusch hat sich hingegen die *Volkswagen Aktiengesellschaft* für Waren und Dienstleistungen der Klassen 2, 38, 35 und 39 schützen lassen.[886] Als Beispiel eines bekannten deutschen Unternehmens, das sich eine gesprochene Wortfolge als Klangmarke für Waren und Dienstleistungen der Klassen 16, 35 und 41 hat schützen lassen, ist die *Zwilling J.A. Henckels AG* zu nennen.[887] Geprägt wird die Marke durch die Wortfolge „Talenteschmiede Zwilling. – Schärfe Deine Sinne, schmiede Deine Zukunft“, wobei der Anfang „Talenteschmiede Zwilling“ von einer männlichen Stimme gesprochen wird und

881 Inkrafttreten des neuen MarkenG.

882 Datum des Tages, an dem sich die Verfasserin mit diesem Abschnitt beschäftigte.

883 Polymark-Recherche: Stand 21.09.2019.

884 Siehe DE 3020190004217; DE 302019104818; DE 302019012515.

885 DE 302019009449.

886 DE 302019020962.

887 DE 302019216921.

der Rest von einer weiblichen. Hinzu kommt, dass die Marke zwei natürliche Geräusche umfasst. So ist das Geräusch des Messerschärfens nach dem gesprochenen Teil „Schärfe Deine Sinne“ und das metallische Hämmern auf einen Amboss nach dem Teil „Schmiede Deine Zukunft“ zu hören. Auch wenn mit zehn Neuanmeldungen die Anzahl an neuen Klangmarken seit Rechtsänderung überschaubar ist, zeigen die obigen Ausführungen, dass die Wirtschaftsteilnehmer von den neuen Möglichkeiten Gebrauch machen, sodass davon auszugehen ist, dass zukünftig mehr solcher Klangmarken ihren Weg ins Register finden werden. Ein überwältigend großes Interesse an ihnen ist seit Rechtsänderung jedoch ausgeblieben.

Dies gilt auch für die Multimediamarke. Ihrer Natur ist es geschuldet, dass sie sich ausschließlich in elektronischer Form darstellen lässt, sodass die Rechtsänderung für ihre rechtskonforme Zeichenwiedergabe erforderlich war. Dennoch wurden seit dem 14. Januar 2019 nur drei Multimediamarken angemeldet, von denen derzeit nur eine in das Register eingetragen wurde. Hierbei handelt es sich um einen animierten und mit Ton hinterlegten Schriftzug der *B. Braun Melsungen AG* für Waren und Dienstleistungen der Klassen 3, 5, 9, 10, 11, 41 und 44.[888] Folglich ist auch das Interesse an Multimediamarken überschaubar.

Mit insgesamt 49 Neuanmeldungen und Eintragungen wurden weitaus mehr dreidimensionale Marken im relevanten Zeitraum angemeldet/eingetragen. Jedoch ist auch hier zu berücksichtigen, dass ihre überwiegende Anzahl grafisch dargestellt wird. Lediglich bei fünf Markenanmeldungen ist nicht ersichtlich, in welcher Form der Schutzgegenstand dargestellt wurde, da das Register weder eine grafische noch eine elektronische Wiedergabe enthält.[889] Auch die in dem oben genannten Zeitraum angemeldeten/eingetragenen Positionsmarken werden allesamt durch grafische Abbildungen dargestellt. Dies gilt ebenfalls für die einzige seither angemeldete Bewegungsmarke. Hologrammmarken wurden im relevanten Zeitraum nicht angemeldet. Es ist somit evident, dass der Verkehr hier eher auf das Altbewährte vertraut. Es kann daher nicht davon gesprochen werden, dass der Verzicht auf die grafische Darstellbarkeit und die Einführung flexiblerer Kriterien in der Praxis zu einer Zunahme solcher Markenanmeldungen geführt hat, da der Verkehr an der Markendarstellung durch grafische Mittel festhält.

---

888 DE 3020190117332.

889 Siehe DE 3020191051939; DE 3020192281946; DE 3020192207738; DE 3020190047964; DE 3020190090159, Stand: 21.09.19.

In der Gesamtschau ist somit festzuhalten, dass mit dem Verzicht auf die grafische Darstellbarkeit die Zunahme der Markenanmeldungen im betrachteten Zeitraum nicht spürbar angestiegen ist. Diese Feststellung darf jedoch keinesfalls negativ gewertet werden, da sie nur eine Momentaufnahme widerspiegelt. Es bleibt abzuwarten, wie sich das Anmeldeverhalten zukünftig entwickeln wird. Bereits jetzt ist jedoch festzuhalten, dass die Einführungen flexibler Kriterien und die Abkehr von der grafischen Darstellbarkeit dem Zeitgeist entsprechen und der stetig fortschreitenden technologischen Entwicklung Rechnung tragen.

II. Die neue Markenurkunde

Jeder Markeninhaber erhält über die Eintragung seiner Marke in das Markenregister eine Urkunde, vgl. § 26 S. 1 MarkenV i.V.m. § 25 DPMAV. In jeder Urkunde werden der Name des Markeninhabers, die Registernummer sowie der Tag der Anmeldung und Eintragung angegeben. Unter der Voraussetzung der grafischen Darstellbarkeit wurde darüber hinaus in zentraler Position das geschützte Zeichen abgebildet. Da unter der Voraussetzung der grafischen Darstellbarkeit jede Marke grafisch dargestellt werden musste, bereitete die Zeichendarstellung in der Urkunde keine Probleme. Es wurde stets die für die Anmeldung eingereichte grafische Darstellung der Marke in der Urkunde übernommen. Mit Wegfall des Erfordernisses der grafischen Darstellbarkeit und der damit einhergehenden Zulässigkeit neuer, insbesondere technischer Darstellungsmittel müssen auch die Anforderungen an die Zeichendarstellung in der Urkunde angepasst werden, wie auch nachfolgendes Beispiel verdeutlicht:

Seit der Neuregelung des § 8 Abs. 1 MarkenG n.F. können Geräusche (wieder) als Klangmarken eingetragen werden. Es besteht jedoch keine Möglichkeit geräuschhafte Klangmarken im Sinne der rechtlichen Vorgaben grafisch darzustellen, da das DPMA im Einklang mit der Rechtsprechung davon ausgeht, dass die Sonagrammdarstellung nicht die rechtlichen Vorgaben erfüllt und keine andere grafische Darstellungsmethode in Betracht kommt.[890] Geräusche lassen sich somit in der Urkunde nicht grafisch darstellen. Selbst wenn es möglich ist, Marken sowohl grafisch als auch durch elektronische Mittel darzustellen, wäre es nicht mit dem Zweck der Urkunde vereinbar, eine durch technische Darstellungsmittel dargestellte Marke (etwa durch Video- oder Tondatei) in der

890 Was nach der hier vertretenen Ansicht eine unzulässige Beschränkung des Markenrechts darstellt, siehe hierzu Kapitel 4 F II 3 a) bb) (2) (b). An der Unzulässigkeit der Sonagrammdarstellung wird dennoch auch zukünftig festgehalten, siehe hierzu Kapitel 6 D III 3.

Urkunde in grafischer Form abzubilden. Denkbar ist dies beispielsweise bei Klangmarken, die aus einer Tonfolge bestehen. Der Anmelder könnte neben der entsprechenden Tondatei auch eine vollständige Notenschrift der Tonfolge einreichen, die ausschließlich für die Darstellung in der Urkunde verwendet werden würde. Zu berücksichtigen ist jedoch, dass die Markenurkunde eine öffentliche Urkunde i.S.d. § 417 ZPO ist, die die Eintragung der Marke in ein amtliches Register bestätigt.[891] Angesichts dieser Beweiswirkung muss sie das eingetragene Markenrecht vollständig wiedergeben, d.h., die Urkunde muss die Marke in ihrer angemeldeten und eingetragenen Form abbilden.[892] Dies ist jedoch nicht der Fall, wenn die durch technische Darstellungsmittel angemeldete und eingetragene Marke in der Urkunde in grafischer Form abgebildet wird. In einem solchen Fall besteht die Gefahr einer unzureichenden Darstellung.

Die vorgenannte Problematik hat auch der deutsche Gesetzgeber erkannt. § 26 MarkenV enthält seit der Umsetzung der MarkenRL-2015 in nationales Recht einen neuen S. 2. Dieser besagt, dass bei nicht grafischen Markendarstellungen ihre Darstellung durch einen Verweis auf das Markenregister ersetzt wird. Auf die Praxis wirkt sich S. 2 so aus, dass Urkunden von Marken, die nicht grafisch dargestellt werden, einen QR-Code enthalten.[893] Fotografiert man den QR-Code mit dem Handy ab, erhält man einen unmittelbaren Zugang zur entsprechenden Darstellung der Marke im elektronischen Markenregister. Voraussetzung hierfür ist, dass der Code mit einer Scanner-App abfotografiert wird. Andernfalls lässt sich der QR-Code nicht auslesen. Scanner-Apps können in großer Auswahl in Apps-Stores kostenfrei heruntergeladen werden. Dies kann dem Verkehr zugemutet werden, sodass der Einsatz eines QR-Codes ein adäquates Mittel ist, um als Verweis i.S.v. § 26 S. 2 MarkenV zu dienen. Vorteil eines QR-Codes ist, dass mit seinem Abfotografieren eine unmittelbare Weiterleitung in das elektronische Markenregister erfolgt. Der etwa durch Audio- oder Videodatei dargestellte Schutzgegenstand kann somit unmittelbar wahrgenommen werden.

Aus den vorgenannten Gründen bestehen daher hinsichtlich dieser Neugestaltung der Urkunde keine Bedenken. Bei grafisch dargestellten Marken wird auch weiterhin ihre grafische Darstellung in der Urkunde abgebildet.

891 BPatG, Beschl. v. 26.05.2004, Az.: 29 W (pat) 89/04.

892 Vgl. BPatG, Beschl. v. 26.05.2004, Az.: 29 W (pat) 89/04.

893 Siehe hierzu Pressemitteilung der DPMA-Präsidentin v. 11.01.2019, https://www.dpma.de/service/presse/pressemitteilungen/20190111.html, zuletzt abgerufen am 31.03.2019.

III. Die Recherchierbarkeit von Marken nach Wegfall des Erfordernisses der grafischen Darstellbarkeit

Wie bereits im fünften Kapitel kurz angesprochen, sind Markenrecherchen unerlässliche Handlungen, die sowohl vor der Zeichenanmeldung als auch nach ihrer Eintragung von Markeninhabern regelmäßig durchgeführt werden sollten. Eine umfassende Markenrecherche in der dem Eintragungsverfahren vorgeschalteten Phase der Markenwahl hilft dem potenziellen Markenanmelder, die Chancen des vorgesehenen Zeichens zu evaluieren und einzuschätzen.[894] Unabhängig von den eigenen Interessen, die sich darin kundtun, darüber informiert zu sein, ob die potenzielle Marke vor dem Recht Bestand hat, insbesondere, ob sie mit älteren Zeichen verwechselbar ist,[895] ist das Einholen solcher Erkundigungen zudem bis zu einem gewissen Grad als eine eigenständige Obliegenheit ausgestaltet. Dem Markenanmelder obliegt es, eine Markenrecherche über den Rechtsbestand an Marken aufzustellen.[896] Nach ständiger Rechtsprechung besteht die Verpflichtung, sich vor Benutzungsaufnahme einer Marke sorgfältig zu vergewissern, dass die Benutzung der Marke nicht in den geschützten Rechtskreis fremder Kennzeichen eindringt.[897] Unterlässt der Markenanmelder das Einholen solcher Erkundigungen, handelt er zumindest fahrlässig.[898] Dies kann das Auslösen einer Schadensersatzpflicht zur Folge haben.[899] Darüber hinaus sollten auch Markeninhaber bereits eingetragener Marken regelmäßig Recherchen durchführen. Dies ist zunächst aus Eigeninteresse erforderlich. Bei Kenntniserlangung identischer oder ähnlicher Marken kann sich der Inhaber der älteren Marke verteidigen, indem er gegen die Anmeldung rechtliche Maßnahmen ergreift. Hier kommt vor allem die Erhebung des Widerspruchs gem. § 42 MarkenG in Betracht. Ist die verletzende Marke bereits eingetragen, kann gem. § 53 MarkenG zur Löschung aufgefordert werden. Ferner wird in der Literatur die Ansicht vertreten, dass für Markeninhaber eine Rechtspflicht dahin gehend besteht, innerhalb von 14 Tagen ab Veröffentlichung der Neuanmeldung von der Marke Kenntnis zu erhalten, um die erforderliche Sorgfalt einzuhalten.[900]

---

894 *Marbach*, GRUR Int. 1984, 672, 673.

895 *Marbach*, GRUR Int. 1984, 672, 673.

896 *Fezer*, § 14 Rn. 1019.

897 *Fezer*, § 14 Rn. 1019; mit Verweis auf BGH GRUR 1957, 222 – Sultan; GRUR, 1960, 186, 188 – Arctos; GRUR 1961, 535, 538 – arko; GRUR 1971, 251, 253 – Oldtimer.

898 *Fezer*, § 14 Rn. 1019; mit Verweis auf BGH GRUR 1970, 87, 89 – Muschi-Blix.

899 *Marbach*, GRUR Int. 1984, 672, 673.

900 *Fezer*, § 14 Rn. 1019; mit Verweis auf BGH GRUR 2007, 877, 878 – Windsor Estate.

Hauptzwecke der Recherche sind somit (1.) Informationen über den Rechtsbestand an Marken zu erhalten und (2.) in Kenntnis über Neuanmeldungen zu sein, die das ältere Recht eines Dritten verletzen könnten. Bereits aus diesen Zwecken lässt sich ableiten, dass der Wert einer Recherche von ihrer Vollständigkeit abhängig ist.[901] In diesem Zusammenhang ist außerdem zu berücksichtigen, dass sich eine umfassende Recherche nicht ausschließlich auf das Markenregister beschränken sollte. Sie ist auch auf (ältere) Benutzungsmarken, geschäftliche Bezeichnungen oder sonstige Rechte zu erweitern, um ein vollständiges Bild zu erhalten.[902] Für diese Arbeit ist jedoch ausschließlich die Registerrecherche von Interesse, da die Erweiterung der Darstellungsmöglichkeiten ausschließlich für sie Folgen hat.

Seit dem Wegfall des Erfordernisses der grafischen Darstellbarkeit ist fraglich, ob eine Registerrecherche auch weiterhin mit der gebotenen Sorgfalt durchgeführt werden kann. Auch der *deutsche Bundesverband für Patentanwälte* sowie der *Deutsche Industrie- und Handelskammertag e.V.* haben die Schwierigkeiten erkannt und in ihren Stellungnahmen zum Gesetzesentwurf des MaMoG vom 17. März 2017[903] und vom 23. Februar 2017[904] ausdrücklich darauf hingewiesen, dass durch die Einführung weiterer Darstellungsmöglichkeiten wie Audio- bzw. Videodateien die Recherchierbarkeit so dargestellter Marken erschwert wird. Die Schwierigkeit besteht darin, dass die Recherchefunktion des elektronischen Markenregisters auf eine fixierte und somit grafische Darstellung von Marken ausgelegt ist, was gegenüber dem Schutzgegenstand elektronisch dargestellter Marken einen Nachteil darstellt. Insbesondere kann er nicht auf einen Blick vollumfänglich erfasst werden, wie es bei einer grafischen Darstellung der Fall ist, da es sich i.d.R. um Ton- oder Bewegungsabfolgen handelt. Dies bereitet sowohl

901 So auch *Marbach*, GRUR Int. 1984, 672, 674.

902 Hierfür eignet sich eine Suche in u.a. Internet-Suchmaschinen, Handelsregistern oder Titelschutzanzeichen,
vgl. DPMA, Markenrecherchen, https://www.dpma.de/marken/markenrecherche/index.html, zuletzt abgerufen am 14.02.2019.

903 Bundesverband deutscher Patentanwälte, Stellungnahme zu dem Gesetzesentwurf des MaMoG v. 17.03.2017, https://www.bundesverband-patentanwaelte.de/positionen/stellungnahme-zu-dem-gesetzentwurf-zur-markenrechtsmodernisierung-mamog/, zuletzt abgerufen am 15.02.2019.

904 Deutscher Industrie und Handelskammertag e.V., Stellungnahme des DIHK zum MaMoG v. 23.02.2017, https://www.bmjv.de/SharedDocs/Gesetzgebungsverfahren/Stellungnahmen/2017/Downloads/02242017_Stellungnahme_DIHK_RefE_MaMoG.pdf?__blob=publicationFile&v=2, zuletzt abgerufen am 15.02. 2019.

Schwierigkeiten bei der Begriffsauswahl für die Suchmaske der Registerdatenbank als auch bei der Markendarstellung in der Ergebnisliste selbst.

1. *Die Eingabe von Suchbegriffen in die Suchmaske des elektronischen Registers und ihre Problematik*

In Bezug auf die Eingabe von Suchbegriffen in die Suchmaske des elektronischen Markenregisters ist zunächst festzuhalten, dass die Problematik nicht erst mit der Erweiterung der Darstellungsmöglichkeiten aufgetreten ist. Vielmehr bereitete die Auswahl der Suchbegriffe bereits früher bei der Suche nach Markenformen Schwierigkeiten, die sich nur mittelbar grafisch darstellen ließen. Was musste z.B. ein Recherchierender in die Suchfunktion eingeben, um auf Hörmarken (nunmehr Klangmarken) mit einem bestimmten Schutzgegenstand aufmerksam zu werden? Oder durch welche Eingabe konnte man überprüfen, ob eine bestimmte Bewegungsabfolge markenrechtlichen Schutz genoss? Ein ähnliches Problem stellte sich auch hinsichtlich der Recherchierbarkeit von reinen Bildmarken bzw. Marken mit Bildbestandteilen. Um ihre Recherchierbarkeit zu erleichtern, wenden kommt die sog. *Wiener Klassifikation* zur Anwendung.[905] Die *Wiener Klassifikation* geht auf das Abkommen über die Errichtung einer internationalen Klassifikation der Bildbestandteile von Marken zurück, welches am 9. August 1985 in Kraft getreten ist. In der *Wiener Klassifikation* werden bestimmte Bildelemente einer entsprechenden Zahlenangabe zugeordnet. Hierfür werden diese Bildelemente einer bestimmten Gruppe zugeordnet. Die Klassifikation folgt einem hierarchischen Aufbau. Es ist ein System, das vom Allgemeinen ins Spezielle geht.[906] Sucht man z.B. nach Bildmarken bzw. Marken mit Bildbestandteilen, die ein Eichhörnchen zeigen, muss der Recherchierende entsprechend der *Wiener Klassifikation* die Zahlenkombination 3.5.3 in ein eigens hierfür in der Suchmaske vorgesehenes Feld eingeben.[907] Hierbei steht die

905 Aktuell ist die Wiener Klassifikation in 33 Ländern weltweit in Kraft, u.a. in Deutschland, Frankreich, Italien, Dänemark, Großbritannien, Kroatien, Bulgarien, Kuba, Jordanien, Malaysia, in der Türkei und seit dem 16.01.2019 als neustes Mitgliedsland in Albanien;
ausführliche Auflistung der Mitgliedsländer der WIPO abrufbar unter: https://www.wipo.int/treaties/en/ShowResults.jsp?treaty_id=13, zuletzt abgerufen am 14.02.2019.

906 Wiener Klassifikation, Internationale Klassifikation der Bildbestandteile von Marken, 8. Ausgabe gültig ab 01.01.2018, Vorwort S. (v).

907 Zahlenkombination nach der Wiener Klassifikation, Internationale Klassifikation der Bildbestandteile von Marken, 8. Ausgabe gültig ab 01.01.2018.

Zahl 3 allgemein für „Tiere". Die Zahlenfolge 3.5 für die Kategorie der „Tiere der Vierfüßer (Serie V) und Vierhänder" und die Zahlenkombination 3.5.3 speziell für „Eichhörnchen".

Eine ähnliche Suchfunktion wird auch für die Suche nach eingetragenen Designs bzw. europäischen Geschmacksmustern eingesetzt. Die sog. *Locarno-Klassifikation* dient dazu, eingetragene Designs zu ordnen und leichter recherchierbar zu machen.[908] Die *Locarno-Klassifikation* teilt die verschiedenen Produktbereiche bzw. Erzeugnisse in insgesamt 32 Hauptklassen sowie 237 Unterklassen ein[909], sodass ihr Aufbau dem der *Wiener Klassifikation* ähnelt. Wie die *Wiener Klassifikation* für Bildmarken geht auch die *Locarno-Klassifikation* auf ein internationales Abkommen zurück. Das Abkommen von Locarno zur Errichtung einer Internationalen Klassifikation für gewerbliche Muster und Modelle wurde am 8. Oktober 1968 in Locarno unterzeichnet und am 2. Oktober 1979 geändert.

Durch eine nummerische Zuordnung von Bildern/Bildelementen durch die *Wiener Klassifikation* bzw. von Produktbereich/en, Erzeugnis/en durch die *Locarno-Klassifikation* wird eine Suche stark erleichtert und führt zu umfassenden Rechercheergebnissen. Daher könnten diese Klassifikationen als Vorbild dafür dienen, wie zukünftig die Suche nach nicht konventionellen Markenformen, insbesondere die Suche nach elektronisch dargestellten Marken, ausgestaltet sein sollte. Zudem besteht im DPMAregister bei einer Designrecherche die Möglichkeit, nach einer bestimmten Produktbezeichnung wie z.B. „Stuhl" zu suchen. In der Suchmaske ist hierfür ein extra Suchfeld vorgesehen.

Bevor nunmehr der Ansatz vertieft wird, ob ein Klassifizierungssystem auch für die Suche nach nicht konventionellen Marken dienlich sein kann, ist zunächst auf die zweite Problematik einzugehen, die sich in Bezug auf die Recherchierbarkeit von elektronisch dargestellten Marken stellt, um anschließend einen umfassenden Lösungsvorschlag aufzuzeigen.

2. *Die Markendarstellung in der Ergebnisliste und ihre Problematik*

Gelangt der Suchende nach Eingabe eines Suchbegriffes zur Ergebnisliste seiner Recherche, erhält er bereits an dieser Stelle einen vollständigen ersten Eindruck von den gefundenen Marken – zumindest sofern es sich um Markenformen

908 DPMA, https://www.dpma.de/recherche/klassifikationen/designs/index.html, zuletzt abgerufen am 22.09.2019.

909 DPMA, https://www.dpma.de/recherche/klassifikationen/designs/index.html, zuletzt abgerufen am 22.09.2019.

handelt, deren Schutzgegenstände sich grafisch darstellen lassen, da die Markendarstellungen in der Suchergebnisliste mit aufgeführt werden. Der Recherchierende kann somit ohne weitere Zwischenschritte einschätzen, ob die angemeldete und veröffentlichte bzw. eingetragene Marke mit der eigenen verwechselbar ist. Bei Marken, die beispielsweise durch Audio- oder Videodatei dargestellt werden, ist der Schutzgegenstand des angemeldeten bzw. eingetragenen Zeichens nicht unmittelbar erkennbar. Hierfür muss die in das Register eingebundene Datei abgespielt werden. Nur so kann der Schutzgegenstand vollständig erfasst und anschließend evaluiert werden, ob das (potenzielle) Zeichen vor dem Recht Bestand hat.

3. Lösungsvorschlag

Beide dargestellten Anknüpfungspunkte bereiten bei der Markenrecherche nach Marken, die nicht grafisch dargestellt werden, Schwierigkeiten. Zum einen ist fraglich, was der Recherchierende in die Suchmaske eingeben muss, um für seine Recherche ein möglichst geeignetes/vollständiges Rechercheergebnis zu erhalten und zum anderen, wie ein müheloser Vergleich zwischen dem eigenen (potenziellen) Zeichen und denen in der Trefferliste erfolgen kann.

Um die Recherchierbarkeit von Marken zu vereinfachen, deren Schutzgegenstand durch Audio- oder Videodatei dargestellt wird, erscheint es sachgerecht, ein Recherchesystem einzuführen, das in seinen Grundzügen der *Wiener Klassifikation* bzw. der *Locarno-Klassifikation* entspricht. Hierbei geht es weniger um die Einführung von Zahlencodes oder Haupt- und Unterklassen, sondern vielmehr um die Einführung eines zusätzlichen Suchfeldes für die Suche nach *nicht traditionellen Markenformen*, insbesondere solcher, deren Schutzgegenstand durch eine Audio- bzw. Videodatei dargestellt wird. Die Idee dahinter entspricht somit einem speziell hierfür vorgesehenem Suchfeld, wie es in der Suchmaske für eine Design-Recherche vorgesehen ist. Voraussetzung für eine solche Suchfunktion ist, dass der jeweilige Schutzgegenstand in wenigen Worten schlagwortartig beschrieben wird. Nach Schlagworteingabe in das Suchfeld und Start der Recherche erfolgt ein Abgleich mit der Datenbank, um anschließend alle entsprechenden Treffer zu erhalten. So erfolgt bereits zu Beginn des Suchprozesses eine Selektion innerhalb einer entsprechenden Markenform. Dies führt dazu, dass mit Übermittlung der Daten ausschließlich relevante Treffer angezeigt werden, die ebenfalls das Suchschlagwort enthalten. Momentan kann der Recherchierende seine Suche lediglich auf eine bestimmte Markenform eingrenzen. Dies hat jedoch zur Folge, dass ihm alle hierunter eingetragenen Zeichen angezeigt werden, ohne präzisere Selektion. Zu berücksichtigen ist jedoch, dass eine solche Suche ohne zusätzliche Einschränkung (z.B. auf die relevanten Waren- und/oder Dienstleistungsklassen) nur möglich ist, sofern die Gesamttrefferanzahl nicht 1000 Treffer übersteigt. Andernfalls zeigt die Datenbank wegen zu vieler Treffer keine Ergebnisse an. Darüber hinaus besteht die Gefahr, dass Marken einer falschen Kategorie zugeteilt sind. Bei einer Recherche nach angemeldeten/eingetragenen Marken ihrer eigentlichen Markenform werden sie dann nicht angezeigt. Auffällig ist, dass z.B. häufig die neue Multimediamarke nicht als solche, sondern als „sonstige Marke" klassifiziert ist.[910] Dementsprechend würden bei einer Recherche nach Multimediamarken diese nicht angezeigt werden.

Unabhängig von dem vorher Gesagten mag es wegen der überschaubaren Anzahl an angemeldeten und eingetragenen visuell nicht wahrnehmbaren Markenformen noch möglich sein, sich alle Marken einer Markenkategorie anzeigen zu lassen und anschließend im Einzelnen zu evaluieren. Es ist jedoch nicht absehbar, wie sich das Anmeldeverhalten zukünftig entwickeln wird, zumal mit dem Wegfall des Erfordernisses der grafischen Darstellbarkeit Anreize geschaffen wurden, visuell nicht wahrnehmbare Marken anzumelden. Solche Anreize sind z.B. die Einführung der Multimediamarke als neue Markenform oder die Möglichkeit, Geräusche wieder registerrechtlich schützen zu lassen. Auf langfristige Sicht ist es daher sinnvoll, bereits jetzt Instrumentarien zu schaffen, die darauf ausgelegt sind, auch eine größere Anzahl an Treffern vernünftig auswerten zu können. Die Einführung eines Suchsystems mit Suchschlagwörtern erscheint daher sachgerecht. Problematisch bei einem solchen Recherchesystem kann jedoch sein, dass die jeweiligen Markenanmelder für die Beschreibung ihrer Marke bewusst ungenaue oder verschleiernde Begriffe wählen, mit dem Ziel einen möglichst großen Schutzbereich zu erzielen. Um dem entgegenzuwirken ist klarzustellen, dass die schlagwortartige Beschreibung nicht zur grafischen Darstellung der Marke gehört. Die Schlagwörter dienen lediglich Informationszwecken, mit dem Ziel eine möglichst umfassende Recherchierbarkeit von Marken zu gewährleisten. Der rechtlich verbindliche Schutzumfang bestimmt sich allein aus der hinterlegten Form der Marke, z.B. der Audio- oder Videodatei.[911] Eine weitere Alternative, um dem Risiko von ungenauen oder verschleiernden

---

910 So z.B. die Multimediamarken EM 017279704; EM 017411315; EM 017635293. Obwohl den jeweiligen Registerauszügen ausdrücklich zu entnehmen ist, dass die Unionsmarken Multimediamarken sind, führt das DPMA sie in der Recherche-Datenbank fälschlicherweise als „sonstige Marken".

911 So auch der Bundesverband deutscher Patentanwälte, Stellungnahme zu dem Gesetzesentwurf des MaMoG v. 17.03.2017, https://www.bundesverband-patentanwaelte.de/positionen/

Begriffen vorzubeugen, ist, dass die schlagwortartige Beschreibung nicht durch den Anmelder selbst erfolgt, sondern vom DPMA als unabhängiger Behörde vorgenommen wird. Hierfür könnte Markenanmeldern die Verpflichtung auferlegt werden, bereits bei Anmeldung eine überschaubare Anzahl an Schlagwörtern einzureichen. Bei ihrem Fehlen käme eine Zurückweisung der Markenanmeldung als Sanktion in Betracht. Das DPMA würde die eingereichten Suchschlagwörter überprüfen und ggfs. korrigieren. Letzteres sollte insbesondere dann erfolgen, wenn das DPMA die Ansicht teilt, dass es sich bei der vom Anmelder gewählten Formulierung um ungenaue oder verschleiernde Begriffe handelt. Eine solche Kontrolle durch das DPMA hätte zudem den positiven Effekt, dass das Amt so darauf hinwirken könnte, dass einheitliche Suchschlagwörter für denselben Inhalt verliehen werden, um eine weitestgehend vollständige Trefferliste gewährleisten zu können. Hierdurch würde nämlich die Gefahr minimiert werden, dass Marken mit ähnlichen Schutzgegenständen unterschiedlich beschrieben und kategorisiert werden.

Dies führt jedoch zur nächsten Problematik, die sich im Zusammenhang mit Suchschlagwörtern stellt. Selbst, wenn die Auswahl der Suchschlagwörter in die Verantwortlichkeit des DPMA als unabhängige Behörde fallen würde, besteht in der Praxis dennoch ein gewisses Risiko, dass verschiedene Prüfer denselben Schutzgegenstand unterschiedlich beschreiben. Dies hätte ebenfalls ein unvollständiges Rechercheergebnis zur Folge. Ein solches Risiko besteht insbesondere bei Marken, die einen abstrakten Schutzgegenstand aufweisen, da sie schwieriger einheitlich zu beschreiben sind als solche Marken, die einen konkreten Gegenstand erfassen. Im Ergebnis wird man dieses Risiko bei der Vergabe von Suchschlagwörtern jedoch nicht gänzlich ausschließen können, da eine Beschreibung nicht vollständig von dem subjektiven Eindruck der festlegenden Person losgelöst ist, was ihrer wertenden Natur geschuldet ist. Da das Risiko jedoch überschaubar ist und weil Beschreibung bzw. Suchschlagwörter nach der in dieser Arbeit vertretenen Ansicht lediglich Informationszwecken dienen, während sich der rechtlich verbindliche Schutzumfang allein aus der hinterlegten Form der Marke (z.B. der Audio- oder Videodatei) bestimmt, ist es hinnehmbar, zumal es an einer anderen Recherchemöglichkeit für visuell nicht wahrnehmbare Marken fehlt.

Auch in der Praxis hat das DPMA einen ähnlichen Weg gewählt. Seit Umsetzung der MarkenRL-2015 vergibt das DPMA zusätzlich zu den Attributen der

stellungnahme-zu-dem-gesetzentwurf-zur-markenrechtsmodernisierung-mamog/; zuletzt abgerufen am 14.02.2019.

Wiener Klassifikation solche Suchschlagworte, um die Recherche nach neuen Markenformen zu erleichtern.[912] Im Zusammenwirken mit der *Wiener Klassifikation* sollen so die Treffer bei Markenrecherchen vervollständigt und optimiert werden.[913] Im Gegensatz zur *Wiener Klassifikation* ist jedoch derzeit nicht geplant, dass die vergebenen Suchschlagwörter in einer Liste veröffentlicht werden.

Die praktische Umsetzung gelingt jedoch noch nicht fehlerlos. Anders als hier vorgeschlagen, erhält die Suchmaske kein separates Suchfeld für nicht konventionelle Markenformen. Es bleibt ungeklärt, in welches Feld der Rechtsanwender die Suchschlagworte eingeben soll. Die einzig hierfür in Betracht kommende Möglichkeit ist das allgemeine Suchfeld „Marke". Gibt man das Suchschlagwort in vorgenanntem Feld ein und beschränkt die Suche auf eine nicht konventionelle Markenform, wird regelmäßig angezeigt, dass keine Treffer gefunden wurden. Die naheliegende Erklärung wäre, dass keine angemeldeten/eingetragenen Marken existieren, die mit dem Suchschlagwort übereinstimmen. Nachfolgendes Beispiel belegt jedoch Gegenteiliges: In einer Veranstaltung zum MaMoG hat das DPMA Anfang 2019 darauf hingewiesen, dass die Suchschlagwörter „bunter Farbnebel", „bunter Dampf" und „Polarlichter" vergeben sind.[914] Gibt man diese jedoch in die Suchmaske ein und begrenzt die Suche auf eine der neuen Markenformen bzw. auf die sonstigen Marken, werden keine Treffer angezeigt. Dies zeigt, dass die Suche mit Suchschlagwörtern noch fehleranfällig ist und einer Verbesserung bedarf.

Dennoch ist festzuhalten, dass der Suchende mit dem richtigen Einsatz von Suchschlagwörtern – eine fehlerfreie Suchfunktion vorausgesetzt – seine Recherche strategisch so durchführen kann, dass nur die für ihn relevante Markenanmeldungen und -eintragungen in der Trefferliste erscheinen –nämlich solche, deren Schutzgegenstand mit dem seines (potenziellen) Zeichens vergleichbar sind. Dies ist insbesondere dann von Vorteil, wenn viele Marken für eine bestimmte Markenform angemeldet/eingetragen sind.

912 Siehe DPMA, Bilder, https://www.dpma.de/marken/klassifikation/bilder/index.html, zuletzt abgerufen am 15.02.2019.

913 Siehe DPMA, Bilder, https://www.dpma.de/marken/klassifikation/bilder/index.html, zuletzt abgerufen am 15.02.2019.

914 Siehe DPMA, Präsentation MaMoG – Auswirkungen auf das Markenverfahren des DPMA, https://www.dpma.de/docs/dpma/veranstaltungen/tagungen_und_konferenzen/praesentationmarkenrechtsreformgekuerzteu.ci-konformefassung_21.03.19.pdf, zuletzt abgerufen am 6. Juni 2019.

Eine solche Recherchefunktion schafft jedoch nicht der zweiten Problematik Abhilfe, die die Markendarstellung in der Ergebnisliste betrifft. Der Schutzgegenstand von Marken, die durch eine Audio- oder Videodatei dargestellt werden, ist auch so nicht sofort vollständig erkennbar. Wird der Schutzgegenstand z.B. durch eine Videodatei dargestellt, wird lediglich das Startbild der Videosequenz gezeigt. Um den Schutzgegenstand vollständig erfassen zu können, muss der Recherchierende das Video abspielen. Dies ist ihrer Natur geschuldet, da es unmöglich ist, abspielbare Sequenzen vollständig in nur einem Feld in der Trefferliste darzustellen. Fraglich ist deshalb, ob das für die Erfassung der Schutzgegenstände erforderliche Abspielen aller angezeigten Video- oder Audiodateien ein unverhältnismäßig hoher Aufwand für den Recherchierenden ist. Dies ist jedoch zu verneinen. Die durch die Gesetzesänderung eingeführte Möglichkeit, auf elektronische Darstellungsmittel zurückzugreifen, ist insbesondere für eine rechtssichere Zeichendarstellung nicht traditioneller Markenformen begrüßenswert und sollte nicht wegen vermeintlicher Hürden bei der Registerdarstellung abgewertet werden. Darüber hinaus sind nach der hier vertretenen Auffassung nur kurze Sequenzen schutzfähig, sodass ein Abspielen dem Suchenden zugemutet werden kann, selbst wenn die Ergebnisliste mehrere Treffer enthält. Dies gilt im Besonderen, wenn mit Suchschlagworten gearbeitet wird. Ihr Einsatz ermöglicht eine zielgerichtete Suche, sodass die Trefferliste nur noch relevante Treffer enthält.

Im Ergebnis ist somit festzuhalten, dass der Einsatz von Suchschlagwörtern bei der Recherche nach nicht traditionellen Markenformen eine rechtssichere Recherche zulässt, wenngleich ihr Einsatz nicht gänzlich losgelöst von der subjektiven Wertung eines jeden Einzelnen erfolgen kann. Dies führt dazu, dass insbesondere bei Marken mit einem abstrakten Schutzgegenstand ein gewisses Risiko dahin gehend besteht, dass das Rechercheergebnis nicht vollständig ist. Da dieses Risiko jedoch überschaubar ist und es an anderen Recherchemöglichkeiten von visuell nicht wahrnehmbaren Markenformen mangelt, ermöglicht der Einsatz von Suchschlagwörtern die wohl effizienteste und zuverlässigste Recherche. Der Recherchierende kann bereits zu Beginn seiner Recherche festlegen, wonach gesucht werden soll. So wird bereits von Anfang an die Trefferliste auf die nur für ihn relevanten Treffer beschränkt. Angesichts dieser Selektion zu Beginn des Rechercheprozesses kann ihm auch zugemutet werden, sich die in der Ergebnisliste aufgeführten Audio- bzw. Videodateien vollständig anzuschauen, um im Anschluss zu evaluieren, ob die Marken mit seinem Zeichen vergleichbar sind. Daher ist es begrüßenswert, dass auch das DPMA Suchschlagworte für eine solche Recherche eingeführt hat. Es ist jedoch dringend erforderlich, dass die derzeit noch bestehenden Schwächen der Recherchefunktion beseitigt werden. Andernfalls liefert die Suche keine zuverlässigen Resultate.

IIII. Zunahme von Nichtigkeitsverfahren gem. § 51, 55 MarkenG vor den ordentlichen Gerichten?

Wie obige Ausführungen gezeigt haben, kann bei der Durchführung einer Recherche nach visuell nicht wahrnehmbaren Zeichen mittels Suchschlagwörtern nicht gänzlich das Risiko ausgeschlossen werden, dass die Rechercheergebnisse nicht vollständig sind. Dies gilt insbesondere bei einer Recherche nach Marken mit abstrakten Schutzgegenständen, da hier die Gefahr besteht, dass der entsprechende Schutzgegenstand unterschiedlich wahrgenommen und somit auch unterschiedlich beschrieben wird. Konkret bedeutet dies, dass selbst bei einer sorgfältig durchgeführten Recherche ein Restrisiko dahin gehend besteht, dass eine mit dem potenziellen Zeichen verwechslungsfähige ältere Marke nicht in der Trefferliste erscheint, da ihr Schutzgegenstand anderen Suchschlagwörtern zugeordnet wurde. Dies hätte zur Folge, dass es zu der Eintragung eines verwechslungsfähigen Zeichens für identische oder ähnliche Waren/Dienstleistung kommt. Daher stellt sich die Frage, ob das oben bestehende Restrisiko dazu führt, dass zukünftig mehr Verletzungsverfahren vor den ordentlichen Gerichten durchgeführt werden, da Inhaber älterer Rechte erst nach Ablauf der Widerspruchsfrist von dem jüngeren Zeichen Kenntnis erlangen. Sie können dann vor den ordentlichen Gerichten gem. §§ 51, 55 MarkenG geltend machen, dass ältere Rechte bestehen, die die Marke verletzen.[915] In diesem Zusammenhang ist zu berücksichtigen, dass das DPMA gem. 37 MarkenG nur prüft, ob die angemeldete Marke wegen absoluter Schutzhindernisse i.S.v. § 8 Abs. 2 MarkenG von der Eintragung ausgeschlossen sein könnte. Es prüft jedoch nicht, ob der angemeldeten Marke die Eintragung wegen Bestehens älterer Rechter zu versagen wäre, da es sich hierbei um ein relatives Schutzhindernis i.S.v. § 9 MarkenG handelt. Relative Schutzhindernisse werden nicht von Amts wegen geprüft, sondern nur aufgrund der Beanstandung eines Dritten. Dieser Umstand verbunden mit der Tatsache, dass ein gewisses Risiko dahin gehend besteht, dass Rechercheergebnisse nicht vollständig sind, führt dazu, dass dem Grunde nach nicht

915 Ab dem 01.05.2020 können Dritte die Löschung der Eintragung einer Marke wegen Nichtigkeit der Marke aufgrund Bestehens älterer Rechte (§§ 51, 53 MarkenG) beantragen, vgl. DPMA, Richtlinie für die Prüfung von Markenanmeldungen und für die Registerführung v. 01.08.2018 in der Fassung vom 01.05.2019, S. 69, https://www.dpma.de/docs/formulare/marken/w7735.pdf, zuletzt abgerufen am 05.10.2019

ausgeschlossen werden kann, dass die Zahl der Verletzungsverfahren zunehmen wird. Es ist jedoch zu berücksichtigen, dass derzeit die Zahl der Markenanmeldungen, bei denen der Schutzgegenstand elektronisch dargestellt wird, sehr überschaubar ist, sodass – zumindest vorläufig – dem Verkehr die Durchsicht aller Markenanmeldung einer auf diese Art und Weise dargestellten Markenform zugemutet werden kann, sodass bestehende Ähnlichkeiten schon im Eintragungsverfahren auffallen sollten. Selbst, wenn sich dies in der Zukunft ändern sollte (was sich derzeit noch nicht abzeichnet)[916], muss i.E. vertreten werden, dass man diese Konsequenz zugunsten einer Zeichendarstellung, die dem Zeitgeist entspricht und der stetig fortschreitenden technologischen Entwicklung Rechnung trägt, hinnehmen muss.

F. Zusammenfassung

In der Gesamtschau ist festzuhalten, dass die Konsequenzen der Rechtsänderung für die Praxis überschaubar sind. Die Anpassung der Markenurkunde an die neuen Darstellungsmethoden wurde vom DPMA bereits erfolgreich umgesetzt. Hinsichtlich der Schwierigkeiten, die sich im Zusammenhang mit der Recherche von elektronisch dargestellten Marken ergeben, kann bemerkt werden, dass auch hier der richtige Weg verfolgt wird. Grundsätzlich ist die Einführung von Suchschlagwörtern im Zusammenhang mit der Recherche nach elektronisch dargestellten Marken begrüßenswert. Suchschlagwörter ermöglichen eine gezielte Suche nach bestimmten Zeichenelementen, die für den Recherchierenden von besonderem Interesse sind. Angesichts der zu Beginn der Recherche erfolgten Selektierung kann ihm auch zugemutet werden, alle in der Trefferliste enthaltenen Video- bzw. Audiodateien zu sichten, um den Schutzgegenstand der jeweiligen Marke vollständig erfassen zu können. Da jedoch die Suche mit Suchschlagworten derzeit noch nicht (richtig) funktioniert,[917] bedarf die Umsetzung noch einer Verbesserung. Andernfalls ist keine effiziente und zuverlässige Recherche möglich. Im Ergebnis ist somit festzuhalten, dass die Einführung elektronischer Darstellungsmittel das DPMA nicht vor unlösbare Herausforderungen gestellt hat. Zudem bleibt abzuwarten, ob die Einführung elektronischer Darstellungsmittel die Zunahme von Verletzungs- bzw. Löschungsverfahren zur Folge hat. Selbst wenn dies so sein sollte, ist dies als hinnehmbare Folge der Anpassung an den technischen Fortschritt zu werten.

916 Siehe hierzu Kapitel 6 E 1.
917 Stand: 04.04.2019.

Kapitel 7 Schlussbetrachtung und Fazit

Mit der Markenrechtsreform 2015 hat der europäische Gesetzgeber eine umfassende Reform mit substanziellen Änderungen des Markenrechts vorgenommen. Erklärtes Ziel war die Harmonisierung des Markenrechts auf europäischer Ebene. Eine besondere Rolle spielte hierbei die Anpassung an das technologische Zeitalter, was sich insbesondere auch auf die Zeichendarstellung auswirkte. Anstatt einer grafischen Darstellung ist nunmehr jede Form der Zeichendarstellung zulässig. Der Schutzgegenstand der Marke muss lediglich so dargestellt werden, dass er für die Behörden und den Verkehr klar und eindeutig bestimmbar ist. Die Einführung dieser flexibleren Kriterien ermöglicht eine dem Wesen der Marke entsprechende Darstellung. Von nun an bleibt es dem Markenanmelder überlassen, ob er den Schutzgegenstand der Marke in grafischer oder elektronischer Form darstellt. Die Einführung eines Wahlrechts ist sachgerecht, da mit dem Wegfall des Erfordernisses der grafischen Darstellbarkeit keine generelle Abkehr von der grafischen Darstellungsmethode verfolgt wurde. Dies folgt bereits aus dem Wortlaut von Art. 3 b) der MarkenRL-2015 bzw. § 8 Abs. 1 MarkenG n.F. Traditionelle Markenformen wie Wort-, Bild- oder Wort-Bild-Marken lassen sich daher auch weiterhin am besten durch ihre grafische Darstellung wiedergeben.

Positive Auswirkungen hat die Erweiterung der Darstellungsmethoden auf die Darstellung der nicht konventionellen Markenformen, wenngleich sie aktuell noch nicht bei allen Markenformen spürbar sind. Trotz Einführung flexiblerer Kriterien wird es in absehbarer Zukunft nicht möglich sein, Geruchsmarken, Geschmacksmarken oder Tastmarken entsprechend den rechtlichen Vorgaben darzustellen. Ihr Schutzgegenstand lässt sich weder grafisch noch elektronisch auf rechtskonforme Weise wiedergeben, sodass ihnen auch weiterhin der Weg ins Register versperrt bleiben wird. Von einer Besserstellung bzw. Eintragungserleichterung zum jetzigen Zeitpunkt kann deshalb nicht gesprochen werden. Dennoch ist positiv zu berücksichtigen, dass erst die Abkehr von dem Erfordernis der grafischen Darstellbarkeit die theoretische Möglichkeit eröffnet hat, die vorgenannten Marken zu einem noch unbekannten Zeitpunkt registerrechtlich zu schützen. Auch wenn die Darstellung ihres Schutzgegenstandes nach derzeitigem Stand der Technik (noch) nicht möglich ist, zeichnen sich in der Forschung Ansätze dafür ab, z.B. einen Geruch oder Tasteindruck elektronisch zu reproduzieren. Es bleibt daher abzuwarten, wie die Entwicklung voranschreitet.

Positive Auswirkungen hat der Wegfall des Erfordernisses der grafischen Darstellbarkeit bereits jetzt für solche Markenformen, deren Schutzgegenstand sich durch eine Audio- bzw. Videodatei wiedergeben lässt. Dies betrifft insbesondere die Darstellung von Bewegungs- und Klangmarken. Elektronische Darstellungen ermöglichen eine unmittelbare Wiedergabe des Schutzgegenstandes. Hierdurch wird der Vorstellungskraft des Betrachters für die Erfassung des Schutzgegenstandes kein Raum gelassen. Die eindeutige Identifizierung des Schutzgegenstandes ist somit sichergestellt. Ein Rückgriff auf eine mittelbare Darstellung ist in diesen Fällen nicht mehr erforderlich und verringert so das Risiko einer zu unbestimmten Zeichenwiedergabe. Die wohl bedeutendste Besserstellung durch die Rechtsänderung erfährt die Klangmarke, da nunmehr (wieder) Geräusche eintragungsfähig sind. Unter dem Erfordernis der grafischen Darstellbarkeit war dies nicht möglich, da die einzige adäquate grafische Darstellungsmethode, die Sonagrammdarstellung – nach der hier vertretenen Ansicht zu Unrecht – mit Inkrafttreten der fünften Verordnung zur Änderung der Markenverordnung am 15. Oktober 2003 für unzulässig erklärt wurde. Ebenfalls positiv anzumerken ist die Einführung der Multimediamarke als neue Markenform. Ihr Schutzgegenstand lässt sich wegen des Zusammenspiels von bewegten Bildern und Ton nur durch eine audiovisuelle Datei darstellen.

Während die Einführungen flexibler Kriterien hinsichtlich der Darstellung von Marken dem Zeitgeist entspricht und der stetig fortschreitenden technologischen Entwicklung Rechnung trägt, ist hingegen nicht sofort begreiflich, weshalb an den *Sieckmann*-Kriterien festgehalten wird, da sie ursprünglich als Konkretisierung der grafischen Darstellbarkeit ausgestaltet wurden. In diesem Zusammenhang ist jedoch zu berücksichtigen, dass zwei der als *Sieckmann*-Kriterien bekannt gewordenen Einzelkriterien – die Klarheit und Eindeutigkeit – fortan den neuen Maßstab bilden, an dem sich eine Zeichendarstellung messen lassen muss. Einige der Kriterien stehen in einem konkretisierenden und sich bedingenden Verhältnis zueinander, sodass ihr Fortbestehen in rechtlicher Hinsicht keinen Unterschied macht. So ist eine Zeichendarstellung, die die Voraussetzung der „Eindeutigkeit" erfüllt, gleichzeitig „klar", „in sich abgeschlossene" und „objektiv". In keinem ergänzenden und sich bedingenden Verhältnis stehen die Kriterien der „leichten Zugänglichkeit", der „Dauerhaftigkeit" und der „Verständlichkeit". Bis auf das Erfordernis der „leichten Zugänglichkeit" sind auch die übrigen Kriterien – die „Dauerhaftigkeit" und „Verständlichkeit" – notwendig, um sicherzustellen, dass die Marke jederzeit identifiziert werden kann, ohne dass zu einem Zeitpunkt Zweifel hinsichtlich ihres Schutzgegenstandes aufkommen. Das Festhalten an den *Sieckmann*-Kriterien bekräftigt somit den hohen Stellenwert des registerrechtlichen Bestimmtheitsgrundsatzes, wonach eine Marke bereits zum Zeitpunkt der Anmeldung hinreichend bestimmt genug dargestellt sein muss, sodass keine Zweifel an ihrem Schutzgegenstand aufkommen. Dieser markenrechtliche Grundsatz steht auch einer Adaption der US-amerikanischen Anforderungen an die Zeichendarstellung entgegen, wie die rechtsvergleichende Betrachtung gezeigt hat. Im Gegensatz zu Deutschland scheitern Markeneintragungen in den USA nicht wegen ihrer ungenügenden Darstellung. Dies ist insbesondere auf 37 CFR § 2.52 (e) zurückzuführen, wonach der Markenanmelder bei der Anmeldung visuell nicht wahrnehmbarer Zeichen von der Verpflichtung befreit ist, eine Zeichnung einzureichen. Es genügt ihre *„detaillierte Beschreibung"*, wobei der US-amerikanische Gesetzgeber auch hier keine strengen Vorgaben macht. Nach deutschem Verständnis trägt jedoch gerade eine Beschreibung wegen ihres subjektiven Charakters und dem eröffneten Interpretationsspielraum erheblich zu einer Rechtsunsicherheit bei. Ein so dargestellter Schutzgegenstand ist aus Sicht des deutschen Rechts nicht zweifelsfrei identifizierbar. Im Ergebnis ist es deshalb sachgerecht, dass sich traditionelle und nicht traditionelle Marken an denselben Maßstäben messen lassen müssen. Zuletzt ist im Zusammenhang mit dem registerrechtlichen Bestimmtheitsgrundsatz zu erwähnen, dass die Erweiterung der zulässigen Darstellungsmethoden auf technische Mittel ihm ebenfalls entspricht. Ein Festhalten an dem Erfordernis der grafischen Darstellbarkeit wäre nur schwer mit dem registerrechtlichen Bestimmtheitsgrundsatz vereinbar gewesen. Grund hierfür ist, dass im Zuge der technischen Weiterentwicklung Darstellungsmethoden geschaffen wurden, die es ermöglichen, insbesondere visuell nicht wahrnehmbare Marken in einer wesentlich klareren und eindeutigeren Form darzustellen als grafisch, da ihre Darstellung unmittelbar erfolgen kann und somit jeglicher Raum für Interpretationen oder Zweifel bzgl. des Schutzgegenstandes ausgeschlossen werden. Eine unmittelbare Darstellung gibt den Schutzgegenstand stets klar, eindeutig, in sich abgeschlossen, verständlich und objektiv wieder.

Die Zeit wird zeigen, ob der Verkehr von der Erweiterung der Darstellungsmethoden auch in der Praxis Gebrauch macht. Bereits zum Zeitpunkt der Betrachtung ist erkennbar, dass Markenanmelder von elektronischen Darstellungsmitteln Gebrauch machen, wenngleich unmittelbar nach der Gesetzesrevision die Zahl der Neuanmeldungen nicht spürbar in die Höhe geschossen ist.[918] Zudem ist mit Spannung der technische Fortschritt zu beobachten, da von seiner Weiterentwicklung abhängig ist, ob sich Geruchs-, Geschmacks- und Tastmarken zukünftig in rechtskonformer Weise darstellen lassen. Auch dies wäre nicht von Interesse, wenn weiterhin an dem Erfordernis der grafischen Darstellbarkeit festgehalten worden wäre. Insgesamt hat der Verzicht auf die grafische Darstellbarkeit daher positive Auswirkungen auf das deutsche Markenrecht.

918 Siehe hierzu Kapitel 6 E 1.

Literaturverzeichnis

Althammer, Werne/*Ströbele*, Paul/*Kalka*, Rainer: Markengesetz, 6. Aufl. Köln, Berlin, Bonn, München 2000. (zit. Althammer/Ströbele/Kalka/*Bearbeiter*, MarkenG 6. Aufl.)

Bahner, Stephan: Der Schutz akustischer Marken nach dem deutschen Markengesetz und der europäischen Gemeinschaftsmarkenverordnung, Berlin 2005 (zit. *Bahner*)

Bassewitz, Katharina von: Trade Dress und Functionality – Ein Vergleich des marken- und wettbewerbsrechtlichen Schutzes von Produktformen in den USA und in Deutschland, Zugleich eine Anmerkung zum Urteil Antioch Co v. Western Trimming Corp., GRUR Int. 2004, S. 390–395 (zit. *Bassewitz*)

Baumbach, Adolf/*Hefermehl*, Wolfgang: Warenzeichenrecht und Internationales Wettbewerbs- und Zeichenrecht, Warenzeichengesetz, Pariser Verbandsübereinkünfte, Madrider Markenabkommen, Nizzaer Klassifikationsabkommen, Zweiseitige Abkommen, 12. Aufl. München 1985 (zit. *Baumbach/Hefermehl*)

Bechtholsheim, Sebastian Frhr. von/*Gantenberg*, Philipp: Die konturlose Farbmarke, GRUR 2001, S. 705–707 (zit. *Bechtholsheim/Gantenberg*)

Becker, Roman A.: Kennzeichenschutz der Hörmarke, WRP 2000, S. 56–69 (zit. *Becker*)

Bender, Achim: Die grafische Darstellbarkeit bei den neuen Markenformen, in: *Bomhard*, Verena von [Hrsg.], Harmonisierung des Markenrechts: Festschrift für Alexander von Mühlendahl zum 65. Geburtstag am 20. Oktober 2005, Köln/Berlin/München 2005, S. 157–170 (zit. *Bender*, FS Mühlendahl)

Bender, Achim: Die grafische Darstellbarkeit von Marken, in: *Bender*, Achim/*Schülke*, Klaus/*Winterfeldt*, Volker [Hrsg.], 50 Jahre Bundespatentgericht, Festschrift zum 50-jährigen Bestehen des Bundespatentgerichts am 01. Juli 2011, Köln 2011 (zit. *Bender*, FS 50 Jahre BPatG)

Bingener, Senta: Das Wesen der Positionsmarke oder wo die Positionsmarke hingehört, MarkenR 2004, S. 377–383 (zit. *Bingener*)

Bölling, Markus: Der EuGH und die abstrakte Farbmarke – Von der bewussten Entwertung einer Markenform, Anmerkungen zu den Urteilen „Libertel" und „Heidelberger Bauchemie", MarkenR 2004, S. 384–391 (zit. *Bölling*)

Büscher, Wolfgang/*Dittmer*, Stefan/*Schiwy*, Peter: Gewerblicher Rechtsschutz, Urheberrecht, Medienrecht, 3. Aufl. Köln 2015 (zit. Büscher/Dittmer/Schiwy/*Bearbeiter*)

Butler, Jeffrey M.: Die US-Marke, Köln 2011 (zit. *Butler*)

Chudziak, John: Der Abstraktionsbereich der Marke, MarkenR 2012, S. 181–191 (zit. *Chudziak*)

Cloosterman, Marc/*Hoekstra*, Laurens: Vermögenswert Marke, Mit Brand Management messbar zum Unternehmenserfolg beitragen, Wiesbaden 2019 (zit. *Cloosterman/Hoekstra*)

Dauskard, Norman: Die Verkehrsdurchsetzung im deutschen und europäischen Markenrecht, Tübingen 2017 (zit. *Dauskard*)

Eberhardt, Julian: Geruchs und Geschmacksmarke – Testfall für den offenen Markenbegriff, Münster/Hamburg/London 2002 (zit. *Eberhardt*)

Endemann, W.: Der Markenschutz nach dem Reichsgesetz vom 30. November 1874 in: *Busch*, A.B. [Hrsg.], Archiv für Theorie und Praxis des allgemeinen Handels und Wechselrechts, Band 32, Berlin 1875 (zit. *Endemann*)

Engels, Rainer: Patent-, Marken- und Urheberrecht, Lehrbuch für Ausbildung und Praxis, 10. Aufl. München 2018 (zit. *Engels)*

Eichelberger, Jan: Abstrakte Farbmarken – Schutzvoraussetzungen und Schutzumfang, GRUR 2016, S. 138–145 (zit. *Eichelberger*)

Eisenführ, Günther: Die graphische Darstellbarkeit der Marke in der deutschen und europäischen Praxis – Eine Bestandsaufnahme, MittdPat 2006, S. 413–420 (zit. *Eisenführ*)

Eisenmann, Hartmut: Gewerblicher Rechtsschutz, Wiesbaden 1974 (zit. *Eisenmann*)

Erdmann, Willi/*Rojahn*, Sabine/*Sosnitza*, Olaf: Handbuch des Fachanwaltes Gewerblicher Rechtsschutz, 3. Auflage, Köln 2018 (zit. Erdmann/Rojahn/Sosnitza/*Bearbeiter)*

Falckenstein, Roland von: Markenrecht versus Geschmacksmusterrecht – zur ausreichenden Offenbarung dreidimensionaler Marken, GRUR 1999, S. 881–885 (zit. *Falckenstein*)

Felixberger, Josef K.: Chemie für Einsteiger, Berlin 2017 (zit. *Felixberger*)

Fesenmair, Joseph: Markenfunktionen und Farbmarke, in: *Büscher*, Wolfgang/*Glöckner*, Jochen/*Nordmann*, Axel/*Osterrieth*, Christian/*Rengier*, Rudolf [Hrsg.], Marktkommunikation zwischen geistigem Eigentum und Verbraucherschutz: Festschrift für Karl-Heinz Fezer zum 70. Geburtstag, München 2016, S. 465–479 (zit. *Fesenmair*, FS Fezer)

Fesenmair, Joseph/*Müller*, Tobias Malte: Kein Gelb für Puffreis – Das Ende der abstrakten Farbmarke? Anmerkungen zum BPatG-Beschluss „Farbmarke gelb", GRUR 2006, 724–730 (zit. *Fesenmair/Müller*)

Fezer, Karl-Heinz: Handbuch der Markenpraxis, Markenverfahrensrecht und Markenvertragsrechtrecht, 3. Aufl. München 2016 (zit. Fezer, Hdb. Markenpraxis/*Bearbeiter*)

Fezer, Karl-Heinz: Markenrecht, Kommentar zum Markengesetz, zur Pariser Verbandsübereinkunft und zum Madrider Markenabkommen, 4. Aufl. München 2009 (zit. *Fezer, S.*)

Fezer, Karl-Heinz: Die grafische Darstellung der Farbmarke - Zur Markenfähigkeit der Einfarbenmarke und Mehrfarbenmarke nach dem Grundsatzbeschluss „Farbmarke gelb/grün II" des BGH, WRP 2007, S. 223–230 (zit. *Fezer*, WRP 2007)

Fezer, Karl-Heinz: Eine Theorie der variablen Marken, Zum Markenschutz von Markenbildungskonzeptionen, GRUR 2005, S. 102–108 (zit. *Fezer*, GRUR 2005)

Fezer, Karl-Heinz: Farbmarkenschutz, Zur Markenfähigkeit und Eintragungsfähigkeit von Einfarbenmarken und Mehrfarbenmarken - Zugleich eine Anmerkung zur „Farbmarke gelb/schwarz"-Entscheidung des BGH, MarkenR 1999, S. 73–80 (zit. *Fezer*, MarkenR 1999)

Fezer, Karl-Heinz: Die grafische Darstellung der Farbmarke - Zur Markenfähigkeit der Einfarbenmarke und Mehrfarbenmarke nach dem Grundsatzbeschluss „Farbmarke gelb/grün II" des BGH, WRP 2007, S. 223–230 (zit. *Fezer*, WRP 2007)

Fezer, Karl-Heinz: Olfaktorische, gustatorische und haptische Marken, Marken-Orchideen als innovative Wirtschaftsgüter, WRP 1999, S. 575–579 (zit. *Fezer*, WRP 1999)

Fezer, Karl-Heinz: Die grafische Darstellbarkeit eines Markenformats - Einfarbenmarken und Mehrfarbenmarke als variable Marke in der Rechtsprechung des EuGH, in: *Bomhard*, Verena von [Hrsg.], Harmonisierung des Markenrechts: Festschrift für Alexander von Mühlendahl zum 65. Geburtstag am 20. Oktober 2005, Köln/Berlin/München 2005, S. 157–170 (zit. *Fezer*, FS Mühlendahl)

Fischer, Janna: Die zunehmende Bedeutung des Markenschutzes im Hinblick auf die Globalisierung, Hamburg 2007 (zit. *Fischer*)

Fritz, Carl-Peter: Gegenwart und Zukunft von Markenformen unter besonderer Berücksichtigung akustischer Zeichen, Registrierbarkeit von Markenformen im deutschen, europäischen und internationalen Recht, Tübingen 1992 (zit. *Fritz*)

Fröhlich, Stefan: Düfte als geistiges Eigentum, Tübingen 2008 (zit. *Fröhlich*)

Giefers, Hans-Werner/*May*, Wolfgang: Markenschutz, Waren- und Dienstleistungsmarken in der Unternehmens- und Rechtspraxis, 5. Aufl. Freiburg i. Br. (zit. *Giefers/May*)

Götting, Horst-Peter/*Meyer*, Justus/*Vormbrock*, Ulf: Gewerblicher Rechtsschutz und Wettbewerbsrecht, Praxishandbuch, Baden- Baden 2011 (zit. Götting/Meyer/Vormbrock/*Bearbeiter)*

Grabrucker, Marianne: Neue Markenformen, MarkenR 2001, S. 95–105 (zit. *Grabrucker*)

Gschwind, Jürgen: Repräsentation von Düften, Augsburg 1998 (zit. *Gschwind*)

Guth, Walter: Das Urteil des EuGH zur Riechmarke – Anmerkungen und Folgerungen; MittdPat 2003, S. 97–100 (zit. *Guth*)

Hacker, Franz: Markenrecht, 4. Aufl. Köln 2016 (zit. *Hacker*)

Hacker, Franz: Das Markenmodernisierungsgesetz (MaMoG), Teil 1: Markenfähigkeit, absolute Schutzhindernisse und patentamtliche Verfahren, GRUR 2019, S. 113–122.

Harper, Roland/*Bate Smith*, E.C./*Land*, D.G.: Odour description and odour classification, a multidisciplinary examination, London 1968 (zit. *Harper/Bate Smith/Land*)

Hasselblatt, Gordian: Münchner Anwalts Handbuch, Gewerblicher Rechtsschutz, 5. Aufl. München 2017 (zit. Hasselblatt, MAH Gewerblicher Rechtsschutz/*Bearbeiter*)

Heise, Alexandra: Positionsmarke und Disclaimer, GRUR 2008, S. 286–291 (zit. *Heise*)

Hildebrandt, Ulrich: Marken und andere Kennzeichen, Handbuch für die Praxis, 2. Aufl. Köln 2010 (zit. *Hildebrandt*)

Hildebrandt, Ulrich: Zum Begriff der grafischen Darstellbarkeit des Art. 2 Markenrechtsrichtlinie, Anmerkung zu den Schlussanträgen zur Riechmarken-Vorlage des BPatG, MarkenR 2002, S. 1–5 (zit. *Hildebrandt,* MarkenR 2002).

Hoffrichter-Daunicht, Christiane: Grafische Darstellbarkeit von Hörmarken: Wo ist das Problem?, GRUR 2007, 935–936 (zit. *Hoffrichter-Daunicht*)

Hofmann, Joachim: Die Schutzfähigkeit von Zeichen nach dem neuen Markengesetz Frankfurt a.M./Berlin/Bern/Bruxelles/New York/Oxford/Wien 2004 (zit. *Hofmann*)

Hölk, Astrid: Riechmarke: Absolute Eintragungshindernisse mangels grafischer Darstellung, Anmerkung zu EuG, 3. Kammer, Urteil vom 27. Oktober 2005, T-305/04, jurisPR-WettbR 7/2006, Anmerkung 2 (zit. *Hölk*, jurisPR-WettbR 7/2006, Anm. 2)

Hölk, Astrid: Hör-, Geruchs- und Fühlmarken – Eintragungsvoraussetzungen – in: *Ahrens*, Hans-Jürgen/*Bornkamm*, Joachim/*Kunz-Hallstein*, Hans Peter [Hrsg.], Festschrift für Eike Ullmann, Saarbrücken 2006, S. 239–255 (zit. *Hölk*, Festschrift Ullmann)

Hüttermann, Alyos/*Storz*, Ulrich: Zur grafischen Darstellbarkeit von Hörmarken nach der neueren Rechtsprechung des Europäischen Gerichtshofs, MittdPat 2005, S. 156–162 (zit. *Hüttermann/Storz*)

Ilzhöfer, Volker: Patent-, Marken- und Urheberrecht, 7. Aufl. München 2007 (zit. *Ilzhöfer*)

Ingerl, Reinhard/*Rohnke*, Christian: Markengesetz, Gesetz über den Schutz von Marken und sonstigen Kennzeichen, 3. Aufl. München 2010 (zit. *Ingerl/Rohnke*)

Ingerl, Reinhard/*Rohnke*, Christian: Markengesetz, Gesetz über den Schutz von Marken und sonstigen Kennzeichen, 2. Aufl. München 2003 (zit. *Ingerl/Rohnke*, 2. Aufl.)

Isenberg, Cathrin: Die Geruchsmarke als Gemeinschaftsmarke, Schutzfähigkeit und Einsatzmöglichkeiten, Frankfurt a.M./Berlin/Bern/Bruxelles/New York/Oxford/Wien 2010 (zit. *Isenberg*)

Jaeger-Lenz, Andrea: Neues zum Farbenschutz, WRP 1999, S. 290–299 (zit. *Jaeger-Lenz*)

Jasper, Margaret C.: The Law of Patents, 2. Aufl., Dobbs Ferry, NY 1996 (zit. *Jasper*)

Johannes, Hartmut/*Zurkinden*, Philipp: Gelb/Schwarz – Bundespatentgericht ./. Bundesgerichtshof, Zugleich eine Anmerkung zum Urteil des schweizerischen Bundesgerichts: „Tablette weiß/grün“ und zur Entscheidung des HABM: „LIGHT GREEN“, MarkenR 2000, S. 153–159 (zit. *Johannes/Zurkinden*)

Kischkel, Eva: „Der Schnüffeltest“, Geruch, olfaktorisch evozierte Potentiale und Craving, Eine Studie zur Cue Reactivity bei Alkoholismus, Tübingen 2001 (zit. *Kischkel*)

Klein, Fabian: Schutzvoraussetzung und Schutzumfang der Positionsmarke, Tübingen 2012 (zit. *Klein*)

Knoblich, Hans: Markengestaltung mit Duftstoffen, in: *Bruhn*, Manfred [Hrsg.], Handbuch Markenartikel, Anforderungen an die Markenpolitik aus Sicht von Wissenschaft und Praxis, Band II: Markentechnik, Markenintegration, Markenkontrolle, Stuttgart 1994, S. 849–869 (zit. *Knoblich*, Bruhn Hdb. Markenartikel Bd. II)

Knoblich, Hans/*Scharf*, Andreas/*Schubert*, Bernd: Marketing im Duft, 4. Aufl., München 2003 (zit. *Knoblich/Scharf/Schubert*)

Kortbein, Carsten: Markenschutz für Hörzeichen, Probleme der praktischen Verwendung sowie des Eintragungs-, Widerspruchs- und Verletzungsverfahrens, Frankfurt a.M./Berlin/Bern/Bruxelles/New York/Oxford/Wien 2005 (zit. *Kortbein*)

Kunz, Benno/*Krückeberg*, Stephanie/*Weißbrodt*, Jenny: Chancen und Grenzen der Mikroverkapselung in der modernen Lebensmittelverarbeitung, Chemie Ingenieur Technik 2003, Volume 75, Issue 11, S. 1733–1740 (zit. *Kunz/Krückeberg/Weißbrodt)*

Kunz-Hallstein; Hans Peter: Europäisierung und Modernisierung des deutschen Warenzeichenrechts, Fragen einer Anpassung des deutschen Markenrechts an die EG Markenrichtlinie, GRUR Int. 1990, 747 -759 (zit. *Kunz-Hallstein*)

Kur, Anette: Was macht ein Zeichen zur Marke?, MarkenR 2000, S. 1–6 (zit. *Kur*)

Kur, Anette/*Bomhard*, Verena von/*Albrecht*, Friedrich: Markenrecht, Markengesetz / Verordnung über die Unionsmarke (UMV) Kommentar, 2. Aufl. München 2018 (zit. Kur/Bomhard/Albrecht/*Bearbeiter*)

Kur, Anette/*Bomhard*, Verena von/*Albrecht*, Friedrich: BeckOK Markenrecht, 16. Edition, München 2019 (zit. Kur/Bomhard/Albrecht/*Bearbeiter*, BeckOK)

Kutscha, Christiane: Die Geruchsmarke – Registrierfähigkeit eines Geruchs als europäische Gemeinschaftsmarke und als nationale deutsche Handelsmarke, Hamburg 2005 (zit. *Kutscha*)

Langer, Christina: Die graphische Darstellbarkeit visuell nicht wahrnehmbarer Markenformen, Baden-Baden 2018 (zit. *Langer*)

Lecheler, Helmut: Einführung in das Europarecht, 2. Aufl. München 2003 (zit. *Lecheler*)

Lewalter, Ivo/*Schrader*, Paul T.: Die Fühlmarke, GRUR 2005, S. 476–481 (zit. *Lewalter/Schrader*)

Marbach, Eugen: Möglichkeiten und Grenzen von Markenrecherchen, GRUR Int. 1984, S. 672–676 (zit. *Marbach*)

McCarthy, J. Thomas: McCarthy on Trademarks and Unfair Competition, Volume 1, 3. Aufl. Deerfield, IL/New York, NY/Rochester, NY 1994 (zit. *McCarthy*, Bd. 1)

McCarthy, J. Thomas: McCarthy on Trademarks and Unfair Competition, Volume 2, 3. Aufl. Deerfield, IL/New York, NY/Rochester, NY 1994 (zit. *McCarthy*, Bd. 2)

Meister, Herbert E.: Markenfähigkeit und per se-Ausnahmen im Gemeinschaftsmarkenrecht, WRP 2000 S. 967–976 (zit. *Meister*)

Mielke, Elisabeth: Die Publizität und andere Funktionen des Markenregisters, Eine Untersuchung des deutschen, französischen und US-amerikanischen Markenrechts sowie Unionsmarkenrecht, Münster 2018 (zit. *Mielke)*

Möller, Carolin: Rechtsschutz und wirtschaftliches Potenzial von Tastmarken, Köln 2014 (zit. *Möller*)

Novak, Joachim: Die Darstellung von besonderen Markenformen, Hörmarke, Geruchsmarke, Bewegungsmarke, Bern 2007 (zit. *Novak*)

Pres, Sascha: Innovative Markenformen im deutschen Markengesetz, Von der Notwendigkeit und den Möglichkeiten der Erlangung formeller und materieller Markenrechte, Baden-Baden 2009 (zit. *Pres*)

Rempel, Jan Eric: Olfaktorische Reize in der Markenkommunikation, Theoretische Grundlagen und empirische Erkenntnisse zum Einsatz von Düften, Wiesbaden 2006 (zit. *Rempel*)

Rengshausen, Sebastian: Markenschutz von Gerüchen, Untersuchung des deutschen, französischen und europäischen Rechts mit Ausblicken ins Patent- und Urheberrecht, Göttingen 2004 (zit. *Rengshausen*)

Rohnke, Christian: Hilfe für das Bundespatentgericht vom EuGH? – Anmerkungen zu zwei Vorabentscheidungsersuchen des Bundespatentgerichts –, MarkenR 2001, S. 12–14 (zit. *Rohnke*)

Sack, Rolf: Die rechtlichen Funktionen des Warenzeichens 2. Teil, GRUR 1972, S. 445–453 (zit. *Sack*)

Samwer, Kathrin: Der Schutz der abstrakten Farbmarke, Köln/Berlin/München 2004 (zit. *Samwer*)

Schilling, Anja: Quo vadis europäischer Markenbegriff? Eine juristische und ökonomische Analyse des markenrechtlichen Schutzzugangs für innovative Zeichenformen im System der Koexistenz, Hamburg 2009 (zit. *Schilling*)

Schmechel, Adrian: Kikeriki, Cocorio, Kukuelekuu...Sind Lautmalereien markenrechtsfähig?, ZEuP 2004, 1102–1104 (zit. *Schmechel*)

Schmieder, Hans-Heinrich: Erste Erfahrungen mit dem neuen Markengesetz, NJW 1997, S. 2908–2914 (zit. *Schmieder*)

Schmitz, Stefan D.: Zur grafischen Darstellbarkeit von Hörmarken: EuGH contra Freiheit des markenrechtlichen Schutzes?, GRUR 2007, S. 290–292 (zit. *Schmitz*)

Schulze, Reiner/*Zuleeg*, Manfred/*Kadelbach*, Stefan: Europarecht, Handbuch für die deutsche Rechtspraxis, 3. Aufl., Baden-Baden 2015 (zit. Schule/Zuleeg/Kadelbach/*Bearbeiter*)

Sekretaruk, Wolfgang: Farben als Marke, Köln 2005 (zit. *Sekretaruk*)

Sessinghaus, Karel: Die grafische Darstellbarkeit von Geruchsmarken vor dem Hintergrund des deutschen Markenrechts, WRP 2002 S. 650–664 (zit. *Sessinghaus*, WRP)

Sessinghaus, Karel: Geruchs- und Geschmacksmarken – Innovationen im Markenrecht, Bielefeld 2004.

Sieckmann, Ralf: Zum Begriff der grafischen Darstellbarkeit von Marken – Eine Ergänzung zu Hildebrandt (MarkenR 2002, 1), WPR 2002, S. 491–496 (zit. *Sieckmann*, WRP)

Sieckmann, Ralf: Die Eintragungspraxis und -möglichkeiten von nichttraditionellen Marken innerhalb und außerhalb der EU, MarkenR 2001, S. 236–248 (zit. *Sieckmann*, MarkenR)

Slopek, David E.F./*Junkar*, Iza: Die grafische Darstellbarkeit von Farbmarken unter der Lupe, MarkenR 2014, S. 286–293 (zit. *Slopek/Junkar*)

Sowade, Kirsten: Markenschutz in den USA aus Sicht des deutschen Anmelders, Berlin 2003 (zit. *Sowade*)

Spindler, Gerald/*Schuster*, Fabian: Recht der elektronischen Medien Kommentar, 3. Aufl. München 2015 (zit. Spindler/Schuster/*Bearbeiter*)

Stern, Klaus: Das Staatsrecht der Bundesrepublik Deutschland, Band 2, Staatsorgane, Staatsfunktionen, Finanz- und Haushaltsverfassung, Notstandsverfassung, München 1980 (zit. *Stern* Bd. 2)

*Ströbel*e, Paul: Die Eintragungsfähigkeit neuer Markenformen, GRUR 1999, S. 1041–1049 (zit. *Ströbele*)

Ströbele, Paul/*Hacker*, Franz/*Thiering*, Frederik: Markengesetz, 13. Aufl. Hürth 2021 (zit. Ströbele/Hacker/Thiering/*Bearbeiter*)

Ströbele, Paul/*Hacker*, Franz/*Thiering*, Frederik: MarkenG, 12. Aufl. Köln 2018. (zit. Ströbele/Hacker/Thiering/*Bearbeiter*, 12. Aufl.)

Ströbele, Paul/*Hacker*, Franz: Markengesetz, 11. Aufl. Köln 2015 (zit. Ströbele/Hacker/*Bearbeiter*, 11. Aufl.)

Ströbele, Paul/*Hacker*, Franz: MarkenG, 7. Aufl. Köln 2003. (zit. Ströbele/*Hacker*, 7. Aufl.)

Theißen, Sascha: Die grafische (Nicht-) Darstellbarkeit der Farbmarke, Folgerungen aus dem EuGH Urteil „Libertel", GRUR 2004, 729–736 (zit. *Theißen*)

Vester, Frederik: Denken, Lernen, Vergessen – Was geht in unserem Kopf vor, wie lernt das Gehirn, und wann lässt es uns im Stich?, 37. Aufl., München 2016 (zit. *Vester*)

Viefhues, Martin/*Klauer*, Irene: Farbmarken nach der „Libertel"-Entscheidung des EuGH aus deutscher und Schweizer Sicht, GRUR Int. 2004, S. 584–596 (zit. *Viefhues/Klauer*)

Völker, Stefan/*Semmler*, Jörg: Markenschutz für Farben und Farbkombinationen, GRUR 1998, S. 93–102 (zit. *Völker/Semmler*)

Internetquellen

Aldridge, Vivian, Deutscher Blinden- und Sehbehindertenverband e.V.: Braille International, Wie man in der Ferne punktet, abrufbar unter: < https://www.dbsv.org/braille-international.html >, zuletzt abgerufen am 29. März 2019

APPI: Yearbook 2004/1, abrufbar unter: abrufbar unter: < http://aippi.org/wp-content/uploads/2015/08/Binder12.pdf >, zuletzt abgerufen am 20. März 2019

Bastian, Matthias: Mit diesem Handschuh wird die Virtual Reality fühlbar, 15. Januar 2018, abrufbar unter: < https://mixed.de/mit-diesem-handschuh-wird-die-virtual-reality-fuehlbar/ >, zuletzt abgerufen am 31. März 2019.

Bastian, Matthias: Haptik Handschuhe machen virtuelle Kunstwerke fühlbar, 01. April 2018, abrufbar unter: < https://mixed.de/haptik-handschuhe-machen-virtuelle-kunstwerke-fuehlbar/ >, zuletzt abgerufen am 31. März 2019.

Benthin, Falko: HTW Berlin, Studiengang angewandte Informatik, Seminararbeit Künstliche Nasen, Potsdam 2011, abrufbar unter: < http://blog.benthifa.de/uploads/elektronische_nasen.pdf >, zuletzt abgerufen am 29. März 2019.

Brockhaus Enzyklopädie Online: limbisches System, abrufbar unter: < https://brockhaus.de/ecs/enzy/article/limbisches-system >, zuletzt abgerufen am 29. März 2019

Bundesverband deutscher Patentanwälte: Stellungnahme zu dem Gesetzesentwurf des MaMoG vom 17. März 2017, abrufbar unter: < https://www.bundesverband-patentanwaelte.de/positionen/stellungnahme-zu-dem-gesetzentwurf-zur-markenrechtsmodernisierung-mamog/ > zuletzt abgerufen am 14. Februar 2019

Bushdid, C./*Magnasco*, M.O./*Vosshall*, L.B./*Keller*, A.: Humans can discriminate more than 1 trillion olfactory stimuli, abrufbar unter: < http://science.sciencemag.org/content/343/6177/1370.full >; zuletzt abgerufen am 28. März 2019

Deutscher Industrie- und Handelskammertag e.V.: Stellungnahme des DIHK zum MaMoG vom 23. Februar 2017, abrufbar unter: < https://www.bmjv.de/SharedDocs/Gesetzgebungsverfahren/Stellungnahmen/2017/Downloads/02242017_Stellungnahme_DIHK_RefE_MaMoG.pdf?__blob=publicationFile&v=2> zuletzt abgerufen am 15. Februar 2019.

Deutsches Weininstitut, Wein-Aromarad für Weiß- und Rotwein: < https://www.deutscheweine.de/wissen/wein-probieren/weinaromen/ >, zuletzt abgerufen am 11. April 2019.

DPMA: Hörmarken und ihre Darstellung, abrufbar unter: < https://www.dpma.de/docs/marken/mf_hoermarke.pdf >, zuletzt abgerufen am 12. Dezember 2017

DPMA: Klangmarken und ihre Darstellung, abrufbar unter: < https://www.dpma.de/docs/marken/mf_klangmarke.pdf >, zuletzt abgerufen am 31. März 2019.

DPMA: Sonstige Markenformen und ihre Darstellung, abrufbar unter: < https://www.dpma.de/docs/marken/mf_sonstige_markenform.pdf >, zuletzt abgerufen am 01. August 2018

DPMA: Positionsmarke und ihre Darstellung, abrufbar unter: < https://www.dpma.de/docs/marken/mf_positionsmarke.pdf >, zuletzt abgerufen am 31. März 2019

DPMA: Hologrammmarke und ihre Darstellung, abrufbar unter: < https://www.dpma.de/docs/formulare/marken/w7735.pdf >, zuletzt abgerufen am 30. Januar 2019

DPMA: Multimediamarke und ihre Darstellung, abrufbar unter: < https://www.dpma.de/docs/marken/mf_multimediamarke.pdf >, zuletzt abgerufen am 07. Februar 2019

DPMA: Jahresbericht 2018, abrufbar unter: < https://www.dpma.de/docs/dpma/veroeffentlichungen/jahresberichte/jahresbericht2018.pdf >, zuletzt abgerufen am 04. Oktober 2019.

DPMA: Markenrecherchen, abrufbar unter: < https://www.dpma.de/marken/markenrecherche/index.html >, zuletzt abgerufen am 14. Februar 2019.

DPMA: Bilder, abrufbar unter: < https://www.dpma.de/marken/klassifikation/bilder/index.html >, zuletzt abgerufen am 15. Februar 2019.

DPMA: Richtlinie für die Prüfung von Markenanmeldungen und für die Registerführung (Richtlinie Markenanmeldungen) vom 01. August 2018 in der Fassung vom 01. Mai 2019, abrufbar unter: < https://www.dpma.de/docs/formulare/marken/w7735.pdf >, zuletzt abgerufen am 05. Oktober 2019

DPMA: Bekanntgabe vom 14. Januar 2019, der beim DPMA lesbaren Datenträgertypen und Formatierungen für Markendarstellungen (6a MarkenV), abrufbar unter: < https://www.dpma.de/dpma/veroeffentlichungen/bekanntgaben/bekanntgabe_14012019/index.html >, zuletzt abgerufen am 31. März 2019

DPMA: Neue Markenformen und geänderte Verfahren, Vom 14. Januar 2019 gilt das Markenrechtsmodernisierungsgesetz – DPMA Präsidentin: Neue Regelungen stärken Markeninhaber, Pressemitteilung vom 11. Januar 2019, abrufbar unter: < https://www.dpma.de/service/presse/pressemitteilungen/20190111.html >, zuletzt abgerufen am 31. März 2019.

DPMA: Präsentation zum MaMoG – Auswirkungen auf das Markenverfahren des DPMA, abrufbar unter: < https://www.dpma.de/docs/dpma/

veranstaltungen/tagungen_und_konferenzen/praesentationmarkenrechts-reformgekuerzteu.ci-konformefassung_21.03.19.pdf >, zuletzt abgerufen am 6. Juni 2019.

Dudenredaktion, Duden Online-Wörterbuch, grafisch, abrufbar unter: < https://www.duden.de/suchen/dudenonline/grafisch >, zuletzt abgerufen am 14. Februar 2018.

EUIPO: Grafische Wiedergabe – Markenarten, abrufbar unter: <https://euipo.europa.eu/ohimportal/de/elimination-of-graphical-representation-requirement >, zuletzt abgerufen am 31. März 2019.

EUIPO: Trade Mark Guidelines, Ausgabe Rechtsreform II (2017), abrufbar unter: < https://euipo01app.sdlproducts.com/819169/725254/richtlinien-zu-marken/einfuhrung>, zuletzt abgerufen am 04. April 2019.

Felchlin Switzerland: Duft- und Aromarad für Schokolade, abrufbar unter: < http://www.nobilecioccolato.ch/fileadmin/pdf/Dokumente/Eine_Anleitung_zum_Schoggi_Genuss.pdf >, zuletzt abgerufen am 11. April 2019

govinfo: About the Code of Federal Regulations (CFR), abrufbar unter: < https://www.govinfo.gov/app/collection/cfr/ >, zuletzt abgerufen am 11. April 2019.

Hinchet, Ronan/*Vechev*, Velko/*Shea*, *Herbert*/*Hilliges*, Otmar: DextrES: Wearable Haptic Feedback for Grasping in VR via a Thin Form-Factor Electrostatic Brake, abrufbar unter: < https://ait.ethz.ch/projects/2018/dextres/downloads/dextrES.pdf >, zuletzt abgerufen am 31. März 2019.

HKS Farben: < http://hks-farben.de/de_de/produkte/faecherset-hks-3000-03/ >, zuletzt abgerufen am 05. April 2019.

How internet odors will work: < https://computer.howstuffworks.com/internet-odor1.htm >, zuletzt abgerufen am 11. April 2019.

INTA: Filing a Trademark Application in the United States, aktualisiert September 2016, abrufbar unter: < http://www.inta.org/trademarkbasics/factsheets/pages/filinginusfactsheet.aspx >, zuletzt abgerufen am 30. März 2019

Keri, Susan J./*Burkinshaw*, Jonathan/*Langworth*, Elisabeth A: Moving with the Times – Motion Marks in Canada and the United States, INTA Bulletin, The Voice of the International Trademark Association, June 1, 2011, Vol. 66 No. 10, abrufbar unter: < https://www.inta.org/INTABulletin/Pages/MovingwiththeTimesMotionMarks.aspx >, zuletzt abgerufen am 29. März 2019.

Mark, Gideon/*Jacoby*, Jacob: Continuing Commercial Impression, Applications and Measurements, Marquette Intellectual Property Law Review, Volume 10, Issue 3 Article 1, S. 434–457. (zit. *Mark*/*Jacoby*), abrufbar unter: < https://scholarship.law.marquette.edu/cgi/viewcontent.cgi?referer=https://www.google.com/&httpsredir=1&article=1084&context=iplr >, zuletzt abgerufen am 28. März 2019.

MPI München: Study on the Overall Functioning of the European Trade Mark System v. 15.02.2011, abrufbar unter: < https://www.ip.mpg.de/fileadmin/IP/pdf2/mpi_final_report_with_synopsis.pdf >, zuletzt abgerufen am 20. März 2019

Orizet, Joël: ETH-Handschuh macht virtuelle Objekte greifbar, 16. Oktober 2018, abrufbar unter: < https://www.netzwoche.ch/news/2018-10-16/eth-handschuh-macht-virtuelle-objekte-greifbar >, zuletzt abgerufen am 07. Dezember 2018

Pantone: < https://store.pantone.com/de/de/farbsysteme-intro >, zuletzt abgerufen am 05. April 2019.

Platt, Charles: You've got smell, https://www.wired.com/1999/11/digiscent/, zuletzt abgerufen April 2019.

RAL Farben: < https://www.ral-farben.de/inhalt/anwendung-hilfe/faqs/faqs-allgemeine-fragen.html >, zuletzt abgerufen am 04. April 2019.

SCAA (Speciality Coffee Associaten of America), Geschmacksrad für Kaffee: < https://sca.coffee/research/coffee-tasters-flavor-wheel/ >, zuletzt abgerufen am 11. April 2019.

Scentcommunication: Duftmarketing, < https://scentcommunication.com/duft-kommunikation/duftmarketing/ >, zuletzt abgerufen am 11. April 2019.

Tynan, Dan: The 25 worst tech products of all time, < https://www.pcworld.com/article/125772/worst_products_ever.html?page=6 >, zuletzt abgerufen am 11. April 2019.

USPTO: Definitions for responding to a USPTO office action, abrufbar unter: < https://www.uspto.gov/trademarks-application-process/filing-online/definitions-responding-uspto-office-action#supplemental >, zuletzt abgerufen am 29. März 2019.

Verband deutscher Musikschulen: Statistik über die Anzahl der Schüler an Musikschulen in Deutschland von 2002 bis 2017, abrufbar unter: < https://de.statista.com/statistik/daten/studie/2835/umfrage/entwicklung-der-anzahl-der-schueler-an-musikschulen-seit-2002/ >, zuletzt abgerufen am 29. März 2019.

Wex, legal dictionary and encyclopedia sponsored and hosted Legal Information Institute (LII) by Cornell Law School, abrufbar unter: < https://www.law.cornell.edu/wex/functionality_doctrine_%28trademark%29 >, zuletzt abgerufen am 11. April 2019.

Whisky-Club Luebben: Geschmacksrad für Whisky: abrufbar unter: < http://www.whisky-club-luebben.de/aromarad.pdf >, zuletzt abgerufen am 11. April 2019.

Wikipedia: ISmell, abrufbar unter: < https://en.wikipedia.org/wiki/ISmell >, zuletzt abgerufen am 11. April 2019.

WIPO: Auflistung der Vertragsparteien der Wiener Klassifikation, abrufbar unter: < https://www.wipo.int/treaties/en/ShowResults.jsp?treaty_id=13 >, zuletzt abgerufen am 14. Februar 2019.

www.ingramcontent.com/pod-product-compliance
Ingram Content Group UK Ltd.
Pitfield, Milton Keynes, MK11 3LW, UK
UKHW021929290926
8980IPUK00016B/1539

9 783631 854273